Heiser · Budgetierung

Budgetierung

Grundsätze und Praxis der betriebswirtschaftlichen Planung

von

Herman C. Heiser

Walter de Gruyter & Co. · Berlin 1964

vormals G. J. Göschen'sche Verlagshandlung
J. Guttentag, Verlagsbuchhandlung
Georg Reimer · Karl J. Trübner · Veit & Comp.

Titel der Originalausgabe: Budgeting — Principles and Practice, The Ronald Press Company, New York.
Deutsche Übersetzung: Werner Sommer und Hans E. Holzer.

VORWORT ZUR DEUTSCHEN AUSGABE

Das Buch „Budgeting — Principles and Practice“ von Herman C. Heiser, das hier in der deutschen Bearbeitung vorgelegt wird, behandelt das betriebswirtschaftliche System der Totalplanung und seine wesentlichen Bestandteile, wie es in den USA weitverbreitet ist.
Heiser's Buch gibt eine gründliche und detaillierte Einführung in die Ziele, Organisation und Verfahren der Unternehmensplanung. Es begnügt sich nicht mit allgemeinen Betrachtungen, sondern illustriert das Planungssystem, insbesondere die einzelnen Teilpläne an Hand instruktiver Formulare, Graphiken und Zahlenbeispiele. Eine Fallstudie veranschaulicht die unterschiedlichen Schwerpunkte der Planungsarbeit.
Die deutsche Fassung ist gegenüber dem Original in Einzelheiten den hierzulande vorherrschenden Denkschemen der Betriebswirtschaftslehre angepaßt. Der Verfasser, Wirtschaftsprüfer Herman C. Heiser, ist Partner der bekannten amerikanischen Wirtschaftsprüfungsgesellschaft Lybrand, Ross Bros. & Montgomery. Er gilt in den USA als hervorragender Fachmann auf dem Gebiet der Unternehmensplanung.
Das Buch soll nach Absicht der deutschen Verfasser dazu beitragen, die heute noch bestehende große Lücke auf seinem Sachgebiet im deutschsprachigen Schrifttum zu schließen und das Vordringen des Planungsgedankens als conditio sine qua non aller unternehmerischen Tätigkeit zu fördern.

Köln, November 1963

Werner Sommer · Hans E. Holzer

VORWORT DES VERFASSERS

Die Unübersichtlichkeit und Dynamik der Entwicklungstendenzen, die gerade für den heutigen Wirtschaftsablauf kennzeichnend sind, haben die Unternehmensführungen vor die Notwendigkeit gestellt, eigene Verfahrenstechniken zu entwickeln, auf Grund derer sie handeln, entscheiden und kontrollieren können. Insbesondere ergab sich die Forderung nach einer Richtschnur für rationelles Handeln dann, wenn es darauf ankam, den Handlungsablauf der Unternehmen veränderten internen oder externen Bedingungen optimal anzupassen. Und so hat die Budgetierung eine wichtige Rolle bei der Planung und Kontrolle der gesamten Unternehmungstätigkeit übernommen. Während das Budget in früherer Zeit rein finanzwirtschaftlichen Zwecken diente, nimmt die neuzeitliche Budgetierung immer mehr das Wesen einer umfassenden Planung der gesamten Unternehmungstätigkeit und aller damit zusammenhängenden Probleme an. Budgetierung wird dadurch zu einer Funktion aller Führungskräfte.

Die vorliegende Darstellung der Budgetierung geht auf die üblichen Verfahrenstechniken ein und befaßt sich mit der Frage der Schaffung eines wirksamen Mittels zur Verständigung zwischen den einzelnen Führungskräften zum Zwecke der Beurteilung vorgeschlagener Maßnahmen, der Entwicklung eines koordinierten Aktionsprogramms, der Beschaffung aller erforderlichen Genehmigungen sowie der Ausrichtung der verschiedenen Teil-Aktivitäten des Unternehmens auf die Erreichung der festgelegten Planziele. Darüber hinaus befaßt sich dieses Buch mit den Problemen der Formulierung von Grundsätzen der Unternehmensführung sowie der Kontrolle der laufenden Geschäftstätigkeit und der zukünftigen Pläne und Grundsätze.

Seit über zwanzig Jahren bin ich auf dem Gebiet der industriellen Unternehmensführung sowohl aktiv als auch beratend tätig. Budgetierung als eine wichtige Aufgabe der Unternehmensführung ist eines der Gebiete, in denen ich umfangreiche Erfahrungen sammeln konnte. Ich bin der Auffassung, daß eine umfassende Kenntnis der Verfahrenstechniken der Budgetierung eine wichtige Voraussetzung für jeden in der Unternehmensführung Tätigen darstellt. Aus diesem Grund wurde das vorliegende Buch in erster Linie für erfahrene Führungskräfte, Budgetdirektoren und deren Mitarbeiter sowie für den Spezialisten im Rechnungswesen und den Wirtschaftsberater geschrieben. Darüber hinaus ist das Buch als eine schrittweise Darstellung des Vorgangs der Budgetierung als Anleitung für das Studium an Hochschulen und Uni-

versitäten gedacht. Die Grundlagen der Budgetierung werden umfassend dargestellt und durch Beispiele aus der Budgetpraxis vieler Unternehmen belegt. Die Literatur enthält eine Fülle von Informationen über die Praxis der Budgetierung in Form von Fallstudien. Zweck dieses Buches ist es, möglichst viele dieser Informationen zu sammeln und wiederzugeben. In dieser Hinsicht hat das vorliegende Werk keinen Vorgänger.
Dem Aufbau des Buches liegen zwei Hauptzwecke zugrunde. Der erste Zweck ist auf die Hervorhebung der zweifachen Natur der Budgetierung — Planung und Koordination einerseits und Kontrolle andererseits — sowie auf die Schaffung einer Gesamtschau dieser Seite des Themas gerichtet. Der zweite ist der ins einzelne gehenden Anwendung der Grundsätze und Verfahren der Planung, Koordination und Kontrolle auf die verschiedenen Abschnitte des Budgets gewidmet. In Erkenntnis der Notwendigkeit einer überzeugenden Darstellung des umfassenden Wesens der Budgetierung und der Beziehungen zwischen den verschiedenen Teilabschnitten des Gesamtbudgets enthält das vorliegende Werk die Wiedergabe des Budgets eines hypothetischen Unternehmens in endgültiger Form, und jedes Teilstück dieses Budgets wird in seinem Verhältnis zum Gesamtbudget gewürdigt.
In Anwendung des oben beschriebenen Aufbaus ist das Buch in drei Teilen angelegt.
Der erste Teil bringt einen Überblick über die Budgetierung zum Zwecke der Planung und Koordination und schließt mit dem Budget in endgültiger Form.
Der zweite Teil hat die Erläuterung der Budgetierung zum Zwecke der Kontrolle einschließlich der Beurteilung von Abweichungen des tatsächlichen Betriebsgeschehens gegenüber den Budgetvorgaben zum Gegenstand. Zahlreiche Abbildungen im ersten und zweiten Teil dienen der Vorbereitung für die im dritten Teil folgenden praktischen Darstellungen.
Im dritten Teil werden in zwölf Kapiteln die Verfahren der Planung und Kontrolle von Aufwendungen und Erträgen, Vermögens- und Schuldposten erläutert. Eine Besprechung von Budgetkorrekturen sowie alternativer Verfahren der Budgetierung beschließen den dritten Teil.
Anhang A enthält ergänzende Informationen und Journalbuchungen zu dem im ersten Teil wiedergegebenen Budgetbericht. Anhang B bringt Proforma-Journalbuchungen zu den Budgetabweichungen eines ausgewählten Monats. Diese sind für den Leser bestimmt, der tiefer in die Technik der Budgetierung einzudringen wünscht.
Bei der Materialsammlung und der Abfassung des Buches haben mir Dr. Sterling K. Atkinson von der Universität Temple sowie Arno R. Kassander, C. P. A., von der Firma Lybrand, Ross Bros. and Montgomery unschätzbare Dienste geleistet. Außerdem habe ich zu danken

für die Beiträge anderer Mitglieder dieser Firma — vor allem Theodore R. Pleim, C. P. A., und Lambert H. Spronck, C. P. A., für ihre Kritik und Anregungen sowie insbesondere Margaret White Nally, C. P. A., für ihre Mitarbeit bei der Manuskriptprüfung, bei der Prüfung der Verweisungen sowie bei der Kontrolle der zahlreichen korrespondierenden Budgetaufstellungen, die in diesem Buch erscheinen.
In besonderem Maße bin ich meinem Partner Prior Sinclair, C. P. A., verpflichtet, auf dessen Anregung hin dieses Werk entstanden ist. Sein Buch über Budgetierung, das im Jahre 1934 erschien, war eines der bahnbrechenden Werke auf diesem Gebiet und stellte eine gute Grundlage für das vorliegende Buch dar. Ich bin ihm dankbar für die Möglichkeit, die von ihm begründete Tradition fortzusetzen, sowie für die Anregung, Ermunterung und Unterstützung, die er mir angedeihen ließ.

Herman C. Heiser

INHALT

I. BUDGETIERUNG ZUM ZWECKE DER PLANUNG UND KOORDINATION

1. Einführung

Definition der Begriffe. Budgetierung ist ein vielfach diskutierter, definitorisch aber nur selten klargestellter Begriff. Wichtig erscheint daher die Feststellung, daß man unter der „Budgetierung" nur die Aufstellung des Budgets und seine praktische Durchführung zu verstehen hat, nicht mehr und nicht weniger. Es bleibt somit zu klären, welcher begriffliche Inhalt der Bezeichnung „Budget" zukommt. Entstehungsgeschichtlich findet das Budget seinen Ausgangspunkt in der Haushaltsrechnung des Staates und anderer Hoheitsverwaltungen, die eine Übereinstimmung zwischen dem Soll und Ist der Einnahmen und Ausgaben eines Haushaltsjahres anstreben. Seitdem man das Budget in den Dienst der privaten Wirtschaft gestellt hat, ist sein Zweck letzten Endes der gleiche geblieben. Seine stärkere Verbreitung hat jedoch zu einer größeren Unklarheit der grundlegenden Begriffe geführt, sodaß heutzutage die Begriffe „Budget" und „Budgetierung" sehr oft miteinander verwechselt werden. Während man ursprünglich unter einem Budget einen zusammenfassenden und vollständigen Gesamtplan verstand, der sich inhaltlich auf alle Tätigkeiten des Unternehmens erstreckte, spricht man heute von „Verkaufsbudgets", „Gemeinkostenbudgets", „Investitionsbudgets" und ähnlichen. Genau gesagt ist aber ein Budget eine Wirtschaftlichkeitsrechnung, und es ergibt sich also die Frage, ob eine „Budgetaufstellung" ohne eine vollständige Vorschau der künftigen Aufwendungen und Erträge überhaupt möglich ist. Kann beispielsweise eine Unternehmensführung für sich beanspruchen, Budgets als Führungsinstrument auf breiter Grundlage zu benutzen, wenn sie in Wirklichkeit nur die Tätigkeiten bestimmter unternehmerischer Teilbereiche plant?

Aus den vorstehenden Ausführungen ergibt sich die Bedeutung einer begrifflichen Klarstellung. Bestimmte Definitionen sind eine unerläßliche Voraussetzung für das Verständnis der folgenden Kapitel.

Budget. Nach Ansicht des Verfassers ist ein Budget eine zusammenfassende und vollständige Darstellung der geplanten und in Geldeinheiten umgeformten Gesamttätigkeit des Unternehmens in einer bestimmten Planperiode.

Budgetierung. Budgetierung beinhaltet die eigentliche Technik der Budgetaufstellung und die praktische Anwendung des Budgets als Mittel der Planung, Koordinierung und Kontrolle.

Im Zusammenhang mit der ersten Definition ist noch darauf hinzuweisen, daß Budgets trotz ihrer finanziellen Charakterzüge im Grunde genommen nichts anderes sind als in Geldeinheiten umgeformte Übersichten über geplante nichtmonetäre Vorgänge des Unternehmens, wie z. B. die Anzahl der zu leistenden Fertigungsstunden, der Rohmaterialeinkauf bzw. -verbrauch in Tonnen, die Anzahl der zu produzierenden Einheiten usw. Wie bereits gesagt, führt die Verwendung des Begriffes „Budget" immer dann zu Unklarheiten, wenn nicht der Gesamtplan des Unternehmens, sondern lediglich ein Teilplan für irgendeinen seiner Teilbereiche gemeint ist. Der Verfasser möchte diese Unklarheiten in seiner Darstellung des Themas vermeiden, und daher liegt in diesem Werk dem Begriff „Budget" ausschließlich die vorstehende Definition zugrunde. Wird auf Pläne irgendwelcher Teilbereiche verwiesen, so geschieht dies unter der Bezeichnung „Budgetaufstellungen", z. B. Aufstellung über budgetierte Verkäufe anstatt Verkaufsbudget.

Bei der zweiten Definition ist darauf aufmerksam zu machen, daß die Bezeichnung Budgetierung nur dann zutreffend ist, wenn die Budgetaufstellung durch deren Anwendung in der Praxis ergänzt wird. Diese Auslegung stimmt mit dem allgemein anerkannten Grundsatz überein, daß die Budgetierung drei Zwecken zu dienen hat: der Planung, Koordinierung und Kontrolle.

Die Bedeutung der Planung

Die Hauptfunktion der Unternehmensführung besteht darin, mit der vorhandenen Kapitalausstattung den höchstmöglichen Gewinn zu erzielen. Diese Zielsetzung erstreckt sich nicht nur auf die vorhandenen Produktionsmittel, sondern auch auf das Umlaufvermögen des Unternehmens. Damit sind die Vorschau in die Zukunft und die Planung die wesentlichsten Aufgaben der Unternehmensführung. Dies gilt sowohl im Zusammenhang mit der Gründung des Unternehmens als auch danach bei der Entscheidung über seinen Kurs von Jahr zu Jahr oder Tag zu Tag.

Von größter Bedeutung bei allen wirtschaftlichen Überlegungen — und dies gilt ganz besonders in der modernen Wirtschaft — ist der Zeitfaktor. An jede Geldausgabe ist die Erwartung eines zukünftigen Gewinnes geknüpft. Diese Feststellung ist nicht zu bestreiten, gleichgültig, ob man in diesem Zusammenhang an die Investitionen in Form von langlebigen Anlagegütern wie z. B. Gebäude, Maschinen und Betriebsausstattung denkt oder an die Einstellung und Schulung des Personals oder die Beschaffung und Herstellung von Vorräten. Alle Geldausgaben sind der wirtschaftliche Ausdruck einer Vorschau auf die zukünftige Gewinnrealisierung. Die unternehmerische Fähigkeit, die zukünftige Entwicklung und ihre Auswirkung auf den Gewinn abzuschätzen, wird jedoch in unterschiedlichem Maße in Anspruch genommen. Sofern die Geldausgaben im Hinblick auf den für die Zukunft zu erwartenden Gewinn Jahre im voraus zu tätigen sind, ist die dem Planungsträger gestellte Aufgabe erheblich komplizierter zu lösen, als wenn die Gewinnrealisierung kurzfristig nach der Geldausgabe erwartet werden kann. Trotz dieser unterschiedlichen Genauigkeit und Sicherheit der Vorschau liegt sie in beiden Fällen der Geldausgabe zugrunde.

Zeigt sich schon an dem Beispiel der Geldausgaben die Zukunftsbezogenheit des unternehmerischen Denkens, so wird dessen Bedeutung noch mehr betont, wenn man den Produktionskomplex mit in die Betrachtung einbezieht. Wenn beispielsweise entschieden wird, daß Fertigerzeugnisse entweder unmittelbar für den Markt oder für die Vorratshaltung zu produzieren sind, so sind als Folge davon sachliche Mittel zur Ausübung der Produktion, ausgebildete Arbeitskräfte und Material erforderlich und demzufolge rechtzeitig bereitzustellen. Eine derartige Entscheidung bedarf also nicht nur der „strategischen" Planung, sondern auch gründlicher „taktischer" Überlegungen.

Die Unternehmensplanung kann sich nicht in einem Vakuum vollziehen. Voraussetzung für die Planung ist die genaue Kenntnis aller das Unternehmensgeschehen beeinflussenden Faktoren. Teilweise handelt es sich dabei um externe, teilweise aber auch um interne Faktoren. Einigen kann durch geeignete Gegenmaßnahmen begegnet werden, während andere als unabänderliche Tatsachen anerkannt und berücksichtigt werden müssen.

Zu den externen Beeinflussungsfaktoren, welche den Umfang und den Anteil am Markt des Unternehmens bestimmen, gehören die allgemeine Wirtschaftslage und die Höhe des Volkseinkommens, die Nachfrage nach den Erzeugnissen des Unternehmens, die Intensität des Wettbewerbs. Diese externen Faktoren sind teilweise Gegebenheiten, denen durch eigene Maßnahmen nicht begegnet werden kann, wie z. B. die allgemeine Wirtschaftslage. Andere können jedoch durch das Unternehmen beeinflußt werden. In diesem Zusammenhang ist beispielsweise auf die besondere Bedeutung der Werbung hinzuweisen, mit deren Hilfe es nicht nur möglich ist, die allgemeine Nachfrage nach einem bestimmten Produkt zu wecken, sondern sie sogar auf das spezielle Erzeugnis des Unternehmens zu lenken.

Interne Beeinflussungsfaktoren sind die Finanzkraft des Unternehmens, seine Struktur und Organisation, der fixe und variable Charakter seiner Kosten, die Kontrollierbarkeit seiner Kosten, der Zustand seiner sachlichen Produktionsmittel und der seinem betrieblichen Kreislauf von der Beschaffung bis zur Gewinnrealisierung zugrunde liegende Zeitfaktor. Diese Faktoren sind auf lange Sicht bis zu einem gewissen Grade beeinflußbar, wenn auch einige unter ihnen kurzfristig unverändert hingenommen werden müssen.

Ob die Faktoren externer oder interner Natur sind, ändert aber nichts daran, daß sie von der Unternehmensführung erkannt, nach ihrer Beeinflußbarkeit und ihren zeitlichen Charakteristiken gruppiert und bewertet werden müssen. Die Planung setzt ein Ziel des Unternehmens voraus, und dieses kann nur unter Berücksichtigung aller Beeinflussungsfaktoren und der jeweiligen Marktlage festgelegt werden.

Langfristige und kurzfristige Planung. Die Untersuchungen und Berechnungen, die der Gründung eines Unternehmens vorausgehen, sind ein eindeutiges Beispiel für die langfristige Planung. Die geplante Geldanlage in langlebigen Wirtschaftsgütern und die Entwicklung einer Organisation lassen Kurzsichtigkeit fehl am Platze erscheinen. Sie erfordern Vorausschätzungen und Pläne, die so weit in die Zukunft reichen müssen, daß sowohl die Angemessenheit der Verzinsung des investierten Kapitals als auch sein etwaiges Wachstum in Form von Überschüssen hinreichend beurteilt werden können. Derartige Planungsaufgaben erschöpfen sich jedoch nicht mit der Gründung des Unternehmens. Kein Unternehmen kann sich einen Stillstand leisten, sondern muß ständig wachsen, wenn es gesund bleiben will. Es ist daher notwendig, die der Geburtsstunde des Unternehmens vorangehenden Planungen auch während seiner Existenz, sei es bei der Erschließung neuer oder größerer Märkte oder der Suche nach besseren Fertigungsmethoden, fortzusetzen. Planungen dieser Art sind im wesentlichen langfristiger Natur, und zwar erstens im Hinblick auf den Zeitaufwand, der für die Planung und die anschließende Anwendung des Planes in der Praxis benötigt wird, zweitens, weil sie gewöhnlich Investitionen betreffen, an die langfristige Gewinnerwartungen geknüpft sind, und drittens, weil die Geschäftspolitik des Unternehmens im Hinblick auf Preise, Arbeitskräfte und ähnliche Gesichtspunkte in der Regel eine langfristige Betrachtung erfordert.

Demgegenüber ist die kurzfristige Planung primär an der sofortigen Nutzbarmachung der bereits vorhandenen Produktionsmittel und Organisation im Rahmen der festgelegten langfristigen Pläne interessiert. Diese Planungen sind daher im wesentlichen taktischer Natur und lassen strategische Maßnahmen regelmäßig außer acht. Ihre Aufgabenstellung erschöpft sich in den unmittelbaren und laufenden Problemen der Beschaffung von Material und Arbeitskräften, der Fertigung, dem Vertrieb und der Finanzierung. Die Länge des Planungszeitraumes ist überwiegend abhängig von dem den erwähnten Funktionen immanenten Zeitzyklus sowie dem traditionellen und tatsächlichen jährlichen Fortschritt des Unternehmens. Daraus ist ohne weiteres zu erkennen, warum die meisten Unternehmen kurzfristige Pläne in Anlehnung an das Geschäftsjahr oder einen kürzeren Zeitraum innerhalb desselben aufstellen.

Die Planung ist eine Aufgabe, die laufend erfüllt werden muß. Dieser Grundsatz gilt gleichermaßen für die langfristige wie für die kurzfristige Planung. Um das Unternehmen erfolgreich lenken zu können, muß die Führung regelmäßig in die Zukunft blicken, und selbst kurzfristige Pläne müssen laufend unter Kontrolle gehalten werden, damit unverzüglich Veränderungen vorgenommen werden können, wenn sich die ursprüngliche Planung als unrichtig erweist.

Koordinierung in der Planung. Zwischen der Entwicklung eines neuen Produktes und der Planung eines Unternehmens besteht eine gewisse Analogie. Am Anfang steht die Idee. Daraufhin wird ein Gesamtplan entworfen, und dieser Gesamtplan bildet seinerseits wiederum die Grundlage für Detailzeichnungen der einzelnen Bestandteile des Produktes. Im allgemeinen besteht ein Zusammenhang zwischen den verschiedenen Schritten, und ein Schritt baut auf dem anderen auf bzw. macht eine Berichtigung eines oder mehrerer anderer Schritte unvermeidlich. Der Gesamteindruck des Produktes mag marktmäßig annehmbar erscheinen, aber zerlegt man es in seine Einzelheiten, so kann es sich als technisch oder wirtschaftlich unbrauchbar erweisen. Die Planung eines neuen Produktes setzt nicht nur die Koordinierung der verschiedenen Bestandteile voraus, sondern diese kann sogar die Grundkonzeption des neuen Produktes maßgeblich beeinflussen. Überträgt man die erwähnten Grundsätze auf die periodische Planung der unternehmerischen Gesamttätigkeit, so sind ihre Ausgangspunkte die im Hinblick auf das zukünftige Geschäftsvolumen und den Gewinn gehegten Erwartungen. Hierauf aufbauend werden der betriebliche Gesamtplan und die ergänzenden Teilpläne aufgestellt. Die Teilpläne werden gegenseitig und mit dem Rahmen des Gesamtplanes abgestimmt. Der Gesamtplan enthält auf der Grundlage der grundsätzlichen Entscheidungen über die Ziele der Planperiode in groben Zügen Angaben über die zu erzielenden Erträge und Aufwendungen. Der Gesamtplan wird vervollständigt und abgeschlossen durch die Aufstellung einer geschätzten Bilanz und Gewinn- und Verlustrechnung sowie durch die Erstellung einer finanzwirtschaftlichen Bilanz. Die Planziele des Unternehmens können jedoch nur dann erreicht werden, wenn die das betriebliche Geschehen bestimmenden

Teilbereiche engstens integriert und koordiniert werden. Verkäufe, Lieferungen, Produktion und Rohmaterialeinkäufe, um nur einige der vielen Bereiche der betrieblichen Aufgabenzerlegung zu nennen, bedürfen der Zusammenfassung und wechselseitigen Abstimmung, wenn das angestrebte Verkaufsvolumen und die geplante Vorratshaltung verwirklicht werden sollen. Das Verhältnis dieser Bereiche zur Finanzlage ist ein eindeutiges Beispiel für das Ausmaß der Planinterdependenz. Bei der Abstimmung der Teilpläne kann sich ergeben, daß diese nicht miteinander harmonieren und deshalb berichtigt werden müssen. Der Geldbedarf kann überhöht, die Produktion unausgeglichen, der erforderliche Lagerraum nicht verfügbar sein, und andere Schwierigkeiten können auftreten, die zu einer Veränderung bzw. Angleichung des Planes führen. Diese Berichtigungen sind im Interesse der praktischen Durchführbarkeit des Planes notwendig.

Genau so, wie sich das System der unternehmerischen Planung aus einem Gesamtplan und zahlreichen Teilplänen zusammensetzt, erfordert die Aufstellung der Pläne die Zusammenarbeit vieler Planträger des Unternehmens. Während die Verantwortlichkeit für die Festlegung der globalen Planziele ausschließlich bei der Unternehmensführung liegt, werden die Teilpläne von den verschiedenen Führungsebenen des Unternehmens aufgestellt. Die Planungsarbeit beginnt also in der obersten Unternehmensführung, durchläuft die untergeordneten Bereiche und bewegt sich daraufhin reziprok in Richtung der obersten Unternehmensführung. Dies wiederholt sich solange, bis ein durchführbarer und annehmbarer Plan vorliegt. Eine gute Zusammenarbeit ist daher in allen Phasen der Planung von größter Bedeutung.

PLANUNG UND KONTROLLE. Die vorstehenden Ausführungen befaßten sich mit dem Zweck und Wesen der Planung im Hinblick auf den zukünftigen Kurs des Unternehmens. Es darf aber nicht übersehen werden, daß alle Pläne auch noch als Mittel der Kontrolle von Bedeutung sind. Der laufende Vergleich des Planes mit den effektiv erzielten Resultaten ermöglicht nicht nur die Feststellung der Abweichungen, sondern auch deren Erklärung. Ferner sind diese Vergleiche ausschlaggebend für eine Entscheidung darüber, ob und in welchem Ausmaß die Planung an Veränderungen in den zugrunde liegenden Plandaten angepaßt werden muß. Damit derartige Vergleiche aussagefähig sind, ist es erforderlich, daß die Pläne nicht nur in funktionaler, sondern auch zeitlicher Hinsicht aufgegliedert werden. Ein Verkaufsplan für ein Jahr wäre beispielsweise von geringerer Aussagekraft, würde er keinen Aufschluß über die Verkaufsziele für Bruchteile des Jahres geben. Schließlich ist anzuerkennen, daß vor allem im Zusammenhang mit der Kostenkontrolle ein flexibler

Plan benötigt wird, damit veränderte inner- oder außerbetriebliche Verhältnisse in Form einer Planmodifikation berücksichtigt werden können. Hieraus ergibt sich, daß für mehrere verschiedene Verkaufsvolumen oder Beschäftigungsstufen entsprechende Kostenpläne oder, in Ermangelung derartiger Kostenpläne, Kostenstandards benötigt werden, mit deren Hilfe eine Revision der Planung im Einklang mit dem effektiv erreichbaren Volumen oder der erzielbaren Beschäftigung im Planungszeitraum vorgenommen werden kann.

Das Budget

Nach der einführenden Definition und der vorstehenden Besprechung der Funktionen der Planung, Koordinierung und Kontrolle zeigt sich, daß das Budget eine Sammlung von Dokumenten darstellt. Dazu gehören Aufstellungen über den zukünftigen Betriebsablauf und die voraussichtliche Finanzlage. Alle Aufstellungen sind, je nach den Informationsbedürfnissen der obersten Unternehmensführung und der Linienstäbe, in vielen Einzelaufstellungen erläutert. Kurz gesagt, das Budget ist das genehmigte Aktionsprogramm und enthält die ihm zugrunde liegenden Einzelmaßnahmen[1].

Die Anzahl der Einzelaufstellungen ist abhängig von den Besonderheiten des jeweiligen Unternehmens. Eine Vielfalt von Erzeugnissen oder Fertigungsstufen oder gar beider hat zweifelsohne eine erheblich umfangreichere Dokumentation zur Folge als wenige Produkte oder ein einfacher Fertigungsprozeß. Die Problematik der Koordinierung ist somit in den einzelnen Unternehmen verschieden. In einigen Fällen ist die Planung sogar wesentlich dadurch vereinfacht, daß die Unternehmen einen erheblichen Einfluß auf den Absatzmarkt ausüben. Unternehmen dieser Art können bei der Aufstellung ihrer Pläne davon ausgehen, daß sie diese während des Planungszeitraumes nicht mehr zu ändern brauchen. In den meisten Fällen setzt aber die Planung trotz sorgfältig erwogener Entscheidungen die Möglichkeit voraus, die Pläne an die durch die Bewegungen und Veränderungen im wirtschaftlichen Geschehen veränderten tatsächlichen Gegebenheiten schnellstens anzupassen. Obwohl diese Anpassungsfähigkeit oder Reagibilität grundsätzlich erforderlich ist, kommt es sehr häufig vor, daß selbst bei erheblichen Schwankungen von einer Planrevision abgesehen werden kann, weil von einer Überholung der inner- oder außerbetrieblichen Verhältnisse im tieferen Sinn keine Rede sein kann. Situationen dieser Art unterstreichen die Bedeutung und die Schwierigkeiten der Plankontrolle. Ihr Zweck ist

[1] Frank Z. Oles, „Comprehensive Budgetary Control", N.A.A. Bulletin, Abteilung 1, Oktober 1951, Seite 127.

nicht nur der Vergleich des Erreichten mit dem Vorgegebenen, sondern vor allem die Lenkung des Betriebsablaufs.
Bei der Kontrolle der Fertigungsgemeinkosten ist beispielsweise darauf zu achten, daß deren Istgrößen mit dem tatsächlichen Produktionsvolumen und nicht mit den Plangrößen abstimmbar sind. Dies ist besonders wichtig, wenn das geplante Produktionsvolumen und das erreichte Volumen voneinander abweichen. Zu diesem Zweck ist das Vorhandensein flexibler Plangrößen notwendig. Da diese flexiblen Plangrößen ein wichtiges Hilfsmittel für eine wirksame Plankontrolle sind, gehören auch sie zu dem Instrumentarium der Unternehmensplanung.

Die Funktionen des Rechnungswesens bei der Aufstellung von Budgets

Die wichtigsten Budgetierungsaufgaben des Rechnungswesens sind:

1. Die Umformung des geplanten Datenkranzes in numerische Ausdrücke, wie z. B.
   a Erträge, Aufwendungen und Gewinn;
   b die Aufstellung geschätzter Bilanzen für das Ende der festgelegten Zeitabschnitte;
   c die Aufstellung finanzwirtschaftlicher Bilanzen;
   d die Erstellung von Übersichten über die erwarteten Bewegungen der Geldeinnahmen und -ausgaben.
2. Die Bereitstellung von Daten aus früheren Planperioden bzw. die Überleitung derartiger Daten auf den neuen Planungszeitraum sowie Bewertung der Daten anderer Teilbereiche.
3. Die Darstellung der Auswirkungen verschiedener Handlungsmöglichkeiten auf den Gewinn und die Finanzlage.
4. Die betriebswirtschaftliche Berichterstattung zu dem angestrebten Planziel des Unternehmens.

Den vorstehenden Funktionen sind die nun folgenden Ausführungen gewidmet. Aus ihnen läßt sich die Erkenntnis ableiten, daß für die erfolgreiche Budgetierung neben einem ausgezeichnet funktionierenden Rechnungswesen die Festlegung eines Verfahrens für die Budgetaufstellung unbedingt erforderlich ist.

Rechnungslegung. Die Funktion des Rechnungswesens im Zusammenhang mit dieser Phase der Budgetierung ist auf die Proforma-Eintragung aller in den verschiedenen Teilbudgets enthaltenen Geschäftsvorgänge beschränkt. Obwohl tatsächlich keine Proforma-Eintragungen vorgenommen werden, haben bei der Ausarbeitung der verschiedenen Budgetaufstellungen die herkömmlichen Soll- und Haben-Gesichtspunkte ihre Gültigkeit. Dies ergibt sich deshalb, weil alle Geschäftsvorgänge letzten Endes integrierte Teile der geschätzten bzw. geplanten Bilanz und Gewinn- und Verlustrechnung sind. Zudem bedingt die Koordinierung aller Teilfunktionen und die innerhalb einer jeden Teilfunktion bestehenden mehr oder weniger zahlreichen Unterfunktionen ein solches gedankliches Vorgehen.

Bereitstellung und Bewertung von Daten. Obwohl die Aufstellung der Verkaufs-(Absatz-)Prognose keine Funktion des Rechnungswesens ist, zeigt sich bei der Aufstellung und Festlegung des Verkaufsplanes, daß nur in engster Zusammenarbeit zwischen Verkauf und Rechnungswesen die entscheidenden Erkenntnisse bezüglich der Auswirkung des geplanten Volumens auf den angestrebten Gewinn des Unternehmens gewonnen werden können.

Hinzu kommt, daß die Planung mit Hilfe einer aussagefähigen Rechnungslegung für die früheren Zeiträume wesentlich vereinfacht werden kann. Für die Vorausschätzung der zukünftigen Absatzchancen ist die genaue Kenntnis der Verkäufe früherer Zeiträume nach Käufergruppen, Bezirken und verschiedenen anderen Maßstäben besonders wichtig.

Eine ganz besondere Bedeutung kommt dem Rechnungswesen auf dem Gebiet der Kostenbudgetierung zu. Es ist seine Aufgabe, die Produktionspläne in Kostenpläne zu verwandeln. Die Beurteilung der Fertigungsgemeinkostenhöhe im Hinblick auf das geplante Volumen ist seine wichtigste Aufgabe. Voraussetzung dafür ist eine genaue Kenntnis der Kostenbewegung unter dem Einfluß verschiedener Beschäftigungsgrade. Die Verwendung von Standardkosten begünstigt die Budgetierung, sie enthebt das Unternehmen aber ebensowenig wie jede andere Form der Kostenrechnung einer aussagefähigen Rechnungslegung für frühere Zeiträume, da nur mit deren Hilfe die Abweichungsspanne oder die Abweichungen gegenüber den Standards, die vielleicht auch in Zukunft bei der Annahme gewisser Voraussetzungen zu erwarten sein werden, ermittelt werden können.

Die Mitwirkung des Rechnungswesens spielt ebenso im Zusammenhang mit der Budgetierung der nicht durch die Fertigung veranlaßten Kosten eine bedeutende Rolle. Die Veränderungen der Aufwendungen für die Werbung und anderen Vertriebsgemeinkosten im Verhältnis zu den Verkäufen, die Vorausschätzung der zukünftigen Verwaltungsgemeinkosten und Kosten für die Finanzierung, die zu erwartenden Kundenausfälle und -skonti sind überaus wichtige Faktoren bei der Aufstellung des Verkaufsplanes und beruhen weitgehend auf den Erkenntnissen des Rechnungswesens.

Der nichtgeldmäßige Ausdruck, der anfänglich die Planung beherrscht, bedingt, daß die verschiedenartigen Ausdrucksformen letztlich auf einen gemeinsamen Nenner gebracht werden müssen. Diese Aufgabe wird vom Rechnungswesen wahrgenommen, welchem damit eine Schlüsselstellung im System der Budgetierung zufällt.

ANALYSE DER VERSCHIEDENEN HANDLUNGSALTERNATIVEN. Die besondere Bedeutung des Rechnungswesens wird noch deutlicher, wenn im Zuge der Budgetierung die Auswirkungen verschiedener Handlungsalternativen zu analysieren sind. Die Auslese des günstigsten Absatzweges, Absatzprogramms, Verkaufspreises und anderer, das zukünftige Geschehen bestimmenden Faktoren ist nur möglich auf Grund einer hinreichenden Kenntnis der sich daraus ergebenden Auswirkungen auf den Gewinn des Unternehmens.

ERFOLGSANALYSE. Die Analyse der aufgetretenen Abweichungen zwischen dem geplanten und tatsächlich erzielten Erfolg und die Berichterstattung der Erfolgsabweichungen ist besonders wichtig für die Festlegung von Gegenmaßnahmen durch die Unternehmensleitung und bedingt eine laufende und aufgegliederte Verbuchung aller Geschäftsvorgänge. Die Erfolgsanalyse kann in Geldeinheiten und in anderen als wertmäßigen Ausdrucksformen durchgeführt werden. Die unteren Stufen der Unternehmensführung bevorzugen quantitative Daten, wie z. B. Anzahl der produzierten Einheiten, Fertigungsstunden, Materialmengen usw., weil es sich dabei stets um jene Größen handelt, die ihre Mitarbeiter ansprechen. Für die höheren Stufen der Unternehmensführung werden demgegenüber in Geldeinheiten ausgedrückte Erfolgsanalysen benötigt, denn nur auf diese Weise können die Auswirkungen der Budgetabweichungen auf die Höhe des Erfolges gemessen werden. Abweichungen von der geplanten Absatzmenge oder den vorgeschätzten Fertigungsstunden sind selbstverständlich in Einheiten oder Arbeitsstunden meßbar, will man aber den Einfluß der einen oder anderen Über- oder Unterschreitung auf die Höhe des Erfolges bestimmen, so muß man sich eines gemeinsamen Nenners, des Ausdrucks in Geldeinheiten bedienen. Das Rechnungswesen dient in diesem Zusammenhang zwei verschiedenen Informationsbedürfnissen. Von ihm werden wertmäßige Budgetstandards in physische Mengeneinheiten und mengenmäßige Abweichungen in Geldeinheiten umgeformt.

VORAUSSETZUNGEN DES RECHNUNGSWESENS. Eine ausreichende Zergliederung der Konten und damit Erfassung der Kosten ist eine wichtige Voraussetzung für die erfolgreiche Budgetierung. Die Bereitstellung der Daten für die Ertragsvorschätzung, die Beurteilung der Kostenhöhe bei verschiedenen Beschäftigungsgraden und Fertigungsmethoden sowie die Analyse des gesamten Ursachen-Wirkungskomplexes bedingen eine Organisation des Rechnungswesens, die über den Rahmen des für die übliche Rechnungslegung Erforderlichen weit hinausgeht.

Die erste [Voraussetzung] ... knüpft an das Vorhandensein guter Kontenpläne und Statistiken.
Die Voraussetzungen, welche die Kontenpläne zu erfüllen haben, sind in erster Linie auf die Belange der täglichen, wöchentlichen und monatlichen Lenkung des Unternehmens abgestellt. Dadurch ergibt sich ein Unterschied zwischen dem Rechnungswesen im herkömmlichen Sinn und dem der Unternehmensführung als Führungsinstrument dienenden dynamischen Rechnungswesen. Beide Formen sind sehr eng miteinander verwandt und müssen daher weitgehend integriert werden, damit zusätzliche Aufwendungen erspart bleiben. Der Zweck beider Formen der Rechnungslegung ist jedoch auch nach einer solchen Integration verschieden.
Die Aufgaben des herkömmlichen Rechnungswesens sind überwiegend vergangenheitsorientiert; daran ändert auch nichts die Tatsache, daß die auf seiner Grundlage entwickelten Berichte ebenfalls für die Lenkung und Kontrolle des Unternehmens herangezogen werden. Die Aufgaben des dynamischen, zukunftsorientierten Rechnungswesens gehen erheblich weiter als die des herkömmlichen Rechnungswesens. Seine Hauptfunktionen liegen auf dem Gebiet der Planung, Analyse und Kontrolle. Dazu gehören die Aufstellung und Überwachung des Budgets, die Ermittlung der Produktions- und Standardgemeinkosten, die Festlegung von Gemeinkostenumlagen, die Preisermittlung usw. Es ist darauf bedacht, die Fülle der Buchhaltungsaufzeichnungen strategisch so nutzbar zu machen, daß die Unternehmensführung mit den nach seinem Ermessen erforderlichen Informationen laufend versorgt wird. Der Kontenplan muß daher so angelegt werden, daß das Rechnungswesen die Erfüllung aller betrieblichen Kontroll- und Auswertungsbedürfnisse sichert. Diese Forderung führt zu der Aufstellung eines Kostenstellenplanes und damit zu einer Kostenerfassung nach den einzelnen verursachenden Stellen[2].

Die Unterteilung der Konten nach den einzelnen Vermögensarten und Schulden sowie nach Aufwands- und Ertragsarten ist eine wesentliche Voraussetzung für die Budgetierung sowie für die Erfüllung der Kontrollfunktionen des Rechnungswesens. Die Erfassung des Gesamtumsatzes ist für die herkömmliche Berichterstattung ausreichend, für darüber hinausgehende Zwecke ist sie aber völlig unzureichend. Die Erfassung nach Absatzgebieten, Käufergruppen, Erzeugnissen und Absatzwegen ist für die Vorausschau, die Beurteilung der verschiedenartigen Wirkungsgrade und Ergebnisse sowie die Festlegung der Verantwortung von grundlegender Bedeutung. Die entscheidende Rolle, welche der Unterteilung der Umsätze in der Buchhaltung im Zusammenhang mit

[2] Arthur H. Smith, „Budget Preparation" in American Institute of Certified Public Accountants, Accounting, Auditing, Taxes 1953 (New York: American Institute of Certified Public Accounts, 1954) Seite 209—10.

der Aufstellung der Verkaufsprognose und des Absatzplanes zufällt, kann gar nicht überbetont werden. Da das zukünftige Verkaufsvolumen Ausgangspunkt aller übrigen Budgetüberlegungen ist, müssen über die Verkaufsergebnisse früherer Perioden genaue und ausreichende Aufzeichnungen vorliegen.

Voraussetzungen der Kostenrechnung. Eine weitere unabdingbare Voraussetzung für die erfolgreiche Budgetierung ist das Vorhandensein einer Kostenrechnung. Die Standardkostenrechnung erleichtert zwar die Budgetierung, letztere macht diese aber nicht zur Bedingung. Die genaue Kenntnis der Stückkosten aller Erzeugnisse ist nicht nur für die Preisermittlung erforderlich, sondern sie erleichtert auch die Vorausschätzung der Kosten für verschiedene Verkaufsvolumina und Sortiments sowie die kurzfristige Analyse unterschiedlicher Planalternativen. Was die Fertigungsgemeinkosten anbetrifft, so liegen der Budgetierung weitgehend Buchhaltungsaufzeichnungen zugrunde. Die Ermittlung der Herstellungskosten bedingt die Festlegung von Verrechnungssätzen für die vorausgeschätzten Fertigungsgemeinkosten. Die Budgetierung der voraussichtlichen Fertigungsgemeinkosten und des hierfür erforderlichen Geldmittelbedarfs ist ein weiterer Zweck der Budgetierung. In beiden Fällen müssen die Konten so gegliedert werden, daß das Verhalten der Fertigungsgemeinkosten bei verschiedenen Beschäftigungsgraden ohne große Mühe ermittelt werden kann.

Ferner müssen die Verwaltungs- und Vertriebsgemeinkosten analysierbar sein. Nicht nur, daß diese Kosten sehr oft einen erheblichen Anteil an den Gesamtkosten haben, sie sind auch sehr problematisch im Hinblick auf die Beurteilung und Kontrolle ihrer Wirksamkeit. Die Beurteilung der Angemessenheit der Aufwendungen für die Werbung und ihr Einfluß auf den voraussichtlichen Absatz ist erheblich schwieriger als die Ermittlung der Fertigungsgemeinkosten für einen bestimmten Beschäftigungsgrad. Nur mit Hilfe einer fortlaufenden Analyse entsprechend zergliederter Aufzeichnungen ist es möglich, brauchbare Maßstäbe zu ermitteln und für die Zukunft festzulegen. Schließlich müssen auch für alle übrigen Aufwendungen der Verwaltung entsprechende Unterteilungen vorliegen. Von den Gehaltsaufwendungen wird beispielsweise oft genug angenommen, sie seien als fix anzusehen. Tatsächlich müßten sie aber hinsichtlich ihrer Angemessenheit genau denselben Überlegungen unterzogen werden wie die entsprechenden Aufwendungen des Fertigungsbereiches.

Analysen im Zusammenhang mit der Budgetierung sind aber nicht nur mit den Kosten des Unternehmens befaßt. So z. B. beinhaltet die Ermittlung des voraussichtlichen Finanzbedarfs nicht nur die Verkaufsvorschätzung, sondern sie berücksichtigt auch den Zeitfaktor des Forderungseinganges. Die Budgetierung der monatlichen Zahlungseingänge setzt eine hinreichend genaue Kenntnis der Zahlungsgepflogenheiten der Kunden, der Kundenausfälle und voraussichtlichen Skonti voraus. Diese Vorausschätzungen beruhen weitgehend auf Erfahrung und damit auf den Aufzeichnungen des Unternehmens.

Budgetierung — Ein weiterer Anwendungsfall der Aufzeichnungen des Rechnungswesens. Aus den bisherigen Ausführungen geht eindeutig hervor, daß eine gute Budgetierung ein Rechnungswesen bedingt, das sowohl hinsichtlich seiner Organisation als auch in bezug auf seine Methodik höchsten Ansprüchen gerecht wird. Weiterhin hat sich ergeben, daß das Rechnungswesen im Rahmen der Budgetierung eine wichtige Informationsquelle darstellt, und daran knüpft die Notwendigkeit des Vorhandenseins einer formal oder formlos geregelten Budgetablaufroutine. Damit ist klargestellt, daß eine gute Budgetierung dem Rechnungswesen eine Menge zusätzlicher Aufgaben auf dem Gebiet der Rechnungslegung und Kontrolle stellt. Für Unternehmen, die diese Aufgaben erkannt und sich dementsprechend bereits eingestellt haben, ergibt sich im Zusammenhang mit der Budgetierung lediglich die Notwendigkeit, die verschiedenen Daten und Auswertungen in einem integrierten und koordinierten Arbeitsplan zu vereinigen.

Ein Nebenprodukt der Budgetierung, welches gleich wichtig ist, ist deren Hilfestellung im Zusammenhang mit einer guten betriebsinternen Überwachung aller Geschäftsvorgänge zum Zweck der Erhaltung der Vermögenswerte des Unternehmens und zur Verhinderung oder Aufdeckung von Fehlern oder Unredlichkeiten.

2. Gewinnplanung

Zweck dieses und der folgenden drei Kapitel ist, einen Überblick über die Budgetierung im Hinblick auf Planung und Koordinierung zu geben, um einen Rahmen für die nachfolgende Darstellung von Einzelproblemen und Verfahren zu schaffen. Der vorherrschende Beweggrund der Unternehmung ist die Verwendung der ihr zur Verfügung stehenden Mittel und Möglichkeiten im Interesse einer Gewinnmaximierung, und die Verfolgung dieses Zieles verlangt Planung durch die Unternehmensführung. Das vorliegende Kapitel ist deshalb den Grundprinzipien der Gewinnplanung gewidmet.

Die Darstellung des Themas zerfällt in vier Teile. Der erste Teil befaßt sich mit den Zielen der Gewinnplanung und mit den wesentlichen Maßstäben. Der zweite stellt einen der Maßstäbe, die Verzinsung des eingesetzten Kapitals, im einzelnen dar. Der dritte Teil bringt Einzelheiten zur Untermauerung in Form einer zusammengefaßten Darstellung der Beziehungen zwischen Volumen, Kosten, Verkaufspreisen und Gewinn. Im vierten Teil wird die Technik dargestellt, mit deren Hilfe die Kenntnis der im Vorhergehenden genannten Beziehungen bei der Planung des gewinnoptimalen Geschäftsverlaufs eines Unternehmens angewandt wird.

Ziele und Maßstäbe bei der Gewinnplanung

ZIELE DER GEWINNPLANUNG. Die treibenden Kräfte des Unternehmens sind zahlreich und vielgestaltig und nicht immer leicht zu bestimmen. Das Gewinnstreben ist offensichtlich die wichtigste, aber nicht notwendigerweise die einzige Triebkraft. Das Ansehen, verbunden mit Erfolg oder Größe, der schöpferische Drang, der Druck des Wettbewerbs, das Verlangen nach gesellschaftlicher Anerkennung, die Furcht vor dem Eingreifen des Staates sowie der Zwang, den Nachkommen wirtschaftliche Sicherheit zu bieten, sind einige der treibenden Kräfte. Im Bezug auf ein einzelnes Unternehmen wird das Gewicht der verschiedenen Kräfte unterschiedlich sein, abhängig von den die Geschäftspolitik bestimmenden Persönlichkeiten und von deren Stellung im Unternehmen. Die Beweggründe eines Mitinhabers einer Personalgesellschaft beispielsweise werden sich wohl von denen eines angestellten Geschäftsführers einer Kapitalgesellschaft unterscheiden. Gleichermaßen werden sich die Beweggründe einer älteren, ausgeglichenen Führungsspitze unterscheiden von denen junger, vorwärtsstrebender Neulinge auf diesem Gebiet. Die

Neigung, „auf der sicheren Seite zu liegen" oder ein Wagnis einzugehen, ist ein Faktor, der nicht immer erklärt oder vorhergesagt werden kann.

Welcher Art auch immer die Beweggründe sein mögen, sie sollten im frühen Planungsstadium erkannt und klar ausgesprochen werden, da sie die Ziele des Unternehmens bestimmen. Planen ohne Ziel ist bloße Verschwendung von Zeit und Mühe. Das Ziel muß offensichtlich klar sein. Diese Erkenntnis wäre eine Binsenweisheit, ginge es nicht darum, daß in allen — mit Ausnahme kleinster — Organisationen eine gesunde Planung die Mitwirkung aller Führungsschichten erfordert. Aus diesem Grund muß das Ziel nicht nur bestimmt, es muß auch bekanntgemacht werden. Andernfalls können die Planungsarbeiten nicht richtig aufeinander abgestimmt werden.

Während es in allen Unternehmen eine Vielfalt von wirtschaftlichen Triebfedern geben mag und gewöhnlich auch gibt, ist das Gewinnstreben doch fast immer vorherrschend. Deshalb ist das Gewinnstreben die Grundlage der in diesem Buch dargestellten Art von Planung und als oberstes Ziel wird die Gewinnmaximierung angenommen. Die Auswahl unter den verschiedenen Möglichkeiten und der endgültige Plan selber werden als auf die Erzielung eines maximalen Gewinns gerichtet angesehen.

Bei der Festlegung der Gewinnmaximierung als Ziel muß jedoch dem Faktor Zeit Rechnung getragen werden. Häufig muß bei Entscheidungen der Unterschied zwischen kurzfristigen und langfristigen Auswirkungen berücksichtigt werden. So kann eine auf Maximierung des unmittelbaren Gewinns gerichtete Entscheidung auf lange Sicht gesehen nachteilige Wirkungen haben. Zum Beispiel könnte ein Unternehmen in einer Zeit akuter Güterknappheit von einer Erhöhung der Preise bis zur Obergrenze absehen, um sich für spätere Zeiten eines normalen Wettbewerbs die Zuneigung der Kunden zu erhalten. Oder die Verteilung knapper Güter auf zahlreiche Abnehmer mit der Folge höherer Vertriebskosten als sie bei voller Belieferung des Bedarfs weniger Abnehmer entstehen würden, könnte erfolgen, um für die spätere Zeit die normale Anzahl der Verkaufsstellen zu erhalten. Entscheidungen dieser Art sind eine Sache der obersten Geschäftspolitik und können nicht mit exakten Maßstäben gemessen werden. Sie sind nichtsdestoweniger von Wichtigkeit. Hieraus folgt die überragende Bedeutung der langfristigen Planung, innerhalb deren Rahmen der Arbeitsplan für die laufende Periode festgelegt werden sollte.

Masstäbe für die Gewinnplanung. Wenn auch Gewinnmaximierung als das Ziel anzusehen ist, so ist diese Zielsetzung an sich etwas allgemeiner

Natur und stellt keine ausreichende Grundlage für die Planung dar, wenn sie nicht quantitativ bestimmt wird. Finanzpläne sind quantifiziert und können deshalb das Gewinnziel in Geldmaßstäben darstellen. Darüber hinaus kann die Gewinnmaximierung allein nicht das oberste Ziel sein, wenn nicht der so maximierte Gewinn eine Fortführung des Unternehmens rechtfertigt. Das Gewinnziel muß deshalb quantitativ bestimmt werden. Es gibt mehrere Wege, auf denen diese quantitative Bestimmung in der Praxis vorgenommen wird, wenngleich sie nicht notwendigerweise alle von gleich großer Brauchbarkeit sind.

Ein sehr verbreitetes Verfahren der Messung der Ertragskraft verwendet das Verhältnis des Gewinns zum Umsatz. Dabei besteht die Zielsetzung der Planung darin, einen Gewinn in Höhe eines bestimmten Prozentsatzes der Umsatzerlöse zu erzielen. Die geplanten Umsätze werden dann in einer Höhe festgesetzt, die die Erwirtschaftung eines Gesamtgewinns ermöglicht, der die vorgesehenen Dividendenausschüttungen deckt sowie zur Ansammlung angemessener Rücklagen ausreicht.

Die allgemeine Verbreitung dieses Verfahrens als Maßstab für die Ertragskraft resultiert vermutlich aus der althergebrachten Übung des Analysierens von Gewinn- und Verlustspannen und vielleicht noch mehr aus dem traditionellen Verfahren der Preiskalkulation durch Beaufschlagung der Kosten mit einem Gewinn-Prozentsatz. Das Verfahren hat eine gewisse Schlüssigkeit und ist im allgemeinen befriedigend in der Anwendung. In der neueren Zeit haben jedoch viele fortschrittliche Unternehmensleitungen erkannt, daß zur Untermauerung gesunder Entscheidung in Richtung einer Gewinnmaximierung eine angemessene Gewinnspanne auf die Umsatzerlöse ergänzt werden muß durch eine vernünftige Verzinsung des eingesetzten Kapitals. Verzinsung des eingesetzten Kapitals ist, wie sich später zeigen wird, eine Funktion der Gewinnspanne auf die Umsatzerlöse und der Umschlagsgeschwindigkeit des eingesetzten Kapitals.

Es ist von Interesse, der Frage nachzugehen, daß die nur zögernde Verbreitung des Gedankens des Gewinnmaßstabes „Verzinsung des eingesetzten Kapitals" sehr wohl mit der Tatsache zusammenhängen könnte, daß die Grundsätze ordnungsmäßiger Buchführung nicht alle wirtschaftlichen Kostenfaktoren der unternehmerischen Betätigung berücksichtigt. Schon vor einigen Jahren kehrten die Kostenrechner dem Gedanken der Eigenkapital-Verzinsung als Kostenfaktor den Rücken und verweigerten der betriebswirtschaftlichen Auffassung vom „reinen" Betriebsgewinn ihre Anerkennung. Diese Entscheidung war aufgebaut auf berechtigten praktischen Erwägungen. Nichtsdestoweniger hatte diese Haltung zur Folge, daß die Unternehmensleitungen ihre Aufmerksamkeit in allzu vielen Fällen nicht auf die sehr wichtige Frage der Verzinsung des eingesetzten Kapitals gerichtet haben, außer in dem weniger entscheidenden Fall der effektiven Zinskosten für Fremdkapital. Wohl werden Abschreibungen für die Abnutzung der Sachanlagen berücksichtigt, diese beziehen sich jedoch nur auf einen Teil des gesamten eingesetzten Kapitals und stellen darüber hinaus lediglich ein Mittel dar zur planmäßigen Wiedergewinnung der ursprünglichen Kosten dieser Güter. Abschreibungen schließen nicht die wirtschaftlichen Kosten für das Ansammeln und Einsetzen des Kapitals ein. Gerade so wie ein Hypothekengläubiger Zinszahlungen für die Zurverfügungstellung des Kapitals sowie eine laufende Tilgung des Kapitals verlangt, so sollte ein Unternehmen die wirtschaftlichen Kosten der Bindung des eingesetzten Kapitals bei der Bestimmung der Ertragskraft seiner Tätigkeit berücksichtigen. Dies wird erreicht durch die Einbeziehung einer bestimmten Rate für die Verzinsung des eingesetzten Kapitals in die Messung der Ertragskraft.

Der Wert dieses Maßstabes der Ertragskraft in Verbindung mit dem Verhältnis des Gewinns zum Umsatz ist leicht nachzuweisen am Problem des Vergleiches der Ertragskraft zweier Produkte. Produkt A mag beispielsweise verkäuflich sein zu einem Preis, der einen Gewinn von 20% erbringt, während Produkt B nur 10% vom Verkaufspreis abwerfen soll. Danach erscheint Produkt A erheblich günstiger als Produkt B. Dies würde jedoch nicht der Fall sein, wenn Produktion und Vertrieb des Produkts A z. B. mehr als doppelt soviel Einsatz an Kapital erfordern würde als Produktion und Vertrieb des Produkts B. In diesem Falle würde Produkt B tatsächlich eine bessere Verzinsung des eingesetzten Kapitals erbringen als A und würde folglich günstiger zu beurteilen sein. Bei diesem Beispiel ist natürlich unterstellt, daß gebundenes Kapital einen wichtigen Faktor für das Unternehmen darstellt. Das trifft normalerweise zu für Fertigungsbetriebe, weniger jedoch für Dienstleistungsbetriebe.

Die Methode der Verzinsung des eingesetzten Kapitals

Der Verfasser ist der Meinung, daß ein wohldurchdachtes Gewinnziel die Berücksichtigung der Verzinsungsrate des eingesetzten Kapitals voraussetzt. Solch eine Berücksichtigung ist in Verbindung mit der Planung einer angemessenen Gewinnspanne auf die Verkaufserlöse typisch für fortschrittliches Denken der Unternehmensführung. Aus diesem Grunde schließen die in dem vorliegenden Werk zu beschreibenden Verfahren solche Überlegungen ein. Da die Methode der Verzinsung des eingesetzten Kapitals eine Entwicklung der neueren Zeit darstellt, dürfte es angebracht sein, an dieser Stelle eine kurze Besprechung einiger grundlegender Prinzipien sowie spezifischer Probleme einzufügen..

Die Zeit als Faktor der Analyse. Die Zeit ist ein bedeutender Faktor bei der Analyse. Sie ist das gemeinsame Element bei der Messung der Ertragskraft auf der Grundlage sowohl des Umsatzes als auch des eingesetzten Kapitals. Beide Messungen müssen für eine Zeitspanne vorgenommen werden. So würde beispielsweise bei einem Jahresumsatz von $ 200.000 und $ 100.000 eingesetztem Kapital für Produkt A, einem Jahresumsatz von $ 300.000 und $ 100.000 Kapital für Produkt B sowie einem Gewinn von $ 20.000 bei A und $ 30.000 bei B die Messung der Ertragskraft wie folgt geschehen:

In Prozenten des Umsatzes:

Produkt A: 20.000 : 200.000 = 10%
Produkt B: 30.000 : 300.000 = 10%

In Prozenten des eingesetzten Kapitals:

Produkt A: 20.000 : 100.000 = 20%
Produkt B: 30.000 : 100.000 = 30%

Wie das Beispiel zeigt, sind die beiden Produkte im Hinblick auf die erste Meßgröße gleich günstig zu beurteilen, während sie unterschiedlich sind im Hinblick auf die zweite.

Der Faktor, der den Ausschlag für diesen Unterschied gibt, ist das Verhältnis des Umsatzes zum eingesetzten Kapital. Im Falle von Produkt A ergibt sich eine Umschlagshäufigkeit des eingesetzten Kapitals von 2, während sie im Falle des Produktes B 3 beträgt. Die Formel zur Errechnung der Verzinsung des eingesetzten Kapitals ist deshalb wie folgt aufzustellen:

$$\frac{\text{Netto-Betriebsergebnis}}{\text{Umsatz}} \times \frac{\text{Umsatz}}{\text{Eingesetztes Kapital}} = \begin{array}{l}\text{Prozentsatz der}\\ \text{Verzinsung des}\\ \text{eingesetzten Kapitals}\end{array}$$

Im Falle von Produkt A würde die Rechnung lauten:

$$\frac{20.000}{200.000} \times \frac{200.000}{100.000} = 20\%$$

Für Produkt B würde die Rechnung ergeben:

$$\frac{30.000}{300.000} \times \frac{300.000}{100.000} = 30\%$$

Zu dem gleichen Ergebnis würde man gelangen, wenn lediglich Gewinn und eingesetztes Kapital für die Rechnung herangezogen würden. Die Folge hiervon würde jedoch sein, daß

zwei wichtige Faktoren außer Betracht gelassen würden, nämlich die Bedeutung der Kosten im Verhältnis zu den Verkaufserlösen und die Bedeu-

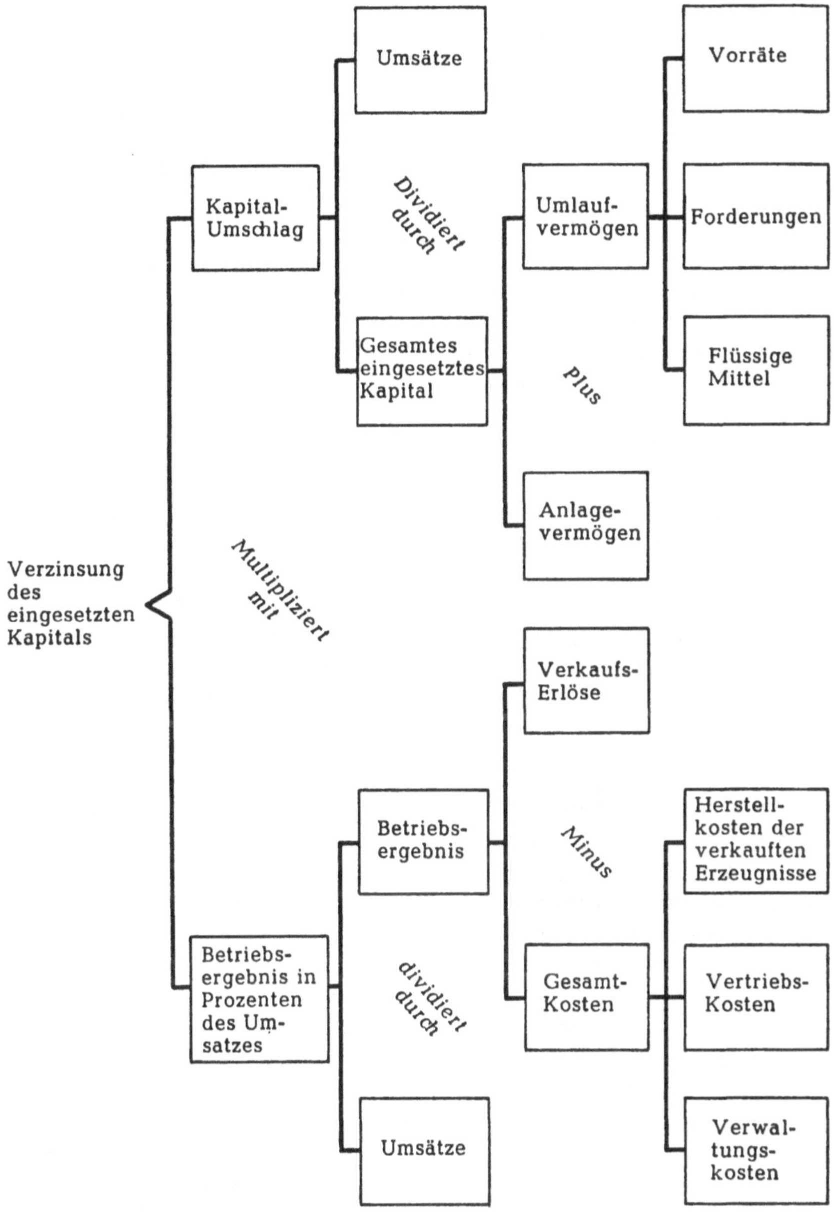

Abb. 2-1 Beziehungen zwischen den Faktoren, die die Verzinsung des eingesetzten Kapitals beeinflussen.

tung der Höhe des eingesetzten Kapitals im Verhältnis zum Umsatz — zwei variable Größen, die ständig unter Beobachtung gehalten werden müssen, wenn man wissen will, wie der Betrieb arbeitet und wo Maßnahmen der Unternehmensführung konzentriert werden müssen.

Die Verzinsung des eingesetzten Kapitals nach dieser Definition und Formel kann in dreierlei Weise beeinflußt werden:

1. Durch Steigerung der Verkaufserlöse über höhere Preise oder größeren Absatz
2. Durch Senkung der Kosten
3. Durch Verringerung des eingesetzten Kapitals über eine rationellere Vorratshaltung, einen rascheren Einzug der Forderungen, den nutzbringenden Einsatz von überschüssigen flüssigen Mitteln und über eine wirksame betriebswirtschaftliche Investitions-Kontrolle[1].

Abb. 2-1 stellt die Beziehungen zwischen der Gewinnspanne auf den Umsatz, der Verzinsung des eingesetzten Kapitals und dem Umschlagsfaktor des eingesetzten Kapitals dar.

Während die Benutzung der Methode der Verzinsung des eingesetzten Kapitals als ein Werkzeug zur Unterstützung der Unternehmensführung bei der Messung der Ertragskraft ihres Unternehmens in zunehmendem Maße Anerkennung gefunden hat, besteht keine allgemeine Einigkeit darüber, welche Elemente die einzelnen in der Rechnung zu berücksichtigenden Größen darstellen. Der Verfasser hat nicht die Absicht, alle Seiten der Verzinsung des eingesetzten Kapitals zu beleuchten, da über diese Fragen eine ganze Reihe guter Abhandlungen (in den USA) geschrieben worden ist, auf die der Leser im Bedarfsfalle zurückgreifen kann.

NETTO-BETRIEBSERGEBNIS : NETTO-GEWINN. Netto-Betriebsergebnis ist die Differenz zwischen Netto-Erlösen und Betriebskosten, die — wie Abb. 2-1 zeigt — die Herstellungskosten der verkauften Erzeugnisse, die Verwaltungs- und Vertriebskosten umfassen. Sie schließen nicht ein die neutralen Aufwendungen und Erträge sowie die Ertragssteuern. Die Anhänger der Netto-Betriebsergebnisrechnung führen an, daß die Unternehmensführung nur an den Geschehnissen im Betrieb, die von ihr beeinflußt werden können, interessiert sei, und daß Vorgänge innerhalb der reinen Finanzsphäre getrennt behandelt werden sollten, da sie in die Verantwortlichkeit des Unternehmens als Ganzes fallen. Sie führen weiter an, daß bei Einbeziehung der neutralen Aufwendungen und Erträge Schwankungen in diesen Posten die Gefahr einer Verzerrung des Rechenergebnisses in sich bergen. Selbstverständlich wird die Einbeziehung oder Nicht-Einbeziehung der Skonti auf der Einkaufs- und Verkaufsseite in die Ermittlung des Netto-Betriebsergebnisses den zwischen-

[1] F. J. Muth, „Return on Capital Employed — Measure of Management" N.A.A. Bulletin, Abteilung I, Februar 1954, Seiten 700—701.

betrieblichen Vergleich ernstlich beeinträchtigen, wenn die Grundsätze der Handhabung dieser Posten mangels einer straffen Kontrolle unterschiedlich sind oder wenn die Verschiedenheit des Betriebsablaufs unterschiedliche Voraussetzungen schafft. In dem vorliegenden Werk hat der Verfasser die Skonti als betriebsfremde Posten behandelt, um die Aufstellung des Budgets zu vereinfachen. Von anderer Seite wird empfohlen, bei der Ermittlung der Verzinsung des eingesetzten Kapitals vom Netto-Gewinn nach Steuern auszugehen, weil die Verzinsungsrate alle Faktoren einschließen sollte, auch diejenigen Aufwendungen und Erträge, die Teil der endgültigen Gewinnermittlung sind; wo sich aus der Einbeziehung von betriebsfremden Posten wesentliche Verzerrungen ergeben, könnten geeignete Korrekturen gemacht werden.
Die Entscheidung über die Benutzung des Netto-Betriebsergebnisses oder des Netto-Gewinns (nach Steuern) ist eine Angelegenheit der Unternehmensführung, und in jedem Fall wird der angestrebte Zweck erreicht, solange die Ergebnisse im Lichte dieser Entscheidung beurteilt werden. In diesem Werk wird die Verzinsung des eingesetzten Kapitals durchgehend auf der Grundlage des Netto-Betriebsergebnisses bestimmt werden. Es würde den Rahmen dieser Abhandlung sprengen, sollte an dieser Stelle auf Fragen der Gliederung und des Ausweises für Zwecke der Veröffentlichung von Abschlüssen der Rechnungslegung eingegangen werden. Überdies ist es durchaus nicht ungewöhnlich, für die interne Berichterstattung andere Gliederungsgesichtspunkte anzuwenden, die eine bessere Darstellung und Grundlage für die Entscheidungen der Unternehmensführung bieten.

Die Bedeutung des „eingesetzten Kapitals". In den vorangegangenen Abschnitten wurde der Begriff „eingesetztes Kapital" im Sinne von Gesamtvermögen angewandt. Für bestimmte Zwecke ist zwar auch das Verhältnis des Gewinns zum Eigenkapital ein geeigneter Maßstab, für die Zwecke der Unternehmensführung jedoch ist das Verhältnis des Gewinns zu dem im gesamten Vermögen des Unternehmens investierten Kapital von einer größeren Aussagekraft.
Die Verwendung des Verhältnisses von Gewinn zu Eigenmitteln hat eine gewisse logische Rechtfertigung insofern, als sie den Gewinn zu den vom Kapitalgeber eingesetzten Eigenmitteln in Beziehung setzt. Und man könnte wohl sagen, daß letzten Endes die Hauptaufgabe der Unternehmensführung darin bestehe, die Kapitaleigner zu befriedigen. Eine der Hauptschwächen dieser Methode ist jedoch, daß sie dazu führen kann, daß in einem überhöhten Maße Darlehen oder Kredite eingesetzt werden, deren Ertrag zwar die Zinskosten deckt und darüber hinaus noch einen geringen Zusatzgewinn für den Kapitaleigner abwirft; dabei wird

jedoch nicht berücksichtigt, daß die echte Verzinsung dieses zusätzlich eingesetzten Kapitals niedriger ist als die der Eigenmittel. Mit anderen Worten, diese Betrachtungsweise birgt die Gefahr des unwirtschaftlichen Einsatzes von Fremdmitteln in sich. Damit soll nicht gesagt werden, daß die Aufnahme von zusätzlichem Fremdkapital nicht ein guter Weg zur Erweiterung des Geschäftsvolumens und zur Verbesserung der Gewinne für den Kapitaleigner wäre, sondern es soll der Meinung Ausdruck verliehen werden, daß alle der Unternehmensführung zur Verfügung stehenden Mittel ungeachtet ihrer Herkunft wirtschaftlich eingesetzt werden sollten, d. h. daß das gesamte eingesetzte Kapital eine gute Verzinsung abwerfen sollte. Darüber hinaus sei noch vermerkt, daß der Begriff „eingesetztes Kapital" sich nicht nur auf das Sachanlagevermögen bezieht, sondern auf das gesamte für die Unternehmenstätigkeit eingesetzte Vermögen einschließlich Vorräte, Forderungen und flüssige Mittel. Bei der Bestimmung der Posten, aus denen sich das „eingesetzte Kapital" zusammensetzt, ergibt sich außerdem noch das Problem der Bewertung der einzelnen Vermögensteile für den Zweck dieser Berechnung.

Umlaufvermögen. Für die Bewertung des Umlaufvermögens werden in der Regel die Buchwerte herangezogen. Aus der buchmäßigen Behandlung einzelner Vermögensteile mag sich jedoch hier und da die Notwendigkeit einer Korrektur ergeben:

1. *Flüssige Mittel.* Bei der Beurteilung der flüssigen Mittel innerhalb des „eingesetzten Kapitals" ist von dem Zweck auszugehen, für den die Analyse gemacht wird. Soll beispielsweise durch einen zwischenbetrieblichen Vergleich die Ertragskraft verschiederner Unternehmen durch Errechnung der Verzinsung des „eingesetzten Kapitals" aus deren Bilanzen gemessen werden, so muß dabei berücksichtigt werden, daß die Bilanz eines Unternehmens zu einem bestimmten Zeitpunkt mehr oder weniger flüssige Mittel zeigen kann als es dem normalen Bedarf entspricht. Überschüssige Mittel insbesondere können eine Folge der Ansammlung für ein zukünftiges Erweiterungsprogramm sein, und dieser Umstand müßte bei der Berechnung der laufenden Verzinsung des „eingesetzten Kapitals" gebührend berücksichtigt werden.

2. *Forderungen.* Die Bewertung der Forderungen sollte realistisch sein, d. h. die angesetzten Beträge sollten einen angemessenen Abschlag für voraussichtlich uneinbringliche Forderungen enthalten. Falls jedoch dieser Abschlag überhöht ist — d. h. falls er über die bekannten oder erfahrungsgemäß zu erwartenden Verluste hinausgeht —, sollte er insoweit als er als überhöht anzusehen ist, keine Berücksichtigung finden.

3. *Vorräte.* Es gibt eine ganze Reihe brauchbarer Methoden für die Be-

wertung des Vorratsvermögens. Im Zusammenhang mit der Bestimmung der Verzinsung gesehen erscheinen jedoch einige dieser Methoden problematisch:

Die Bewertung der Vorräte beispielsweise auf Basis Lifo (last in — first out) bewirkt, daß das Vorratsvermögen in der Regel — bei steigenden Preisen — unter den darin investierten tatsächlichen Anschaffungs- oder Herstellungskosten ausgewiesen wird. Daraus braucht noch keine Schwierigkeit für die Analyse zu entstehen, wenn diese Bewertungsmethode kontinuierlich angewandt wird und die Ergebnisse lediglich zum Zwecke von Entwicklungsstudien der Ertragskraft des betreffenden Unternehmens oder Betriebes benutzt werden. Beim Anstellen von zwischenbetrieblichen Vergleichen jedoch muß einem eventuellen Unterschied in der Bewertung zwischen Lifo und Fifo (first in — first out) oder Durchschnittskosten durch geeignete Korrekturen Rechnung getragen werden. Ebenso würde ein Vergleich gestört sein, wenn ein auf Lifo-Basis bewertendes Unternehmen ein neues Werk mit einem neuen Produkt aufmachen will und dessen Vorratsvermögen mit neuesten Marktpreisen bewertet zum Vergleich heranzöge.

Als weiteres Beispiel für die Auswirkung der jeweiligen Bewertungsmethode auf die Ermittlung der Verzinsung des eingesetzten Kapitals sei die Grenzkostenrechnung (Deckungsbeitragsrechnung) genannt. Die Anhänger dieser Kostenrechnungsmethode vertreten die Auffassung, daß nur die proportionalen, unmittelbar fertigungsabhängigen Kosten als Herstellungskosten in den Vorräten zu aktivieren seien und daß die fixen Kosten als Zeitkosten zu behandeln seien. Unternehmen, die die Grenzkostenrechnung benutzen, werden deshalb in ihren Vorräten nur die darin gebundenen direkten Kostenanteile führen, wogegen andere Unternehmen, die der Vollkostenrechnung anhängen, zusätzlich anteilige Fixkosten aktiviert haben. Für Entwicklungsvergleiche innerhalb eines Unternehmens wird sich daraus wiederum kein Problem ergeben. Beim zwischenbetrieblichen Vergleich muß jedoch der Unterschied in der Bewertung zwischen einer Teil- und Vollkostenrechnung gebührend Berücksichtigung finden.

4. Alle *anderen Gegenstände* des Umlaufvermögens sollten mit ihren Buchwerten in die Rechnung einbezogen werden, vorausgesetzt natürlich, daß diese wirklichkeitsnahe sind.

ANLAGEVERMÖGEN. Bei der Betrachtung des Sachanlagevermögens ergibt sich ein anderes Problem, nämlich die Frage, ob die Gegenstände mit Anschaffungs- oder Herstellungskosten oder mit ihrem jeweiligen Netto-Buchwert in die Rechnung einbezogen werden sollten.

Die Abschreibungen stellen an sich das betriebswirtschaftliche Medium zur anteiligen Verflüssigung des im Sachanlagevermögen gebundenen Kapitals dar. Im Falle, daß diese Abschreibungen in voller Höhe verdient werden, führen sie demnach zu einer entsprechenden Erhöhung des Brutto-Vermögens. (In amerikanischer Sicht sind Abschreibungen nicht ein Instrument der Bewertung von Vermögensgegenständen, sondern der Nachverrechnung von zunächst in der Bilanz gebundenen Kosten.) Die Befürworter der Benutzung des Nettobuchwerts sind der Ansicht, daß diese Verflüssigung berücksichtigt werden muß, um eine Duplizierung der Vermögenswerte zu vermeiden, die bei gleichbleibendem Jahresgewinn ein Absinken der Verzinsung des eingesetzten Kapitals bewirken würde. Auf der anderen Seite wird nach dieser Methode der Gewinn lediglich an der verbleibenden Netto-Investition gemessen, ohne zu berücksichtigen, daß wiedergewonnene Mittel für zusätzliche Investitionen zur Verfügung stehen.

Das nachfolgende Beispiel möge zur Veranschaulichung dieser Frage dienen: Ein Unternehmen beginnt mit einem Anfangskapital von 1,2 Millionen $. Aus diesem Betrag wird eine Million $ in Sachanlagen mit einer durchschnittlichen Nutzungsdauer von zehn Jahren investiert. Zur Vereinfachung sei angenommen, daß alle Gewinne jährlich ausgeschüttet werden. Die Verzinsung des eingesetzten Kapitals würde sich dann bei Benutzung einerseits der Brutto-Werte und andererseits der Netto-Buchwerte für das Anlagevermögen wie folgt errechnen:

	Beginn	Ende des ersten Jahres	Ende des zweiten Jahres
	in 1000 $	in 1000 $	in 1000 $
Umlaufvermögen	200	200	200
Durch Abschreibungen freigewordene Mittel	—	100	200
Sachanlagevermögen	1.000	1.000	1.000
Aufgelaufene Abschreibungen	—	(100)	(200)
Brutto-Vermögen	1.200	1.300	1.400
Netto-Vermögen	1.200	1.200	1.200
Netto-Betriebsergebnis in 1000 $		120	120
in % des Brutto-Vermögens		9,2%	8,6%
in % des Netto-Vermögens		10 %	10 %

Das Zahlenbeispiel zeigt deutlich, daß die Beurteilung auf der Basis des Netto-Vermögens zwar die Ertragskraft der ursprünglichen Investitionen richtig wiedergibt, jedoch kein Anzeichen dafür bietet, daß die durch Abschreibungen freigewordenen Mittel nicht gewinnbringend reinvestiert worden sind. Aufgabe der Unternehmensführung ist das ständige Reinvestieren freiwerdender Mittel mit dem Ziel, das gesamte ihr zur Verfügung stehende Kapital gewinnbringend einzusetzen. Die Benutzung des Brutto-Vermögens für die Bestimmung der Verzinsung des eingesetzten Kapitals ist daher das geeignete Mittel zur Kontrolle des Erfolgs der Bemühungen der Unternehmensführung. Da die ertragbringende Reinvestition nicht nur in der Ersatzbeschaffung für ausscheidende Anlagegüter bestehen kann, ergibt sich die Notwendigkeit einer ständigen Expansion mit der Aufgabe, neue Möglichkeiten der Geschäftstätigkeit zu erschließen. Gerade in dieser Hinsicht ist die Benutzung des Brutto-Vermögens als Beurteilungsgrundlage anderen Maßstäben überlegen. Sie stellt ein Mittel zur Messung der möglichen Entwicklung der Unternehmung sowie zur Kontrolle der Bemühungen der Unternehmensführung um die Wahrnehmung dieser Entwicklungsmöglichkeiten dar.

Beim Anstellen von innerbetrieblichen Vergleichen zwischen mehreren Werken einer Gesellschaft kann die aus der Einbeziehung der durch Abschreibungen frei gewordenen Mittel zusammen mit den Brutto-Anschaffungs- oder Herstellungskosten resultierende Doppelbewertung natürlich auch dadurch vermieden werden, daß den einzelnen Werken nur die Mittel zugeteilt werden, die sie für ihren laufenden Geschäftsbetrieb brauchen. Dabei wird davon ausgegangen, daß die Reinvestition der durch Abschreibungen frei werdenden Mittel eine Aufgabe des Unternehmens als Ganzes, nicht der einzelnen Werke ist.

Ein weiterer Umstand, der bei solchen Vergleichen berücksichtigt werden muß, ist die Auswirkung unterschiedlicher Anschaffungs- oder Herstellungskosten auf das Ergebnis des Vergleichs; insbesondere wenn die Anlagengüter zu verschiedenen Zeitpunkten und zu unterschiedlichen Kosten angeschafft worden sind. Niedrige Anschaffungs- oder Herstellungskosten oder eine hohe aufgelaufene Abschreibung, oder beides zusammen würden offensichtlich ein älteres Werk gegenüber dem neueren bei einem solchen Vergleich vorteilhafter erscheinen lassen, obwohl die älteren Anlagen in aller Regel höhere Betriebskosten verursachen werden. Auch aus diesem Grunde ist es vorteilhaft, der Abschreibung unterworfene Gegenstände des Sachanlagevermögens mit ihren ursprünglichen Anschaffungs- oder Herstellungskosten anzusetzen. Die Verwendung von Wiederbeschaffungskosten, die vielfach als eine bessere Grundlage für die Bewertung des Sachanlagevermögens dargestellt werden, wirft eine Reihe von theoretischen und praktischen Problemen auf, die den Rahmen dieses Werkes jedoch sprengen würden und hier nicht weiter erörtert werden sollen.

Mark W. Cresap jr. schreibt in einem Aufsatz[2] zur Frage der Bewertung des Sachanlagevermögens:

2 Mark W. Cresap jr., „Some guides to long-term planning" N.A.A. Bulletin, Abteilung I, Januar 1953, Seite 603.

Das Verhältnis des Nettogewinns zum eingesetzten Kapital wird bestimmt auf der Grundlage der Bruttowerte des Sachanlagevermögens anstelle der Nettobuchwerte, um eine gewisse Angleichung in der Bewertung der Anlagen verschiedener Werke oder Unternehmen insbesondere zwischen solchen mit alten, zu relativ niedrigen Kosten beschafften Anlagen und solchen mit neuen, teuren Anlagen zu erreichen. Durch die Bewertung aller Anlagen mit ihren Brutto-Anschaffungs- oder Herstellungskosten wird die Verzerrung der Vergleichsergebnisse auf ein Minimum reduziert, und wir glauben, daß die vergleichsweise geringere Leistungsfähigkeit der älteren Anlagen ihren Ausgleich findet in ihrem relativ niedrigeren Bruttobuchwert, ohne Abzug von aufgelaufenen Abschreibungen. Die Benutzung von Bruttowerten führt zwar nicht zu einer hundertprozentigen Vergleichbarkeit, sie stellt jedoch, wenn eine Bewertung des Sachanlagevermögens im Wege einer Sachverständigen-Schätzung nicht gangbar ist, die brauchbarste aller verfügbaren Methoden dar.

Die angestrebte Verzinsung des eingesetzten Kapitals. Nachdem nunmehr die Bedeutung und die Ermittlung der Verzinsung des eingesetzten Kapitals herausgestellt wurde, bleibt noch die Frage der Festlegung eines Standards der Ertragskraft als Richtschnur für die Unternehmensführung. Diese Frage kann an dieser Stelle nicht in allen Einzelheiten beantwortet werden, sondern es sollen nur einige Aspekte beleuchtet werden. In jedem Falle muß die Verzinsung des eingesetzten Kapitals hoch genug sein, um einen ausreichenden Anreiz für den Einsatz des erforderlichen Kapitals zu bieten; es gibt jedoch keinen exakten Maßstab für eine „befriedigende" Verzinsung. Jeder Kapitalgeber wird vermutlich eine Vorstellung von der Verzinsung haben, die sein Kapital bringen sollte, diese Vorstellung wird jedoch von Zeit zu Zeit Schwankungen unterworfen sein. Trotzdem sollte die Unternehmensführung einen gewissen Standard vor Augen haben, unterhalb dessen freie Mittel nicht investiert werden. Abgesehen von der Investierung neuer Mittel — und solche entstehen laufend durch Abschreibungen — besteht wie bereits ausgeführt die Notwendigkeit einer ständigen Überwachung der Verzinsung des laufend eingesetzten Kapitels. Diese Maßnahme dient der Messung der Leistungsfähigkeit der verschiedenen Werke eines Unternehmens. Es besteht ein zweigeteiltes Problem: Die Festlegung einer anzustrebenden Mindestrate der Verzinsung des eingesetzten Kapitals und die Verlagerung der verfügbaren Mittel auf die ertragsstärksten Einsatzmöglichkeiten.

Die Beziehungen zwischen Fertigungs- und Absatzvolumen, Kosten, Preisen und Gewinn

Die Beziehungen zwischen Fertigungs- und Absatzvolumen, Kosten und Preisen. Einer der wichtigsten Faktoren in der Gewinnplanung der meisten Unternehmen ist die Beziehung zwischen Fertigungs- und Verkaufsvolumen, Kosten und Gewinn. Die Aufgabe der Unternehmensführung würde sich sehr einfach gestalten, wenn sich alle Kosten proportional zum Umsatz verhalten würden. Unter dieser Voraussetzung würde sich der Gewinn im selben Verhältnis verändern, da die Gewinnspanne pro verkaufte Einheit bei schwankendem Absatz unverändert bleiben würde.

Solche einfachen Verhältnisse sind jedoch in der modernen Wirtschaft nicht anzutreffen. In der Praxis liegen die Dinge so, daß jede Unternehmung einen erheblichen Teil ihrer Gesamtproduktionskapazität absetzen muß, um eine Deckung der Gesamtkosten zu erreichen, und ein Gewinn wird erst erzielt, wenn diese Umsatzschwelle überschritten ist. Die Gewinnspanne pro Einheit schwankt mit dem Absatzvolumen. Aus dieser Tatsache resultiert der starke Drang nach Erweiterung des Fertigungs- und Verkaufsvolumens.

Diese Erscheinung ergibt sich aus der Tatsache, daß die Kosten in einem unterschiedlichen Grad abhängig von der Höhe der Produktion sind. Diese Abhängigkeit reicht von 100%ig fixen Kosten bis zur 100%igen Proportionalität. Dieser Umstand bildet eine der Grundlagen der Gewinnplanung. Seine Bedeutung wird veranschaulicht durch das folgende vereinfachte Beispiel, in dem alle Kosten als entweder völlig fix oder völlig proportional angenommen werden. Dieses Beispiel zeigt das Verhältnis zwischen Fertigungs- und Verkaufsvolumen und Gewinn bei einem gegebenen Preis.

I Zahl der verkauften Einheiten	II Umsatz-Erlös	III Proportionale Kosten	IV Grenzertrag (II-III)	V Fixkosten	VI Gewinn (IV-V)
	$	$	$	$	
0	0	0	0	20.000	(20.000)
1.000	10.000	5.000	5.000	20.000	(15.000)
2.000	20.000	10.000	10.000	20.000	(10.000)
3.000	30.000	15.000	15.000	20.000	(5.000)
4.000	40.000	20.000	20.000	20.000	0
5.000	50.000	25.000	25.000	20.000	5.000
6.000	60.000	30.000	30.000	20.000	10.000
7.000	70.000	35.000	35.000	20.000	15.000
8.000	80.000	40.000	40.000	20.000	20.000
9.000	90.000	45.000	45.000	20.000	25.000

Abb. 2-2 Beziehungen zwischen Volumen, Kosten und Gewinn

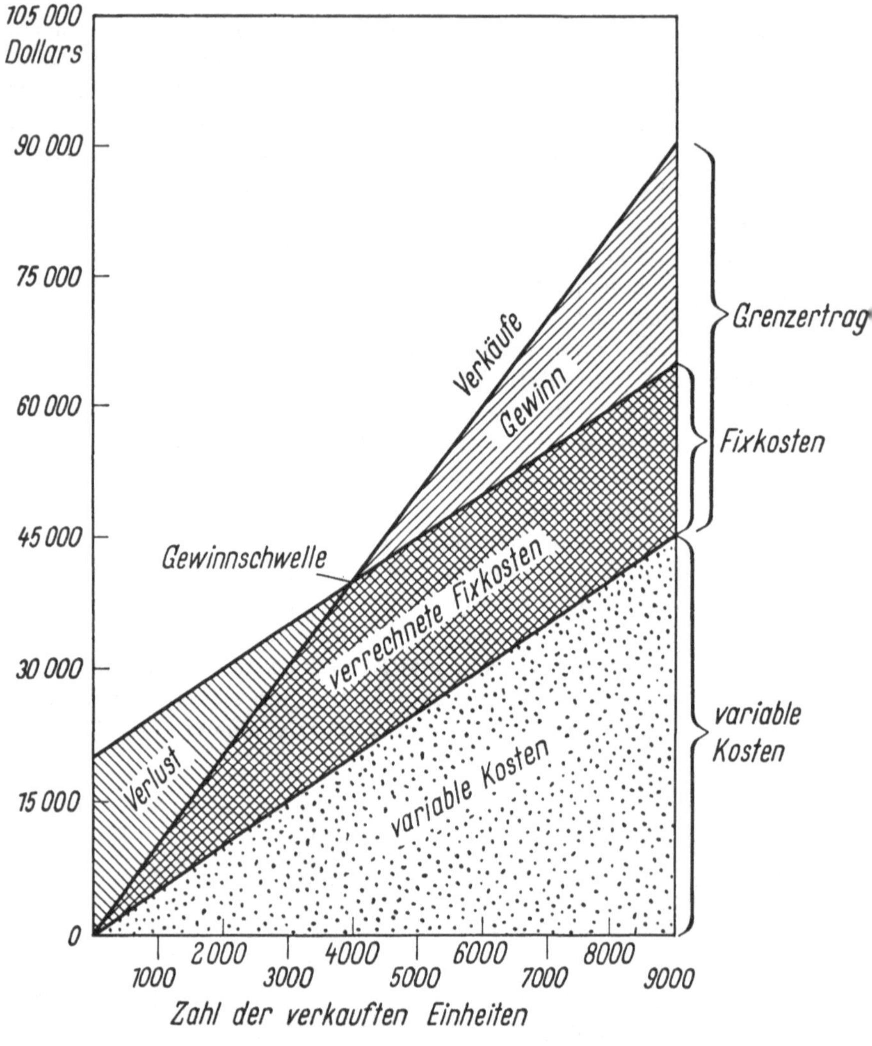

Abb. 2-3 Beziehungen zwischen Volumen, Kosten und Gewinn (Gewinnschwellendiagramm)

Das Beispiel zeigt, daß bei Fixkosten von 20.000 $ im Abrechnungszeitraum, variablen Kosten von 5 $ pro Einheit und einem Verkaufspreis von 10 $ pro Einheit 4000 Einheiten verkauft werden müssen, um die Gewinnschwelle zu erreichen. Das ergibt sich daraus, daß der Grenzertrag für jede verkaufte Einheit (Verkaufserlös ./. variable Kosten) als Beitrag zur Deckung der Fixkosten nur 5 $ beträgt. Ein Gewinn wird erzielt durch den über 4000 Einheiten hinausgehenden Absatz. Dieser Gewinn nimmt vom Erreichen der Gewinnschwelle an wesentlich schneller zu als der Umsatz, da der Grenzertrag oberhalb der Gewinnschwelle in voller Höhe Gewinn wird. Im umgekehrten Sinne nimmt der Gewinn wesentlich rascher ab als der Umsatz, solange die in unserem Beispiel unterstellten Verhältnisse zutreffen. Abbildung 2-3 zeigt diese Entwicklung in vereinfachter Form. Die Bedeutung der fixen und variablen Kosten für die Gewinnplanung kann gar nicht stark genug unterstrichen werden. Das Verständnis für das Wesen dieser Kosten ist eine der Grundvoraussetzungen moderner Unternehmensführung.

Fixe und variable Kosten. Die Kennzeichnung der Kosten als fix oder variabel hängt teilweise mit der Natur der Kosten zusammen und teilweise mit Entscheidungen der Unternehmensführung. Fixe Kosten werden durch Entscheidungen der Unternehmensführung ins Leben gerufen und können durch diese auch beeinflußt werden, soweit eine solche Beeinflussung dem Charakter der Fixkosten entsprechend überhaupt möglich ist. Eine Entscheidung, die Fixkosten wie z. B. Abschreibungen, Mieten oder ähnliche Raumkosten sowie mit Gebäuden und Einrichtungen zusammenhängende Fixkosten zur Folge hat, ist bindend, solange die Anlagen nicht abgestoßen werden, und es liegt in der Natur solcher Anlagen, daß die Entscheidung über ihre Beibehaltung oder Abschaffung keine Frage des Augenblicks darstellt. Gleichermaßen ist zum Beispiel eine vertragliche Abnahmeverpflichtung in der Regel für die Dauer des Vertrages bindend.

Andere Fixkosten kann die Unternehmensführung theoretisch willkürlich beeinflussen: Die Bezüge der leitenden Angestellten z. B. können in der Regel verändert werden, wenn die Umstände dies erfordern. Das gleiche gilt für viele andere Kosten, die gemeinhin für fix gehalten werden. Aber auch in diesen Fällen sprechen meist praktische Überlegungen gegen eine allzu häufige und schnelle Veränderung.

Für die Zwecke einer praktischen Begriffsbestimmung kann man deshalb als fixe Kosten solche bezeichnen, die normalerweise innerhalb einer Zeitperiode unverändert bleiben, unabhängig von Schwankungen im Fertigungs- oder Verkaufsvolumen entweder aus vertraglichen oder anderen bestehenden Gründen heraus. Die Unternehmensführung mag sich im Einzelfall gezwungen sehen, durch ihre Entscheidung die beeinflußbaren Kosten zu verändern, wenn sich bei der Aufstellung des Budgets erweist, daß die für den Planungszeitraum vorgesehenen Fixkosten unrealistisch sind. Im allgemeinen werden jedoch Fixkosten für den gesamten Planungszeitraum in gleichbleibender Höhe eingesetzt. Diese Kosten sind also in ihrem Gesamtbetrag fix, auf die Fertigungseinheit bezogen jedoch verändern sie sich entsprechend den Schwankungen im Fertigungs- oder Verkaufsvolumen.

Im Gegensatz hierzu sind variable Kosten auf die Fertigungseinheit gesehen fix und steigen oder fallen in ihrem Gesamtbetrag mit dem Fertigungs- oder Verkaufsvolumen. Zu diesen Kosten gehören Fertigungsmaterial, Fertigungslöhne (soweit der Einsatz des Produktionsfaktors ‚Arbeit' variiert werden kann), Betriebsstoffe, Verkaufsprovisionen und andere Kosten, die sich in Abhängigkeit von Fertigungs- oder Verkaufsvolumen verändern.

Es muß jedoch erwähnt werden, daß nicht alle proportionalen Kosten sich automatisch variabel verhalten. Im Falle des Fertigungsmaterials ist es selbstverständlich, daß dessen Verbrauch direkt von der Produktionshöhe abhängt und, abgesehen von Materialverlusten, automatisch mit der Produktion steigt und fällt. Das gleiche gilt für Verkaufsprovisionen, die in einem festen Prozentsatz vom Umsatz gezahlt werden. Der Fertigungslohn jedoch, der gewöhnlich als variabel bezeichnet wird, wird sich nicht automatisch so verhalten, sofern er nicht auf der Grundlage eines einfachen Stücklohnes gezahlt wird. Anderenfalls bedarf es besonderer Maßnahmen der Unternehmensführung, um den Fertigungslohn in einem proportionalen Verhältnis zum Fertigungsvolumen zu halten. Das gleiche gilt für gewisse andere variable Kosten. Ihre Kontrolle erfordert überwachende und steuernde Maßnahmen der Unternehmensführung.

Das Rechnen mit der Gewinnschwelle. Wenn alle Kosten unter die zwei Kategorien „fix" und „variabel" fallen, dann ermöglicht die Kenntnis des Gesamtbetrages der Fixkosten und des Verhältnisses der variablen Kosten zu den Umsätzen gewisse einfache, aber sehr aussagefähige Berechnungen, die für die Planung und insbesondere für die Gewinnung eines Überblicks über die wichtigen Beziehungen zwischen den drei Faktoren Volumen, Kosten und Gewinn von großem Nutzen sein können.

Die erste dieser Berechnungen ist die Bestimmung der Gewinnschwelle. Die anzuwendende Formel ist sehr einfach, sie lautet:

$$\begin{array}{c}\text{Gewinnschwelle}\\ \text{(in \$ Umsatz)}\end{array} = \frac{\text{fixe Kosten in \$} \times 100}{\text{Grenzertrag in \%}}$$

In unserem Beispiel (Abb. 2-2 und Abb. 2-3) wurden die Fixkosten mit 20.000 $ in der Abrechnungsperiode, die variablen Kosten mit 50% des Erlöses angenommen. Die Gewinnschwelle errechnet sich dann wie folgt:

$$\frac{20.000 \times 100}{50} = 40.000$$

Die Gewinnschwelle wird demnach bei einem Umsatz von 40.000 $ in der Abrechnungsperiode erreicht. Die Richtigkeit des Ergebnisses wird bestätigt sowohl durch die Zahlentabelle (Abb. 2-2) als auch durch die graphische Darstellung (Abb. 2-3). Die Formel geht ganz einfach davon aus, daß, wenn die Hälfte eines jeden $ Umsatzerlös zur Deckung der variablen Kosten benötigt wird, die andere Hälfte den Grenzertrag darstellt und für die Deckung der Fixkosten zur Verfügung steht. Die Umsatzerlöse müssen in diesem Falle also gerade den doppelten Betrag der Fixkosten betragen, um die Gewinnschwelle zu erreichen.

Aus der Formel kann abgeleitet werden, daß bei sonst unveränderten Voraussetzungen jede Erhöhung der Fixkosten den zur Erreichung der Gewinnschwelle erforderlichen Umsatz um den doppelten Betrag der Erhöhung nach oben verlagern würde. Wäre jedoch eine solche Erhöhung der Fixkosten beispielsweise von 20.000 $ auf 23.000 $ die Folge einer zusätzlichen Mechanisierung mit dem Ergebnis einer Verbesserung des Grenzertrages von 50 auf 60 %, so würde sich die neue Gewinnschwelle wie folgt errechnen:

$$\frac{23.000 \times 100}{60} = 38.333$$

Obwohl normalerweise anzunehmen ist, daß eine Zunahme der Fixkosten eine Erhöhung der Gewinnschwelle zur Folge hat, ist es in diesem Falle umgekehrt, weil der Rationalisierungseffekt der zusätzlichen Investition vergleichsweise größer ist als die Mehrbelastung mit fixen Kosten. So muß bei jeder Veränderung eines oder mehrerer Faktoren in der Rechnung eine neue Ermittlung der Gewinnschwelle angestellt werden.

Angenommen, die fixen Kosten bleiben unverändert und die variablen Kosten steigen oder fallen infolge von Veränderungen in den Mengen oder Preisen der variablen Kostenfaktoren, dann steigt oder fällt die Gewinnschwelle entsprechend.

Eine Veränderung in den Verkaufspreisen bei unveränderten Kosten würde ebenfalls die Gewinnschwelle beeinflussen. So würde in dem ursprünglichen Beispiel mit einer Gewinnschwelle von 40.000 $ auf der Grundlage von Fixkosten in Höhe von 20.000 $ und variablen Kosten von 50 % der Umsatzerlöse eine 10 %ige Preissenkung die Gewinnschwelle anheben, weil die variablen Kosten nunmehr einen höheren Prozentsatz im Verhältnis zum Umsatzerlös ausmachen und ein entsprechend geringerer Anteil des Erlöses zur Deckung der Fixkosten verfügbar bleibt. Die variablen Kosten pro Verkaufseinheit bleiben in diesem Falle zwar unverändert, das Verhältnis dieser Kosten zum Verkaufspreis verändert sich jedoch auf rund 55%. Dadurch sinkt der Grenzertrag auf 45% des Erlöses, und die neue Gewinnschwelle errechnet sich wie folgt:

$$\frac{20.000 \times 100}{45} = 44.444$$

Eine weitere, bei der Gewinnplanung oft sehr nützliche Rechnung ist die Bestimmung der Gewinnschwelle in Prozenten der Fertigungskapazität. Unter der Annahme, daß das Verhältnis von Fertigung und Absatz konstant ist, gilt für die Bestimmung des Fertigungsvolumens, bei dem die Gewinnschwelle erreicht wird, folgende Formel:

$$\frac{\text{Fixkosten in \$} \times \text{gegenwärtige Kapazitätsauslastung in \%}}{\text{gegenwärtiges Umsatzvolumen in \$} - \text{variable Kosten in \$}} =$$

$$= \text{Gewinnschwelle in \% der Fertigungskapazität.}$$

Bei Unterstellung einer gegenwärtigen Kapazitätsauslastung von 80% und einem Umsatzvolumen von 48.000 $ ergibt sich folgende Rechnung:

$$\frac{20.000 \times 80}{48.000 - 24.000} = 66{,}67$$

Die Gewinnschwelle wird also bei einer Kapazitätsauslastung von $66^2/_3$% erreicht. Wenn 48.000 $ einer 80%igen Kapazitätsauslastung entsprechen, würde der Produktionsausstoß bei 100%iger Kapazitätsauslastung für einen Umsatz von 60.000 $ ausreichen. Bei einer $66^2/_3$%igen Kapazitätsauslastung würde der Umsatz 40.000 $ betragen, die Fixkosten unverändert 20.000 $ und die variablen Kosten bei gleichbleibendem Verhältnis zum Umsatz 20.000 $.

MINDESTVOLUMEN ZUR GEWINNERZIELUNG. Die im Vorstehenden gebrachten Beispiele befassen sich nur mit der Bestimmung der Gewinnschwelle. Von größerer Bedeutung ist es jedoch, mit dem Verkaufsvolumen zu rechnen, das mindestens erzielt werden muß, um den als Ziel aufgestellten Gewinn zu erhalten. Der Plangewinn kann bestimmt werden als ein Prozentsatz des Umsatzes oder als ein fester Betrag. In dem folgenden Zahlenbeispiel sei bei sonst unveränderten Daten angenommen, daß das von der Unternehmensführung angestrebte Ziel bei einem Gewinn in Höhe von 10% des Umsatzerlöses liegt. Dieser Plangewinn wird in der Rechnung wie ein zusätzlicher variabler Kostenfaktor von 10% behandelt. Der zur Erzielung eines Gewinnes in der gewünschten Höhe erforderliche Umsatz errechnet sich dann wie folgt:

$$\frac{20.000 \times 1000}{100 - (50 + 10)} = 50.000$$

Das Ergebnis wird durch die folgende Proberechnung erhärtet:

Umsatz		\$ 50.000
Minus:		
Fixe Kosten	\$ 20.000	
Variable Kosten (50%)	\$ 25.000	
Gesamtkosten		\$ 45.000
Gewinn (10% des Umsatzes)		\$ 5.000

Die Richtigkeit des Ergebnisses kann auch anhand der Abbildungen 2-2 und 2-3 nachgeprüft werden.

Für den Fall, daß der Plangewinn nicht als ein Prozentsatz des Umsatzes, sondern als ein absoluter Betrag von beispielsweise 5.000 \$ festgesetzt wäre, würde dieser Gewinn in der Rechnung wie ein zusätzlicher Fixkostenfaktor behandelt:

$$\frac{(20.000 + 5.000) \times}{100 - 50} = 50.000$$

KOSTEN- UND GEWINN-GESETZMÄSSIGKEITEN. Aus den in den vergangenen Abschnitten durchgeführten Analysen lassen sich folgende Erkenntnisse ableiten, die bei der Vorausschätzung der Auswirkungen unternehmerischer Entscheidungen von Nutzen sind:

1. Eine Veränderung des Gesamtbetrages der fixen Kosten beeinflußt die Gewinnschwelle der Unternehmung, nicht aber den Grenzertrag oder die Kurve des Ertragsverlaufs.
2. Eine Veränderung der variablen Kosten beeinflußt die Grenzschwelle, den Grenzertrag und die Kurve des Gewinnverlaufs.
3. Eine Veränderung der Verkaufspreise hat die gleiche Wirkung wie eine Veränderung der variablen Kosten.
4. Der Grenzertrag wird nur durch Veränderungen in den Verkaufspreisen oder in den variablen Kosten beeinflußt.
5. Eine Veränderung der fixen und der variablen Kosten beeinflußt die Gewinnschwelle in verstärktem Maße und verändert zusätzlich den Grenzertrag und die Kurve des Gewinnverlaufs.
6. Wenn der Grenzertrag gering ist — unter 15% —, dann sind erhebliche Veränderungen im Volumen erforderlich, um eine nennenswerte Veränderung des Gewinnes hervorzurufen. Umgekehrt treten, wenn das Volumen unter die Gewinnschwelle fällt, Verluste nur relativ langsam ein.
7. Wenn beträchtliche Volumensteigerungen bei niedrigem Grenzertrag erzielt werden, kann der Zuschußbedarf an flüssigen Mitteln rascher steigen als der Mittelzufluß aus dem Grenzertrag. In einem solchen Fall können bei ungenügenden flüssigen Mitteln leicht Liquiditäts-Engpässe eintreten.
8. Wenn der Grenzertrag hoch ist — 40% —, werden bei nur relativ geringen Umsatzsteigerungen oberhalb der Gewinnschwelle hohe Zusatzgewinne und ein erheblicher Zufluß flüssiger Mittel erzielt. Umgekehrt werden bei relativ geringen Volumeneinbußen unterhalb der Gewinnschwelle beträchtliche Verluste eintreten.

9. Die Größe der Gewinnzone bestimmt zu einem beträchtlichen Teil die wirtschaftliche Kraft eines Unternehmens. Eine breite Gewinnzone bedeutet, daß das Unternehmen beträchtliche Umsatzeinbußen hinnehmen kann, bevor es Verluste macht[3].

Die Grenzen der Vorausberechnung. Die vorangegangenen Berechnungen und ihre Abwandlungen sind sehr nützlich bei der näherungsweisen Bestimmung der Auswirkung von Veränderungen eines der drei Faktoren Volumen, Kosten oder Gewinn auf den Gesamtzusammenhang und bei der Gewinnung eines Überblicks über die Bedeutung der Gliederung der Kosten in fix und variabel. Gewisse Vorbehalte müssen jedoch gemacht werden:

Erstens ist unterstellt worden, daß alle Kosten entweder fix oder 100%ig proportional sind. In der Praxis wird diese Annahme kaum zutreffen, vor allem nicht über die gesamte Spanne der Kapazität. Wenn wesentliche Veränderungen im Umfang der Geschäftstätigkeit eintreten, werden in der Regel auch die Fixkosten beeinflußt werden und möglicherweise sogar die variablen Kosten pro Einheit. Außerdem sind manche Kosten von einer halbvariablen Natur, d. h. sie stellen eine Mischung von fixen und variablen Kostenbestandteilen dar. Aufgabe des Rechnungswesens ist es, diese Mischung soweit wie möglich in ihre fixen und variablen Bestandteile zu zerlegen. Die Tatsache bleibt jedoch bestehen, daß die Kostenrelationen desto stärker schwanken, je weiter die Kapazitätsauslastung nach oben oder unten sich verändert. Solange sich die Volumenschwankungen in engen Grenzen bewegen, werden die Berechnungen mit einem relativ hohen Genauigkeitsgrad aufgestellt werden können. Sollen jedoch Untersuchungen angestellt werden, die sich über eine große Spanne der Kapazität erstrecken, so sollten innerhalb gewisser Kapazitätsbereiche, die beispielsweise einen Umfang von je 10% der Gesamtkapazität umfassen können, spezifische Kostenschemata aufgestellt werden.

Ein weiterer Vorbehalt betrifft die Veränderlichkeit der Grunddaten. Dies gilt insbesondere für die Bestimmung und Verwendung der Gewinnschwelle. Die im Vorstehenden errechneten Gewinnschwellen gelten nur solange, wie die grundlegenden Ausgangsdaten richtig sind. Zu diesen Ausgangsdaten gehört der Betrag der Fixkosten, das Verhältnis der variablen Kosten zum Umsatz sowie der Durchschnittspreis, zu dem das Erzeugnis verkauft werden soll. Die beiden letztgenannten Faktoren beeinflussen sich gegenseitig. Eine Veränderung der variablen Kosten oder der Verkaufspreise ruft eine entsprechende Veränderung der variablen Kostenrate hervor. Dies wird besonders wichtig, wenn man berück-

[3] Charles H. Gleason, „The Profit-Volume Relationship" N.A.A. Bulletin, Abteilung I, 1. Juli 1947, Seiten 1341 u. 1344.

sichtigt, daß die Gesamterlöse im allgemeinen auf einem bestimmten Mischungsverhältnis mehrerer Erzeugnisse mit unterschiedlichen variablen Kostenanteilen beruhen. Der bei der Bestimmung der Gewinnschwelle benutzte durchschnittliche variable Kostenanteil ist nur solange richtig, wie das Mischungsverhältnis im Absatz gleichbleibt.

Weiterhin ist zu berücksichtigen, daß bei sinkendem Absatz, vor allem, wenn sich das Volumen der Gewinnschwelle nähert, die Unternehmensführung sich bemühen wird, durch verstärkte Anstrengungen auf dem Gebiet der Kostensenkung und durch andere Maßnahmen, die das grundlegende Verhältnis von Volumen, Kosten und Preisen beeinflussen, die Gewinnschwelle nach unten zu drücken. Demzufolge müssen die Grunddaten der Planung ständig unter Beobachtung gehalten werden.

Ein letzter Vorbehalt, der bei dieser Art von Analysen zu machen ist, betrifft die Auswirkung von Bestandsveränderungen auf die Beziehungen zwischen Volumen, Kosten und Preisen. Die obigen Beispiele fußten alle auf der Annahme, daß die Entwicklung der Produktion parallel zu der des Verkaufs verläuft. Werden jedoch Erzeugnisse der laufenden Produktion auf Lager gelegt, so müssen die Kosten um die auf diese Produktion entfallenden Anteile korrigiert werden, um Kosten und Erlöse vergleichbar zu machen.

Vernünftige Entscheidungen und gesunde Planung setzen eine gute Grundlage in bezug auf Umsatz- und Kostendaten voraus, die richtig quantifiziert und gegliedert sein müssen. Dies ist einer der hauptsächlichen Beiträge des Rechnungswesens zur Budgetierung, dessen Bedeutung ein ganz besonderes Gewicht besitzt. Spätere Kapitel werden sich mit den Problemen und Methoden der Gewinnung dieser wichtigen Daten befassen.

Beziehungen zwischen Volumen und Verkaufspreisen. In diesem Abschnitt haben wir uns bis jetzt mit den Beziehungen zwischen Volumen, Kosten und Gewinn und deren Bedeutung für die Gewinnplanung befaßt. Nunmehr sollen die Beziehungen zwischen Verkaufspreisen und Absatzvolumen näher untersucht werden. Seit langer Zeit hat sich die Wissenschaft mit den Verkaufspreisen als einem Mittel des Ausgleichs von Angebot und Nachfrage befaßt und eine Reihe von Theorien entwickelt, die geeignet sind, eine grobe Vorstellung von der Wirkungsweise des Marktes zu vermitteln. Diese Theorien umfassen die Elastizität des Marktes im Hinblick auf Preise und Einkommen der Verbraucher, den Gedanken der konkurrierenden Erzeugnisse (Substitute, Komplemente und dergl.), Angebots- und Nachfragekurven und andere nützliche Gedanken. Vom Standpunkt der einzelnen Unternehmung aus gesehen sind zwei Dinge von besonderer Bedeutung. Zunächst die Tatsache, daß Wettbewerb in zwei Hauptformen auftritt: nämlich über den Preis einerseits und über andere Faktoren andererseits. Der zweite wichtige Umstand ist, daß die Unternehmung in der Regel eine nur sehr wenig genaue Kenntnis der Nachfragekurve ihrer eigenen Erzeugnisse oder ihres Industriezweiges besitzt.

Im Hinblick auf die Art des Wettbewerbs ist die Entscheidung, ob über den Preis oder über andere Mittel konkurriert werden soll, von großer Bedeutung. Die erstere stellt im wahrsten Sinne des Wortes einen Versuch zur Gewinnmaximierung durch erhöhtes Volumen als ein Ergebnis der Unterbietung der Konkurrenten dar. Diese Entscheidung setzt voraus, daß der Preis ein wichtiger, die Nachfrage des betreffenden Produktes beeinflussender Faktor ist und daß die Verhältnisse in dem betreffenden Industriezweig so gelagert sind, daß die Konkurrenten nicht sofort nachziehen können oder werden. Im allgemeinen stellen solche Preissenkungen die Unternehmensführung vor ein ernstes Problem, es sei denn, eine allgemeine Preissenkung dient zur Erschließung eines größeren Marktes. Darüber hinaus ist es meist schwierig, eine Preissenkung wieder aufzuholen, und preisliche Kampfmaßnahmen führen meist zu einem niedrigeren Preisniveau auf Dauer. Fehlentscheidungen auf diesem Gebiet sind deshalb sehr kostspielig. Auf der anderen Seite kann das Weitergeben von Kostensenkungen infolge von Rationalisierungsmaßnahmen an die Kunden einen sehr günstigen Einfluß auf den Absatz haben.

Abgesehen vom Preis als Mittel des Wettbewerbs gibt es noch eine ganze Reihe von anderen Mitteln, deren Skala von Verkaufsförderung und Werbung, Bearbeitung der Händler und Kunden, Verbesserung des Kundendienstes, Erweiterung der Garantie, bis zu Qualitätsverbesserungen an den Produkten entweder im Hinblick auf deren Aussehen, Leistungsfähigkeit oder Verwendbarkeit reicht. Diese Art von Wettbewerb beeinflußt die Kostenstruktur und nicht den Preis. Für die meisten Unternehmen wird diese Art Wettbewerb vorteilhafter sein als ein preislicher Wettbewerb, weil das Verhalten der Kosten leichter zu bestimmen ist als der Verlauf der Nachfragekurve. Die vielfältigen Möglichkeiten dieser Art von Wettbewerb ermöglichen die volle Entfaltung der Erfindungsgabe der Unternehmensführung bei der Entwicklung verschiedenartiger Programme und die Auswahl der günstigsten Lösungen. Infolge der Vielfalt der Möglichkeiten sind wirksame Gegenmaßnahmen der Konkurrenten weniger wahrscheinlich, und damit kann eine der hauptsächlichen Gefahren des preislichen Wettbewerbs zumindest teilweise vermieden werden. Schließlich sind Entscheidungen über die Durchführung von Wettbewerbsmaßnahmen nicht in so hohem Maße unwiderruflich wie eine Preissenkung. Ein wirkungsloses Werbeprogramm zum Beispiel kann alsbald abgebrochen oder abgeändert und durch irgendeine andere Werbemaßnahme ersetzt werden. Eine solche Änderung kann meistens leichter durchgeführt werden als die Rückgängigmachung einer Preissenkung, die sich als unwirksam erwiesen hat.

Jede Entscheidung auf diesem Gebiet, gleichgültig um welche Form von Wettbewerb es sich handelt, sollte gegründet sein auf die besten verfügbaren Informationen über ihre Auswirkung auf Umsatz und Gewinn. Einige der erforderlichen Informationen können von der Marktforschungsabteilung geliefert werden, wenn das Unternehmen eine solche besitzt. Viele der Daten sind das Ergebnis sorgsamer Analysen der eigenen Umsatz- und Kostendaten der Gesellschaft in der Vergangenheit. In jedem Fall bilden Tatsachen und nocheinmal Tatsachen die Grundlage gesunder Entscheidungen.

Die Technik der Planung

Die Methode der Grenzkostenanalyse. Wie bereits ausgeführt, besteht einer der grundlegenden Schritte der Gewinnplanung in der Prüfung der Wahlmöglichkeiten und in der Auswahl derjenigen Alternative, die der Zielsetzung der Unternehmung am nächsten kommt. Dabei handelt es sich im Grunde um eine Frage des Vergleichens von Kosten und Erlösen. In vielen Fällen braucht jedoch eine solche Untersuchung nicht die Gesamtheit der den Gewinn bestimmenden Daten zu umfassen. Die Untersuchung kann sich statt dessen auf diejenigen Punkte beschränken, die als variable Größen beim Vergleich auftreten. Dies ist der Grundgedanke der Grenzkostenanalyse. Ein gutes Beispiel für diese Methode ist die Frage der Preisfestsetzung für einen begrenzten Zusatzumsatz bei einem bestehenden Produkt. Wenn in diesem Falle das zusätzliche Volumen im Rahmen der vorhandenen Fertigungskapazität liegt, dann brauchen auf der Kostenseite lediglich die originären Zusatzaufwendungen berücksichtigt zu werden, um die Auswirkung des zusätzlichen Umsatzes auf den Gewinn zu ermitteln. Alle anderen Kosten werden als gleichbleibend angenommen. Muß jedoch für das zusätzliche Volumen zusätzliche Fertigungskapazität geschaffen werden, dann werden auch andere Kostenfaktoren sich entsprechend verändern.

Die Anwendung der Grenzkostenanalyse darf jedoch nicht dazu führen, daß die Preisfestsetzung für zusätzliche Umsätze eines bestehenden Produktes oder für die Hereinnahme eines neuen Produktes in leichtfertiger Weise auf der Basis der Grenzkosten erfolgt, lediglich weil das Verkaufsvolumen die Gewinnschwelle bereits überschritten hat und die Fixkosten somit voll gedeckt sind. Diese Methode ist sehr verbreitet und, am richtigen Platz angewandt, von Vorteil. Auf der anderen Seite birgt sie jedoch gewisse Gefahren in sich. Zunächst sollte im Idealfall jedes Produkt einen angemessenen Anteil zum Gesamtgewinn des Unternehmens beitragen. Und die Unternehmensführung sollte stets auf ein optimales Mischungsverhältnis der verschiedenen Erzeugnisse bedacht sein.

Das zweite Gefahrenmoment besteht darin, daß solche auf Grenzkosten aufgebauten Preise der Gewinnmaximierung nur dann dienen, wenn das augenblicklich erreichte Verkaufsvolumen bereits über der Gewinnschwelle liegt. Wenn das Unternehmen natürlich mit Verlust arbeitet und eine Umsatzsteigerung nur zu einem Preis erreicht werden kann, der zwar über den Grenzkosten, aber immer noch unter den Normalkosten liegt, dann wird der zusätzliche Umsatz den Gesamtverlust vermindern, nicht aber in einen Gewinn umwandeln können.

Selbst wenn das Unternehmen mit Gewinn arbeitet, besteht immerhin noch die Gefahr, daß der mit einem Grenzkostenpreis getätigte Umsatz sich so stark ausweitet, daß die vorhandene Kapazität nicht mehr ausreicht. Die Folge davon wäre, daß entweder die zusätzlichen Absatzmöglichkeiten mit dem normalen Geschäft in Wettbewerb um die Zuteilung der Fertigungskapazität treten oder die vorhandene Kapazität erweitert werden muß. Im ersten Falle würde zweifellos eine Reduzierung des Gesamtgewinns eintreten, im zweiten möglicherweise sogar ein Verlust entstehen, abhängig davon, ob der Grenzertrag des Zusatzgeschäfts die Periodenkosten der Kapazitätsausweitung decken würde oder nicht.

Häufig wird die Grenzkostenanalyse auch beim Verfahrensvergleich, sei es in der Fertigung, im Vertrieb oder in der Verwaltung, angewandt. Auch hier ist es wichtig, die Untersuchung auf die originären Aufwandsarten zu konzentrieren. Als Beispiel sei angenommen, daß durch die Umstellung der Fertigungseinrichtungen in einer Abteilung der gesamte Raumbedarf dieser Abteilung erheblich verringert werden kann. Der Meister dieser Abteilung, dessen Kostenstelle mit den Raumkosten auf der Grundlage der Anzahl der belegten Quadratmeter belastet wird, hat aus seinem Kostenbewußtsein heraus diesen Vorschlag gemacht. Wenn die Kosten dieser internen Umstellung erheblich sind und das Unternehmen im Augenblick keine andere Verwendung für den freiwerdenden Raum hat, sollte der Vorschlag abgelehnt werden. Das Kostenbewußtsein des Meisters ist zwar anerkennenswert, aber in diesem Falle würde das Unternehmen als Ganzes keinen Vorteil aus der Umstellung haben, weil keine Reduzierung der Gesamtkosten eintritt, sondern lediglich eine Verschiebung in der Verteilung der Raumkosten von einer Fertigungsabteilung auf das Konto „ungenutzte Kapazität".

Sorgfältige Untersuchungen sind beispielsweise auch erforderlich, wenn eine Änderung der Entlohnung des Vertreterstabes von einer Gehaltplus-Provision- in eine reine Gehalts-Basis geplant wird. In diesem Beispielsfall besteht das Problem nicht nur in der Bestimmung der Auswirkung dieser Änderung auf die Leistung der Verkäufer, sondern auch in der Ermittlung der Personalkosten bei unterschiedlichem Verkaufsvolumen. In vielen Fällen der Grenzkostenanalyse ist es nicht nur erforderlich, Vergleiche auf der Grundlage der gegenwärtigen Bedingungen anzustellen, sondern auch die Auswirkung von Veränderungen in den Bedingungen selber, soweit solche Veränderungen voraussehbar sind, in Betracht zu ziehen.

Die Kostenunterschiede müssen echt sein. Einige der Probleme dieser Art sind verwickelt erstens durch die Tatsache, daß der originäre Kosteneffekt einer Änderung wegen der komplexen Natur vieler Kosten oft schwierig zu ermitteln ist, zweitens durch den Zeitfaktor, insbesondere im Falle von Investitionen. Als Beispiel für die Schwierigkeiten der Probleme sei die Auswechslung von Produktionseinrichtungen zum Zwecke der Kostensenkung angeführt. Auf der einen Seite werden die effektiven Betriebskosten der alten ebenso wie die voraussichtlichen Betriebskosten der neuen Anlage oft schwer zu ermitteln sein. Andererseits erhebt sich die Frage der voraussichtlichen Nutzungsdauer der neuen Anlage und des erzielbaren Erlöses für die ausscheidende Anlage als Gegenposten zu den Anschaffungskosten der neuen. Die Einsparungen in den Betriebskosten müssen echt sein, d. h., sie müssen sich mittelbar oder unmittelbar in einer Ausgabenreduzierung auswirken. Oft treten dabei nur scheinbare Einsparungen auf, bei denen es sich in Wirklichkeit nur um Kostenverlagerungen handelt. Die Untersuchung muß letzten Endes alle Faktoren umfassen, die zu einer Veränderung der Einnahmen und Ausgaben führen — beginnend mit der Verwertung der alten Anlage und abschließend mit dem voraussichtlichen Ende der Nutzungsdauer der neuen Anlage. Darüber hinaus muß auch der Zeitfaktor bei der Bestimmung des Nutzens einer sofortigen Änderung im Vergleich zu dem einer in der Zukunft liegenden Änderung gebührend berücksichtigt werden.

Das Entscheidende in allen diesen Fällen ist, daß ein bloßes Vergleichen von gegenwärtigen Stückkosten mit zukünftigen Stückkosten in keiner Weise ein Indiz für die Zweckmäßigkeit einer Verfahrensänderung sein muß. Bei solchen Entscheidungen müssen auch Stückzahlen und alle anderen bedeutsamen Faktoren Berücksichtigung finden.

Unterschiedliche Kosten für unterschiedliche Zwecke. Aus den vorangegangenen Ausführungen geht hervor, daß häufig Kostenbegriffe zur

Anwendung gelangen, die sich von der herkömmlichen Vorstellung von den Kosten unterscheiden. Für Zwecke der Rechnungslegung ist eine grundlegende Unterscheidung zu machen zwischen Periodenkosten (nicht aktivierbar) und Produktkosten (aktivierbar). Diese Unterscheidung führt zu der Notwendigkeit der Zuteilung und Zumessung von Kosten nach unterschiedlichen Schlüsseln, in deren Verlauf die ursprünglichen Kostenarten ihre Identität als solche verlieren und in einer produktbezogenen Form in Erscheinung treten.

Viele Methoden der Kostenrechnung sehen keine klare Unterscheidung zwischen fixen und variablen Kosten, zwischen langfristig fixen und kurzfristig beeinflußbaren Kosten vor. Das Aufzeigen von zukünftigen Kosten im Vergleich zu den laufenden Kosten liegt ohnedies außerhalb des Rahmens der Rechnungslegung. Ermittlungen dieser Art sind deshalb immer Angelegenheit von Sonderuntersuchungen, deren Durchführung häufig einen hohen Grad an Erfindungsgabe erfordert. Diese Feststellung ist keine Kritik am Rechnungswesen. Es soll vielmehr der Erkenntnis Ausdruck verliehen werden, daß die für einen Unternehmungszweck geschaffene Kontengliederung nicht in allen Fällen den Erfordernissen anderer wesentlicher Ziele gerecht wird. Eine klare Erkenntnis dieser Tatsache durch die Unternehmensführung und durch das Rechnungswesen selbst ist wesentlich für das Verständnis der besonderen Probleme, die im Stadium der Planung und der Budgetierung auftreten, und für die Gestaltung der Mittel zur Erfassung der für die Planung erforderlichen Daten.

Kostenrechnung bedeutet sowohl Analyse als auch Synthese. Sie umfaßt die Aufgliederung des Stromes der Kosten in einzelne Kostenarten und die Gruppierung dieser verschiedenen Faktoren in der dem jeweiligen Zweck am besten förderlichen Weise. In diesem Prozeß finden zahlreiche Gliederungsgesichtspunkte Anwendung, z. B.:

Zu aktivierende und erfolgswirksame Aufwendungen;
Produktkosten und Zeitkosten;
Direkte und indirekte Kosten;
Einzelkosten und Gesamtkosten;
Effektiv-Kosten, Standardkosten und Normalkosten;
Fixkosten, variable und halbvariable Kosten;
Funktionale Kosten;
Angefallene und verrechnete Kosten;
Historische Kosten und zukünftig erwartete Kosten.

Die unterschiedlichsten Gruppierungen der Kostenfaktoren sind notwendig, um auf die verschiedenen Fragestellungen die richtige Antwort — von der Kostenseite her gesehen — zu finden. Voraussetzung für eine zutreffende Gruppierung ist eine ausreichende Detaillierung in der Erfassung des Kostenanfalls[4].

[4] The Uses and Classifications of Costs, Resarch series No. 7, N.A.A. Bulletin, Abteilung 2, 15. Mai 1946, Seite 942

Die Kontengliederung kann so gestaltet werden, daß allen auftretenden Bedürfnissen Rechnung getragen wird. Das Problem liegt jedoch — hier ist ein weiteres Beispiel für die Grenzkostenmethode — in der Schaffung eines gesunden Ausgleichs zwischen dem Aufwand einer laufenden, tief gegliederten Kostenerfassung (und damit Aufzeichnung von Informationen, die nur in gewissen Zeitabständen oder selten gebraucht werden) und einer weitgehenden Einschränkung der Kontengliederung, die jedoch einen größeren Aufwand bei Sonderuntersuchungen verursacht.

Die Anwendung von Grundsätzen und Techniken bei der Planung. Dieses Kapitel ist einem kurzen Überblick über die Grundsätze der Gewinnplanung und über einige Methoden für die Sammlung und Zusammenfügung von Daten als Grundlage von Entscheidungen gewidmet. Es soll noch einmal betont werden, daß die Planung in ihrer Anfangsphase das Vergleichen und Auswählen von Alternativen voraussetzt. Die erste Aufgabe der Unternehmensführung in diesem Zusammenhang ist es, die gegebenen Wahlmöglichkeiten ausfindig zu machen. Die zweite Aufgabe besteht in der Auswertung der Alternativen und in der richtigen Auswahl derjenigen Möglichkeit, die mit den kurz- und langfristigen Zielsetzungen des Unternehmens am besten in Einklang steht. Bei der Prüfung der Alternativen muß deren praktische Durchführbarkeit gebührend berücksichtigt werden. Vertragliche Verpflichtungen oder andere Bindungen können zu gewissen Zeiten die Durchführung der einen oder anderen Alternative unmöglich machen. Gewisse Entscheidungen mögen auf kurze Sicht richtig sein, nicht jedoch bei Betrachtung der langfristigen Entwicklung. Andere Entscheidungen wieder mögen, obwohl sie im übrigen positiv zu beurteilen wären, mit der augenblicklichen finanziellen Lage des Unternehmens nicht in Einklang zu bringen sein. Darüber hinaus erhebt sich die außerordentlich wichtige Frage der Genauigkeit der Schätzungen und Berechnungen als Grundlage der Entscheidung. Die Problematik, die insbesondere den Voraussagen und Vorschätzungen externer Faktoren innewohnt, zeigt deutlich, daß Urteilsvermögen eine der wichtigsten unternehmerischen Eigenschaften ist.

Zusammenfassend kann gesagt werden, daß Budgetierung als eine in vorgegebene Formen gebrachte Unternehmensplanung auf eine fortlaufende Beurteilung und Neubewertung von Bedingungen und auf Entscheidungsfindung gegründet ist, die sich nicht nur auf mit ja oder nein zu beantwortende Fragen bezieht, sondern auf eine Auswahl zwischen mehreren Alternativen, für die ausreichende Informationen verfügbar sein müssen. Planung und Budgetierung müssen sowohl auf einer kurzfristigen wie auch langfristigen Basis erfolgen. Das Budget für die laufende Periode muß im Einklang mit den gegenwärtigen Bedingungen stehen. Darüber hinaus soll es dazu dienen, dem Unternehmen eine Weiterentwicklung in einer klar bestimmten Richtung mit einer langfristigen Zielsetzung zu ermöglichen. Dies setzt das Vorhandensein einer Zielsetzung und langfristiger Pläne voraus.

3. Organisation der Budgetierung

PROBLEMSTELLUNG. Da die eigentliche Erstellung und Durchsetzung der Budgets die aktive Mitwirkung vieler Verantwortungsbereiche erfordert, ist den Problemen der Koordinierung und Abgrenzung der funktionalen Autoritäten eine ganz besondere Bedeutung beizumessen.
Die Organisation der Budgetierung ist in den einzelnen Unternehmen verschieden. Dies ist ganz natürlich, denn der Planung liegen in weitem Maße so verschiedenartige Voraussetzungen zugrunde, daß es kaum zwei Unternehmen gibt, bei denen die Grundlagen der Planung, die in dem einen vorliegen, ohne weiteres auf das andere übertragen werden können. Alle Unternehmen unterscheiden sich hinsichtlich ihrer Größe und Budgetprobleme, ihres Grades der zentralen Lenkung und des Aufbaus sowie der persönlichen Merkmale ihrer Unternehmensführung. Dennoch darf nicht übersehen werden, daß es bestimmte allgemeingültige Grundsätze gibt, die von allen Unternehmen gleichermaßen beachtet werden müssen. Die nunmehr folgenden Ausführungen werden einige dieser allgemeingültigen Grundsätze an Hand von Beispielen aus der Praxis erläutern.

ORGANISATION DER BUDGETAUFSTELLUNG

VORAUSSETZUNGEN. Folgende sechs Schritte sind im Zusammenhang mit der Erstellung der Budgets wesentlich:

1. Festlegung der globalen Planziele durch die oberste Unternehmensführung;
2. Aufstellung der Prognosen und Pläne für einzelne Gebiete oder Funktionen;
3. Ergänzung der Prognosen und Pläne, wenn erforderlich;
4. Vorlage der revidierten endgültigen Pläne zur Genehmigung;
5. Genehmigung durch die oberste Unternehmensführung;
6. Durchführung der Pläne.

Wenn diese sechs Schritte der Budgeterstellung reibungslos und fristgerecht verwirklicht werden sollen, müssen gewisse organisatorische Voraussetzungen vorliegen. Zu den wichtigsten Voraussetzungen gehören:

1. die genaue Formulierung der Gesamtziele des Unternehmens und die klare Prognose der künftigen Datenkonstellation;

2. die Durchführung der Planung nach bestimmten Gebieten oder Funktionen;
3. die Koordinierung der Pläne;
4. der laufende Informationsaustausch zwischen den für die Planung Verantwortlichen.

Da sich einige der vorerwähnten Schritte überschneiden bzw. gegenseitig beeinflussen, ist eine Unterteilung der nachstehenden Betrachtung nach folgenden Gesichtspunkten notwendig:

1. Koordinierung,
2. Vorausschau der zukünftigen Wirtschaftsentwicklung,
3. Einzelplanung,
4. Genehmigung der Pläne.

Koordinierung. Da an der Aufstellung eines Budgets normalerweise viele Personen beteiligt sind und den Einzelbudgets die Erwartungen und Entscheidungen verschiedener Bereiche des Unternehmens zugrunde liegen, ergibt sich die Notwendigkeit einer Zusammenfassung und wechselseitigen Abstimmung der Teilplanungen. Eine derartige Koordinierung gehört zu den Aufgaben der Budgetabteilung. Das System der betriebswirtschaftlichen Planung ist ein komplizierter Mechanismus, und es ist deshalb notwendig, daß ein Zentralverantwortlicher die verschiedenen Einzelpläne miteinander harmonisiert und koordiniert. Die oberste Unternehmensführung muß ihre Verantwortung für die ordnungsgemäße Entwicklung und Durchführung der Budgetierung sowie für die Durchsetzung der Budgets in der Praxis an einen Zentralverantwortlichen delegieren. Mit dieser Aufgabe kann der Finanzdirektor oder ein mit dieser Autorität ausgestatteter Budgetdirektor des Unternehmens beauftragt werden.

Ein namhaftes Unternehmen, in dem die Verantwortlichkeit für das gesamte Budgetprogramm beim Finanzdirektor liegt, beschreibt in seinem Budget-Handbuch die mit dieser Stellung verbundenen Funktionen im einzelnen wie folgt:

Allgemeine Verantwortung im Rahmen des Budgetprogramms. Alle Prognosen und Budgets sind nach den Richtlinien der Finanzdirektion aufzustellen. Zu diesem Zweck wird die Finanzdirektion

1. die Richtlinien und Verfahren für die Budgetaufstellung festlegen,
2. Rat und Hilfe bei der Aufstellung der Prognosen und Budgets leisten sowie die Form und andere Einzelheiten der Budgetaufstellung festlegen,
3. Terminpläne für die Abgabe der Einzelbudgets aufstellen,
4. die Verantwortlichkeit für die Erstellung bestimmter Prognosen und Budgets an andere Bereiche delegieren,
5. die Prognosen und Budgets zusammenfassen und veröffentlichen,

6. die Rechnungslegung über die effektiven Erträge und Aufwendungen in einer Weise vornehmen, daß eine Budgetanalyse, d. h. ein Vergleich zwischen dem Soll und Ist der Erträge und Aufwendungen vorgenommen werden kann,
7. die Ergebnisse des Vergleichs der Budgetvorhaben mit dem effektiv Erreichten analysieren und zum Gegenstand einer laufenden Auswertung und Berichterstattung machen.

Die Abteilungs-, Werk- und Bereichsleiter sind verantwortlich für die Erstellung der Budgets ihrer jeweiligen Verantwortungsbereiche und deren termingerechte Übergabe an die Finanzdirektion. Gleichfalls sind sie für die Durchsetzung ihrer Einzelbudgets verantwortlich.

Ein anderes großes Unternehmen hat die Verantwortung für die Budgetaufstellung einer Budgetabteilung übertragen, die ihre Anweisungen von zwei Komitees erhält, dem Budgetprogramm-Komitee und dem Budgetpraxis-Komitee. Die Funktionen des ersten Komitees, in dem ein Budgetdirektor den Vorsitz führt, sind in dem Budget-Handbuch des Unternehmens im einzelnen wie folgt festgelegt:

1. Genehmigung der vorgeschlagenen Budget- und Prognosegrundsätze sowie Verfahren;
2. Delegation der Verantwortlichkeiten und Pflichten des Budgetprogramms;
3. Überprüfung der Budgetvoranschläge der einzelnen Abteilungen und Bereiche;
4. Überprüfung der auf Grund der Prognosen festgestellten und analysierten Alternativen und Genehmigung der als optimal erkannten Wahlmöglichkeit;
5. Kontrolle der Budgetverwirklichung.

Dem Budgetpraxis-Komitee, welchem Mitglieder der Budgetabteilung, der Fertigungs- und Finanzdirektion angehören, obliegen nach dem Budget-Handbuch folgende Aufgaben:

Dieses Komitee fungiert als eine Arbeitsgruppe, die dem Budgetprogramm-Komitee unterstellt ist, und erfüllt in erster Linie administrative Aufgaben, die sich beim Vollzug des Budgetprogramms ergeben.
Ihm obliegt außerdem die Koordinierung aller mit der Budgetaufstellung befaßten Stabsstellen.
Änderungsvorschläge zu den anerkannten und in Kraft befindlichen Verfahren und Grundsätzen werden von diesem Komitee geprüft und dem Budgetprogramm-Komitee zur endgültigen Genehmigung vorgelegt.

Der Budgetdirektor des Unternehmens ist verantwortlich für die praktische Durchführung der Verfahren und Richtlinien des Budgetprogramm-Komitees und des Budgetpraxis-Komitees.
Es folgt ein Überblick über die speziellen Aufgaben der Budgetabteilung:

1. Ausarbeitung und laufende Pflege eines Budgetverfahrens-Handbuches und dessen Bekanntgabe einschließlich anderer zweckdienlicher Anweisungen an die Abteilungs-, Werk- und Bereichsleiter.
2. Enge Kontaktpflege mit den Stabsstellen der Fertigung und Finanz mit dem Ziel

a) einer vollständigen Koordinierung der Budget- und Rechnungslegungsgrundsätze sowie Fertigungsmethoden und
b) einer Durchsetzung des Budgetprogramms im Einklang mit den übertragenen Pflichten.

3. Prüfung und Erläuterung der von den Werken vorgeschlagenen Budgetvoranschläge unter Mitwirkung der Stabsstelle des Fertigungsbereiches und Vorlage derselben beim Budgetprogramm-Komitee zur Prüfung und beim zuständigen Verantwortlichen zur Genehmigung.
4. Entwicklung und Erläuterung von Budgetvoranschlägen für alle Stabsstellen in Zusammenarbeit mit den jeweils Verantwortlichen und deren Vorlage beim Budgetprogramm-Komitee zur Prüfung und beim zuständigen Verantwortlichen zur Genehmigung.
5. Prüfung korrektiver oder anpassender Vorschläge zu Budgetvoranschlägen und deren Klärung mit dem zuständigen Genehmigungsberechtigten.
6. Führung von Aufzeichnungen über alle genehmigten Budgetvoranschläge und Änderungen.
7. Feststellung der zukünftigen Datenkonstellation und Abstimmung derselben mit dem Budgetprogramm-Komitee.
8. Überwachung des genehmigten Terminplanes für die Budgeterstellung.
9. Überwachung der Planung der Investitionen in Gemeinschaft mit der Stabsstelle für die Fertigung.
10. Rechnerische Prüfung der Einzelbudgets und Aufstellung einer konsolidierten geschätzten Bilanz und Gewinn- und Verlustrechnung.
11. Feststellung einer etwaigen Notwendigkeit zur Anpassung der vierteljährlichen Budgets an Veränderungen in den tatsächlichen Verhältnissen.
12. Vorlage der Leistungsberichte beim Budgetprogramm-Komitee.
13. Besprechung der Leistungsberichte mit den Abteilungs-, Werk- oder Bereichsleitern.

Diese beiden Auszüge aus den Budget-Handbüchern zweier Unternehmen zeigen als wichtiges Ergebnis die maßgebliche Bedeutung der Koordinierung und Programmierung des Budgetsystems und die verschiedenen Möglichkeiten zur Verwirklichung der damit auftretenden Aufgaben.

Vorausschau der zukünftigen Wirtschaftsentwicklung. Die Vorausschau der künftigen Datenkonstellation, auf deren Grundlage die Budgets aufbauen müssen, ist eine wichtige Stufe der Budgetierung. Sie erstreckt sich nicht nur auf den angestrebten Absatz, sondern auf alle wirtschaftlichen Funktionen des Unternehmens im Planungszeitraum. Die Prognose der zukünftigen Wirtschaftsentwicklung und die Erwartungen der einzelnen Abteilungen, Werke und Bereiche müssen auf ihre Gültigkeit und Vereinbarkeit hin überprüft werden. Dies ist eine Aufgabe der obersten Unternehmensführung.

Die Aufstellung der allgemeinen Wirtschaftsprognose wird meistens von einem Komitee vorgenommen, welches laufend mit der Vorausschätzung von Zukunftsgrößen befaßt ist. Diesem Komitee gehören in der Regel Vertreter der obersten Unternehmensführung und erfahrene Volkswirte an. Die von solchen Komitees ermittelten Erwartungsgrößen bilden den Ausgangspunkt der Budgetierung. Über das Verfahren zur Aufstellung derartiger Prognosen enthält das Budget-Handbuch eines großen Unternehmens folgende Einzelheiten:

Damit alle Stellen, die an der Aufstellung des Absatzplanes beteiligt sind, in Hinsicht auf die zukünftigen wahrscheinlichen Marktverhältnisse und Absatzmöglichkeiten von den gleichen Voraussetzungen ausgehen, wird die volkswirtschaftliche Abteilung des Unternehmens einen kurzgefaßten Bericht zur künftigen Wirtschaftslage erstellen. Dieser Lagebericht enthält eine kurze schriftliche Vorausschau der allgemeinen Wirtschaftsentwicklung in dem Zeitraum, für den Absatzpläne aufzustellen sind. Die Vorausschau dient als Richtschnur bei der Aufstellung aller Absatzpläne. Hiervon ausgenommen sind nur solche Fälle, in denen eine von der allgemeinen Entwicklung verschiedenartige Marktsituation zu erwarten sein wird. Prognosen sind für die jährliche und halbjährliche Absatzplanung aufzustellen.
Der Bericht zur künftigen Wirtschaftslage ist dem Prognosen-Komitee zur Prüfung vorzulegen. Mitglieder des Prognosen-Komitees sind der Finanzdirektor, der Direktor der Produktionsplanung und der Leiter der volkswirtschaftlichen Abteilung. Liegt die Zustimmung des Prognosen-Komitees zum Bericht vor, so ist dieser vom Finanzdirektor dem Vorsitzer des Vorstandes zur Genehmigung vorzulegen. Nach Genehmigung durch den Vorsitzer sind Abdrucke des Berichtes allen Stellen zugänglich zu machen, die an der Budgeterstellung beteiligt sind.

Gemäß dem eingangs angeführten Handbuch eines anderen Unternehmens war es Aufgabe des Budgetprogramm-Komitees, die auf Grund der Prognosen festgestellten und analysierten Alternativen zu prüfen und die als optimal erkannte Wahlmöglichkeit zu genehmigen. Die Vorausschätzung der Zukunftsgrößen gehört zu den Aufgaben des Budgetdirektors.

Einzelplanung. Nach dieser Betrachtung der Organisation, die für die Leitung und Koordinierung der Budgeterstellung erforderlich ist, folgt nunmehr eine Besprechung der Personen, die an der Budgeterstellung beteiligt sind. Da schließlich alle Abteilungen, Werke und Bereiche mitwirken, ergibt sich die Frage: Wer erstellt die Budgets, und wer ist für sie verantwortlich? Hierauf werden die nun folgenden Ausführungen eine Antwort geben.

Absatzplanung. In dem ersten der beiden eingangs angeführten Unternehmen liegt die Verantwortlichkeit für die Erstellung des Absatzplanes beim jeweiligen Werkleiter. Dieser delegiert die Verantwortung an die Verkaufsleiter der verschiedenen Erzeugnisgruppen des Werkes. Der Finanzleiter des Werkes ist dafür verantwortlich, daß der Absatzplan in

Übereinstimmung mit den Richtlinien und Verfahren der Finanzdirektion aufgestellt wird. Die Absatzpläne der Verkaufsleiter müssen mit der Vorausschätzung der Zukunftsgrößen für das Gesamtunternehmen im Einklang stehen und mit dieser abstimmbar sein.

Alle Absatzpläne des Werkes müssen vom Werkleiter genehmigt und dem Prognosen-Komitee des Unternehmens zur weiteren Prüfung vorgelegt werden. Die vom Prognosen-Komitee gebilligten Absatzpläne müssen von der Finanzdirektion dem Vorsitzer des Vorstandes zur Genehmigung vorgelegt werden. Daraufhin werden sie der Finanzdirektion übergeben, welche auf dieser Grundlage die endgültigen Budgets erstellt. Liegt die endgültige Genehmigung des Gesamtplanes für das Unternehmen vor, werden der Werkleiter und die verschiedenen Verkaufsleiter durch die Finanzdirektion hierüber unterrichtet.

Bemerkenswert ist noch, daß die vom Werkleiter genehmigten Absatzpläne der Verkaufsleiter nur Brutto-Umsätze (abzüglich der Rücklieferungen) aufweisen. Abzüge für Mengenrabatte, Kundenskonti und ähnliche Minderungen werden vom Finanzleiter des Werkes ermittelt.

In dem zweiten der beiden einleitend angeführten Unternehmen ist ebenfalls der jeweilige Werkleiter für die Budgeterstellung seines Werkes verantwortlich. Dieser delegiert jedoch seine Verantwortung an den Leiter der Produktionskontrolle und andere geeignete Personen, die mit der Stabsstelle für den Verkauf zusammenarbeiten. Die überragende Rolle, die in diesem Fall der Leiter der Produktionskontrolle hinsichtlich der Erstellung des Absatzplanes einnimmt, erklärt sich daraus, daß das Unternehmen eine Vorratsfertigung betreibt und somit nicht die Anzahl und der Umfang der vorliegenden bzw. zu erwartenden Kundenaufträge maßgebend sind, sondern die Leistungsfähigkeit des Produktionsbetriebes.

Die Absatzpläne, die zunächst nur Stückzahlen enthalten, werden von der Finanzabteilung des Werkes wertmäßig umgeformt. Die Absatzpläne müssen mit der Vorausschätzung der Zukunftsgrößen in der vom Budgetprogramm--Komitee genehmigten Fassung im Einklang stehen und vom Budget-Komitee des Werkes, dem Vertreter des Verkaufs, der Produktionsplanung, Fertigung und Finanz angehören, endgültig genehmigt werden. Dieses Komitee handelt in Übereinstimmung mit den Richtlinien der früher erwähnten Budgetabteilung.

In einem anderen Unternehmen sind die Leiter des Außendienstes für die Erstellung der mengenmäßigen Absatzpläne verantwortlich. Die Prüfung und Genehmigung der Pläne fällt in die Zuständigkeit der Verkaufsleitung. Ihre wertmäßige Umformung wird in der Verkaufsabteilung vorgenommen. Obwohl dieses Unternehmen die Koordinierung der verschiedenen Stufen der Budgetierung in besonderen Richtlinien geregelt hat, liegt die Verantwortlichkeit für die Aufstellung des Absatzes ausschließlich beim Verkauf. Die Leiter des Außendienstes arbeiten die Absatzpläne für die verschiedenen Bezirke und getrennt nach den einzelnen Erzeugnissen aus und berücksichtigen dabei

1. die Umsatzstatistiken früherer Zeiträume,
2. die allgemeinen Wirtschaftsverhältnisse und ihre Auswirkungen auf die Erzeugnisse des Unternehmens,
3. die örtlichen Wirtschaftsverhältnisse,
4. die Wirkungen der Maßnahmen der Konkurrenz,
5. die Wirkungen der Preispolitik, Werbung und anderer Verkaufsförderungsmaßnahmen des Unternehmens,
6. die Ergebnisse der Marktanalyse.

Grundlage für die Aufstellung der Absatzpläne dieses Unternehmens sind im allgemeinen die Voranschläge des Verkaufspersonals und nicht, wie das häufig der Fall ist, die Schätzungen der Stabsstelle des Verkaufs.

FERTIGUNGSGEMEINKOSTEN. Das Hauptproblem im Zusammenhang mit der Erstellung eines Fertigungsgemeinkostenbudgets stellt die Ermittlung der Budgetvorgaben für mehrere verschiedene Beschäftigungsgrade dar und die Anwendung dieser Vorgaben in Verbindung mit der Vorausschätzung der Fertigungsgemeinkosten für die Planperiode. In industriellen Unternehmen ist die Vorausbestimmung dieser Kosten als Grundlage für die Ermittlung von Standard-Fertigungsgemeinkosten und damit der Standard-Herstellungskosten für die verschiedenen Erzeugnisse erforderlich.

In den meisten Fällen liegt die Verantwortlichkeit für die Budgetierung der Fertigungsgemeinkosten beim Werkleiter. Natürlich kann er die Aufsicht über die Budgeterstellung an andere geeignete Personen delegieren, was in der Praxis auch sehr häufig geschieht. Beispielsweise sind in einem Unternehmen die Autoritäten folgendermaßen geregelt:

1. Wirtschaftsingenieure erstellen die Budgetaufstellungen für Gemeinkostenlöhne, Überstundenvergütungen, Schichtzuschläge und den Verbrauch an Nichtproduktionsmaterial.
2. Fabrikingenieure ermitteln den Kostenvoranschlag für Instandhaltungsarbeiten und Reparaturen.
3. Energieingenieure sind mit der Erstellung des Budgets für Energiekosten befaßt.
4. Finanzleitern der Werke obliegt die Aufstellung der Budgets für die übrigen Fertigungsgemeinkosten.

In diesem Unternehmen koordiniert der Finanzleiter des Werkes stellvertretend für den Werkleiter auch alle Budgetarbeiten und erstellt zudem ein konsolidiertes Fertigungsgemeinkosten-Budget. Die Festsetzung von Standards für den Fertigungsmaterialeinsatz und die Fertigungslöhne ist in diesem Unternehmen ähnlich wie in vielen anderen Betrieben nicht Bestandteil des Planungssystems, sondern eine von der Budgetierung unabhängige Aufgabe. Zeitstudien und Analysen der Fertigungsmethoden werden kontinuierlich vorgenommen, und die daraus resultierenden Standards sind Primärdaten, die als solche für Zwecke der Budgetierung akzeptiert werden.

Anders liegen die Verhältnisse bei den Gemeinkosten. Ihre Überprüfung und Analyse ist im Hinblick auf den in Abhängigkeit vom jeweiligen Beschäftigungsgrad völlig unterschiedlichen Kostenanfall eine integrierte Aufgabe der Budgetierung.

Ein anderes Unternehmen läßt die Budgetvorgaben für Fertigungsgemeinkosten vom ersten Wirtschaftsingenieur ermitteln. Dabei ist Vorsorge getroffen, daß ihm die Betriebsbuchhaltung ihre Aufzeichnungen über den effektiven Kostenverlauf in früheren Zeiträumen zur Verfügung stellt. Die Betriebsbuchhaltung ist ebenfalls auf Grund der Richtlinien des Budgetdirektors und des Budget-Komitees dafür verantwortlich, die Budgetvorgaben in die Budgets der Werke einzuarbeiten. Die endgültige Genehmigung der Budgets erteilt der Werkleiter.

Eine ganz andere Organisation der Planung der Produktion, des Fertigungsmaterialbedarfes, der Fertigungslohnsumme und der Gemeinkosten befolgt ein weiteres Unternehmen:

Ausgangspunkt der Planung dieses Unternehmens ist der Absatzplan, weil von hier aus die entscheidenden Einflüsse auf das Produktionsprogramm ausgehen. Auf dieser Grundlage erfolgt auch die Festsetzung des Produktionsvolumens durch den Werkleiter. Das mengenmäßige Fertigungsprogramm, unterteilt nach Monaten des Planungszeitraumes, wird von der Produktionsplanungs-Abteilung aufgestellt. In diesem Zusammenhang finden folgende Faktoren Berücksichtigung:

1. der Zeitraum der Absatzplanung,
2. der Auslieferungsbedarf nach Monaten,
3. die Länge des normalen Produktionskreislaufes,
4. der Beschaffungszeitraum für das Material,
5. der Höchst- und Mindestbestand an Vorräten,
6. die Stabilität der allgemeinen Wirtschaftslage.

Die Produktionsplanungs - Abteilung verteilt das genehmigte Fertigungsprogramm über die Budget-Abteilung an die Werkleiter und die Einkaufsabteilung. Noch vor Erhalt des Fertigungsprogramms holt die Einkaufsabteilung Angebote für alle Produktions- und Nichtproduktionsmaterialien ein und dient die hieraus resultierenden Beschaffungspreise den Budget-Abteilungen der verschiedenen Werke an. Die Bekanntgabe erfolgt in Form eines Standard-Materialkosten-Kataloges, der im Falle größerer Preisänderungen überarbeitet und in revidierter Fassung veröffentlicht wird. Der Standard-Materialkosten-Katalog bildet die Grundlage für die Vorausschätzung der Materialstückkosten und basiert hinsichtlich des Materialeinsatzes auf den Erfahrungen der Vergangenheit. Sobald das genehmigte Fertigungsprogramm vorliegt, bestellt die Einkaufsabteilung die benötigten Materialmengen. Dabei ergeben sich noch folgende Punkte, die berücksichtigt werden müssen:

1. die Monatsaufteilung des Materialbedarfs im Planungszeitraum;
2. der Vorrat an Material, für welches ein Bedarf vorliegt;
3. die erforderliche Lieferzeit;
4. die Höchst- und Mindestbestände an Vorräten mit dem Ziel eines ausgeglichenen Lagervorrates an sämtlichen Materialien;
5. die voraussichtliche Preis- und Marktentwicklung.

Der endgültig genehmigte Plan über den Bedarf an Material im Planungszeitraum ist die Grundlage für den Herstellungskostenplan.

Die Planung der Fertigungslohnsumme erfolgt im Anschluß an die Genehmigung des Absatzplanes und des Fertigungsprogramms. Ihre Ermittlung ist wesentlich erleichtert, wenn Standardkosten für das Werk vorliegen. Ist das nicht der Fall, so müssen die Lohnkosten mit Hilfe von Verhältnisziffern oder auf eine andere Weise vorausbestimmt werden. Die Verantwortlichkeit für die Planung der Fertigungslöhne liegt bei den Werkleitern, und es ist daher ihre Aufgabe, folgende Gesichtspunkte zu beachten:

1. die Länge des Planungszeitraumes;
2. die Geschäftsgrundsätze des Unternehmens;
3. die Abweichungen von den Standards;
4. die Stückkosten;
5. die Empfehlungen der Meister und Vorleute.

Der Plan wird nach seiner Fertigstellung ordnungsgemäß genehmigt und ist dann die Grundlage des Planes der Herstellungskosten. Primär verantwortlich für die Erstellung der Fertigungsgemeinkostenbudgets sind die Werkleiter. Der Plan selbst ist das Ergebnis koordinierter Überlegungen der Leiter verschiedenartiger Betriebsabteilungen. Einzelbudgets werden für alle Fertigungshaupt- und Fertigungshilfsabteilungen auf der Grundlage des genehmigten Fertigungsprogramms und unter Berücksichtigung aller bis dahin bekannt gewordenen Änderungen und der Erfahrungen aus früheren Zeiträumen ausgearbeitet. Der mit der Aufsicht der Budgetierung Beauftragte legt die Gesamtkosten der Fertigungshilfsabteilungen auf die Fertigungshauptabteilungen um und benutzt die auf diese Weise ergänzten Kosten der Fertigungshauptabteilung zur Ermittlung der Herstellungskosten der Erzeugnisse. Sowohl die ursprünglichen als auch die um die Kostenumlage ergänzten Budgets sind vom jeweils verantwortlichen Abteilungs- bzw. Werkleiter zu genehmigen. Wenn alle Genehmigungen erteilt worden sind, wird das Fertigungsgemeinkostenbudget mit den Plänen für das Fertigungsmaterial und die Fertigungslöhne zum Zwecke der Planung der Herstellungskosten zusammengeführt.

Dieses Beispiel zeigt wiederum, daß nach Vorliegen des Absatzplanes die Aufstellung des Fertigungsprogramms und der darauf aufbauenden Budgets interne Aufgaben des Fertigungsbereiches sind, die ihre Koordinierung durch eine Budget-Abteilung erfahren.

Investitionen. Die Planung der Investitionen liefert ein gutes Beispiel für das Erfordernis einer Koordinierung, da ein solcher Plan mehr als

jeder andere alle Bereiche des Unternehmens umfassen kann. Daher betonen beispielsweise die Richtlinien, die ein bestimmtes Unternehmen eigens für die Investitionsplanung aufgestellt hat, die Verantwortlichkeit des Chefingenieurs für die Zusammenstellung und Genehmigung der Investitionsvorhaben. Daneben erteilt die ihm unterstellte Abteilung Rat und Hilfe bei der Ausfertigung von Investitionsanträgen. Das Investitions-Handbuch dieses Unternehmens sieht weiterhin vor, daß der Chefingenieur zu bestimmten Terminen Anweisungen hinsichtlich der Rangfolge der Investitionsanträge, der erforderlichen Unterlagen und der Eingabetermine veröffentlicht wird. Diese Anweisungen sind an alle Werk-, Bereichs- und Abteilungsleiter zu verteilen.
Nach Erhalt dieser Anweisungen werden die vorerwähnten Personen ihrerseits detaillierte Anweisungen für die ihnen unterstellten Führungskräfte ausarbeiten. Diese Anweisungen enthalten alle Gesichtspunkte der Projektanalyse und -auslese.
In einem anderen Unternehmen ist der stellvertretende Generaldirektor für die Investitionsplanung verantwortlich. In diesem Unternehmen ist sogar die Möglichkeit einer Investitionsbeantragung seitens der höheren Leitungsebene vorgesehen. Solche Projekte müssen gemeinsam vom antragstellenden Werk- oder Betriebsleiter, dem Finanzdirektor und dem stellvertretenden Generaldirektor geprüft werden.

Genehmigung der Pläne. Alle Einzelbudgets bedürfen nach ihrer Zusammenfassung und wechselseitigen Abstimmung der Genehmigung. Letztere ist ein wichtiges Koordinierungselement der Budgetierung und daher meistens Gegenstand eines besonderen Genehmigungsverfahrens. Die Budget-Handbücher sehen in der Regel vor, daß alle Einzelbudgets sowohl vom Generaldirektor als auch vom Aufsichtsrat genehmigt werden müssen. Die Richtlinien eines bestimmten Unternehmens enthalten beispielsweise folgende Einzelheiten:

> Genehmigung der Pläne. Alle Absatzpläne sind vom Budget-Komitee und vom Generaldirektor zu genehmigen.
> Alle produktionsabhängigen Budgets sind vom zuständigen Werk- und Produktionsleiter zu genehmigen. Alle Budgets, die in Abhängigkeit vom geplanten Absatz aufgestellt wurden, sind vom Generaldirektor zu genehmigen. Die Budgets der Verwaltungsabteilungen sind vom zuständigen Bereichsleiter und vom Generaldirektor zu genehmigen.
> Nach ihrer Genehmigung müssen alle Einzelbudgets in ein Gesamtbudget zusammengefaßt und in dieser Form dem Aufsichtsrat zur endgültigen Genehmigung vorgelegt werden.

Die Genehmigung des Gesamtbudgets und der Einzelvorschläge muß den verschiedenen Führungsebenen des Unternehmens, die ihre zukünftigen Handlungen und Maßnahmen auf den angestrebten Planerfolg ausrichten müssen, mitgeteilt werden. Auch hierfür besteht in der Praxis meistens ein bestimmtes Informationsverfahren, welches die Empfänger der genehmigten Budgets und die Verantwortlichkeit für deren Verteilung im einzelnen genau festlegt.

Was den Kreis der Budgetempfänger angeht, so ist ganz allgemein zu sagen, daß das Gesamtbudget nur wenigen Führungskräften zugänglich gemacht wird (z. B. Generaldirektor und Finanz- bzw. Budgetdirektor). Einzelbudgets für ihren jeweiligen Verantwortungsbereich erhalten die für ihre Durchsetzung in der Praxis Verantwortlichen. Trotz dieser Beschränkung der Anzahl der Budgetempfänger ist der Empfängerkreis meistens sehr umfangreich.

Die Verteilung der Budgets obliegt einer Zentralstelle. In der Regel übt der mit der Koordinierung und Leitung der Planung beauftragte Tätigkeitsbereich diese Funktion aus. In einigen Unternehmen liegt die Verantwortung beim Finanzdirektor, in anderen trägt sie der Budgetdirektor.

Organisation der Budgetkontrolle

ORGANISATION MIT DEM ZIEL DER KONTROLLE IM RAHMEN DES BUDGETSYSTEMS. Ein Budget führt keineswegs zu einer Schematisierung der Führungsaufgaben. Es ist ein Führungsinstrument, und eine seiner Aufgaben besteht darin, den erreichten Fortschritt bzw. die effektive Leistung im Hinblick auf das angestrebte Ziel aufzuzeigen. Die Kontrollfunktion stellt eine der wichtigsten Phasen des Budgetsystems dar. Die Ursachen-Wirkungsforschung, die Erkenntnis der Notwendigkeit zur Vornahme korrigierender Maßnahmen und die tatsächliche Verwirklichung solcher Maßnahmen sind genau so wichtig wie die ursprüngliche Aufstellung des Planes. Auch hier wiederum ist eine gute Organisation unabdingbare Voraussetzung für den Erfolg der gestellten Aufgaben.

Die Form der Kontrollberichte und die auf dieser Grundlage eingeleiteten Maßnahmen werden im einzelnen in den folgenden Kapiteln besprochen. Auf die Organisationsstruktur des Berichtswesens und die entsprechenden Maßnahmen soll nachstehend näher eingegangen werden.

WER IST FÜR DAS BERICHTSWESEN VERANTWORTLICH? Über die Berichterstattungsfunktion enthält das Handbuch eines Unternehmens folgende Einzelheiten:

> Die tatsächliche Leistung ist regelmäßig mit den Budgetvorgaben getrennt nach Verantwortungsbezirken zu vergleichen. Wesentliche Abweichungen sind zu analysieren, auszuwerten und zu melden.

Die Berichterstattung obliegt nahezu einheitlich der Finanzdirektion.

Dies trifft auch dann zu, wenn das Unternehmen einen Budgetdirektor eingesetzt hat. Der Grund hierfür ist die Abhängigkeit der Budgetkontrolle von den Aufzeichnungen des Rechnungswesens. Je nach der Größe des Unternehmens und der Art der Verantwortungsbezirke werden die Kontrollberichte entweder von der zentralen Finanzdirektion oder von den Finanzleitern der Werke erstellt. Zweck der Kontrollberichte ist die Messung der Leistung durch einen Vergleich der tatsächlichen Ergebnisse mit dem Budget, welches den Umständen entsprechend entweder fixe oder flexible Vorgaben enthält.

WER IST FÜR DIE VORNAHME VON HANDLUNGEN VERANTWORTLICH? Die Funktion des Handelns und die der Berichterstattung haben nichts miteinander gemeinsam, und so erklärt es sich, daß beide von verschiedenen Personen ausgeübt werden. Handlungen müssen einem allgemein anerkannten Unternehmensführungsgrundsatz zufolge praxisnahe vorgenommen werden. Demnach müssen zum Beispiel Kosten in dem diese verursachenden Werk beeinflußt werden. Ebensowenig wie der Finanzdirektor bzw. der Budgetdirektor Budgets erstellt (beide leisten lediglich Hilfestellung bei ihrer Koordinierung), wird von einem der beiden eine Leistungskontrolle gegenüber den Budgets durchgeführt. Diese Aufgabe fällt dem für die Budgeterstellung verantwortlichen Werk- oder Bereichsleiter zu.
Die Verantwortung für diese Aufgabe muß selbstverständlich an verschiedene untergeordnete Führungsebenen delegiert werden. Die Kontrollberichte werden daher an die verantwortlichen Werk- und Bereichsleiter und von diesen in entsprechender Unterteilung an die jeweiligen Verantwortungsbezirke der unteren Ebene verteilt. Es wird erwartet, daß die verschiedenen unteren Führungskräfte alles tun werden, um die Leistung des ihnen unmittelbar unterstellten Tätigkeitsbereiches an die Budgetvorgaben anzupassen. Darin zeigt sich, daß das Gebiet der Budgetkontrolle eines der wichtigsten Instrumente der modernen Unternehmensführung darstellt. Wenn die tatsächliche Leistung unter der Budgetvorgabe liegt, so stellt sich die Frage, ob und wie diesem Zustand abgeholfen werden kann. Ob diese Aufgabe erfolgreich gelöst werden kann, hängt einzig und allein von der Qualität der Führungskräfte ab. In vielen Unternehmen herrscht die Meinung vor, daß sich solche Aufgaben am besten gemeinschaftlich lösen lassen. Daher finden in regelmäßigen Abständen Besprechungen zum Zwecke der Überprüfung und Analyse der Leistung statt. Die Richtlinien eines bestimmten Unternehmens enthalten hierzu folgende Einzelheiten:

1. Vierteljährlich
Die Werkleiter sollen wenigstens einmal in jedem Vierteljahr (vorzugsweise

einmal im Monat) alle Meister, Vorleute, Wirtschafts- und Aufsichtsingenieure zu einer Budgetbesprechung einladen.
Anläßlich solcher Besprechungen sollen die monatlichen und täglichen Budgets verschiedener Abteilungen, insbesondere die Über- und Unterschreitungen gegenüber den Budgets sowie die korrigierenden Maßnahmen in Hinsicht auf die Entwicklung der Fertigungslöhne und -gemeinkosten zur Sprache kommen. Der Hauptzweck solcher Besprechungen soll die Förderung des Budgetgedankens sein. Den Vorleuten soll die Überzeugung vermittelt werden, daß die Unternehmensführung an der Erfüllung des Budgets sehr interessiert ist und daher alle günstigen und ungünstigen Leistungsabweichungen genau verfolgt. Abteilungsschaubilder, die Aufschluß über die Leistung geben, sind bei derartigen Anlässen ein sehr wertvolles Hilfsmittel.
Solche Besprechungen sollen sich auf allgemeine Ausführungen zum Problem beschränken und nicht dazu benutzt werden, irgendeinen Vormann offener Kritik auszusetzen.

2. Monatlich
Einmal im Monat soll der Wirtschaftsingenieur des Werkes eine besondere Budgetbesprechung für jede Abteilung stattfinden lassen. An dieser Besprechung sollen neben dem Abteilungsleiter oder -meister und den Aufsichtsingenieuren alle Personen teilnehmen, die bei der Erstellung und Anwendung des Budgets aktiv mitwirken. Der genaue Termin solcher Besprechungen soll dem Werkleiter mitgeteilt werden, sodaß er nach seinem Ermessen daran teilnehmen kann.
Vor Beginn der Bespechung sollen der Wirtschaftsingenieur und die Aufsichtsingenieure eine Tagesordnung über die zu besprechenden Kostenarten vorbereiten. Wenn Lohnkonten zur Diskussion stehen, sollen die Arbeitsberichte der im Aufwand enthaltenen Personen zur Besprechung mitgebracht werden. Im Falle von Instandhaltungs- und Reparaturarbeiten sollen die Durchschriften der Werkaufträge so gelistet werden, daß der entstandene Gesamtaufwand besprochen werden kann.
Eine derartige Voruntersuchung versetzt die Ingenieure in die günstige Lage, den aus diesen Anlässen üblichen allgemeinen Ausführungen der Meister mit gezielten Fragen zu begegnen.
Die täglichen und monatlichen Kontrollberichte sollen in der Besprechung zur Sprache kommen. Es sollen nicht nur die Budgetüberschreitungen, sondern auch die Unterschreitungen gegenüber dem Budget erörtert werden. Bei Budgetunterschreitungen soll darüber befunden werden, ob die Budgetvorgabe zu hoch ist, ob sich die der Planung zugrunde liegenden Verhältnisse geändert haben oder ob die Unterschreitung einfach nur darauf zurückzuführen ist, daß die fragliche Kostenart nur über einen längeren Zeitraum beurteilt werden kann.
Wird vom Meister behauptet, die Verwirklichung der Budgetvorgabe sei unmöglich, so sollen ihm geeignete Mittel und Wege bezeichnet werden, die das Budget erreichbar machen. Dies kann häufig dadurch geschehen, daß eine nur wenig veränderte Arbeitsweise, eine andere Qualität oder Art des Materials oder eine Vermehrung, Zusammenfassung oder andere Abgrenzung der Verantwortung eingeführt wird.
Solche regelmäßigen monatlichen Besprechungen können für den Erfolg des Budgetprogramms von ausschlaggebender Bedeutung sein.

3. Täglich
Die dritte Besprechungsart, die für die erfolgreiche Anwendung der Budgets wesentlich ist, vollzieht sich mehr oder weniger formlos auf der Grundlage täg-

licher Kontaktpflege zwischen den Aufsichtsingenieuren und den Abteilungsmeistern. (Wenn die Leistungen im Rahmen der angestrebten Arbeitsziele liegen, sind tägliche persönliche Kontakte nicht erforderlich. Nichtsdestoweniger sollten sie so häufig und so eng wie möglich aufrechterhalten werden, damit der Meister erkennt, daß die Leistungen seiner Abteilung laufend überwacht werden.)

Einer der Hauptgesichtspunkte zugunsten der täglichen Budgetberichterstattung ergibt sich daraus, daß sie dem Meister ermöglicht, bereits am nächsten Tag durch geeignete Maßnahmen den Ursachen für die Budgetüberschreitung des vorangegangenen Arbeitstages entgegenzuwirken.

Die Aufsichtsingenieure sollen die täglichen Berichte aller Abteilungen sorgfältig überprüfen und ihre besondere Aufmerksamkeit jenen Posten widmen, welche die Budgetvorgabe plötzlich überschritten haben. Sie sollen den Ursachen für die Überschreitung nachgehen und sich daraufhin mit den Meistern in Verbindung setzen und diese veranlassen, für Abhilfe zu sorgen.

Es ist überaus wichtig, daß diese Art der Kontaktpflege zwischen den Aufsichtsingenieuren und den Meistern eingeführt und in dem beschriebenen Umfang durchgeführt wird. Für den Fall, daß eine Abteilung das Budget nachhaltig mit Erfolg übertrifft, soll der Aufsichtsingenieur dem Meister seine Anerkennung aussprechen, damit dieser unter dem Eindruck bleibt, daß seine Leistung nach wie vor überwacht wird.

4. Sondersitzungen

Sondersitzungen sind für die wirkungsvolle Anwendung der Budgets von größter Bedeutung. Ihre Einberufung soll auf Ausnahmefälle, die einer unverzüglichen Überprüfung und einer sofortigen Gegenmaßnahme bedürfen, beschränkt bleiben. Solche Sitzungen sollen täglich unter dem Vorsitz der obersten Unternehmensführung stattfinden, und zwar so lange, bis der Erfolg der eingeleiteten Gegenmaßnahmen eingetreten ist.

An den Sondersitzungen sollen außer der obersten Führung die Wirtschaftsingenieure, die Aufsichtsingenieure und die Meister derjenigen Abteilungen teilnehmen, deren Leistung im Vergleich zur Budgetvorgabe ungünstig ist. Im Verlauf der Sitzung sollen alle negativen Leistungsbewegungen zur Sprache kommen. Ferner soll jemand mit der Untersuchung der einwirkenden Faktoren und mit dem am nächsten Arbeitstag abzustattenden Bericht über die eingeleiteten Gegenmaßnahmen beauftragt werden.

Im Gegensatz zu den täglichen Kontaktgesprächen zwischen Aufsichtsingenieuren und Meistern können in diesen Sitzungen Grundsatzentscheidungen erörtert und geändert werden, wenn überzeugend dargestellt werden kann, daß hierdurch eine Leistungsverbesserung zu erwarten sein wird.

Da solche Sitzungen die oberste Unternehmensführung und einige andere Spitzenkräfte bis zu zwei Stunden täglich in Anspruch nehmen, sollen sie im ehestmöglichen Zeitpunkt wieder eingestellt werden.

Bei der Beantwortung der Frage nach dem Verantwortlichen für die in der Kontrollphase der Budgetierung zur Erreichung der Budgetvorgaben vorzunehmenden Handlungen ergibt sich in aller Deutlichkeit der grundlegende Unterschied zwischen den Aufgaben der Stabsvorgesetzten und den der Führungskräfte der verschiedenen Linienstellen. Es wird überwiegend die Ansicht vertreten, daß die Kontrolle eine Funktion der Linienvorgesetzten ist und daß sie bei der Erfüllung dieser Aufgabe von den Stabsstellen unterstützt werden. Damit liegt die Kontrolle des tatsächlichen Betriebsgeschehens an Hand der Budgetvorhaben bei den verschiedenen Führungsebenen innerhalb der Linienorganisation, angefangen beim obersten Linienvorgesetzten bis herunter zu den Vorleuten, und jeder ist verantwortlich für die Ausübung der Kontrolle über seinen Verantwortungsbezirk. Es ist somit die Funktion dieser Personen, das Betriebsgeschehen in Übereinstimmung mit den Grundsätzen und Plänen des Unternehmens zu leiten und zu überwachen. Es ist andererseits die Funktion der verschiedenen Stabsstellen, die Grundlagen für die Planung, das Berichtswesen und die Erfolgsanalyse bereitzustellen und fachlich bei der Beseitigung aufgetretener Schwächen in Hinsicht auf die Budgeterfüllung zu beraten.

Der Beitrag des Betriebswirtes zur Kontrolle. Das Rechnungswesen ist ein unentbehrliches Werkzeug der Budgetkontrolle und der Budgetierung schlechthin. Das gesamte Budgetsystem, insbesondere seine wertmäßigen Grundlagen bauen auf dem Rechnungswesen auf. Die Schaffung der Voraussetzungen für die Kontrolle und die Erstellung der innerbetrieblichen Kontrollberichte sind wichtige Funktionen des Rechnungswesens.

In diesem Zusammenhang ist zu bemerken, daß die Erstellung der Kontrollberichte in der Praxis nicht einheitlich geregelt ist. In einigen Fällen ist der Finanzdirektor, in anderen eine von ihm völlig unabhängige Stelle mit dieser Funktion beauftragt. Auch im letzteren Fall wird anerkannt, daß beispielsweise die Rechnungslegung über die aufgelaufenen Kosten im Planungszeitraum eine Funktion des Betriebswirtes ist. Das Rechnungswesen ist also nicht nur das finanzielle „Herz" des Unternehmens, sondern auch ein wichtiges Mittel zur Durchführung der Budgetkontrolle.

Zu den Funktionen des Betriebswirtes auf dem Gebiet der Unternehmenskontrolle gehören in erster Linie die Ermittlung und Auswertung der betrieblichen Daten, nicht aber deren Kontrolle gegenüber den Budgetvorgaben. Diese Aufgabe obliegt den Linienvorgesetzten, obwohl von diesen offen anerkannt wird, daß eine offene und unbeeinflußte analytische Berichterstattung der Betriebswirte wesentlich zu ihren Entscheidungen und Handlungen beiträgt. Durch die Ausübung seines Berichtsrechts und seiner Berichtspflicht ist der Betriebswirt nicht nur Helfer der Unternehmungsführung, sondern auch ihr Partner.

Verfahrenshandbücher

Bedeutung der Handbücher. Je größer ein Unternehmen wird, desto notwendiger werden schriftliche Arbeitsanweisungen für die Ausbildung und die Festlegung der Pflichten und der Verantwortung des Personals.

Und so erklärt sich, daß die Verwendung von Handbüchern der verschiedensten Art heutzutage allgemein üblich ist. In solchen Handbüchern sind im einzelnen genau festgelegt:

1. die Pflichten und die Verantwortung der jeweiligen Gremien und Personen,
2. die Methoden und Systeme,
3. die Formulare und Berichte.

Der Ablauf der Budgetaufstellung ist eine derjenigen Tätigkeiten, die mit Rücksicht auf den Umfang ihrer Aufgabenstellung eine derartige organisatorische Regelung erfordert. Da an der Budgeterstellung und -kontrolle alle Führungskräfte des Unternehmens beteiligt sind, ist das Vorhandensein eines Budget-Handbuches eine wesentliche Voraussetzung für die Einheitlichkeit und den Erfolg des Budgetsystems. Die wichtigsten Vorteile eines solchen Handbuches sind:

1. Es enthält eine genaue Definition der Pflichten und der Verantwortung in Budgetangelegenheiten.
2. Es fördert die Einheitlichkeit und Einfachheit des Budgetverfahrens durch Auswahl der am geeignetsten erscheinenden Methode.
3. Es unterstützt die Koordinierung und Synchronisierung der Budgets.
4. Es ist ein bequemes Nachschlagwerk, wenn Fragen des Verfahrens oder der Verantwortung zu klären sind.
5. Es ermöglicht eine bessere Aufsicht über die Budgeterstellung, weil Zweifelsfragen mit seiner Hilfe und somit ohne Inanspruchnahme des Aufsichtspersonals geklärt werden können.
6. Es unterstützt bei der Ausbildung neuer Kräfte und der Delegation von Pflichten, weil die meisten Schritte des Ablaufs im einzelnen schriftlich festgelegt sind.
7. Es hilft bei der Einführung des Budgets durch Erläuterung der Vorteile des Verfahrens.

Inhalt des Handbuches. Budget-Handbücher unterscheiden sich voneinander je nach der Größe und der Art des Unternehmens sowohl formell als auch inhaltlich sowie hinsichtlich des Umfanges des Budgetverfahrens. Im allgemeinen empfiehlt sich jedoch folgender Inhalt:

1. Eine Erläuterung des Zweckes und der Grundsätze der Budgetierung.
2. Eine Definition der Autorität und Verantwortung.
3. Eine Aufzählung der Pflichten der an der Budgetaufstellung beteiligten Personen.
4. Terminpläne für die Budgeterstellung.
5. Abbildungen der Formulare.
6. Das Genehmigungsverfahren.
7. Die Form und die Art der Kontrollberichte.
8. Das Verfahren der Budgetkontrolle.

Damit derartige Handbücher von Nutzen sind, müssen sie sorgfältig, genau und richtig ausgearbeitet werden. Sie müssen in einer klaren und für jedermann verständlichen Sprache formuliert sein, und sie müssen ein wahrheitsgetreues Spiegelbild des effektiven Geschehens in jeder Abteilung wiedergeben.
Die verschiedenen Abschnitte des Handbuches müssen auf die Besonderheiten, Verfahren und Probleme der einzelnen Abteilungen und Bereiche eingehen. Nichts schadet dem Ansehen des Handbuches mehr als die Einbeziehung einer Anweisung, die im Widerspruch zu den tatsächlichen Gegebenheiten steht oder undurchführbar ist. In diesem Zusammenhang ergibt sich die Frage nach dem für die Ausarbeitung des Handbuches Verantwortlichen.

VERFASSER DES HANDBUCHES. Dem Handbuch muß eine gründliche Kenntnis aller Probleme, Verfahren bzw. Abläufe und Endtermine für die Einreichung der Budgetvoranschläge und Kontrollberichte zugrunde liegen. Dies hat zur Voraussetzung, daß seine Ausarbeitung in enger Wechselbeziehung zu der Budgeterstellung und -anwendung stehen muß. Aus diesem Grunde muß der Verantwortliche für das Gesamtbudgetwesen, sei es der Budgetdirektor oder der Finanzdirektor, auch für die Ausarbeitung des Handbuches verantwortlich zeichnen. Für den Fall, daß er diese umfangreiche Aufgabe aufteilt und delegiert, muß er trotzdem die letzte Verantwortung für die endgültigen Anweisungen tragen.
Es bedarf wohl keines besonderen Hinweises, daß die Ausarbeitung eines solchen Handbuches, wie die gesamte Budgetierung überhaupt, ein hohes Maß an Zusammenarbeit aller Beteiligten erfordert. Kontaktpflege mit den verschiedenen Beteiligten und Probeabläufe sind in diesem Zusammenhang wichtig.

BUDGETFORMULARE. Wie bereits ausgeführt, ist die Kontrolle der Formulare einer der Zwecke eines Handbuches. Dies gilt gleichermaßen für das Budget-Handbuch wie für alle anderen Handbücher. Der Erfolg des Budgetsystems, durch welches die Budgetaufstellungen vieler Abteilungen und Bereiche in einem Gesamtbudget zusammengefaßt werden, ist weitgehend von der Einheitlichkeit in den Verfahren der Budgetaufstellung und der Vergleichbarkeit der Budgetberichte abhängig. Alle Budget-Handbücher enthalten besondere Anweisungen für die Erstellung der Budgets und Berichte sowie Abbildungen der Formularmuster.

FORM DES HANDBUCHES UND VERTEILERKREIS. Es ist klar, daß gewisse Schlüsselkräfte ein vollständiges Handbuch besitzen müssen, während andere Beteiligte mit einem oder mehreren Abschnitten des Handbuches auskommen. Dieser Umstand, zusammen mit den häufig erforderlichen Änderungen, Berichtigungen und Ergänzungen, bestimmt maßgeblich die Form des Handbuches. Vorzugsweise empfiehlt sich ein Loses-Blatt-Werk mit numerierten, datierten und autorisierten Seiten. Das Handbuch muß jederzeit auf dem laufenden sein. Es ergibt sich hierbei insofern ein Problem, als das eigentliche Budgetsystem im Interesse seiner besseren Nutzbarmachung für die Unternehmensführung ständigen Änderungen unterworfen ist. Abgesehen davon, daß die an der Budgeterstellung beteiligten Personen von solchen Änderungen schnellstens Kenntnis erhalten müssen, ist ein Handbuch, welches jederzeit den neuesten Stand der Entwicklung widerspiegelt, insofern psychologisch vorteilhaft, als bei allen Beteiligten der Eindruck entsteht, das Budgetsystem stehe im Mittelpunkt des Interesses der obersten Unternehmensführung. Wie bereits zum Ausdruck gebracht, handelt es sich bei der Budgetierung um eine sehr wichtige Aufgabe der Unternehmensführung. Ihre größte Bedeutung liegt auf dem Gebiet der Koordinierung und Harmonisierung aller Bereiche des Unternehmens.

4. Die Aufstellung des Budgets

Zweck des Kapitels. Die Aufstellung und Abstimmung des Budgets ist ein komplexer Vorgang. Jede Position in der Bilanz und Gewinn- und Verlustrechnung wird durch die Geschäftstätigkeit im Planungszeitraum beeinflußt. Jeder Geschäftsvorfall innerhalb des Planungszeitraums muß deshalb dem Gesamtplan untergeordnet werden. Die Verflechtung der verschiedenen Geschäftsvorfälle sowohl in der Finanz- als auch in der betrieblichen Sphäre macht eine umfassende Planung notwendig. Das Zusammenwirken von Erträgen und Aufwendungen und die Auswirkung beider auf das Betriebsergebnis erfordern, daß die Pläne sorgfältig aufgestellt und abgestimmt werden. Darüber hinaus sollen die Pläne auf bestimmte Ziele ausgerichtet sein und eine planvolle Auswahl zwischen den verschiedenen gegebenen Alternativen darstellen.

Der Vorgang der Aufstellung und Abstimmung eines Budgets macht eine Reihe von Schritten erforderlich und verlangt das Zusammenwirken der verschiedenen Bereiche der Unternehmensführung. In diesem Kapitel sollen die notwendigen Schritte und der Anteil eines jeden Bereichs der Unternehmensführung an ihrer Durchführung besprochen werden. Die Darstellung stützt sich auf eine allgemeine Beschreibung und auf einen Beispielsfall, an dem die Aufstellung des Budgets einer hypothetischen Unternehmung erläutert wird. Diese Art der Darstellung sollte geeignet sein, ein Gesamtbild vom Vorgang der Budgetierung zu vermitteln, in dessen Rahmen spätere Einzeldarstellungen über Teilgebiete eingepaßt werden können.

Der Planungszeitraum. Die Länge des Planungszeitraums ist abhängig davon, ob das Budget für die unmittelbare Zukunft oder für die langfristige Planung bestimmt ist. Im ersten Kapitel wurde bereits ausgeführt, daß sowohl kurzfristige wie auch langfristige Planung notwendig ist. Die langfristige Planung hat vor allem strategische Bedeutung. Sie befaßt sich weniger mit Einzelheiten als vielmehr mit Gesamtzielen der Geschäftspolitik und mit dem Aufzeigen von Wegen zur Erreichung dieser Ziele. Kurzfristige Planung ist dagegen mehr taktischer Natur und auf Zwischenziele ausgerichtet, die innerhalb absehbarer Zeit verwirklicht werden können. Diese Art Planung erfolgt in allen Einzelheiten und bildet, da sie alle Grundsätze und Verfahren, die bei der langfristigen

Planung Anwendung finden, mit einschließt, den Gegenstand dieses Kapitels.

Die Geschäftsperiode umfaßt in der Regel ein Jahr — Geschäftsjahr oder Kalenderjahr. Es ergibt sich die Frage, welche Zeitspanne ein Budget zweckmäßigerweise umschließen soll. Die natürliche, in der Geschäftswelt vorherrschende Zeiteinheit ist wohl das Jahr. Andererseits sollte das Budget nicht für einen so langen Zeitraum als fix betrachtet werden, wenn dies unrealistisch ist. Vielmehr sollte das Budget laufend — zumindest vierteljährlich — überprüft und, falls erforderlich, abgewandelt werden. Der Absatzplan ist für die meisten Unternehmen der Ausgangspunkt der Budgetierung. Demzufolge kann ein Budget für solche Unternehmen nur über einen Zeitraum festgesetzt werden, für den ein Absatzplan mit hinreichender Genauigkeit aufgestellt werden kann.

Es soll allerdings nicht verkannt werden, daß besondere Situationen, wie z. B. eine außerordentliche Anspannung auf dem Beschaffungsmarkt oder die Notwendigkeit, langfristige Abnahmeverpflichtungen einzugehen, die Planung gewisser Geschäftsvorgänge über einen längeren Zeitraum erfordern, trotz der erhöhten Gefahr der Fehlschätzung im Absatzplan. In der vorliegenden Darstellung soll jedoch davon ausgegangen werden, daß das gesamte Budget auf dem Absatzplan aufgebaut werden kann. Der Einfachheit und Kürze halber wird die Darstellung der Zahlenbeispiele auf ein Quartal beschränkt, unbeschadet der Tatsache, daß es normalerweise zweckmäßig sein wird, das Budget für ein ganzes Jahr aufzustellen.

Die Schritte bei der Aufstellung des Budgets. Die Aufstellung des Budgets setzt die Zusammenarbeit aller Bereiche der Unternehmensführung voraus. Die Führungsspitze setzt die unmittelbaren Planziele fest. Die nachgeordneten Führungsschichten haben die Aufgabe der Ausarbeitung der Einzelheiten, um festzustellen, ob die gesetzten Planziele erreichbar scheinen, und um die Abstimmung aller Teilbudgets untereinander sicherzustellen. Aus diesem Arbeitsvorgang können sich selbstverständlich auch Abwandlungen in den Planzielen ergeben. So bedeutet die Aufstellung des Budgets nicht nur ein Aufeinanderabstimmen in der Breite, sondern auch eine Rückwirkung auf die Feststellung der Planziele und auf die Ausgestaltung eines realistischen und realisierbaren Programms — immer unter Berücksichtigung und, soweit als möglich, in Einklang mit den langfristigen Plänen der Gesellschaft. Die grundlegenden Schritte bei der Budgeterstellung sind folgende:

Schritt 1: Die Führungsspitze legt die Gesamtziele fest in bezug auf Absatzvolumen, Nettogewinne, Finanzierung, Investitionen und andere

Faktoren — alle untermauert durch Analysen und Prognosen der Größe des Marktes sowie der Preis- und Kostenstruktur. In diesem Schritt sind bereits die verschiedenen Möglichkeiten des Vertriebs, der Werbung, Beschaffung, Produktion usw. berücksichtigt.

Schritt 2: Jeder Abteilungsleiter formuliert seinen Plan und stellt eine Liste der Ausgangsdaten für seine Abteilung auf. Dieser Schritt erfordert die Zusammenarbeit aller Bereiche des Unternehmens. Aufbauend auf diesen Grunddaten werden die Budgets der einzelnen Abteilungen aufgestellt.

Schritt 3: Abwandlung der Grunddaten und Budgets, soweit die Einzelplanung die Notwendigkeit für eine solche Korrektur ergibt.

Schritt 4: Das überarbeitete endgültige Budget wird der Führungsspitze zur Genehmigung vorgelegt. Zur Prüfung der Endergebnisse der Budgetierung zieht die Führungsspitze die Bilanz, Gewinn- und Verlustrechnung sowie die Aufstellungen über Herkunft und Verwendung der Mittel heran.

Schritt 5: Die Führungsspitze genehmigt das zusammengefaßte Budget unter Zugrundelegung der als Ausgangsdaten festgelegten Voraussetzungen.

Schritt 6: Herausgabe von Einzelplänen an alle Bereiche der Unternehmensführung als Startsignal und Richtschnur für die Geschäftstätigkeit im Planungszeitraum.

Der übrige Teil dieses Kapitels ist einer Beschreibung der Durchführung der obigen Schritte in einem hypothetischen Unternehmen gewidmet. Das Beispiel ist so aufgebaut, daß es alle Phasen der Planung umfaßt sowie die Art der zu treffenden Entscheidungen und das Wechselspiel der verschiedenen Unternehmensbereiche aufzeigt. Der Umfang des Beispiels wurde so gewählt, daß die Erläuterung der einzelnen Schritte so wirklichkeitsnah wie möglich erfolgen kann, ohne den begrenzten Rahmen dieses Buches zu sprengen. Der Jahresumsatz der „Beispiel-Gesellschaft" soll in der Größenordnung unter 10 Millionen $ liegen. Es werden drei Produkte erzeugt und verkauft. Das aufzustellende Budget umfaßt einen Zeitraum von drei Monaten.

Erster Schritt - Bezeichnung der Ziele

Die Gesellschaft und ihre Tätigkeitsbereiche. Die „Beispiel-Gesellschaft" ist ein Fertigungsunternehmen, das die Produkte A, B und C herstellt und vertreibt. Der Jahresumsatz hat bisher rund 7.8 Millionen $

betragen. Außer den üblichen Fertigungshilfsbetrieben hat die Fabrik drei Fertigungs-Abteilungen. Die Fertigungsfolge der drei Produkte ist wie folgt:

	Fertigungs-Abteilung		
	1	2	3
Produkt A	×	×	×
Produkt B	×	×	×
Produkt C	×		×

Der Fertigungsrhythmus ist dergestalt, daß der Ausstoß der Fertigungs-Abteilung 1 in ein Zwischenlager und von dort aus in die Abteilung 2 bzw. 3 überführt wird. Die Gesellschaft benutzt Standardkosten in der Kostenrechnung.[1]

Die Gesellschaft vertreibt ihre Produkte auf direktem Wege durch den Einsatz eines Vertreternetzes, unterstützt durch Anzeigen-Werbung. Sie unterhält eine typische Verkaufsorganisation. Die Vertreter erhalten Gehalt plus Umsatzprovision. Die übrigen Verwaltungsbereiche der Gesellschaft sind ebenfalls im normalen Rahmen vorhanden. Die Geschäftsführung des Vorstandes wird durch den Aufsichtsrat überwacht. Der Vorstand besteht aus dem Vorsitzer, dem stellvertretenden Vorsitzer sowie aus den Leitern der verschiedenen Bereiche der Gesellschaft, nämlich Verkauf, Fertigung, Entwicklung, Einkauf, Personalwesen, Schatzmeister und Rechnungswesen.

Die festgelegten Ziele. Der Generaldirektor ist seit einiger Zeit unzufrieden mit dem Erfolg der Gesellschaft und hat bestimmt, daß das neue Budget auf eine wesentliche Verbesserung abzielen muß. Durch das Studium von Berichten und persönliche Beobachtung hat er sich eine klare Meinung gebildet über das, was getan werden muß, um den Erfolg zu verbessern, und hat seine Gedanken mit den übrigen Vorstandsmitgliedern durchgesprochen. Im Folgenden sind seine Grundgedanken sowie die Reaktion des Vorstandes dargestellt:

1. Verbesserung der Verzinsung des eingesetzten Kapitals. Der Generaldirektor ist unzufrieden mit der gegenwärtigen Ertragslage, sowohl im Verhältnis zum Umsatz als auch zum eingesetzten Kapital. Er besteht darauf, daß das Verhältnis des Betriebsergebnisses zum eingesetzten Kapital bei rund 30% liegen müsse. Das gegenwärtige Verhältnis liegt weit unter diesem Wert.

[1] Das Beispiel würde nicht wesentlich verändert werden, wenn Effektiv-Durchschnittskosten anstelle von Standardkosten verwendet würden. Die Methode der Standardkosten wurde gewählt, weil es sich dabei um eines der modernsten Kostenrechnungsverfahren handelt.

Der Leiter des Rechnungswesens stellt die Ertragslage des laufenden Quartals wie folgt dar:

	Standard-Rohgewinn: Umsatz	Netto-Betriebs-Gewinn: einges. Kapital	Umsatz: einges. Kapital	Netto-Betriebs-Gewinn: Umsatz
	%	%	%	%
Gesamt-Umsatz	24,30	8,24	211,26	17,42
Produkt A	35,00	18,64	90,90	16,95
Produkt B	24,44	8,39	300,00	25,17
Produkt C	18,86	2,95	400,00	11,80

Die Verwaltungs- und Vertriebsgemeinkosten werden für alle Produkte mit einem Satz von rund 16% verrechnet. Dieser Satz resultiert aus der Annahme, daß die einzelnen Produkte im Verhältnis ihres Anteils am Gesamtumsatz am Kostenanfall beteiligt sind. Der Vorstandsvorsitzer ist der Meinung, daß eine solche Annahme nicht unter allen Umständen zutreffen muß und veranlaßt eine Untersuchung über die Möglichkeiten der Ermittlung der Kosten für das Hereinholen und Ausführen von Aufträgen für die einzelnen Produkte durch den Leiter des Verkaufs und den Leiter des Rechnungswesens.

In Anbetracht der Fülle an Literatur über das Gebiet der Erfassung und Verteilung von Verwaltungs- und Vertriebsgemeinkosten soll diese Frage hier nicht weiter erörtert werden. Es sei lediglich darauf hingewiesen, daß auf diesem Sektor der Kostenrechnung die Durchführung periodischer Kostenuntersuchungen sich häufig als ebenso wirksam und weniger mühevoll erweist als eine komplette buchmäßige Aufgliederung dieser Kosten auf Kostenträger usw. Wo sich eine solche Einbeziehung der Verteilung von Verwaltungs- und Vertriebsgemeinkosten in die Kostenrechnung als zweckmäßig erweist, zeigt sich in der Regel, daß diese Kosten sich ebenfalls in den Rahmen der Standardkostenrechnung einbeziehen lassen.

In dem vorliegenden Beispiel werden die nach dem Standardrohgewinn zu verrechnenden Kosten als nahezu 100% proportional zum Umsatz der verschiedenen Produkte betrachtet. Bei Aufrechterhaltung dieser Annahme muß das ungünstige Gesamtbild, das sich in einem Verhältnis des Nettobetriebsgewinns zum eingesetzten Kapital von 17.42% ausdrückt, zum Teil auf die niedrige Rohgewinnspanne von Produkt C (18.86%) und zum Teil auf die geringe Umschlaghäufigkeit des eingesetzten Kapitals bei Produkt A (90.90%) zurückgeführt werden. Die Analyse deutet die Notwendigkeit der Verbesserung der Rohgewinnspanne bei Produkt C sowie der Verbesserung des Kapitalumschlags bei Produkt A an. Außer der naheliegenden Lösung des Problems bei Produkt C entweder durch Erhöhung der Verkaufspreise oder durch Senkung der Kosten könnte eine weitere Möglichkeit auch darin gesehen werden, den Umsatz von Produkt C auf Produkt A (das eine 35%ige Rohgewinnspanne hat) zu verlagern, wodurch sich die Nettobetriebsgewinnspanne insgesamt verbessern und die Umschlagshäufigkeit des eingesetzten Kapitals bei Produkt A erhöht würde. Eine Erhöhung dieser Umschlagszahl kann natürlich nicht nur durch eine Erhöhung des Umsatzes, sondern auch durch eine Verminderung des eingesetzten Kapitals bewirkt werden.

Für die Verbesserung der Rohgewinnspanne bei Produkt C stehen zwei Wege offen. Der erste Weg besteht in einer Senkung der Stückkosten, entweder durch Rationalisierung oder durch höheres Volumen. Die zweite Möglichkeit ist die Erhöhung der Verkaufspreise. Der Vorstand hat diese beiden Möglichkeiten als Mittel zur Verbesserung der Ertragslage bei Produkt C ins Auge gefaßt.

Im Hinblick auf die Möglichkeit von Rationalisierungsmaßnahmen bei Produkt C teilt der Fabrikleiter mit, daß mit den augenblicklichen Fertigungseinrichtungen und bei der augenblicklichen Gestaltung des Produktes keine wesentlichen Kostensenkungen bei den direkten Fertigungskosten erreicht werden können. Darüber hinaus sieht er unter den gegebenen Bedingungen in der Produktion keine Möglichkeit einer wesentlichen Senkung der Stückkosten, außer durch eine Erhöhung des Fertigungs- und Absatzvolumens. Eine solche Erhöhung ist nur in beschränktem Umfang möglich, da die Gesellschaft bereits jetzt die für dieses Produkt verfügbare Fertigungskapazität weitgehendst ausgelastet hat. Der Fabrikleiter ist jedoch der Meinung, daß erhebliche Einsparungen erzielt werden können, einmal durch die Verwendung von Material, das einen geringeren Kostenaufwand in der Bearbeitung erfordert, und zum andern durch die Anschaffung von bestimmten kostensparenden Fertigungseinrichtungen, die allerdings einen erheblichen Kapitaleinsatz erfordern.

Der Fertigungsleiter und der Leiter der Entwicklung haben bereits ganz bestimmte Vorschläge darüber gemacht, welche Materialien zum Zwecke der Kostensenkung bei der Fertigung des Produktes eingesetzt werden sollten. Zwei Faktoren sprechen gegen eine sofortige Verwirklichung dieser Vorschläge: Der eine ist die für die Durchführung der Änderung erforderliche Zeit, der andere die Ungewißheit der Auswirkungen auf die Marktgängigkeit des Produkts, da die vorgeschlagenen Änderungen die Qualität beeinflussen würden.

Die Möglichkeit einer Preiserhöhung bei Produkt C hat der Verkaufsleiter unter Hinweis auf die gegenwärtige Lage auf dem Absatzmarkt mit Entschiedenheit von sich gewiesen. Er hat diese Möglichkeit in der Vergangenheit bereits eingehend untersucht, und der Vorstand schließt

sich seiner Empfehlung, die Möglichkeit einer Preiserhöhung nur als letzte Zuflucht zu betrachten, an.
In Anbetracht der ungünstigen Situation bei Produkt C faßt der Vorstand als nächste Möglichkeit eine schrittweise Verlagerung des Absatzes von C auf die anderen Produkte ins Auge. Dieser Weg scheint die beste Möglichkeit eine Verbesserung der Verzinsung des eingesetzten Kapitals zu beinhalten, vorausgesetzt, daß der Absatz bei Produkt A und B in dem erforderlichen Umfang gesteigert werden kann. Der Verkaufsleiter glaubt, daß die Umsätze bei Produkt B im Augenblick nicht wesentlich gesteigert werden können, aber er ist optimistisch in bezug auf eine Ausweitung des Marktes für Produkt A. Es wird deshalb beschlossen, im nächsten Planungszeitraum das Gewicht mehr auf das Produkt A zu verlagern, ohne jedoch C völlig aufzugeben. Überlegungen wurden auch in Richtung auf eine mögliche Reduzierung des eingesetzten Kapitals bei Produkt A angestelllt, und es wurde festgestellt, daß gewisse Möglichkeiten tatsächlich bestehen. Auf der anderen Seite resultiert aus den geplanten Absatzsteigerungen bei Produkt A ein erhöhter Bedarf an Vorratshaltung und eine Zunahme der Forderungen. Der Beschluß wurde deshalb so formuliert, daß für die geplante Absatzsteigerung bei Produkt A ein Minimum an zusätzlichem eingesetztem Kapital vorgesehen werden soll.
Unter den für die „Beispiel-Gesellschaft" angenommenen Voraussetzungen dürfte es schwierig sein, die Fertigungseinrichtungen den einzelnen Produkten zuzuordnen, außer man würde sich eines rechnerischen Schlüssels auf Basis der Maschinenstunden oder dergleichen bedienen. Das Werk besteht aus drei Fertigungsabteilungen, die alle an mehreren Produkten arbeiten. Die verschiedenen Produkte durchlaufen mehrere Abteilungen, einige sogar alle Abteilungen. Eine Veränderung im Mischungsverhältnis der Produkte würde in diesem Fall wohl kaum einen Einfluß auf die Umschlagshäufigkeit des in den Fertigungseinrichtungen eingesetzten Kapitals haben, es sei denn, die Einrichtungen in den verschiedenen Abteilungen wären jeweils nur für die Bearbeitung eines einzigen Produktes geeignet.
In vielen Betrieben ist jedoch der Zusammenhang bestimmter Fertigungseinrichtungen mit einzelnen Erzeugnissen wesentlich klarer. Aus diesem Grunde wird diese Frage hier angeschnitten, obwohl unter den Umständen, die in der „Beispiel-Gesellschaft" vorherrschen, wesentliche Schwankungen des eingesetzten Kapitals nur bei den Vorräten auftreten werden.

2. Ermittlung zutreffender Herstellungskosten. Ein allen Fertigungsunternehmen gemeinsames Problem ist das der Ermittlung der Basis für die Verrechnung der Fertigungsgemeinkosten auf die Erzeugnisse zur Bestimmung der Herstellungskosten jedes Erzeugnisses und zur klaren

Unterscheidung zwischen Kosten, die als Aufwand zu verrechnen, und solchen, die in den Vorräten zu aktivieren sind. Diese Frage ist nicht nur für die Belange der Rechnungslegung, sondern auch für die Preispolitik von Bedeutung. Zur Festsetzung des Anteils der Fertigungsgemeinkosten an den gesamten Herstellungskosten eines Erzeugnisses ist es erforderlich, Gemeinkosten-Verrechnungssätze festzulegen. Zu diesem Zweck muß das voraussichtliche Fertigungsvolumen festgesetzt werden, damit eine Verteilung der fixen Kosten auf die Produkte ermöglicht wird. Wenn dieses Volumen zu hoch festgesetzt wird, besteht die Gefahr der Unterbewertung der Erzeugnisse und umgekehrt. Das Ergebnis würde ein erheblicher Betrag nicht verrechneter bzw. zuviel verrechneter Fertigungsgemeinkosten am Ende der Abrechnungsperiode sein. Manche Unternehmungen verwenden das Verfahren der sogenannten direkten Kosten, bei dem alle Gemeinkosten, die nicht variabel in Abhängigkeit vom Fertigungsvolumen sind, als Aufwand der Abrechnungsperiode behandelt werden. Bei diesem Verfahren ist zwar das Problem der nicht verrechneten oder zuviel verrechneten Fertigungsgemeinkosten gelöst, die Frage der Bestimmung der Stückkosten als Grundlage der Preisfestsetzung bleibt jedoch weiterhin offen.

Die Frage, ob die Ermittlung des Gemeinkosten-Verrechnungssatzes auf der Grundlage der reinen Fertigungskapazität oder in Verbindung mit der Absatzkapazität erfolgen sollte, ist umstritten. Die Anhänger der ersten Methode sind der Meinung, daß die Fertigungskapazität zugrunde gelegt werden sollte, weil in einem Wettbewerbsmarkt der Abnehmer nicht mit den Kosten unausgenutzter Kapazität belastet werden kann. Die Befürworter der zweiten Methode argumentieren, daß die Kosten unrealistisch wären, wenn sie nicht auf die Nachfrage abgestellt wären. Im Falle der „Beispiel-Gesellschaft" haben sich die beiden am meisten von dieser Frage betroffenen Parteien, der Verkaufsleiter und der Produktionsleiter, darauf geeinigt, die Fertigungs- und Verkaufskapazität als Grundlage zu benutzen. Nachdem Einigkeit über diese Frage besteht, bleibt immer noch zu klären, ob das Volumen nur für einen Planungszeitraum oder für eine längere Zeit bestimmt werden soll. Diese Frage ist ebenso umstritten und erfordert eine Beurteilung und Entscheidung durch die Unternehmensführung. Der Vorstand ist sich darüber einig, daß das für die Bestimmung des Gemeinkosten-Verrechnungssatzes festzulegende Volumen sich im Rahmen einer langfristigen Entwicklung bewegen sollte. Diese Forderung stellt den Verkaufsleiter vor gewisse Probleme im Hinblick auf die in der Vergangenheit aufgetretenen Schwankungen im Absatz und auf die für die Zukunft bestehende Absicht der Veränderung des Mischungsverhältnisses der Erzeugnisse. Für den Augenblick hat er empfohlen, den Gemeinkosten-Verrechnungs-

satz auf der Grundlage eines Jahresabsatzvolumens in Höhe des Vierfachen des für das folgende Vierteljahr erwarteten Absatzes zu errechnen. Er ist sich zwar bewußt, daß der letzte Monat dieses Quartals eine bessere Grundlage für eine Jahresvorschätzung als das gesamte Vierteljahr darstellen würde, weil sich erst zum Ende des Quartals die geplante Änderung im Mischungsverhältnis der Produkte voll auswirken wird. Auf der anderen Seite stellt der neue Absatzplan in gewisser Hinsicht ein Experiment dar, und außerdem sind erfahrungsgemäß gewisse saisonale Schwankungen im Laufe des Jahres zu erwarten. Der Verkaufsleiter empfiehlt deshalb, eine gewisse Vorsicht in der Planung walten zu lassen und die zukünftige Marktentwicklung abzuwarten. Der Vorstand schließt sich seiner Empfehlung an.
Die Verrechnung der Fertigungsgemeinkosten ist eine direkte Funktion der Produktion und nicht des Absatzes. Der Produktionsleiter und der Leiter des Rechnungswesens sind deshalb der Meinung, daß zusätzlich zum voraussichtlichen Absatzvolumen noch das voraussichtliche Produktionsvolumen festgelegt werden muß. Das letztere wird zwar abhängig sein vom ersteren, aber der Betrag der nicht oder zuviel verrechneten Fertigungsgemeinkosten je Monat kann nur mit Hilfe einer Vorschätzung der Entwicklung der Produktion und der Bestände in den einzelnen Fertigungsabteilungen genau bestimmt werden. Es wird beschlossen, in Anbetracht der Tatsache, daß auf lange Sicht die Produktion mit dem Absatz übereinstimmen muß, das voraussichtliche Jahresproduktionsvolumen mit dem Verkaufsvolumen gleichzusetzen. Der Generaldirektor ist mit dieser Entscheidung einverstanden, er erinnert den Vorstand jedoch daran, daß das voraussichtliche Absatzvolumen eine Schätzung darstellt, die zwar für das folgende Quartal gut fundiert ist, für die spätere Zeit jedoch überprüft werden müsse.

3. Bessere Zuordnung der Vertriebskosten zu den Umsätzen. Der Generaldirektor ist unzufrieden mit dem Prozentsatz der Vertriebskosten und glaubt, daß die Gesellschaft ihre Bemühungen auf dem Vertriebssektor nicht so wirksam einsetzt, wie das erforderlich wäre. Seine Kritik richtet sich sowohl gegen die Form der Bezahlung der Vertreter als auch gegen andere Kosten der Vertriebsorganisation. Es zeigt sich jedoch, daß eine aussagefähige Analyse dieser Frage nicht möglich ist aus Mangel an brauchbaren Einzelunterlagen und daß außerdem die Umsatz- und Kostenstatistiken nicht in einer Weise geführt werden, die eine wissenschaftliche Untersuchung der vom Generaldirektor angeschnittenen Probleme ermöglichen würde. Es wird beschlossen, für das kommende Vierteljahr zunächst keine Änderungen vorzunehmen, mit Ausnahme einer schärferen Beobachtung der Vertriebskosten. Der Verkaufsleiter und der Leiter des Rechnungswesens werden ein Programm zur besseren und umfassenderen Berichterstattung über Umsatz- und Vertriebskostenstatistiken entwickeln.

4. *Bessere Ausnutzung gegebener Skontomöglichkeiten.* Der Generaldirektor übt außerdem Kritik an dem ungünstigen Verhältnis der in Anspruch genommenen Skonti zu den Materialbezügen, das sich aus den Einzelunterlagen zur Gewinn- und Verlustrechnung des laufenden Jahres ergibt. Eine erste Untersuchung hat ergeben, daß nicht alle gebotenen Skontomöglichkeiten ausgenutzt worden sind, zum Teil wegen zeitweiliger Liquiditätsengpässe, zum Teil aber auch infolge mangelhafter Überwachung der Routinen für die Prüfung und Bezahlung von Lieferantenrechnungen. Es wird beschlossen, diesen unbefriedigenden Zustand durch eine Verbesserung der Arbeitsroutine und der Überwachung abzustellen. Der Planung des Geldbedarfs soll ebenfalls erhöhte Aufmerksamkeit geschenkt werden, um Skontoverlust aus diesem Grunde für die Zukunft auszuschalten. Als grundlegende Verbesserung auf lange Sicht wird vorgesehen, bestimmte Zahltage für Lieferantenrechnungen festzulegen und die Zahlungsbedingungen in den Bestellungen in Zukunft mit diesen festgelegten Zahltagen abzustimmen.

5. *Verbesserung der Vorratskontrolle.* Der Generaldirektor ist der Meinung, daß die Vorratspolitik planlos ist und daß die einzelnen Vorrätegruppen nicht im richtigen Verhältnis zu den tatsächlichen Erfordernissen stehen. Seine Kritik richtet sich nicht nur gegen das augenblickliche Mißverhältnis, sondern ebenso gegen das Nichtvorhandensein von Planungsmaßstäben für Produktionsmaterial, Halbfabrikate und Fertigerzeugnisse. Es wird beschlossen, daß solche Maßstäbe ausgearbeitet und zur Grundlage für die Planung der nächsten Budgetperiode gemacht werden sollen.

6. *Ausgeglichene Beschäftigung der einzelnen Werke.* Der Generaldirektor weist auf die kürzlichen starken Schwankungen in der Produktionshöhe der verschiedenen Fertigungsabteilungen hin. Er ist der Meinung, daß diese Schwankungen unwirtschaftlich sind und in jedem Falle das Betriebsklima und die Arbeitsmoral der Belegschaft beeinträchtigen. Sein Wunsch nach einer Nivellierung der Produktionshöhe läßt sich jedoch mit der Forderung nach einer gleichmäßigen Vorratshaltung nicht vereinbaren. Es muß deshalb ein Kompromiß unter Berücksichtigung der Bedeutung beider Faktoren geschlossen werden. Es wird vorgeschlagen, die Vorratshaltung flexibel zu gestalten, um die Produktionshöhe während des Planungszeitraums in vertretbaren Grenzen stabil zu halten.

7. *Investitonen zur Rationalisierung.* Die Geschäftspraxis der Gesellschaft in der Vergangenheit sah jährliche Investitionen zum Zwecke der Ratio-

nalisierung und Verbesserung der Anlagen in Höhe der Jahresabschreibungen zuzüglich rund einem Drittel des Nettogewinnes vor. Die Anschaffungen werden im allgemeinen weit vorausgeplant und machen für das nächste Quartal Ausgaben in Höhe von 100.000 $, die im März fällig werden, erforderlich. Dieser Betrag mag zwar im Verhältnis zu den voraussichtlichen Abschreibungen und dem Nettogewinn des Quartals relativ hoch erscheinen, auf das gesamte Jahr gesehen liegt er jedoch durchaus im Rahmen.

BUDGET-RICHTLINIEN. Die vorangegangenen Abschnitte sollten das Wechselspiel der Kräfte bei der Planung, die Notwendigkeit der Abstimmung und Zusammenfassung sowie den Wert einer gemeinsamen Analyse allgemeiner Probleme als ein Mittel der Schaffung ausgewogener Grundsätze und Entscheidungen aufzeigen. Die Ergebnisse dieser Überlegungen müssen in einer ordentlichen Weise aufgezeichnet werden, nicht nur als Gedächtnisstütze für die an der Entscheidung Beteiligten, sondern auch als Richtschnur für die mittleren und unteren Führungsschichten, die mit der Verwirklichung der Grundsatzentscheidungen betraut sind. Die folgenden Budget-Richtlinien werden vom Generaldirektor herausgegeben:

1. Der Absatzplan für das folgende Vierteljahr ist in erster Linie auf eine Verbesserung der Ertragslage durch eine Veränderung des Mischungsverhältnisses der Produkte zugunsten von Produkt A auf Kosten von Produkt C auszurichten. Die anzustrebende Verzinsung des eingesetzten Kapitals ist 30% (auf Jahresbasis).
2. Bei der Planung der Vertriebskosten für das Vierteljahr ist von der Erfahrung der Vergangenheit auszugehen. Der Verkaufsleiter und der Leiter des Rechnungswesens sollen jedoch Verfahren zur Intensivierung der Kontrolle dieser Aufwendungen und zur Verbesserung der statistischen Auswertung als Mittel der Leistungsüberwachung ausarbeiten.
3. Die Vorausplanung der Geldmittel muß so gestaltet werden, daß die angebotenen Skontomöglichkeiten jederzeit ausgenutzt werden können, selbst wenn hierzu die Aufnahme von Fremdmitteln erforderlich ist. Mit den Lieferanten sind Vereinbarungen zu treffen, die die Zahlung an festgelegten Zahltagen ermöglichen. Die Verfahren zur Prüfung und Bezahlung von Lieferantenrechnungen sind so zu verbessern, daß die Wahrnehmung aller Skontomöglichkeiten gewährleistet ist.

4. Richtsätze für die Vorratshaltung sind zu bilden und bei der Planung anzuwenden. Dabei ist auf eine möglichst gleichbleibende Produktionshöhe zu achten.
5. Fertigungspläne sind für alle Fertigungsabteilungen aufzustellen. Die Produktionshöhe soll während des gesamten Vierteljahres möglichst gleichbleibend vorgesehen werden.
6. Für Investitionen muß ein Betrag von rund 100.000 $ bereitgestellt werden. Diese Notwendigkeit ergibt sich auf Grund einer bereits früher unter dem laufenden Investitionsprogramm eingegangenen Verpflichtung.

Zweiter Schritt – Formulieren von Plänen und Aufstellen einer Liste von Grunddaten durch alle Bereiche

Die Notwendigkeit ineinandergreifender Pläne. Das endgültige Budget umfaßt eine Reihe von Einzelplänen, die gut aufeinander abgestellt und abgestimmt sein müssen. Die durch die Unternehmensführung festgelegten grundsätzlichen Richtlinien müssen in jedem Bereich beachtet und — soweit erforderlich — durch weitere auf die Belange des jeweiligen Bereichs abgestellte Richtlinien ergänzt werden. Die Planungsarbeit jedes Bereichs muß mit der der anderen verzahnt sein, und das erfordert fortlaufende Abstimmung zwischen den in den einzelnen Bereichen mit der Planung beschäftigten Personen, wobei der Budget-Direktor als Verbindungsglied fungiert. Die Anzahl der aufzustellenden Pläne und Vorschätzungen schwankt von Gesellschaft zu Gesellschaft; die Gesamtheit der Planung in einem Fertigungsunternehmen erfordert jedoch im Minimum die in Abbildung 4-1 aufgeführten Einzelpläne. In dieser Abbildung sind die Hauptpläne sowie die mit deren Aufstellung betrauten Abteilungen aufgeführt.

Einzelplan oder Vorschätzung	Betroffener Bereich
Umsatz (Bestellungen bzw. Lieferungen)	Verkauf — Rechnungswesen
Vorräte	
Fertigerzeugnisse	Verkauf — Fertigung — Rechnungswesen
Halberzeugnisse	Fertigung — Rechnungswesen
Rohstoffe	Einkauf — Rechnungswesen
Produktions-Stückzahlen	Fertigung
Fertigungslohn	Fertigung — Personalwesen
Fertigungsmaterial	Fertigung

Einzelplan oder Vorschätzung	Betroffener Bereich
Fertigungsgemeinkosten	Fertigung — Einkauf — Personalwesen — Rechnungswesen
Verwaltungsgemeinkosten: Direktion, Zentralbüro, Rechnungswesen, Einkauf, Personalwesen, Verkauf, Sonstige	Zuständige Bereichsleiter — Rechnungswesen
Investitionen	Werktechnik — Fertigung — Verkauf und andere
Herstellungskosten	Rechnungswesen
Kosten der verkauften Erzeugnisse	Rechnungswesen
Neutrale Aufwendungen und Erträge	Rechnungswesen
Rechnungsabgrenzung und Rückstellungen	Rechnungswesen
Einkäufe	Einkauf
Verbindlichkeiten	Rechnungswesen
Kredite	Schatzmeister
Löhne und Gehälter	Rechnungswesen
Forderungen	Schatzmeister
Flüssige Mittel	Schatzmeister
Gewinn- und Verlustrechnung	Rechnungswesen
Bilanz	Rechnungswesen

Abb. 4-1 Budget-Einzelpläne und Vorschätzungen sowie betroffene Bereiche

Der Ausgangspunkt der Planung. Im Prinzip umfaßt die Aufstellung des Budgets eine Reihe aufeinanderfolgender Schritte, angefangen mit dem Absatzplan über den Fertigungsplan, den Materialbeschaffungsplan, den Arbeitskräfteplan, die verschiedenen Kostenpläne, den Vorratsplan bis zum Finanzplan. In der Praxis ist der Ablauf jedoch nicht so einfach wegen der gegenseitigen Abhängigkeit der verschiedenen Einzelpläne untereinander.

Die Planung des Absatzes zum Beispiel ist nicht einfach eine Frage der Vorschätzung, wieviel Produkte zu einem gegebenen Preis verkauft werden können. Sie umfaßt außerdem die Bestimmung des Umsatzes, der für die Erzielung des festgesetzten Plangewinns unter Berücksichtigung unterschiedlicher Preise und Kosten erforderlich ist. Kann das Planziel leichter erreicht werden durch die Erzielung eines höheren Absatzvolumens, durch Preissenkungen oder durch ein geringeres Absatzvolumen bei höheren Preisen? Wie ist das Verhältnis zwischen Absatzvolumen und Kosten?

Einige Aspekte dieser Frage sind im zweiten Kapitel bereits angemerkt worden. Gewisse Aufwendungen jedoch, insbesondere soweit sie mit dem Hereinholen von Aufträgen zusammenhängen, treten nicht im Gefolge des Umsatzes auf, sondern gehen ihm voraus. Es genügt nicht, den Absatz vorauszuschätzen und dann anzunehmen, daß diese Aufwendungen in einem bestimmten Verhältnis dazu anfallen werden. Vielmehr muß zunächst die Frage gestellt und beantwortet werden, wieviel die Unternehmensführung aufwenden will und muß, um ein bestimmtes Absatzvolumen zu erreichen. Am Anfang muß demnach ein Abwägen der Eingangs- und Ausgangsfaktoren stehen, um die ertragreichste Handlungsweise zu bestimmen. Dasselbe Verhältnis herrscht bei allen anderen Budgetierungsvorgängen.

Viele der Beziehungen, deren Kenntnis eine Voraussetzung für die Aufstellung eines vorläufigen Absatz-Solls zur Erreichung des gewünschten Plangewinns ist, sind den verschiedenen Mitgliedern einer wohlorganisierten und erfahrenen Führungsmannschaft schon ungefähr bekannt. Diese Kenntnis wird manche vergeblichen Anläufe bei der Budgetierung vermeiden helfen, wenn sie in der richtigen Weise weitergegeben wird. Damit wird die Bedeutung der offiziellen und informellen Zusammenarbeit von Anbeginn der Planungsarbeit an deutlich. Informelle Zusammenkünfte und Besprechungen zwischen den Schlüsselpositionen aller Bereiche sowie häufiger Austausch von Informationen sind wichtig für eine reibungslose Budgetorganisation. In Unternehmen, die auf eine jahrelange Budgetpraxis zurückblicken und über eine gut durchgebildete Rechnungslegung und Kostenrechnung verfügen, können die ungefähren Auswirkungen neuer Entscheidungen häufig sehr leicht auf Grund der Erfahrungen der Vergangenheit vorausgeschätzt werden. In einer neugegründeten Unternehmung jedoch oder in einer Gesellschaft, die die Budgetierung neu einführt, wird man auf Versuche angewiesen sein und aus den Fehlern lernen müssen. Dabei wird das endgültige Budget das Ergebnis eines langwierigen Abschleifungsprozesses sein, wobei die Pläne wiederholt überarbeitet werden müssen, bevor ein befriedigendes Ergebnis erzielt ist.

Damit die vorangegangene Darstellung kein zu verwirrendes Bild von dem Verlauf der Budgeterstellung vermittelt, sei festgestellt, daß in der Regel die Korrekturen innerhalb eines Planungszeitraums nicht umwälzender Natur sind. Die Struktur des Betriebsgeschehens ist meist nur einem schrittweisen Wechsel zugänglich, so daß in weitem Umfang auf der Erfahrung der Vergangenheit aufgebaut werden kann. Veränderungen in den Preisen, in der Fertigungsart oder den Arbeitsverfahren pflegen innerhalb einer langen Zeitspanne keine allzu großen Ausmaße anzunehmen. Abgesehen von außergewöhnlichen Situationen ergibt sich dies zwangsläufig aus der Tatsache der Beschränkung der Freizügigkeit der Unternehmensführung durch den Grad der Beweglichkeit der Organisation und durch viele andere Kräfte — wie Wettbewerb, Liquidität, vertragliche Bindungen. Es wird angenommen, daß die Verhältnisse bei der „Beispiel-Gesellschaft" ähnlich gelagert sind. Obschon der Generaldirektor eine Reihe von Richtlinien erlassen hat, sind diese doch eher dazu bestimmt, die Bemühungen der Gesellschaft zu straffen, als eine radikale Änderung in der Grundrichtung oder in den Grundsätzen herbeizuführen.

Unbeschadet der Tatsache, daß alle die verschiedenen Phasen des Betriebsgeschehens miteinander verknüpft sind und infolgedessen kein Teilplan völlig unabhängig von allen anderen ist, besteht doch die Notwendigkeit, einen Anfang mit der Aufstellung von Einzelplänen zu machen, und dabei nimmt der Absatzplan eine Schlüsselstellung unter allen anderen Einzelplänen ein. Aus diesem Grunde beginnt die nun folgende Erörterung der Budgetierung der verschiedenen Bereiche mit dem Verkaufsbereich.

Die Planung des Verkaufsbereichs. Abbildung 4-1 zeigt, daß der Verkaufsbereich vornehmlich mit der Planung des Auftragseingangs und der Auslieferungen, der Vorräte an Fertigerzeugnissen und der Vertriebskosten befaßt ist. In der Praxis kann sich ein erheblicher Unterschied zwischen dem Auftragseingang und den Auslieferungen in einem bestimmten Zeitraum ergeben, der abhängig ist von der Länge des Produktionsweges und von dem Auftragsrückstand der Gesellschaft. Der Einfachheit halber wird dieser Unterschied hier außer acht gelassen; Auftragseingang und Auslieferungen werden als gleichlaufend betrachtet.

An früherer Stelle ist bereits angedeutet worden, daß größere Preisänderungen im Augenblick nicht beabsichtigt sind. Demzufolge besteht die Hauptaufgabe des Bereichs zunächst in der Bestimmung der Menge, die von jedem Produkt zu dem gegenwärtigen Preis abgesetzt werden kann. Dabei ist die beabsichtigte Änderung im Mischungsverhältnis der Produkte zu berücksichtigen. In dem vorliegenden Kapitel soll keine Beschreibung der Verfahren für die Bestimmung der Absatzmöglichkeiten (siehe neuntes Kapitel) gegeben werden. Es muß jedoch betont werden, daß die Vorschätzungen so genau wie möglich angestellt werden müssen, weil alle anderen Einzelpläne und Vorschätzungen darauf aufgebaut werden. Für die Zwecke der geschätzten Bilanz, Gewinn- und Verlustrechnung und anderer finanzieller Auswertungen muß der Absatzplan in Werten, für die Fertigungsplanung und andere verwandte Einzelpläne zusätzlich in Mengen ausgedrückt sein. Darüber hinaus genügt es nicht, das Absatz-Soll lediglich für den gesamten Planungszeitraum im ganzen festzusetzen. Es muß vielmehr für kürzere Zeitabschnitte —

Monate oder noch darunter — festgesetzt werden. In unserem Beispiel wird vom Monat als der kleinsten Zeiteinheit ausgegangen. Die Frage, wieviel abgesetzt werden kann, ist jedoch nicht die einzige bestimmende Größe für den Absatzplan des Zeitraums. Die Unternehmensführung möchte darüber hinaus auch wissen, wieviel abgesetzt werden muß, um den festgesetzten Plangewinn zu erzielen. Dies ist ein Beispiel für die bereits früher erwähnte Tatsache, daß die Budgeterstellung eine Angelegenheit der Zusammenarbeit ist, die ständige Fühlungnahme mit anderen Bereichen erfordert. In diesem Zusammenhang gibt auch das Rechnungswesen Hilfestellung bei der Aufstellung des Absatzplans, da es Aufgabe des Rechnungswesens ist, den Nettogewinn bei einem bestimmten Absatzvolumen zu schätzen. Falls das vom Verkaufsbereich vorgeschätzte mögliche Absatzvolumen nicht ausreicht, um den gewünschten Gewinn zu erzielen, müssen Überlegungen angestellt werden über Möglichkeiten einer Erhöhung des Absatzvolumens durch eine grundlegende Änderung entweder in der Richtung oder im Umfang des Vertriebsaufwandes.

Der Verkaufsbereich spielt außerdem eine Rolle bei der Planung der Vorräte an Fertigerzeugnissen insoweit, als die Möglichkeit der sofortigen Belieferung von Aufträgen ab Lager einen wichtigen Faktor in den Beziehungen zum Kreis der Abnehmer darstellt. Aber auch diese Frage kann nicht von einer Seite her gelöst werden. Bei aller Bedeutung der Schnelligkeit in der Auftragsabwicklung muß dieser Vorteil doch abgewogen werden gegen die mit der Vorratshaltung verbundenen Kosten. Darüber hinaus spielt, wie bereits früher erwähnt, auch die Festlegung und Einhaltung eines bestimmten Produktionsprogramms mit herein. Nichtsdestoweniger unternimmt der Verkaufsbereich in der Regel den ersten Schritt und stellt gewisse Mindestforderungen in bezug auf die Vorräte an Fertigungserzeugnissen auf. Die letzte Entscheidung betrifft gewöhnlich nur das Ausmaß, in welchem diese Mindestsätze im Interesse anderer Bereiche überschritten werden können.

Eine weitere Planungsaufgabe des Verkaufsbereichs ist die Vorschätzung und Budgetierung der Vertriebskosten. Diese zerfallen in zwei Kategorien — einmal die Kosten des Hereinholens von Aufträgen und zum anderen die Kosten für die Ausführung der Aufträge. Die erste Kategorie umfaßt Aufwendungen wie Werbung, Gehälter, Reisespesen sowie sonstige Vergütungen an den Verkaufs-Außendienst usw. Aufwendungen dieser Art spiegeln den eigentlichen Vertriebsaufwand wider und stellen einen wichtigen Faktor bei der Bestimmung des erzielbaren Umsatzes dar. Das Rechnungswesen arbeitet auch in diesem Punkt mit dem Verkauf zusammen an der Ermittlung eines gewinngünstigsten Verhältnisses zwischen Vertriebsaufwand und Umsatzergebnis.

Bei der Budgetierung der zweiten Kategorie — der Kosten der Ausführung der Bestellungen — kann in der Regel auf Erfahrungswerten der Vergangenheit aufgebaut werden. Dabei sind die Aufzeichnungen des Rechnungswesens von großem Wert.

Die Entscheidungen des Verkaufsbereichs. Die Bedeutung der Absatzplanung und der Budgetierung der Vertriebskosten und der Vorräte an Fertigerzeugnissen kann nicht genug betont werden. Alle drei Planungsgebiete stehen untereinander in Zusammenhang. Die geeignetste Kombination muß unter Berücksichtigung der gewünschten Verzinsung des eingesetzten Kapitals entwickelt werden. Im Falle unserer „Beispiel-Gesellschaft" wird angenommen, daß Art und Umfang des Vertriebsaufwandes im Verhältnis zu den Umsätzen ungefähr der Linie der Vergangenheit folgen werden, wobei allerdings das Schwergewicht in bezug auf die verschiedenen Produkte verlagert werden soll. Unter dieser Voraussetzung ist es möglich, mit Unterstützung des Leiters des Rechnungswesens den bei einem gegebenen Umsatzvolumen und Mischungsverhältnis der Produkte erzielbaren Netto-Gewinn mit hinreichender Genauigkeit vorauszuschätzen, ohne alle anderen Einzelpläne vorher aufgestellt zu haben. Dieser Umstand ist ein großer Vorteil bei der Budgeterstellung, weil dadurch der Absatzplan als Grundlage und Ausgangspunkt des Gesamtbudgets im vorhinein festgelegt werden kann mit der begründeten Aussicht, daß das Budgetergebnis mit den Planzielen übereinstimmen wird. Als erste Absatzvorschätzung werden folgende Zahlen (in Einheiten) aufgestellt:

	Januar	**Februar**	**März**	**Gesamt**
Produkt A	2.000	3.000	7.000	12.000
Produkt B	2.000	2.000	2.000	6.000
Produkt C	8.000	6.000	4.000	18.000

Die Vorschätzungen sind auf Verkaufspreisen von $ 80, 90 und 35 für die Produkte A, B und C aufgebaut. Der Leiter des Rechnungswesens errechnet, daß die Umsätze im Januar und Februar nicht die gewünschte Verzinsung des eingesetzten Kapitals erbringen werden, daß jedoch die voraussichtliche Kapitalverzinsung im März über dem gewünschten Satz liegen wird, wenn die Verschiebung von Produkt C nach Produkt A wirksam wird. Die errechnete Durchschnitts-Rendite für das Vierteljahr liegt bei 26,28% und damit zwar unter dem Soll von 30%, aber immer noch weit über dem gegenwärtigen Stand.
In diesem Stadium wird der Vorstandsvorsitzer eingeschaltet. Er akzeptiert in Anbetracht der erheblichen Verbesserung der geplanten Ertragslage den Absatzplan des Verkaufsbereichs als Grundlage für das Vier-

teljahres-Budget unter der Voraussetzung, daß das vorläufige Resultat durch das Endergebnis des in allen Einzelheiten ausgearbeiteten Budgets bestätigt wird. Sollte sich auf Grund der endgültigen Berechnungen die Vorschätzung als falsch erweisen, so müßte das gesamte Budget überarbeitet werden. Dieser Prozeß des Abschleifens nimmt oft einen großen Raum bei der Budgeterstellung ein.

Bevor der Fertigungsbereich mit der Aufstellung seiner Einzelpläne beginnen kann, muß noch eine weitere Entscheidung durch den Verkauf gefällt werden. Diese betrifft die Höhe der Vorräte an fertigen Erzeugnissen. Der Verkaufsbereich hat unter Berücksichtigung aller relevanten Faktoren die Verkäufe (Auslieferungen) eines Monats als Mindestbestand festgesetzt. Die Zahl der in einem Monat fertigzustellenden Produkte würde danach gleich den Auslieferungen des laufenden Monats zuzüglich Auslieferungen des Folgemonats abzüglich Anfangsbestand sein. Abbildung 4-2 zeigt die vorläufige Berechnung der erforderlichen Herstellung von Fertigerzeugnissen je Monat für das zu planende Vierteljahr. Die Anfangsbestände per 1. Januar gehen aus den Zahlenunterlagen im Anhang hervor. Der planmäßige Endbestand per 31. März ergibt sich aus der für diesen Zweck aufzustellenden Absatzvorschätzung für den Monat April, also einen Monat über den laufenden Planungszeitraum hinaus.

	Ausliefer. pro Monat	Gewünschter Endbestand	Gesamt-Bedarf	Anfangs-Bestand	Erforderliche Fertigung
Produkt A					
Januar	2.000	3.000	5.000	1.000	4.000
Februar	3.000	7.000	10.000	3.000	7.000
März	7.000	7.000	14.000	7.000	7.000
Gesamt					18.000
Produkt B					
Januar	2.000	2.000	4.000	3.000	1.000
Februar	2.000	2.000	4.000	2.000	2.000
März	2.000	3.000	5.000	2.000	3.000
Gesamt					6.000
Produkt C					
Januar	8.000	6.000	14.000	6.000	8.000
Februar	6.000	4.000	10.000	6.000	4.000
März	4.000	3.000	7.000	4.000	3.000
Gesamt					15.000

Abb. 4-2 Vorläufige Berechnung der Fertigung von Endprodukten (in Einheiten)

Die in Abbildung 4-2 wiedergegebenen vorläufigen Berechnungen ergeben die planmäßige Fertigung je Monat. Diese nehmen jedoch keine Rücksicht auf die Richtlinie des Vorstandsvorsitzers hinsichtlich einer gleichmäßigen Beschäftigung der Fabrik. Diese Richtlinie sieht gleichbleibende Produktionsstückzahlen je Monat vor, also 6.000 Einheiten von Produkt A, 2.000 von B und 5.000 von C. Eine gleichbleibende Produktionshöhe würde jedoch wiederum nicht den gewünschten Mindestbestand an Fertigerzeugnissen zu jedem Monatsende ergeben (siehe Abbildung 4-3).

	Anfangs-Bestand	Produktion	Zusammen	Auslieferungen	End-Bestand
Produkt A					
Januar	1.000	6.000	7.000	2.000	5.000
Februar	5.000	6.000	11.000	3.000	8.000
März	8.000	6.000	14.000	7.000	7.000
Produkt B					
Januar	3.000	2.000	5.000	2.000	3.000
Februar	3.000	2.000	5.000	2.000	3.000
März	3.000	2.000	5.000	2.000	3.000
Produkt C					
Januar	6.000	5.000	11.000	8.000	3.000
Februar	3.000	5.000	8.000	6.000	2.000
März	2.000	5.000	7.000	4.000	3.000

Abb. 4-3 Errechnung der Endbestände bei gleichbleibender Produktionsstückzahl (in Einheiten)

Beim Vergleich der gewünschten Endbestände in Abbildung 4-2 mit den Endbeständen bei gleichbleibender Produktionsstückzahl in Abbildung 4-3 ergeben sich Abweichungen im Januar und Februar. Die Endbestände bei Produkt A und B liegen bei gleichbleibender Produktion über dem vom Verkauf festgesetzten Satz, bei Produkt C um die Hälfte darunter. Die Überschreitungen würden überhöhte Kosten für die Vorratshaltung mit sich bringen, während sich aus der Unterschreitung Schwierigkeiten in der prompten Belieferung der Kunden, allerdings nur im Falle von Eilaufträgen, ergeben würden. Nachdem es sich bei der Unterschreitung um Produkt C handelt, ist der Verkaufsleiter geneigt, dieses Risiko auf sich zu nehmen. Im Hinblick auf die Überschreitungen bei Produkt A und B glaubt der Vorstandsvorsitzer, daß die zusätzlichen Kosten für die Vorratshaltung kein zu hoher Preis für ein ausgeglichenes Betriebsklima sind, und schließt sich damit der Überzeugung des Produktionsleiters, daß eine gleichbleibende Produktionshöhe den Leistungsgrad und damit die Fertigungskosten günstig beeinflußt, an. Es wird deshalb beschlossen, gleichbleibende monatliche Produktionsstückzahlen einzuplanen.

Die Planung des Fertigungsbereichs. Die Planungsarbeit des Fertigungsbereichs umfaßt die Fertigungspläne, die Vorräte an Halbfabrikaten, den Bedarf an Fertigungslöhnen und Fertigungsmaterial sowie alle zu den Fertigungsgemeinkosten zählenden Posten. Ausgangspunkt der Planung sind die Fertigungsprogramme der verschiedenen Abteilungen. Die Aufstellung dieser Programme kann eine sehr verwickelte Angelegenheit sein, je nachdem wie groß die Zahl der verschiedenen Produkte, der Durchlauf der einzelnen Produkte durch die verschiedenen Abteilungen und die Länge des Fertigungsganges in jeder Abteilung ist.

Wie bereits früher erwähnt, stimmt das Programm für die Ausbringung von Fertigerzeugnissen nicht mit dem Fertigungsprogramm der einzelnen Abteilungen überein, weil zwischen den verschiedenen Fertigungsabteilungen Zwischenlager an Halbfabrikaten und Unteraggregaten gebildet werden. Aus der im Anhang wiedergegebenen Übersicht geht hervor, daß am 31. Dezember 3.000 Einheiten Produkt B 1 (Produkt B nach Durchlaufen der Abteilung 1) im Zwischenlager sowie 3.000 Einheiten Produkt A in Bearbeitung mit vollem Materialanteil A 1, jedoch nur halbem Lohn- und Fertigungsgemeinkostenanteil, in Abteilung 1 waren. Die Richtlinie bezüglich Planung und Kontrolle der Vorräte bezieht sich nicht nur auf Fertigerzeugnisse, sondern ebenso auf Halbfabrikate und Unteraggregate. Die Fertigungsleitung hat deshalb die Verhältnisse bei diesen Vorrätegruppen untersucht und ist zu folgenden Beschlüssen gekommen:

1. Die Endbestände an Halbfabrikaten sind durch verbesserte Planung auf ein Mindestmaß zu reduzieren.
2. Für Halbfabrikat B 1 wird in Zukunft kein Zwischenlager mehr geführt, da die hiermit verknüpften Vorteile bei der neuen Fertigungsplanung nicht mehr gegeben sein werden.
3. Für Halbfabrikat A 1 (Produkt A nach Durchlauf der Abteilung 1) wird ein Zwischenlager eingerichtet, das jeweils einen halben Monatsbedarf der Produktion in der Folgeabteilung umfassen soll.

Die im Vorstehenden beschlossenen Veränderungen in der Vorratshaltung würden, wenn sie in vollem Umfang im ersten Monat des Planungszeitraums verwirklicht würden, den Effekt der gleichbleibenden Produktionsstückzahl zum Teil wieder aufheben. Der Anpassungsprozeß der Halbfabrikatebestände an den neuen Plan soll deshalb über das gesamte Vierteljahr verteilt werden. Die Fertigungsprogramme der einzelnen Abteilungen können nunmehr unter Berücksichtigung der geplanten monatlichen Ausbringung von Fertigerzeugnissen sowie der gegebenen Anfangs- und angestrebten Endbestände an Halbfabrikaten und Unteraggregaten aufgestellt werden. Abb. 4-4 zeigt den Vorgang der Berechnung der verschiedenen Fertigungsprogramme. Die Operationsfolge, die jedes Produkt in den verschiedenen Abteilungen zu durchlaufen hat, muß auch in der Errechnung des Produktionsprogramms berücksichtigt werden, allerdings in umgekehrter Reihenfolge. Wir haben uns im Fall der „Beispiel-Gesellschaft" entschlossen, das Fertigungsprogramm in Produkteinheiten aufzustellen; in bestimmten Industriezweigen könnten Fertigungslohnstunden oder Maschinenstunden eine geeignetere Maßeinheit sein. Die Rechnung wird zunächst für das gesamte Vierteljahr durchgeführt und das Ergebnis durch die Zahl der Monate geteilt, weil die Fertigungsstückzahlen je Monat gleich groß sein sollen.

	Produkt A	Produkt B	Produkt C
Produktion im Vierteljahr:			
Abteilung 3			
Erforderliche Fertigung (Abb. 4-2)	18.000	6.000	15.000
Abteilung 2			
Erforderliche Fertigung für Abt. 3	18.000	6.000	
Abteilung 1			
Erforderliche Fertigung für Abt. 2	18.000	6.000	
Erforderliche Fertigung für Abt. 3			15.000
Abzüglich:			
Produkt B (Halbfabr. B 1) Bestand			
am 31. Dezember		(3.000)	
Produkt A (Halbfabr. A 1) in Bearbeitung			
am 31. Dezember .... (anteilig)	(1.500)		
Zuzüglich			
Gewünschte Bestandserhöhung			
bei Halbfabr. A 1	3.000		
Erforderliche Fertigung	19.500	3.000	15.000
Monatsproduktion (Division durch Zahl der Monate):			
Abteilung 1	6.000	2.000	5.000
Abteilung 2	6.000	2.000	
Abteilung 3	6.500	1.000	5.000

Abb. 4-4 Errechnung gleichbleibender monatlicher Produktionsstückzahlen (in Einheiten) für alle Abteilungen — 1. Vierteljahr 19..

Die Ermittlung des Bedarfs an Fertigungslöhnen und Fertigungsmaterial im Planungszeitraum stellt für die „Beispiel-Gesellschaft" keine ernsthafte Schwierigkeit dar. Die Gesellschaft stellt nur drei Produkte her und verwendet außerdem Standardkosten. Die Berechnungen können deshalb einfach durch Anwendung der Mengenstandards für Fertigungslohn und Fertigungsmaterial auf die geplanten Fertigungsstückzahlen aufgestellt werden.

Bei der Budgetierung der Fertigungsgemeinkosten für das Vierteljahr muß vor allem die organisatorische Abgrenzung der Fertigungsabteilungen beachtet werden. Außerdem muß sowohl die Frage des Anfalls als auch der Verrechnung der Fertigungsgemeinkosten beantwortet werden. Hinsichtlich der Verrechnung der Fertigungsgemeinkosten ist es notwendig, abteilungsbezogene Verrechnungssätze zu bilden, die auf dem bereits früher erläuterten Normalvolumen basieren. Die Kosten gewisser Hilfsstellen werden nicht direkt dem Produkt zugerechnet, sondern indirekt über andere Fertigungsstellen. Zu diesem Zweck müssen Umlagen und Kostenverteilungen vorgenommen werden. Die Frage der Fertigungsgemeinkostenverrechnung beschäftigt nicht nur die Fertigungsleitung, sondern in hohem Maße auch die Betriebsbuchhaltung. Die bei der Budgetierung der Fertigungsgemeinkosten anzuwendenden Verfahren sind im vierzehnten Kapitel dargestellt. Hier möge es genügen, darauf hinzuweisen, daß jeder Posten der Fertigungsgemeinkosten unter dem Gesichtspunkt des normalen Volumens gesehen werden muß, um feststellen zu können, welcher Betrag an Fertigungsgemeinkosten bei diesem (normalen) Volumen verrechnet werden muß.

Im Hinblick auf den zu budgetierenden Anfall an Fertigungsgemeinkosten müssen die einzelnen Posten unter dem Gesichtspunkt des effektiv geplanten Fertigungsvolumens (siehe Abbildung 4-4) gesehen werden. Für den Unterschied zwischen geplanter und normaler Fertigungsstückzahl wird ein entsprechender Betrag zuwenig bzw. zuviel verrechneter Fertigungsgemeinkosten im Budget vorgesehen.

Die „Beispiel-Gesellschaft" verfügt über eine auf dem neuesten Stand gehaltene Skala von flexiblen Budgetvorgaben für unterschiedliche Beschäftigungsgrade, so daß die Bestimmung der Vorgaben für die normale sowie die geplante Beschäftigung keine besonderen Schwierigkeiten bereitet.

Die Planung des Einkaufs. Die Verantwortlichkeit für die Planung des Einkaufs von Roh-, Hilfs- und Betriebsstoffen ist bei den verschiedenen Unternehmen unterschiedlich geregelt. Teilweise ist der Fertigungsbereich, teilweise aber der Einkauf mit dieser Planungsaufgabe betraut. Im Falle der „Beispiel-Gesellschaft" liegt die Verantwortung beim Einkauf, weil man der Auffassung ist, daß dieser Bereich völlige Freiheit in der Beschaffung haben sollte, solange die Wirtschaftlichkeit der Bevorratung gewahrt bleibt und das Material zum Zeitpunkt des Bedarfs verfügbar ist.

Die unmittelbare Aufgabe besteht in der Berechnung des voraussichtlichen Bedarfs in seiner zeitlichen Verteilung unter Berücksichtigung des Materialbedarfs der Fertigung, des angestrebten Endbestands an Materal und der Bestände am Anfang des Planungszeitraums. Der Produktionsbedarf an Fertigungsmaterial wird vom Fertigungsbereich gemeldet und kann, wie oben erwähnt, leicht errechnet werden aus dem Standardmaterialeinsatz pro Fertigungseinheit und dem Fertigungsplan für den Planungszeitraum. Hinsichtlich des angestrebten Endbestands an Material wird auf das elfte Kapitel verwiesen, das eine Erläuterung der wirtschaftlichen Faktoren der Vorratshaltung enthält. An dieser Stelle mag es genügen festzustellen, daß die Leiter der Bereiche Einkauf und Fertigung im Einklang mit den Budget-Richtlinien beschlossen haben, versuchsweise den Bestand an Fertigungsmaterial auf einen Monatsbedarf festzulegen. Der gewünschte Endbestand an Produktionsmaterial kann so leicht errechnet werden aus dem Standardmaterialeinsatz pro Fertigungseinheit und dem Produktionsbedarf des Folgemonats. Die Anfangsbestände der sieben verschiedenen Arten von Fertigungsmaterial gehen aus dem Anhang (Seite 409) hervor[2].

Als Beispiel für den Gang der Berechnung zeigt Abbildung 4-5 die Errechnung der in jedem Monat einzukaufenden Materialmengen. Der Einfachheit halber wird der Materialbedarf nicht in den üblichen Mengeneinheiten, sondern in Fertigungseinheiten ausgedrückt. So wird zum Beispiel angenommen, daß bei der Bearbeitung einer Einheit des Produktes A in der Fertigungsabteilung A eine Einheit des Fertigungsmaterials A 1 benötigt wird.

Der in Abb. 4-5 gezeigte Produktionsbedarf an Material A 1 bedarf einer besonderen Erläuterung. Der Bedarf von 6.000 Einheiten ergibt sich als Differenz zwischen 6.500 und 500. Die Zahl 6.500 stellt die Fertigung von Produkt A in Abteilung 1 laut Abb. 4-4 dar. Der Abzugsposten von 500 resultiert aus der Tatsache, daß am 1. Januar bereits 1.500 Einheiten des Produktes A als Halbfabrikate in Bearbeitung sind, die in drei gleichen Monatsraten abgebaut werden sollen. Der Materialbedarf ermäßigt sich demzufolge monatlich um 500 Einheiten.

Die Planung des Einkaufs für Hilfs- und Betriebsstoffe stellt einen ähnlichen Vorgang dar. Der monatliche Bedarf ergibt sich jedoch nicht unmittelbar aus dem Produktionsplan, sondern aus dem Fertigungsgemeinkostenplan für die Fertigungsperiode.

2 Wie auf Seite 78 gezeigt, durchläuft Produkt A die Fertigungsabteilungen 1, 2 und 3, Produkt B ebenfalls 1, 2 und 3, Produkt C jedoch nur die Abteilungen 1 und 3. Es wird unterstellt, daß bei der Fertigung des Produktes A in den Abteilungen 1 und 3. bei Produkt B in allen 3 Abteilungen und im Falle von Produkt C in den Abteilungen 1 und 3 Material eingesetzt wird. Der Einfachheit halber werden die Materialien als A 1, A 3, B 1 usw. bezeichnet.

	Poduk-tions-ver-brauch	Gewünschter Monats-endbestand	Zu-sammen	Abzügl. Monats-anfangs-bestand	Bedarf
Januar					
	(500)				
Material A 1	6.500	6.000	12.000	3.000	9.000
Material A 3	6.000	6.000	12.000	7.000	5.000
Material B 1	1.000	1.000	2.000	1.500	500
Material B 2	2.000	2.000	4.000	500	3.500
Material B 3	2.000	2.000	4.000	1.000	3.000
Material C 1	5.000	5.000	10.000	6.000	4.000
Material C 3	5.000	5.000	10.000	4.000	6.000
Februar					
	(500)				
Material A 1	6.500	6.000	12.000	6.000	6.000
Material A 3	6.000	6.000	12.000	6.000	6.000
Material B 1	1.000	1.000	2.000	1.000	1.000
Material B 2	2.000	2.000	4.000	2.000	2.000
Material B 3	2.000	2.000	4.000	2.000	2.000
Material C 1	5.000	5.000	10.000	5.000	5.000
Material C 3	5.000	5.000	10.000	5.000	5.000
März					
	(500)				
Material A 1	6.500	7.000	13.000	6.000	7.000
Material A 3	6.000	7.000	13.000	6.000	7.000
Material B 1	1.000	3.000	4.000	1.000	3.000
Material B 2	2.000	3.000	5.000	2.000	3.000
Material B 3	2.000	3.000	5.000	2.000	3.000
Material C 1	5.000	3.000	8.000	5.000	3.000
Material C 3	5.000	3.000	8.000	5.000	3.000

Abb. 4-5 Errechnung der monatlichen Einkäufe und Bestände (in Einheiten) an Produktionsmaterial

DIE PLANUNG DES BEREICHS PERSONALWESEN. Die Aufgabe der Personalabteilung besteht in der Versorgung des Betriebes und der Verwaltung mit den für die Durchführung der geplanten Arbeiten erforderlichen Arbeitskräften. Der Bedarf an Arbeitskräften, soweit er sich auf den Betrieb bezieht, wird vom Fertigungsbereich angegeben. Die Planungsfunktion der Personalabteilung besteht in der Vorbereitung der Beschaffung und Erhaltung der erforderlichen Arbeitskräfte unter Berücksichtigung des Arbeitsmarktes, der Fluktuation und anderer Einflußgrößen.

Im Falle der „Beispiel-Gesellschaft" ist die Personalabteilung auch für die Durchführung des Programms der freiwilligen Sozialleistungen der Gesellschaft verantwortlich. Dementsprechend sieht sie auch die erforderlichen Aufwandskonten in ihrem Budget vor.

Die Planung des Bereichs Werktechnik. Dieser Bereich ist in der „Beispiel-Gesellschaft" sowohl für die reine Werktechnik als auch für die Produktionsentwicklung und Forschung zuständig. Die Planung dieses Bereichs umfaßt dementsprechend diese Funktionen. Darüber hinaus hat dieser Bereich die Aufgabe der Auswertung von Investitionsvorhaben, die Kostensenkungen zum Ziele haben. Er wirkt deshalb auch unmittelbar an der Aufstellung des Investitionsplanes mit.

Die Planung des Schatzmeisters. Dieser Bereich ist verantwortlich für die Verwaltung der flüssigen Mittel und befaßt sich daher zusammen mit dem Bereich Rechnungswesen mit der Aufstellung der Einzelpläne für Verbindlichkeiten, Kredite, Lohn- und Gehaltszahlungen, Forderungen, Kasse und Bankguthaben. Hier zeigt sich wieder die Notwendigkeit der Zusammenarbeit und gegenseitigen Abstimmung der Einzelpläne, da jeder der genannten Pläne im Zusammenhang mit den anderen steht. Insbesondere der Plan über die Entwicklung der Kasse und Bankguthaben ist von einer Reihe anderer Einzelpläne abhängig. Praktisch jeder Posten in dem Einzelplan der Kassenein- und -ausgänge setzt nicht nur die Berücksichtigung der zugrunde liegenden Transaktionen voraus, sondern erfordert auch eine Beachtung der Faktoren, die den zeitlichen Ablauf der Ein- und Ausgänge bestimmen. Im Falle der Forderungen z. B. muß der zeitliche Verlauf des Geldeingangs auf der Grundlage der Erfahrungen der Vergangenheit geschätzt werden. Für die meisten Geldausgaben sind Fälligkeitstermine festgelegt, entweder durch Zahlungsbedingungen, durch sonstige vertragliche Vereinbarungen, durch festgelegte Zahltage oder durch andere für die verschiedenen Transaktionen spezifische Faktoren.
Eines der Ziele der Planungsarbeiten des Schatzmeisters ist die Feststellung des Kreditbedarfs zur Sicherstellung der jederzeitigen Verfügbarkeit ausreichender flüssiger Mittel. Wenn der Finanzplan die Notwendigkeit der Aufnahme von Fremdmitteln anzeigt, wie im Falle der „Beispiel-Gesellschaft", dann muß die Unternehmensführung über dieses Ergebnis der Planung informiert werden und entweder die Einleitung der erforderlichen Kreditabsprachen genehmigen oder eine Änderung des Gesamtplanes veranlassen.

Die Planung der Verwaltungsabteilungen. Bis zu diesem Punkt hat sich die Erörterung der Planungsarbeit der Verwaltungsabteilungen in der Hauptsache mit der Aufstellung von Plänen über die einzelnen Transaktionen befaßt. Dabei wurde jedoch nichts über die Kosten dieser Abteilungen selber ausgesagt. Diese Kosten müssen ebenfalls vorgeplant werden in der Weise, daß jede Verwaltungsabteilung einschließlich Rechnungswesen ihre eigenen Kosten budgetiert. In vielen Fällen wird ein erheblicher Anteil dieser Kosten nicht unmittelbar von der Höhe der Produktion oder des Absatzes des Unternehmens abhängen, sondern vielmehr den Charakter von Fixkosten haben, die lediglich zum Zeitpunkt der Budgetierung überprüft und analysiert werden.

Die Arbeit des Bereichs Rechnungswesen. Abb. 4-1 deutet bereits die umfangreiche Rolle, die das Rechnungswesen bei der Planungsarbeit spielt, an. Die Aufgabe des Rechnungswesens ist in zwei Phasen aufgeteilt. Die erste Phase besteht in der Versorgung der anderen Bereiche mit den Grunddaten, die für die Aufstellung der Einzelpläne erforderlich sind. Bei der Zusammenstellung des Fertigungsgemeinkostenplanes z. B. kommen viele Daten, soweit sie auf Erfahrungswerten beruhen und nicht auf technischen Einzeluntersuchungen, aus den Büchern und Aufzeichnungen des Rechnungswesens. Auch da, wo in erheblichem Umfang technische Studien und Analysen der Budgetierung zugrunde gelegt werden, müssen zumindest in Fragen der Bewertung die Bücher des Rechnungswesens herangezogen werden. Darüber hinaus müssen alle Verbrauchszahlen für Löhne und Material bewertet werden. Das Rechnungswesen ist außerdem verantwortlich für die Umlage und Verteilung von Fertigungsgemeinkosten zwischen den verschiedenen Abteilungen und für die Zuordnung der Kosten der Fertigungshilfsstellen auf die Produktionsabteilungen.

Im Falle von anderen Verwaltungsabteilungen sind die Aufzeichnungen des Rechnungswesens ebenfalls wichtig als Ausgangszahlen, auf denen die Planung für die Zukunft aufgebaut werden kann. Darüber hinaus hat dieser Bereich — wie bereits bei der Erläuterung der Verkaufsplanung erwähnt — einen bedeutenden Anteil bei der Festlegung des gesamten Arbeitsrhythmus, der einen der Grundfaktoren der Planung darstellt.

Die zweite Phase der Planungsarbeit des Rechnungswesens ist die Sicherstellung der gegenseitigen Abstimmung aller Einzelpläne und die Einbeziehung dieser Einzelpläne in die geschätzte Bilanz und Gewinn- und Verlustrechnung. Diese Phase umfaßt das Zusammentragen aller geplanten Transaktionen zur Aufzeigung von deren Auswirkung auf das Betriebsergebnis und die Finanzlage.

Bei der Aufstellung der geschätzten Bilanz und Gewinn- und Verlustrechnung lassen sich viele Positionen leicht einordnen. Die Umsatzzahlen z. B. kommen direkt aus dem Absatzplan oder, wenn dieser Plan nur in Mengen aufgestellt ist, kann der wertmäßige Umsatz leicht errechnet werden aus den geplanten Mengen und den zugehörigen Verkaufspreisen. Die Ermittlung der Kosten der umgesetzten Erzeugnisse sowie die

Vorräte an Fertigerzeugnissen stellen ebenfalls kein Problem dar, wenn Standardkosten verwendet werden. Werden jedoch andere Bewertungsmethoden angewandt, wie z. B. Fifo oder Durchschnittskosten, dann müssen exakte Berechnungen zur Ermittlung der Werte angestellt werden.

Die hauptsächlichen Probleme für das Rechnungswesen in dieser Phase der Planung entstehen in Verbindung mit der Vorschätzung von Rückstellungen und aktiven Rechnungsabgrenzungen, insbesondere in solchen Fällen, wo es sich um außerordentliche Transaktionen handelt. So erfordert z. B. die Einplanung einer Kreditaufnahme, daß auch entsprechende Rückstellungen für die Zinsen auf den Kredit berücksichtigt werden. Abb. 4-6 zeigt als Beispiel für die Sorgfalt, mit der solche Rückstellungen und aktiven Abgrenzungsposten angesetzt werden müssen, eine Tabelle der monatlichen Rückstellungen und Amortisationsbeträge auf der Grundlage der in dem Budget in Abb. 5-1 des folgenden Kapitels enthaltenen Zahlen. Das Beispiel zeigt die Bedeutung der Berücksichtigung aller mit der Budgetierung zusammenhängenden Faktoren und die Wichtigkeit der Unterscheidung zwischen Vorgängen, die Zahlungen auslösen, und solchen, die keine Zahlungen auslösen. Die in dieser Tabelle enthaltenen Zahlen dienen nicht nur der Aufstellung der geschätzten Bilanz und Gewinn- und Verlustrechnung, sondern stellen gleichzeitig eine Grundlage für die laufende Verbuchung dieser Rückstellungen und aktiven Rechnungsabgrenzungsposten durch das Rechnungswesen dar.

	Januar	Februar	März
Abschreibungen auf Maschinen und Einrichtungen (1% pro Monat)	$ 10.000	$ 10.000	$ 10.000
Abschreibungen auf Gebäude (¼% pro Monat)	2.000	2.000	2.000
Grundsteuer (am 1. November fällig)	7.100	7.100	7.100
Versicherung (am 1. Februar fällig)	2.000	2.000	2.000
Schuldzinsen			500
Hypothekenzinsen	1.000	1.000	1.000
Verkaufsprovisionen	18.600	18.900	26.400
Delkredere	12.400	12.600	17.600
Steuern vom Einkommen (50%)	13.130	20.135	49.185
	$ 66.230	$ 73.735	$ 115.735
Verrechnet in			
Fertigungsgemeinkosten	18.700	18.700	18.700
Vertriebskosten	20.600	20.900	28.400
Verwaltungsgemeinkosten	400	400	400
Neutrale Aufwendungen und Erträge	26.530	33.735	68.235
	$ 66.230	$ 73.735	$ 115.735

Abb. 4-6 Monatliche Rückstellungen, Abschreibungen und Amortisationen. 1. Vierteljahr 19..

Dritter Schritt – Abänderung der Pläne und Grunddaten

ABSTIMMUNG DER EINZELPLÄNE. Die im Vorstehenden gebrachte Erläuterung der einzelnen Arbeitsgänge der verschiedenen Bereiche der „Beispiel-Gesellschaft" bei der Aufstellung der Einzelpläne zeigt klar die Notwendigkeit für eine enge Verzahnung der Einzelpläne. Es ist offensichtlich, daß alle Einzelpläne auf einer gemeinsamen Grundlage aufgebaut sein müssen, die sich auf die Kenntnis nicht nur der allgemeinen Richtlinien, sondern auch der Einzelpläne der angrenzenden Bereiche bezieht. Abb. 4-7 stellt eine graphische Übersicht über die Zusammenhänge der verschiedenen Einzelpläne dar.

ABÄNDERUNG DER EINZELPLÄNE. Im Verlauf der Aufstellung der Pläne der einzelnen Abteilungen im Einklang mit den Planungsrichtlinien kann es häufig vorkommen, daß Tatsachen auftreten, aus denen sich die Notwendigkeit der Abänderung gewisser Einzelheiten der Planung oder der Neuformulierung einer Planungsrichtlinie ergibt. Als Beispiel sei die Diskussion der Vorstandsmitglieder über die Frage der Vorratshaltung und der Gleichmäßigkeit der Beschäftigung angeführt.

Bei dieser Gelegenheit wurde darauf hingewiesen, daß der Vorstand die Schwierigkeit der gleichzeitigen Erreichung dieser beiden Ziele erkannt hatte. Ein genauer Nachweis der Beziehungen zwischen diesen beiden Zielen war jedoch ohne die Aufstellung von Einzelplänen nicht möglich.

Im Falle der „Beispiel-Gesellschaft" wird das Problem noch weiter kompliziert durch die Tatsache, daß die zwischen den einzelnen Fertigungsabteilungen entstehenden Lager an Halbfabrikaten berücksichtigt werden müssen. Richtsätze für die Vorratshaltung wurden entsprechend der Anweisung aufgestellt, es mußten jedoch Abweichungen davon in Kauf genommen werden, um die Produktion in den einzelnen Abteilungen auf einem gleichmäßigen Stand zu halten.

Ein anderes Beispiel der wechselseitigen Beeinflussung der Ziele und der Einzelpläne ist die bereits erwähnte Frage der finanziellen Auswirkungen der geplanten Geschäftstätigkeit. Im nächsten Kapitel wird sich zeigen, daß die ausgearbeiteten Pläne die Aufnahme von kurzfristigen Krediten innerhalb des Planungszeitraums erfordern. Diese Tatsache hätte möglicherweise vorausgeschätzt, aber nicht mit Sicherheit vorhergesagt werden können. Ebensowenig konnte die Höhe der erforderlichen Fremdfinanzierung vorausbestimmt werden, bevor die Rechnung über Herkunft und Verwendung der flüssigen Mittel aufgestellt worden ist.

	Umsatz	Vorräte — Fertigerzeugnisse	— Halbfabrikate	— Rohstoffe	Produktions-Stückzahlen	Fertigungslohn	Fertigungsmaterial	Fertigungsgemeinkosten	Verwaltungsgemeinkosten	Investitionen	Herstellungskosten	Kosten d. verkauft. Erzeugnisse	Neutrale Anwendung. u. Erträge	Rechnungsabgrenzung und Rückstellungen	Einkäufe	Verbindlichkeiten	Kredite	Löhne und Gehälter	Forderungen	Flüssige Mittel	Gewinn- und Verlustrechnung	Bilanz
Bilanz		×	×	×						×				×		×	×	×	×	×	×	
Gewinn- und Verlustrechnung	×							×	×			×	×				×					×
Flüssige Mittel													×	×		×	×	×	×			×
Forderungen	×												×							×		×
Löhne und Gehälter						×		×	×	×										×		×
Kredite													×	×						×	×	×
Verbindlichkeiten							×	×	×	×			×		×					×		×
Einkäufe							×									×						
Rechnungsabgrenzung und Rückstellungen								×	×				×				×			×		×
Neutrale Aufwendungen und Erträge														×		×	×		×	×	×	
Kosten der verkauften Erzeugnisse	×	×																			×	
Herstellungskosten		×			×																	
Investitionen																×		×				×
Verwaltungsgemeinkosten														×		×		×			×	
Fertigungsgemeinkosten					×									×		×		×			×	
Fertigungsmaterial				×	×										×	×						
Fertigungslohn					×													×				
Produktions-Stückzahlen	×	×	×	×		×	×	×			×											
-- Rohstoffe					×		×															×
-- Halbfabrikate					×																	×
Vorräte -- Fertigerzeugnisse					×						×	×										×
Umsatz					×							×							×		×	

Abb. 4-7 Beziehungen der Einzelpläne zueinander

Abänderung der Planungsrichtlinien. Einige der im vorangegangenen Abschnitt erläuterten Änderungen erfordern keine Korrektur des Gesamtplans, sondern stellen lediglich kleinere Berichtigungen in den Einzelplanungen verschiedener Abteilungen dar. In anderen Fällen jedoch kann eine Änderung der grundlegenden Richtlinien erforderlich werden. Solche Fälle erfordern eine Prüfung und Genehmigung durch die Unternehmensführung. In wieder anderen Fällen kann eine Situation eintreten, die nicht durch die vorhandenen Planungsrichtlinien gedeckt ist und die Herausgabe zusätzlicher Richtlinien notwendig macht. Als Beispiel sei auf den Einkaufsplan für Fertigungsmaterial in Abb. 4-5 verwiesen, der zeigt, daß der Einkauf bei der Durchführung seiner Beschaffungsfunktion an einen sehr engen Zeitplan gebunden ist. Bei Durchsicht dieses Plans kann der Einkaufsleiter zu dem Ergebnis kommen, daß ihm nicht genügend Spielraum für seine Einkaufsdisposition verbleibt, um die günstigsten Preise und Lieferbedingungen auszunutzen. In diesem Falle würde er eine Genehmigung zur Abweichung von dem vorgesehenen Zeitplan für die Beschaffung von Fertigungsmaterial beantragen. Falls eine Planungsrichtlinie erlassen wird, die ihm den gewünschten Spielraum gewährt, muß andererseits durch den Schatzmeister die Auswirkung dieser Abweichung auf die Liquidität der Gesellschaft geprüft werden. Das Ergebnis dieser Prüfung könnte wiederum gegen den Erlaß dieser Planungsrichtlinie sprechen oder der Freizügigkeit des Einkaufs gewisse Grenzen setzen.

In diesem Kapitel ist immer wieder die Wichtigkeit der schriftlichen Formulierung der Planungsrichtlinien unterstrichen worden. Diese Übung gewährleistet nicht nur eine klare Kenntnis der Planziele bei allen beteiligten Personen, sondern sie bietet auch eine Grundlage für die spätere Prüfung der Einzelpläne auf Einhaltung der festgesetzten Richtlinien. Für Änderungen und Ergänzungen der Planungsrichtlinien gilt dies gleichermaßen.

Vierter Schritt – Vorlage der Pläne bei der Unternehmensführung

Zusammenstellung der Pläne. Wenn die Aufstellung der Einzelpläne abgeschlossen ist, wird ein Bericht darüber zur Vorlage an den Generaldirektor abgefaßt. Dieser Bericht enthält zwei Hauptabschnitte: einen Textteil und einen Zahlenteil. Der Textteil des Berichts bringt eine Wiederholung der Planungsrichtlinien und sonstigen Überlegungen, die der Aufstellung der Pläne zu Grunde gelegen haben. Er enthält außerdem eine Zusammenfassung und Erläuterung des Ergebnisses der Planung. Der Zahlenteil setzt sich aus den verschiedenen Einzelplänen zusammen. Grundsätzlich besteht das Budget aus den im zweiten Abschnitt dieses Kapitels beschriebenen Einzelplänen; die wirkliche Zahl der im Zahlenteil des Berichts enthaltenen Einzelpläne hängt jedoch von den Umständen und von den Wünschen des Vorstandes ab. Manchmal ist dieser Teil des Berichts sehr ausführlich und dient als Grundlage für alle Handlungen und Entscheidungen. In anderen Fällen soll er nur ein Gesamtbild des Budgets vermitteln und enthält lediglich einige wenige Darstellungen und Tabellen mit den zusammengefaßten Endergebnissen der Planung. Die nicht im Bericht enthaltenen Einzelpläne bilden trotzdem einen wesentlichen Bestandteil des Gesamtbudgets und dienen als Einzelunterlagen zu den im Bericht enthaltenen zusammengefaßten Aufstellungen. Der Budgetbericht der „Beispiel-Gesellschaft", der im folgenden Kapitel wiedergegeben wird, ist hinsichtlich des Zahlenteils in einer zusammengefaßten Form abgefaßt.

Der Zweck des Budgetberichts — in ausführlicher oder in zusammengefaßter Form — ist eine eingehende und übersichtliche Darstellung der voraussichtlichen Ergebnisse des Planungszeitraums, die den Generaldirektor in die Lage versetzen soll, diese Ergebnisse zu beurteilen. In einer kleinen oder mittleren Unternehmung, wo bei der Aufstellung des Budgets Führungsspitze und untere Führungsschichten eng zusammenarbeiten, sind die Endergebnisse des Budgets meist schon vor der Abfassung des Budgetberichts zumindest ungefähr bekannt. Die Erstellung und Vorlage des Budgetberichts bekommt in diesem Fall mehr den Charakter einer Formalität.

In großen Unternehmungen jedoch, wo der Aufsichtsrat eine unabhängige Kontrollfunktion über die Geschäftsführung des Vorstandes ausübt, kommt der Vorlage des Budgetberichts eine wesentliche materielle Bedeutung zu. Für die „Beispiel-Gesellschaft" wird angenommen, daß die Vorlage des Budgetberichts einen solchen wesentlichen Schritt darstellt. Eine Durchsicht des Budgetberichts der „Beispiel-Gesellschaft" im nächsten Kapitel zeigt, bis zu welchem Grad die Ergebnisse der Planung mit den von der Unternehmensleitung festgelegten Zielen übereinstimmen. Wie im Bericht angedeutet, sind mehrere Planziele zwar näherungsweise, aber nicht voll erreicht worden. Der Generaldirektor und seine Berater müssen nun entscheiden, ob sie das Budget in der vorgelegten Form annehmen oder eine Überarbeitung desselben anordnen wollen.

Überprüfung der Planziele und Richtlinien. Im Falle der „Beispiel-Gesellschaft" wird angenommen, daß der Generaldirektor das vorgelegte Budget akzeptiert, weil dessen Ergebnisse seinen Erwartungen relativ nahe kommen und eine erhebliche Verbesserung gegenüber den Ergebnissen der Vergangenheit zeigen. Wären die Ergebnisse jedoch nicht befriedigend gewesen, so hätte geprüft werden müssen, ob eine Verbesserung im Rahmen der ursprünglichen Planungsgrundlagen erzielt werden kann oder ob eine ganz andere Richtung in der Planung eingeschlagen werden muß. Die Planung der „Beispiel-Gesellschaft" ist aufgebaut auf der Voraussetzung, daß entscheidende Verbesserungen erreicht werden können durch eine Änderung des Mischungsverhältnisses der Produkte ohne Änderung der Verkaufspreise. Wenn die Umstände eine Überprüfung der Preispolitik erfordern würden, müßte ein vollkommen neues Budget aufgestellt werden, ausgehend von einem neuen Absatzplan, auf den alle anderen Einzelpläne abgestellt werden müßten. In der Praxis muß in der Regel eine ganze Reihe von Wahlmöglichkeiten überprüft werden, deren jede zu einer mehr oder weniger vollständigen Überarbeitung der Planung führen wird abhängig von der Natur der Wahlmöglichkeiten. Die oberste Verantwortung der Unternehmensführung bei der Budgetierung ist in diesem Fall die Beurteilung der Vor- und Nachteile und die Auswahl der geeigneten Wahlmöglichkeiten.

Fünfter Schritt – Genehmigung des Budgets

Die Genehmigung des Budgets wird abhängig von der Größe der Gesellschaft und der Art ihrer Organisation mehr oder weniger formell vonstatten gehen. In jedem Falle — mit Ausnahme ganz kleiner Unternehmungen — sollten jedoch Aufzeichnungen über die Tatsache und den Zeitpunkt der Genehmigung gemacht werden. Durch diesen Schritt wird eine Festlegung der Verantwortlichkeiten erreicht und eine feste Grundlage für die Kontrolle des Betriebsablaufs durch das Budget geschaffen.

In vielen Gesellschaften kommt die endgültige Genehmigung vom Generaldirektor, während sie in anderen vom Aufsichtsrat kommt. Eine Genehmigung durch den Aufsichtsrat scheint wünschenswert, obgleich Untersuchungen ergeben haben, daß dies bei weitem nicht der allgemeinen Übung entspricht. Wenn es auch nicht üblich zu sein scheint, das Budget dem Aufsichtsrat zur Genehmigung vorzulegen, so wird doch in den meisten Fällen dem Aufsichtsrat über die effektiven Ergebnisse des Betriebsablaufs im Vergleich zum genehmigten Budget berichtet.[3]

Wenn die Genehmigung des Budgets durch den Aufsichtsrat erfolgt, sind die Aufzeichnungen über Tatsache und Zeitpunkt dieser Genehmigung im Protokoll der betreffenden Aufsichtsratssitzung niedergelegt.

Sechster Schritt – Veröffentlichung des Budgets

Das genehmigte Budget hat den Zweck, als Grundlage für die Kontrolle und als Autorisation für den gesamten Betriebsablauf während des Pla-

[3] In diesem Zusammenhang muß darauf hingewiesen werden, daß in den USA in vielen Gesellschaften die Mitglieder des Vorstandes (Top Management) gleichzeitig Mitglieder des Aufsichtsrats (Board of Directors) sind. Dadurch wird dort eine Genehmigung des Budgets durch den Aufsichtsrat in aller Regel zu einer bloßen Formsache.

nungszeitraums zu dienen. Es sollte sowohl Startsignal als auch Leistungsmaßstab sein. Das setzt voraus, daß allen Mitarbeitern, deren Tätigkeit der Budgetkontrolle unterliegt und die für die Durchführung der Einzelpläne verantwortlich sind, die ihre Tätigkeitsbereiche betreffenden genehmigten Einzelpläne zur Verfügung gestellt werden. Jede Abteilung erhält deshalb die sie betreffenden Einzelpläne und bezieht sich bei der Durchführung ihrer Arbeiten laufend auf diese Grundlage. Damit die Einzelpläne ihre Funktion als Richtschnur für den Betriebsablauf voll erfüllen können, ist es wichtig, daß sie ordnungsgemäße Genehmigungsvermerke tragen.

5. Das Budget in endgültiger Form

Zweck des Kapitels. Dieses Kapitel will einen Einblick in die formelle Gestaltung des Budgets, so wie es der obersten Unternehmensführung zur Genehmigung vorgelegt wird, gewähren. Anschauungsobjekt ist wiederum die im vorangegangenen Kapitel behandelte „Beispiel-Gesellschaft".

Das Budget dieses Unternehmens hat drei Aufgaben:

1. Es vermittelt der obersten Unternehmensleitung ein zusammengefaßtes Bild von dem voraussichtlichen Erfolg des geplanten Aktionsprogramms. Mit Hilfe des Budgets erkennt die Unternehmensführung, ob sie sich mit dem vorausgeschätzten Ergebnis des zukünftigen Kurses zufrieden geben kann oder nicht.
2. Das genehmigte Budget dient den Führungskräften als Richtschnur bei Entscheidungen über Tagesprobleme ihres Verantwortungsbereiches.
3. Es ist eine wichtige Grundlage für die Leistungskontrolle, da ins Gewicht fallende Abweichungen von den Vorgaben entweder auf Engpässe im Betriebsablauf oder Möglichkeiten einer Leistungsverbesserung hindeuten.

Besonders im Hinblick auf die beiden letzten Aufgaben ist das Budget von großem dokumentarischem Wert, da mit der Zusammenfassung der Teilpläne in einem Gesamtplan zugleich eine Niederschrift aller für die Planung erheblichen Prämissen, Bedingungen und Ziele entsteht. Diese Niederschrift ist sehr wichtig für die Beurteilung der Frage, ob bei Abweichungen der tatsächlichen Ergebnisse von den Budgetzahlen entsprechende Konsequenzen hinsichtlich der Vorgaben gezogen werden müssen.

Form des Budgets. Es gibt in der privaten Wirtschaft keine Formvorschriften für Budget-Berichte, da sie im Gegensatz zur Bilanz und dem Bestätigungsvermerk des Wirtschaftsprüfers ausschließlich für innerbetriebliche Interessenten bestimmt sind. Daher gibt es auch keine formelle und inhaltliche Übereinstimmung zwischen den Budget-Berichten verschiedener Unternehmen. Das Budget einiger Unternehmen besteht lediglich aus Berichten und Aufstellungen, während andere Unternehmen ihre Berichterstattung durch entsprechende Erläuterungen ergänzen und bereichern. Der Verfasser gehört zu den Befürwortern des letzten Verfahrens. Er ist der Ansicht, daß das Budget einen Bericht enthalten sollte, der aussagt, welche Ziele in der kommenden Planperiode anzustreben sind, welche Ausgangsbedingungen den Planzielen zugrunde lagen und inwieweit der Plan mit der Zielsetzung des Unternehmens übereinstimmt. Dieser Bericht ist aus verschiedenen Gründen sehr zweckmäßig. Einerseits werden in ihm die grundsätzlichen Planungsentscheidungen begründet, was ihn späterhin zu einer wichtigen Erklärungsgrundlage des Unternehmenskurses macht, andererseits lassen sich mit seiner Hilfe die Ursachen für Abweichungen von den Planvorgaben besser erkennen. Die größte Bedeutung eines solchen Berichtes ist aber darin zu erblicken, daß er der obersten Unternehmensführung eine präzise Konzeption ihrer künftigen Planziele abverlangt. Dies ist ein wirksames Abschreckungsmittel gegen leichtsinnige und unüberlegte Planungen.

Von formeller Bedeutung ist ebenso die Frage nach dem Umfang der Detailangaben in den Budgetaufstellungen. Alle Aufstellungen, die im Zusammenhang mit der Erstellung des Budgets entstehen, sind als seine integrierten Teile anzusehen. Daher müssen sie ausnahmslos aufbewahrt und zweckentsprechend abgelegt werden. Ob alle derartigen Aufstellungen in den Bericht an die oberste Unternehmensführung einzubeziehen sind, muß von Fall zu Fall festgestellt werden und ist weitgehend von den Wünschen der obersten Unternehmensführung abhängig. Im Einklang mit der Tatsache, daß die Leiter der dezentralen Unternehmensbereiche in der Regel mit weitgehender Eigenverantwortlichkeit ausgestattet sind, und im Hinblick darauf, daß es sehr schwierig ist, derartig umfangreiche Daten innerhalb einer vernünftigen Zeitspanne zu analysieren, ist aber anzunehmen, daß der obersten Unternehmensführung die Beurteilung des Planes und die spätere Kontrolle des tatsächlichen Geschehens im Rahmen des Planes nur dann möglich ist, wenn dem Budget-Bericht nur solche Aufstellungen beigefügt werden, die Auskunft über das konsolidierte Planergebnis geben. Nur auf dieser Grundlage ist eine erste Beurteilung des Planes überhaupt möglich. Ebenso sollte die oberste Unternehmensführung nur mit wesentlichen Unter- bzw. Überschreitungen des geplanten Ergebnisses vertraut gemacht werden, denn es gehört zu den Aufgaben der ihr unterstellten Führungskräfte, den in ihren Verantwortungsbezirken aufgetretenen Schwächen durch erhöhte Anstrengungen entgegenzuwirken.

ERLÄUTERUNGEN DES BUDGETS. Abb. 5-1 zeigt das Budget der Beispiel-Gesellschaft in der Form, wie es der Budgetdirektor dem Generaldirektor vorgelegt hat. Der Budget-Bericht ist unterteilt in drei Abschnitte. Im ersten Abschnitt sind die der Budgeterstellung zugrunde liegenden Anweisungen festgehalten. Außerdem ist in diesem Abschnitt erläutert, in welchem Umfang den Anweisungen entsprochen werden konnte. Der zweite Abschnitt enthält folgende Berichte:

Geplante Gewinn- und Verlustrechnungen
Geplante Verzinsung des eingesetzten Kapitals
Geplante Herkunft und Verwendung der Geldmittel
Geplante Bestandsveränderung des Working Capital
(Umlaufvermögen minus kurzfristige Verbindlichkeiten)
Geplante Monatsbilanzen

Durch diese fünf Berichte werden die verschiedenen Teilpläne in einem Gesamtplan des Unternehmens zusammengefaßt. In Ergänzung der Berichte enthält der dritte Abschnitt einige nützliche Aufstellungen.

Die Zahlen des Budgets basieren auf der zukünftigen Datenkonstellation der „Beispiel-Gesellschaft". Einige dieser Daten sind bereits im vorangegangenen Kapitel dargestellt worden. Weitere Daten kommen entweder in der Abbildung 5-1 oder in den nachfolgenden Kapiteln zur Sprache. Während dieses Beispiel als realistisch und vollständig anzusehen ist, unterliegt es im Hinblick auf die Mannigfaltigkeit der Betriebsvorgänge und ihrer vielfältigen Verflechtung untereinander gewissen Begrenzungen, die es nicht ermöglichen, ein getreues Bild von der Planungskleinarbeit zu vermitteln. Dies muß beim Studium der Abbildung berücksichtigt werden. Es ist somit nur eine globale Erläuterung; dennoch dient es der Veranschaulichung aller für die Budgeterstellung bedeutsamen Schritte.

Hinsichtlich der Aufstellungen, die im dritten Abschnitt des Budget-Berichtes der Abbildung 5-1 enthalten sind, sei darauf hingewiesen, daß der Kontenplan an die Gliederung der Gewinn- und Verlustrechnung des Unternehmens angepaßt ist. Einige Unternehmen folgen einer anderen Alternative, welche eine Aufgliederung der Daten nach den einzelnen Verantwortungsbereichen und nach den verschiedenen Kostenarten erfordert. Dies führt beispielsweise zu einer Kontierung der Verwaltungsgemeinkosten nach verursachenden Stellen wie Kreditabteilung, Buchhaltung, Kasse usw.

Bei Durchsicht der Abbildung 5-1 ist noch zu berücksichtigen, daß viele detaillierte Aufstellungen, die wesentliche Bestandteile des Budgets sind, unberücksichtigt geblieben sind, weil dieser Bericht für die oberste Unternehmensführung bestimmt ist. Die Aufstellungen befinden sich aber in den Budget-Arbeitspapieren und bilden die Grundlage der Budgetanweisungen für die verschiedenen Linienstellen nach Genehmigung des Budget-Berichtes. In diesem Zusammenhang sei verwiesen auf die Aufstellungen hinsichtlich der Materialeinkäufe, des Produktionsprogramms der einzelnen Werke, der Leistungen der Hilfsbetriebe, der Fertigungsgemeinkostenvorgaben, des Werbeprogramms und der Bewegung der Geldmittel.

Anhang A enthält die Belegsammlung und sonstigen Daten, auf denen die Berichte und Aufstellungen der Abbildung 5-1 aufbauen. Diese Unterlagen ermöglichen einen Einblick in die Technik der Zusammenfassung der einzelnen Budgetschritte in einem Budget-Bericht. Darüber hinaus erlauben sie dem Leser eine Nachprüfung des Zahlenwerkes im Bericht.

BEISPIEL-GESELLSCHAFT

BUDGET BERICHT

für den dreimonatigen Zeitraum

bis zum 31. März 19-

Aufgestellt 1. Dezember 19-

oder

(Überarbeitet ________ 19-)

Abb. 5-1 Budget-Bericht der „Beispiel-Gesellschaft". 1. Vierteljahr 19..

BEISPIEL-GESELLSCHAFT
NEW YORK, N.Y.

Datum: 1. Dezember 19-

Von: Budgetdirektor

An: Generaldirektor

Betr.: Budget für das erste Vierteljahr, 19-

Hiermit legen wir Ihnen das zusammengefaßte Budget für das erste Vierteljahr, 19- zur Genehmigung vor. Die Vorlage besteht aus drei Abschnitten. Der erste Abschnitt enthält die Anweisungen für die Aufstellung des Budgets und erläutert die Punkte, in denen abgewichen werden mußte. Der zweite Abschnitt enthält folgende fünf Berichte:

I. Geplante Gewinn- und Verlustrechnungen

II. Geplante Verzinsung des eingesetzten Kapitals

III. Geplante Herkunft und Verwendung der Geldmittel

IV. Geplante Zunahme bzw. Abnahme der innerhalb der nächsten 12 Monate realisierbaren Aktiva und Passiva

V. Geplante Monatsbilanzen

Ergänzend zu den vorerwähnten Berichten enthält der dritte Teil folgende Aufstellungen:

Ia Geplante Verkaufsumsätze und Kosten der Verkäufe

Ib Geplante Vertriebsgemeinkosten

Ic Geplante Verwaltungsgemeinkosten

Id Geplante Neutrale Erträge und Aufwendungen

Abb. 5-1 (Fortsetzung)

Abschnitt I

ANWEISUNGEN

Das Hauptziel des Absatzplanes für das kommende Vierteljahr ist die Verbesserung der Ertragskraft durch eine Veränderung des Sortiments. Der Schwerpunkt des Absatzes wird sich von dem Erzeugnis C auf das Erzeugnis A verlagern. Die angestrebte Verzinsung des eingesetzten Kapitals beträgt 30 % (für das Jahr).

Es hat sich bestätigt, daß die geringe Kapitalverzinsung des letzten Quartals von rund 17 % vorwiegend auf das niedrige Betriebsergebnis des Erzeugnisses C und die schwache Umschlagshäufigkeit des Erzeugnisses A zurückzuführen ist. Es wurde die Möglichkeit einer Verbesserung des Betriebsergebnisses für das Erzeugnis C, bzw. einer Erhöhung des Absatzvolumens zum Ausgleich dieses niedrigen Betriebsergebnisses erwogen. Es bestand Einigkeit darüber, daß Maßnahmen zur Verbesserung des Betriebsergebnisses im kommenden Vierteljahr nicht angebracht seien. Ferner wurde es nicht für empfehlenswert angesehen, zu versuchen, den Umsatz dieses Erzeugnisses zu erhöhen. Daher sieht dieses Budget eine Änderung des Sortiments vor, einen stufenweisen Übergang von Erzeugnis C auf Erzeugnis A, wodurch gleichzeitig eine Verbesserung der Umschlagshäufigkeit des Erzeugnisses A erzielt wird. Der mengenmäßige Absatz des Erzeugnisses A ist wie folgt geplant: 2.000 im Januar, 3.000 im Februar und 7.000 im März. Das Gesamtvolumen beträgt somit 12.000 Einheiten, verglichen mit 5.250 im letzten Quartal. Für das Erzeugnis B ist ein monatlicher Absatz von 2.000 Einheiten geplant. Für das Erzeugnis C ist folgender Absatz geplant: 8.000 im Januar, 6.000 im Februar und 4.000 im März. Insgesamt ist also ein Absatz von 18.000 Einheiten in der Planperiode vorgesehen gegenüber 24.000 für das letzte Quartal. Der geplante Gesamtumsatz für das kommende Vierteljahr beträgt $ 2.130.000 gegenüber $ 1.800.000 im letzten Quartal.

Unter Berücksichtigung der geplanten Kosten für die Planperiode lassen vorstehende Absatzziffern folgende Verzinsung des eingesetzten Kapitals erwarten: 16,72 % im Januar, 19,64 % im Februar, 43,24 % im März und 26,28 % für das Vierteljahr insgesamt. Durch das neue Absatzbild glauben wir, in den folgenden Planperioden eine Verzinsung des eingesetzten Aktivvermögens von annähernd 30 % zu erreichen. In Hinsicht auf das Erzeugnis B ist noch erwähnenswert, daß dessen Stellung trotz voraussichtlich unveränderter Absatzziffer im ersten Vierteljahr sich im zweiten Vierteljahr verbessern wird.

Abb. 5-1 (Fortsetzung)

Bei der Planung der Vertriebsgemeinkosten für das Vierteljahr müssen die Erfahrungen früherer Zeiträume berücksichtigt werden. Die Direktoren für den Verkauf und das Finanzwesen müssen jedoch Methoden für eine bessere Kontrolle dieser Gemeinkosten und bessere Statistiken für die Beurteilung der Wirksamkeit der Absatzbemühungen entwickeln.

> Auf der Grundlage der gegenwärtig vorliegenden Daten ist eine angemessene Beurteilung der Kostenhöhe im Hinblick auf den Vertriebsgrad nicht möglich. Daher liegen diesem Budget die Erfahrungen der Vorperiode zugrunde. Für die Werbung wurden 5 %, für Vertreterprovision 3 % und für Ausgaben der Vertreter 5 % des geplanten Umsatzes berücksichtigt. Alle übrigen Gemeinkosten entsprechen der Budgetierung für das letzte Quartal. Durch die zwischenzeitlich eingeleiteten Schritte ist zu erwarten, daß die festgelegten Vorgaben eingehalten werden. Um die Tätigkeit der Vertriebsfunktion in Zukunft besser zu den Vertriebskosten in Beziehung setzen zu können, wurde ein zweckentsprechendes Buchführungssystem eingeführt.

Der geplante Bestand an Geldmitteln muß in Zukunft so hoch sein, daß alle Lieferantenrechnungen unter Ausnutzung möglicher Skontoabzüge beglichen werden können, selbst wenn hierdurch die Aufnahme von Bankkrediten erforderlich wird. Die Zahlungsbedingungen müssen in den Bestellungen wiederholt werden. Die Verbuchungs- und Zahlungsabläufe sind zu überarbeiten, damit die Inanspruchnahme aller Lieferantenskonti gewährleistet ist.

> Bessere Verfahrens- und Kontrollabläufe wurden eingeführt. Die übliche Zahlungsbedingung von 2 % Skonto bei Bezahlung innerhalb von 10 Tagen wurde auf bestimmte Zahltage umgestellt. In der Planperiode wird die Skontoausnutzung voraussichtlich etwa $ 9.800 betragen, verglichen mit nur $ 1.100 im letzten Quartal. Da der Verfahrenswechsel sich noch nicht in vollem Umfang auswirken kann, spiegelt die zu erwartende Erhöhung den Erfolg dieser Maßnahme nur unvollkommen wider. Wie nachfolgend ausgeführt, erfordert die neue Finanzpolitik, zusammen mit anderen Budgetierungsmaßnahmen, eine vorübergehende Aufnahme von Bankkrediten im März.

Standards für die Vorratshaltung müssen festgelegt und der Budgetierung zugrunde gelegt werden. Gleichzeitig muß durch entsprechende Vorgaben eine kontinuierliche Ausnutzung des Produktionsapparates gewährleistet werden.

Abb. 5-1 (Fortsetzung)

Eine Analyse der Vorräte ergab folgende Erfordernisse:

1. die Monatsendbestände der Halbfabrikate sind zu reduzieren;
2. die Bevorratung mit Teil B1 ist aufzugeben;
3. die Bevorratung mit Teil A1 hat dem halben Produktionsbedarf des Erzeugnisses A zu entsprechen;
4. der Vorrat an Fertigerzeugnissen muß die Lieferungen eines Monats decken;
5. der Bestand an Rohmaterial muß für die Bedarfsdeckung eines Monats ausreichen.

Die vorerwähnten Entscheidungen fanden bei der Aufstellung des Budgets Berücksichtigung. Die drei ersten Entscheidungen können jedoch nur stufenweise im Laufe des Quartals verwirklicht werden, da andernfalls die Produktionskontinuität gefährdet sein würde. Ebenso muß hinsichtlich der Bevorratung mit Fertigerzeugnissen einiger Spielraum im Interesse der Produktionskontinuität erlaubt sein. Die geplanten Bestände der Erzeugnisse A und B werden in verschiedenen Monaten des Quartals höher und die des Erzeugnisses C niedriger sein als die letztlich angestrebten Bestände. Was die Überbestände betrifft, so sind wir der Meinung, daß die dadurch verursachten Kosten der Lagerhaltung unter Berücksichtigung des verbesserten Produktionsflusses nicht übermäßig hoch sein werden. Die Fehlbestände beim Erzeugnis C können sich auf unsere Beziehungen zu den Käufern nachteilig auswirken. Nach Ansicht der Verkaufsabteilung kann dieses Risiko ohne weiteres eingegangen werden. Es ist zu erwarten, daß die Probleme der Vorratshaltung und Produktionsgestaltung im Zuge der fortschreitenden Verwirklichung des neuen Verkaufsprogramms in den nun folgenden Quartalen wesentlich leichter zu lösen sein werden.

Die Bestände an Rohmaterial wurden auf der Grundlage kurzfristiger Einkäufe geplant. Es ist aber nicht ausgeschlossen, daß die Marktlage eines Tages eine andere Vorratshaltung erfordert. Wenn das Beschaffungsprogramm der Planperiode aus irgendeinem Grunde geändert werden muß, müssen die finanziellen Aspekte Beachtung finden.

Die Produktionsprogramme der Fabrikationsbetriebe müssen kontinuierlich gestaltet sein.

Das Budget sieht eine gleichmäßige Belieferung der Läger mit Fertigerzeugnissen vor. Wie bereits ausgeführt, berücksichtigen diese Programme Abweichungen von den Standards für Fertigerzeugnisse und eine stufenweise Annäherung an die Bestandsvorgaben für Halbfabrikate und Teile im Laufe der Planperiode.

Abb. 5-1 (Fortsetzung)

Ungefähr $ 100.000 müssen für Investitionen bereitgestellt werden. Dreiviertel dieser Summe müssen eine Kapitalverzinsung von 30 % abwerfen, während der Restbetrag für nichtgewinnbringende Projekte verwendet werden darf. Bei der Auswahl der Rentabilitätsprojekte für die erste Kategorie ist somit die Kapitalverzinsung das entscheidende Merkmal.

Anforderungen für Investitionen im Gesamtbetrag von $ 325.000 wurden eingehend analysiert, und im Folgenden ist eine Auslese der in Betracht kommenden Rentabilitätsprojekte:

1.	Kauf einer Presse für Abteilung 2 für Fertigung von Teilen, die bisher beschafft wurden	$ 40.000
2.	Kauf einer Förderanlage zur Verbindung der Abteilung 3 mit dem Lager für Fertigerzeugnisse wegen der damit verbundenen größeren Wirtschaftlichkeit der Lagerhaltung	$ 36.000
3.	Verschiedene Projekte für betriebliche Schutzeinrichtung und für zusätzliche Sozialeinrichtungen der betrieblichen Arbeitnehmer	$ 24.000
		$ 100.000

Vorstehende Projekte müssen planmäßig im März fertiggestellt sein und bezahlt werden.

. . . . .

Abschließend bringen wir noch einige Hinweise zu der Behandlung der Dividenden und der Fremdfinanzierung. Mit Ausnahme der Ausschüttung der seit Beginn des Vierteljahres fälligen Dividende fanden Dividenden in diesem Budget keine Berücksichtigung. Zur Deckung des bereits erwähnten Finanzbedarfs wurde am 1. März die Inanspruchnahme eines Akzeptkredites über $ 200.000, der mit 3 % zu verzinsen ist, vorgesehen. Die vorgeschlagene Finanzierung wird nur kurzfristig benötigt.

Hiermit beantragen wir die Genehmigung des Budgets in der Fassung der Teile I und II.

Mit vorzüglicher Hochachtung

Kühne

Budget-Direktor

Abb. 5-1 (Fortsetzung)

Abschnitt II BERICHTE

Bericht I

GEPLANTE GEWINN- UND VERLUSTRECHNUNGEN
NACH MONATEN UND FÜR DAS VIERTELJAHR
Erstes Vierteljahr 19-

	Letztes Quartal Effektiv	Januar	Februar	März	Quartal
Verkaufsumsätze (Aufst. Ia)	$1.800.000	$ 620.000	$ 630.000	$ 880.000	$2.130.000
Kosten der Verkäufe (Aufst. Ia)	1.323.600	461.800	457.100	607.000	1.525.900
Rohgewinn	$ 476.400	$ 158.200	$ 172.900	$ 273.000	$ 604.100
Vertriebsgemeinkosten (Aufst. Ib)	268.000	90.600	91.900	124.400	306.900
Verwaltungsgemeinkosten (Aufst. Ic)	60.000	20.000	25.000	25.000	70.000
Gesamtgemeinkosten	$ 328.000	$ 110.600	$ 116.900	$ 149.400	$ 376.900
Netto-Betriebsergebnis	148.400	47.600	56.000	123.600	227.200
Überschuß der neutralen Aufwendungen über die neutralen Erträge (Aufst. Id)	56.200	21.340	15.730	25.230	62.300
Gewinn vor Steuern	92.200	26.260	40.270	98.370	164.900
Steuern vom Einkommen und Ertrag	46.100	13.130	20.135	49.185	82.450
Reingewinn	$ 46.100	$ 13.130	$ 20.135	$ 49.185	$ 82.450

Abb. 5-1 (Fortsetzung)

Bericht II

GEPLANTE VERZINSUNG DES EINGESETZTEN KAPITALS
NACH MONATEN UND FÜR DAS VIERTELJAHR
Erstes Vierteljahr 19-

	Letztes Quartal Effektiv	Januar	Februar	März	Quartal
Verkaufsumsätze:					
Erzeugnis A	$ 420.000	$ 160.000	$ 240.000	$ 560.000	$ 960.000
Erzeugnis B	540.000	180.000	180.000	180.000	540.000
Erzeugnis C	840.000	280.000	210.000	140.000	630.000
Summe	$1.800.000	$ 620.000	$ 630.000	$ 880.000	$2.130.000
Eingesetztes Kapital:					
Erzeugnis A	$1.848.000	$1.855.500	$1.901.960	$2.010.130	$1.943.000
Erzeugnis B	720.000	720.000	720.000	720.000	720.000
Erzeugnis C	840.000	840.000	800.000	700.000	795.000
Summe	$3.408.000	$3.415.500	$3.421.960	$3.430.130	$3.458.000
Netto-Betriebsergebnis:					
Erzeugnis A	$ 78.300	$ 28.200	$ 38.600	$ 96.800	$ 163.600
Erzeugnis B	45.300	14.000	16.200	22.500	52.700
Erzeugnis C	24.800	5.400	1.200	4.300	10.900
Summe	$ 148.400	$ 47.600	$ 56.000	$ 123.600	$ 227.200
Verhältnis des Verkaufsumsatzes zum eingesetzten Kapital:					
Erzeugnis A	90,90%	103,48%	151,42%	334,31%	197,63%
Erzeugnis B	300,00%	300,00%	300,00%	300,00%	300,00%
Erzeugnis C	400,00%	400,00%	315,00%	240,00%	316,98%
Durchschnitt	211,26%	217,83%	220,93%	307,86%	246,39%
Verhältnis des Betriebsergebnisses zum Verkaufsumsatz:					
Erzeugnis A	18,64%	17,63%	16,08%	17,29%	17,04%
Erzeugnis B	8,39%	7,78%	9,00%	12,50%	9,76%
Erzeugnis C	2,95%	1,93%	0,57%	3,07%	1,73%
Durchschnitt	8,24%	7,68%	8,89%	14,05%	10,67%
Verzinsung des eingesetzten Kapitals (Betriebsergebnis: Kapital):					
Erzeugnis A	16,95%	18,24%	24,35%	57,79%	33,68%
Erzeugnis B	25,17%	23,34%	27,00%	37,50%	29,28%
Erzeugnis C	11,80%	7,72%	1,80%	7,37%	5,48%
Durchschnitt	17,42%	16,72%	19,64%	43,24%	26,28%

Abb. 5-1 (Fortsetzung)

Bericht III

GEPLANTE HERKUNFT UND VERWENDUNG DER GELDMITTEL
NACH MONATEN UND FÜR DAS VIERTELJAHR
Erstes Vierteljahr 19-

	Januar	Februar	März	Quartal
Voraussichtlicher Geldbedarf für:				
Erhöhung der innerhalb von 12 Monaten realisierbaren Aktiva und Passiva	$ 25.130	$ 32.135	$ 149.185	$ 206.450
Investitionen	-	-	100.000	100.000
Fällige Hypothekentilgungsraten	-	-	12.000	12.000
Summe Geldbedarf	$ 25.130	$ 32.135	$ 261.185	$ 318.450
Abzüglich:				
Voraussichtlicher Gewinn	13.130	20.135	49.185	82.450
Abschreibungen	12.000	12.000	12.000	36.000
	$ 25.130	$ 32.135	$ 61.185	$ 118.450
Geldmittel aus der Aufnahme von Krediten	-	-	$ 200.000	$ 200.000

Abb. 5-1 (Fortsetzung)

Bericht IV

GEPLANTE ZUNAHME BZW. ABNAHME DER INNERHALB DER NÄCHSTEN 12 MONATE REALISIERBAREN AKTIVA UND PASSIVA NACH MONATEN UND FÜR DAS VIERTELJAHR

Erstes Vierteljahr 19-

	Januar	Februar	März	Quartal
Veränderungen der innerhalb von 12 Monaten realisierbaren Aktiva, Zunahme oder (Abnahme)				
Liquide Mittel	($ 4.640)	($ 56.430)	($ 47.180)	($108.250)
Forderungen (netto)	(139.400)	(61.600)	95.800	(105.200)
Vorräte:				
Fertigungsmaterial	52.500	-	46.000	98.500
Fertige Teile	1.400	1.400	1.400	4.200
Halbfabrikate	(27.200)	(27.200)	(27.200)	(81.600)
Fertigerzeugnisse	117.800	129.500	(23.900)	223.400
Aktive Rechnungsabgrenzung				
Versicherungsprämien	(2.000)	22.000	(2.000)	18.000
Überschuß der Standardkosten über die Tageskosten bei den Fertigerzeugnissen	3.500	(3.500)		-
Werbeaufwendungen	4.500	4.000	(8.500)	-
Netto-Veränderung der innerhalb von 12 Monaten realisierbaren Aktiva	$ 6.460	$ 8.170	$ 34.420	$ 49.050
Veränderungen der innerhalb von 12 Monaten realisierbaren Passiva, Zunahme oder (Abnahme)				
Verbindlichkeiten	(28.500)	(52.500)	46.000	(35.000)
Dividendenausschüttung	(15.000)	-	-	(15.000)
Rückstellung für Verkaufsprovisionen	3.600	300	7.500	11.400
Rückstellung für Körperschaftsteuer	13.130	20.135	(170.815)	(137.550)
Rückstellung für Grundsteuern	7.100	7.100	7.100	21.300
Rückstellung für Hypothekenzinsen	1.000	1.000	(5.050)	(3.050)
Rückstellung für Wechselzinsen	-	-	500	500
Netto-Veränderung der innerhalb von 12 Monaten realisierbaren Passiva	($ 18.670)	($ 23.965)	($114.765)	($157.400)
Netto-Zunahme der innerhalb von 12 Monaten realisierbaren Aktiva und Passiva	$ 25.130	$ 32.135	$149.185	$206.450

Abb. 5-1 (Fortsetzung)

GEPLANTE MONATSBILANZEN
Erstes Vierteljahr 19-

Bericht V

	Dez. 31	Jan. 31	Febr. 28	März 31
AKTIVA:				
Umlaufvermögen:				
Kassenbestand und Bankguthaben	$ 250.000	$ 245.360	$ 188.930	$ 141.750
Forderungen	500.000	373.000	324.000	437.400
Delkredere	(10.000)	(22.400)	(35.000)	(52.600)
Vorräte zu Standardkosten:				
Fertigungsmaterial	166.500	219.000	219.000	265.000
Fertige Teile	99.000	100.400	101.800	103.200
Halbfabrikate	81.600	54.400	27.200	-
Fertigerzeugnisse	426.400	544.200	673.700	649.800
Aktive Rechnungsabgrenzung:				
Versicherungsprämien	2.000	-	22.000	20.000
Überschuß der Standard- über die Tageskosten der Fertigerzeugnisse	-	3.500	-	-
Werbeaufwendungen	-	4.500	8.500	-
Zwischensumme	$1.515.500	$1.521.960	$1.530.130	$1.564.550
Anlagevermögen:				
Maschinen und Ausstattung	1.000.000	1.000.000	1.000.000	1.100.000
Abschreibung bis heute	(200.000)	(210.000)	(220.000)	(230.000)
Gebäude	800.000	800.000	800.000	800.000
Abschreibung bis heute	(100.000)	(102.000)	(104.000)	(106.000)
Grundstücke	100.000	100.000	100.000	100.000
Zwischensumme	$1.600.000	$1.588.000	$1.576.000	$1.664.000
Summe Aktiva	$3.115.500	$3.109.960	$3.106.130	$3.228.550
PASSIVA:				
Laufende Verbindlichkeiten:				
Verbindlichkeiten	$ 300.000	$ 271.500	$ 219.000	$ 265.000
Dividendenausschüttung	15.000	-	-	-
Rückstellung				
für Verkaufsprovision	15.000	18.600	18.900	26.400
" für Körperschaftsteuer	220.000	233.130	253.265	82.450
" für Grundsteuern	14.200	21.300	28.400	35.500
" für Hypothekenzinsen	4.000	5.000	6.000	950
" für Wechselzinsen	-	-	-	500
Hypotheken, Laufende Tilgungsrate	12.000	12.000	12.000	12.000
Schuldwechsel	-	-	-	200.000
Zwischensumme	$ 580.200	$ 561.530	$ 537.565	$ 622.800
Langfristige Schulden, Hypotheken	$ 228.000	$ 228.000	$ 228.000	$ 216.000
Summe der Verbindlichk.	$ 808.200	$ 789.530	$ 765.565	$ 838.800
EIGENKAPITAL:				
Grundkapital, 20.000 Aktien, Stammaktien, Nennwert $ 100	$2.000.000	$2.000.000	$2.000.000	$2.000.000
Gewinnvortrag	307.300	320.430	340.565	389.750
Zwischensumme	$2.307.300	$2.320.430	$2.340.565	$2.389.750
Summe Passiva	$3.115.500	$3.109.960	$3.106.130	$3.228.550

Abb. 5-1 (Fortsetzung)

Abschnitt III AUFSTELLUNGEN

Aufstellung Ia

GEPLANTE VERKAUFSUMSÄTZE UND KOSTEN DER VERKÄUFE
NACH MONATEN UND FÜR DAS VIERTELJAHR
Erstes Vierteljahr 19-

	Letztes Quartal Effektiv	Januar	Februar	März	Quartal
Mengenmäßiger Umsatz:					
Erzeugnis A	5.250	2.000	3.000	7.000	12.000
Erzeugnis B	6.000	2.000	2.000	2.000	6.000
Erzeugnis C	24.000	8.000	6.000	4.000	18.000
Verkaufsumsatz Kosten der Verkäufe und Rohgewinn:					
Erzeugnis A:					
Verkaufsumsatz	$ 420.000	$ 160.000	$ 240.000	$ 560.000	$ 960.000
Standardkosten der Verkäufe	273.000	105.600	158.400	369.600	633.600
Standard-Rohgewinn	$ 147.000	$ 54.400	$ 81.600	$ 190.400	$ 326.400
Erzeugnis B:					
Verkaufsumsatz	540.000	180.000	180.000	180.000	540.000
Standardkosten der Verkäufe	408.000	129.000	129.000	129.000	387.000
Standard-Rohgewinn	$ 132.000	$ 51.000	$ 51.000	$ 51.000	$ 153.000
Erzeugnis C:					
Verkaufsumsatz	840.000	280.000	210.000	140.000	630.000
Standardkosten der Verkäufe	681.600	231.200	173.400	115.600	520.200
Standard-Rohgewinn	$ 158.400	$ 48.800	$ 36.600	$ 24.400	$ 109.800
Summe Verkaufsumsatz	1.800.000	620.000	630.000	880.000	2.130.000
Summe Standardkosten der Verkäufe	1.362.600	465.800	460.800	614.200	1.540.800
Summe Standard-Rohgewinn	437.400	154.200	169.200	265.800	589.200
Berichtigungen: Veränderung der Standards durch Verkauf der Anfangsbestände:					
1.000 des Erzeugn. A	-	800	-	-	800
3.000 des Erzeugn. B	-	(7.000)	(3.500)	-	(10.500)
6.000 des Erzeugn. C	-	3.000	-	-	3.000
Mehrverrechnung von Fertigungsgemeinkosten	39.000	7.200	7.200	7.200	21.600
Rohgewinn, Effektiv	$ 476.400	$ 158.200	$ 172.900	$ 273.000	$ 604.100

Abb. 5-1 (Fortsetzung)

Aufstellung Ib

GEPLANTE VERTRIEBSGEMEINKOSTEN

NACH MONATEN UND FÜR DAS VIERTELJAHR

Erstes Vierteljahr 19-

	Letztes Quartal Effektiv	Januar	Februar	März	Quartal
Aufwendungen für Werbung - Fremdleistung	$ 90.000	$ 35.500	$ 35.500	$ 35.500	$ 106.500
Abzugrenzende Aufwendungen für Werbung	-	4.500	4.000	(8.500)	-
Aufwendungen für Werbung	90.000	31.000	31.500	44.000	106.500
Vertreterprovision	54.000	18.600	18.900	26.400	63.900
Vertreteraufwendungen	93.000	31.000	31.500	44.000	106.500
Fixe Aufwendungen:					
Vertriebsverwaltung	10.000	3.000	3.000	3.000	9.000
Vertriebsgehälter	15.000	5.000	5.000	5.000	15.000
Abschreibung	2.400	800	800	800	2.400
Grundsteuern	3.000	1.000	1.000	1.000	3.000
Versicherungen	600	200	200	200	600
Summe	$ 268.000	$ 90.600	$ 91.900	$ 124.400	$ 306.900

Abb. 5-1 (Fortsetzung)

Aufstellung Ic

GEPLANTE VERWALTUNGSGEMEINKOSTEN
NACH MONATEN UND FÜR DAS VIERTELJAHR
Erstes Vierteljahr 19-

	Letztes Quartal Effektiv	Januar	Februar	März	Quartal
Verwaltungsgehälter	$ 18.000	$ 6.000	$ 6.000	$ 6.000	$ 18.000
Sonstige Gehälter	29.000	9.000	9.000	9.000	27.000
Reisespesen	2.800	800	800	800	2.400
Büromaterial	700	300	300	300	900
Telefon und Telegramme	1.700	600	600	600	1.800
Rechtsberatung	2.100	500	500	500	1.500
Wirtschaftsprüfung	1.000	-	5.000	5.000	10.000
Gebühren	-	500	200	-	700
Beiträge	500	1.000	200	-	1.200
Abschreibung	600	200	200	200	600
Grundsteuern	300	100	100	100	300
Versicherungen	300	100	100	100	300
Verschiedenes	3.000	900	2.000	2.400	5.300
Summe	$ 60.000	$ 20.000	$ 25.000	$ 25.000	$ 70.000

Abb. 5-1 (Fortsetzung)

Aufstellung Id

GEPLANTE NEUTRALE ERTRÄGE UND AUFWENDUNGEN
NACH MONATEN UND FÜR DAS VIERTELJAHR
Erstes Vierteljahr 19-

	Letztes Quartal Effektiv	Januar	Februar	März	Quartal
Neutrale Erträge: Lieferantenskonti	$ 1.120	$ -	$ 5.430	$ 4.380	$ 9.810
Neutrale Aufwendungen:					
Kundensonti	18.120	7.940	7.560	10.560	26.060
Wechselzinsen	200	-	-	500	500
Hypothekenzinsen	3.000	1.000	1.000	950	2.950
Kundenausfälle	36.000	12.400	12.600	17.600	42.600
Summe	$ 57.320	$ 21.340	$ 21.160	$ 29.610	$ 72.110
Überschuß der Neutralen Aufwendungen über die Neutralen Erträge	$ 56.200	$ 21.340	$ 15.730	$ 25.230	$ 62.300

Abb. 5-1 (Fortsetzung)

II. BUDGETIERUNG ZUM ZWECKE DER KONTROLLE

6. Analyse und Berichterstattung über die Abweichungen vom Budget

Zweck des Kapitels. Budgets dienen dreierlei Zwecken, nämlich der Planung, der Koordinierung und der Kontrolle. Die vorhergehenden Kapitel vermitteln eine Übersicht über die Phase der Planung und Koordinierung bei der Budgeterstellung; das vorliegende Kapitel ist einer allgemeinen Erläuterung der verschiedenen Aspekte der Budgetkontrolle gewidmet. In diesem Zusammenhang bedarf der Begriff Kontrolle einer sorgfältigen Definition. In seiner weitgefaßten Bedeutung umschließt der Begriff Budgetkontrolle zwei Funktionen, nämlich die Kontrolle im Stadium der Planung und die Kontrolle im Stadium des effektiven Betriebsgeschehens.

Im Planungsstadium richtet sich die Kontrolle auf eine weitgehende Ausnutzung aller verfügbaren Informationen zur Abwägung der verschiedenen Wahlmöglichkeiten sowie bei der Ausgestaltung der Budgets zum Zwecke der bestmöglichen Annäherung an die Planziele der Gesellschaft. Im Stadium des effektiven Betriebsgeschehens befaßt sich die Kontrolle mit der Überwachung der Einhaltung der aufgestellten Pläne. Diese letzte Phase der Budgetkontrolle ist Gegenstand der Erörterungen des vorliegenden Kapitals. Es befaßt sich mit der Natur von Budgetabweichungen und mit deren Analyse als Grundlage für Maßnahmen der Unternehmensführung. Die Abhandlung wird durch Beispiele erläutert, die auf den Zahlen und Gegebenheiten der „Beispiel-Gesellschaft" aufbauen und schließt sich so an die vorausgegangenen Kapitel an.

Bedeutung der Abweichungen vom Budget als Masstab für die Leistung. Unter der Annahme, daß das dem Betriebsgeschehen zugrunde liegende Budget unter den gegebenen Umständen Gültigkeit besitzt und daß das Budget die festgelegten Planziele exakt wiedergibt, stellen die Abweichungen vom Budget einen Maßstab für den Erfolg der Bemühungen um die Einhaltung der aufgestellten Pläne dar. Es ist deshalb erforderlich, die verschiedenen Arten von Abweichungen und deren Bedeutung näher zu untersuchen. Die möglichen Abweichungen können in drei Hauptgruppen eingeteilt werden. Die erste betrifft die Gewinnrealisierung, die zweite die Herstellung von Gütern bzw. die Bereitstellung von Diensten und die dritte den Anfall von Kosten. Jeder dieser drei Gruppen wird im Folgenden kurz erläutert.

Die Kontrolle der Leistung hinsichtlich des Ertragsverlaufs wird durch einen Vergleich der tatsächlichen mit den geplanten Umsätzen ausgeübt. Obwohl natürlich auch andere Ertragsquellen vorhanden sein können, wie z. B. Zinsen, so wird das Schwergewicht der Analyse doch auf dem Gebiet der Existenzgrundlage des Unternehmens, nämlich dem Umsatz von Gütern oder Dienstleistungen liegen. Es liegt auf der Hand, daß die Umsätze einen äußerst wichtigen Gegenstand der Analyse im Lichte des Budgets darstellen. Diese Analyse sollte kurzfristig durchgeführt werden und so weit in die Einzelheiten gehen, daß die Unternehmensführung in die Lage versetzt wird, auf die Ergebnisse gebührend zu reagieren. Ein bloßes Vergleichen der Gesamtumsätze mit dem Budget ist nicht ausreichend. Darüber hinaus muß beachtet werden, daß auch eine Überschreitung der budgetierten Umsätze möglicherweise ein ebenso bedenkliches Zeichen sein kann wie eine Unterschreitung, wobei allerdings die Bedenken anderer Art sein werden und sich mehr auf die Frage der zukünftigen Aufnahmefähigkeit des Marktes als auf die gegenwärtige Gewinnsituation richten.

Die zweite Hauptgruppe der Budgetkontrolle betrifft das effektive quantitative Betriebsgeschehen im Unterschied zur finanziellen Seite. Die Vergleiche auf diesem Gebiet beziehen sich auf den Produktionsablauf, die Verfügbarkeit und den Einsatz von Arbeitskräften und ähnliches. Die Vorgänge und Abläufe, die dem Geldstrom in der Unternehmung zugrunde liegen, sind Gegenstand dieser Art von Budgetkontrolle. Die Vergleiche werden nicht auf der Grundlage der in Geldwerten ausgedrückten Budgets, sondern der quantitativen Teilpläne durchgeführt. Ein Beispiel für diese Art der Budgetkontrolle ist der Vergleich der effektiven Produktionsstückzahl mit den budgetierten Stückzahlen. Eine Unterschreitung der budgetierten Fertigungsmengen kann zahlreiche Gründe haben, die kurzfristig geklärt und durch geeignete Maßnahmen beseitigt werden müssen.

Die dritte Gruppe der Kontrollen bezieht sich auf die Kosten. Die Analyse der Kostenabweichungen ist wichtig nicht nur im Hinblick auf die Abweichungen selbst, sondern auch im Hinblick darauf, daß Kostenüber- oder -unterschreitungen ein Anzeichen für Abweichungen der zugrunde liegenden betrieblichen Vorgänge gegenüber der Planung sein können. Unter diesem Aspekt ergibt sich ein gewisser Zusammenhang zwischen dieser und der als zweite Gruppe beschriebenen Budgetkontrollen. Kostenkontrolle bedeutet insoweit, als Kostenabweichungen eine Funktion des quantitativen oder qualitativen Betriebsgeschehens und nicht der Preisentwicklung darstellen, Überwachung sowohl des physischen Geschehens als auch der geldlichen Vorgänge. Darüber hinaus ergeben sich bei der Kostenkontrolle häufig besondere Schwierigkeiten durch die Tatsache, daß auf dem Gebiet der Gemeinkosten Budgetvergleiche auf der Grundlage von Kostenvorgaben bei dem tatsächlich gegebenen Beschäftigungsgrad und nicht bei dem budgetierten Beschäftigungsgrad angestellt werden müssen.

In allen drei obenbeschriebenen Arten der Budetkontrolle ist der Vergleich zwischen budgetierten und effektiven Werten der wichtigste Maßstab für die Leistungsmessung. Die Erreichung gewisser Ziele der betrieblichen Leistung ist die grundlegende Aufgabe der Exekutive der Unternehmensführung. Budgetkontrollen als Leistungsmessung stellen eines der wichtigsten Instrumente bei der Erfüllung dieser Aufgabe dar.

Bedeutung der Abweichungen vom Budget als Masstab für die Gültigkeit der Pläne. Im vorangegangenen Abschnitt wurde die Bedeutung von Budgetabweichungen erläutert unter der Annahme, daß das Budget eine zutreffende Wiedergabe der betrieblichen Planung darstellt und daß diese unter den angegebenen Umständen Gültigkeit besitzt. Diese Annahme muß in der Praxis nicht immer zutreffen. Zunächst kann die Planung selbst unrealistisch oder undurchführbar sein, oder eine fehlerhafte Zusammenfügung der verschiedenen Teilpläne kann die Aufstellung eines gut fundierten Gesamtplanes unmöglich machen. Außerdem kann ein Budget zwar unter den bei seiner Aufstellung obwaltenden Umständen richtig gewesen sein, jedoch im späteren Verlauf infolge von nichtvorhergesehenen oder nichtvorsehbaren Veränderungen ungültig werden.

Die Bedeutung der Absatzvorschätzung für die gesamte Budgeterstellung ist in früheren Kapiteln bereits dargestellt worden. Der Absatzplan ist der Grundstein des gesamten Budgets. Aus ihm werden nicht nur die zu erwartenden Umsatzerlöse abgeleitet, sondern er bestimmt auch das übrige Betriebsgeschehen des Unternehmens. Beschäftigungsgrad, Materialbedarf, Arbeitskräftebedarf, alle diese Größen sind abhängig vom zukünftigen Absatz. Eben dieser Absatzplan ist jedoch, da er auf der Beurteilung der zukünftigen Marktentwicklung beruht, für die meisten Unternehmen der am schwierigsten aufzustellende Plan. Viele den Absatz beinflussende Faktoren liegen außerhalb des Bereiches der direkten Kontrolle der Unternehmung. Der Absatzplan ist deshalb im Zeitpunkt seiner Aufstellung das große Fragezeichen im Rahmen der gesamten Budgetierung.

Bei der Budgetkontrolle muß große Sorgfalt darauf verwendet werden, zwischen solchen Abweichungen zu unterscheiden, die auf Schwankungen in der Vertriebsleistung zurückzuführen sind, und solchen, die aus der Festlegung eines unrealistischen Solls entstanden sind. Die erste Art von Abweichung erfordert Maßnahmen der Unternehmensführung, die zur Erreichung des Planzieles führen können, die letztere wird eine Berichtigung des Budgets einschließlich der ihm zugrunde liegenden Ausgangsdaten notwendig machen.

Die Absatzvorschätzung kann von Anbeginn an unrichtig sein. Dies hängt von der Marktanalyse und der Prognose der wirtschaftlichen Entwicklung ab. Die dem Verbraucherreservoir innewohnende Kaufkraft, die Bevorzugung bestimmter Produkte oder Marken durch den Abnehmer, der Grad des Wettbewerbs, das Preisgefüge — alle diese Faktoren müssen in Betracht gezogen werden, und bei jedem sind Fehlerquellen für die Vorschätzung gegeben; auf der anderen Seite kann selbst eine ursprünglich richtige Vorschätzung dieser Faktoren nachträglich durch die Entwicklung überholt werden. Neue Produkte, neue Konkurrenten und neue Formen des Wettbewerbs entstehen ständig, so daß ein Absatzplan, der zwar unter den bei seiner Aufstellung obwaltenden Umständen richtig war, sehr schnell durch neue Gegebenheiten überholt sein kann. Darüberhinaus können auch Entwicklungen außerhalb der reinen Wirtschaftssphäre einen starken Einfluß auf die Marktlage ausüben. Der Ausbruch eines Krieges oder die plötzliche Beendigung eines Krieges oder eine Erhöhung der staatlichen Verteidigungsausgaben, Schwankungen auf dem Geldmarkt, Veränderungen in den Grundsätzen der Entwicklungshilfe und andere Vorgänge können einen starken Einfluß auf den Absatzmarkt eines Unternehmens haben. Solche Faktoren sind naturgemäß in keiner Weise voraussehbar.

Was auch immer die Gründe für die Ungültigkeit eines Plans sein mögen, wichtig ist, daß sie im frühestmöglichen Zeitpunkt erkannt werden. Veränderungen im Absatz ziehen Veränderungen in allen anderen Teilen des Budgets nach sich — Veränderungen im Produktionsprogramm, im Materialbeschaffungsplan, in der Finanzdisposition usw. Die möglichen Auswirkungen von Veränderungen im Markt müssen kurzfristig bestimmt und beurteilt werden, um festzustellen, in welchem Umfang Budgetberichtigungen angebracht sind.

Die Gefahr fehlerhafter Vorschätzungen haftet auch dem Fertigungsplan an. Das Angebot an Arbeitskräften, die Verfügbarkeit von Material und andere Faktoren, die für die Produktion von Gütern und Dienstleistungen von entscheidender Bedeutung sind, unterliegen dem Einfluß von Veränderungen und müssen so gut wie möglich vorausgeschätzt werden. Auch hier können Fehler bereits bei der Aufstellung der Pläne gemacht worden sein, oder die Verhältnisse können im Laufe der Budgetperiode einem Wandel unterworfen sein. Eine plötzliche Störung des Betriebsfriedens zum Beispiel kann zu Unterbrechungen in der Fertigung führen und dadurch die Planung ebenso zunichte machen wie tiefgreifende Veränderungen im Auftragseingang.

Das Gebiet der Kostenvorschätzung birgt ebenfalls Fehlerquellen in sich. Die Vorschätzung der Arbeitsproduktivität oder der Materialpreise kann sich als unzutreffend erweisen. Zwar kann in gewissen Fällen die Gefahr einer Fehlschätzung erheblich eingeschränkt werden. So kann z. B. ein Tarifvertrag das Risiko von Änderungen in den Lohnkosten für den Planungszeitraum ausschalten. Ebenso kann durch langfristige Kaufverträge zu Festpreisen das Risiko von Preissteigerungen beim Materialeinkauf weitgehend gebannt werden. Nichtsdestoweniger sind Kosten- und Preisveränderungen für viele Unternehmungen ein Unsicherheitsfaktor bei der Planung.

Abweichungen der Effektivkosten von den budgetierten Kosten müssen analysiert und dabei bestimmt werden, ob es sich um Abweichungen im Leistungsgrad oder in den dem Budget zugrunde liegenden Bedingungen handelt. Abweichungen der letzteren Art können eine Berichtigung des Budgets erforderlich machen.

Das Wesen guter Planung. In den vorangegangenen Abschnitten wurde eine scharfe Trennung zwischen Budgetabweichungen als Folge von Schwankungen des Leistungsgrades, der Organisation und solchen, die auf eine unrealistische Budgetierung zurückzuführen sind, gemacht. Eine kurzfristige Messung und Auswertung der ersteren sollte Maßnahmen der Unternehmensführung zur Anpassung der Leistung an die budgetierten Werte auslösen. Bemühungen in dieser Richtung wären jedoch fehl am Platze, wenn der wirkliche Grund der Abweichungen im Budget selber liegt. Für die Unternehmensführung besteht also zunächst das Problem festzustellen, ob die Planung gut ist. Wird festgestellt, daß das Budget unrealistisch ist, so besteht das weitere Problem zu ermitteln, ob der Vorgang der Budgetierung mit Fehlern behaftet war oder ob unvorhergesehene Veränderungen seit der Aufstellung des Budgets eingetreten sind.

Fehler bei der Handhabung der Budgetierung müssen ermittelt und abgestellt werden, um ein zuverlässiges Budget als brauchbare Grundlage für die Kontrolle zu erhalten. Fortwährende schwere Fehler in der Absatzvorschätzung können ein Zeichen für ungeeignete oder ungenügende Schätzmethoden sein. Ebenso können schlechte Kostenrechnungsunterlagen zu falschen Kostenvorschätzungen führen. Es erhebt sich die Frage, worin das Wesen guter Planung besteht, nachdem auch ein auf das sorgfältigste ausgearbeiteter Plan durch Faktoren, die ihrer Natur nach nicht exakt vorausgeschätzt werden können, zunichte gemacht werden kann. Gute Planung hat zwei wesentliche Voraussetzungen: Erstens müssen alle Faktoren, die auf die vorzuschätzende Größe einen Einfluß haben, für die Vorschätzung verfügbar sein. Zum anderen müssen diese Faktoren folgerichtig angewendet werden. Selbstverständlich wird sich ein kleines oder mittleres Untenehmen keine ausgedehnten Forschungs- und Analysenabteilungen leisten können, wie sie bei Großunternehmen üblich sind. Dies ist jedoch keine Rechtfertigung für eine vollständige Vernachlässigung wissenschaftlicher Methoden und die Verwendung unfundierter Verfahren. So gibt es kaum eine Entschuldigung für die Unkenntnis einer Gesellschaft hinsichtlich ihrer gegenwärtigen Effektivkosten. Außerdem besitzt jede Gesellschaft ihre eigenen Verkaufserfahrungen als Ausgangspunkt für die Vorschätzung des zukünftigen Absatzes. Die Aufgabe besteht in der sinnvollen Verwendung der bereits verfügbaren Werte.

Schritte der Budgetkontrolle. Im wesentlichen sind drei Schritte bei der Kontrolle des effektiven Betriebsgeschehens an Hand des genehmigten Budgets zu unterscheiden. Diese Schritte sind:

1. Berichterstattung über die Ergebnisse
2. Analyse und Erläuterung der Ergebnisse
3. Durchführung von Maßnahmen, falls solche erforderlich sind

Die beiden ersten Schritte bilden die verfahrensmäßige Seite der Budgetkontrolle. Der dritte Schritt ist eine der wesentlichen Aufgaben der Unternehmensführung. Selbst die besten Budgetberichte erzielen keine Kontrollwirkung, wenn sie keine Reaktion auslösen. Die Berichte und Analysen können nur dazu dienen, die Notwendigkeit von Maßnahmen der Unternehmensführung und den möglichen Ansatzpunkt solcher Maßnahmen aufzuzeigen. Diese Maßnahmen müssen durchgeführt werden, wenn die Gründe für die Budgetabweichungen und diese selber beseitigt werden sollen.

Die nunmehr folgenden Abschnitte dieses Kapitels sind einer ins einzelne gehenden Erörterung dieser drei Schritte gewidmet.

Berichterstattung über die Ergebnisse

Das Wesen der Budgetberichte. Budgetberichte sind im wesentlichen Tätigkeitsberichte. Ihre Bestimmung ist festzustellen, in welchem Umfang das Budget eingehalten (oder nicht eingehalten) wird, um auf diese

Weise als Grundlage für die Maßnahmen der Unternehmensführung zu einer weitergehenden Verwirklichung der Planziele zu dienen. Am Beginn der Abfassung solcher Berichte stehen drei grundsätzliche Überlegungen:

1. Inhalt
2. Empfänger
3. Zeitintervall

Zur dritten Überlegung braucht hier wenig gesagt zu werden, ausgenommen, daß Budgetberichte ihrer Natur als Tätigkeitsberichte entsprechend kurzfristig erscheinen müssen. Das bedeutet nicht nur, daß sie frühzeitig nach Ablauf des Berichtszeitraums herausgegeben werden müssen, um konstruktive Maßnahmen zu ermöglichen, sondern auch, daß sie mit einer angemessenen Häufigkeit erscheinen müssen.

Die erste und zweite Überlegung hängen in gewisser Weise voneinander ab. Der Inhalt eines Berichtes wird zum Teil davon bestimmt, ob er für die obere oder untere Führungsschicht bestimmt ist. Die Führungsspitze wird sich nur für eine zusammengefaßte Übersicht interessieren, während die unteren Führungsschichten sich mehr mit Einzelheiten befassen werden. Der Gegenstand der Berichterstattung ist natürlich ebenfalls bestimmend für den Inhalt, und in dieser Hinsicht besteht das Problem in der Auswahl wirklich aussagefähiger Informationen sowie in der knappen und verständlichen Darstellung. *Diese Grundsätze sind im folgenden zusammenfassend dargestellt:*

„Ein Bericht sollte einen Zweck haben — und sollte ihn erreichen. Bis jetzt haben wir verschiedene Arten von Berichten betrachtet und in Kürze den Inhalt und den Zweck einiger dieser Berichte erläutert. Nunmehr soll die Frage nach dem Maßstab für die Zweckmäßigkeit und Wirksamkeit von Berichten gestellt werden. Dieser und der folgende Abschnitt befassen sich mit den hauptsächlichen Merkmalen der Zweckmäßigkeit. Jeder Bericht sollte zunächst einen klar bestimmten Zweck haben. Es wird oft behauptet, jeder Bericht sollte nur einen einzigen Zweck haben. Wenn jedoch der Berichterstatter zwei oder mehr Berichte in einen zusammenfassen kann, ohne die Klarheit und andere Eigenschaften eines guten Berichtes zu opfern, so daß der daraus resultierende einzige Bericht mehreren Zwecken dient, so sollte er nicht daran gehindert werden.

Jeder Bericht sollte die Informationen enthalten, die erforderlich sind, um den Zweck, für den er bestimmt ist, zu erreichen. Die Treffsicherheit und Wirksamkeit der Maßnahmen der Unternehmensführung, die auf Grund solcher Berichte ergriffen werden, hängen weitgehend von der Klarheit und Genauigkeit der Darstellung sowie von dem Geschick, mit dem das Wesentliche des Berichtes herausgearbeitet wurde, ab. Von diesem Gesichtspunkt aus ist es äußerst wichtig, eine klare Verständigung mit der Unternehmensführung zu erzielen über die Art der Unterrichtung, die sie wünscht. Im Anschluß an diese Verständigung sollten geeignete Richtlinien und Kontengliederungen geschaffen werden, die der Entwicklung und Bereitstellung der erforderlichen Informationen dienen,

denn der Berichterstatter ist verantwortlich dafür, daß sein Bericht umfassend und zutreffend ist.
Die Feststellung z. B., daß die Vorräte an einem bestimmten Stichtag einen Wert von 5 Mill. $ darstellten, bekommt eine wirkliche Bedeutung durch eine zusätzliche Information über die Zeitspanne, für die diese Vorräte ausreichen, und über die Bevorratung, die unter den augenblicklichen Produktions- und Lieferverpflichtungen angemessen wäre.

Wirkungsvolle Darstellungsformen

Die klarsten Berichte sind manchmal die kürzesten. Kürze ohne Verzicht auf Vollständigkeit ist das erstrebenswerte Ziel bei der Berichterstattung. Die Buchhaltungssprache sollte vermieden werden, weil ein großer Teil der Unternehmensführung mit den Besonderheiten und Fachausdrücken des Rechnungswesens nicht vertraut ist. Wirkungsvolle Darstellungsmittel, wie Tabellen und Kurven, sollten in den Dienst der Berichterstattung gestellt werden. Eine solche Art der Berichterstattung kann oft Verhältnisse mit einer Klarheit aufzeigen, deren Beschreibung Seiten erfordern würde. Niemand liest gern seitenlange Texte oder brütet über Zahlenkolonnen, um Informationen zu erhalten, die aus einer Tabelle mit einem Blick erkennbar sein könnten. Eine ganze Reihe großer Gesellschaften benutzt die Darstellung in Tabellenform als festen Bestandteil in ihrer gesamten Berichterstattung. Die Verwendung von großen Wandtafeln, ergänzt durch mündliche Berichterstattung, ist ein ausgezeichnetes Mittel zur Unterrichtung von Gruppen. Ein solches Verfahren ist oft wirksamer als eine bloße Berichterstattung.
Die Tabellenform eignet sich vorzüglich für die vergleichende Darstellung von Verhältniszahlen, wie z. B. Nettogewinn : Umsatzerlösen, Kosten der Verkäufe : Umsatzerlösen, Verzinsung des eingesetzten Kapitals, Verwaltungs- und Vertriebsgemeinkosten : Umsatzerlösen, gesamtes Aktivvermögen : arbeitendem Kapital usw. Sie ist ebenfalls nützlich bei der Darstellung von Entwicklungstendenzen im Absatz, in den Vorräten, im Auftragsbestand, in den Produktionsschwankungen, in den Investitionen usw. Gewinnschwellendiagramme können mit gutem Erfolg verwendet werden zum Aufzeigen der Beziehungen zwischen Kosten und Erlösen und insbesondere zur graphischen Darstellung des Umsatzvolumens, bei dem die Gewinnschwelle erreicht wird. Diese Tabellen werden gewöhnlich nicht jeden Monat neu aufgestellt. Sie sollten aber dann erneuert werden, wenn wesentliche Veränderungen in den einzelnen Bezugsgrößen aufgetreten sind. Der ideenreiche Berichterstatter wird viele Möglichkeiten finden, um durch graphische Darstellung die Aufmerksamkeit auf wichtige Daten zu lenken.
Bei der Berichterstattung an die Führungsspitze sollte soweit wie möglich von dem Grundsatz der „Ausnahmen" ausgegangen werden, d. h. Gegebenheiten, die dem normalen Betriebsablauf entsprechen, sollten nur am Rande erwähnt werden, während vom Normalen abweichende oder außergewöhnliche Vorgänge herausgestellt und mit Erläuterungen versehen werden sollten. Wenn im Betriebszeitraum keine unter die „Ausnahme"-Regel fallenden Vorgänge zu verzeichnen waren, sollte dies im Bericht vermerkt sein, damit der Leser nicht zur Feststellung dieser Tatsache seine Zeit opfern und den gesamten Bericht durcharbeiten muß.
Soweit vorgedruckte Tabellen benutzt werden, sollte darauf geachtet werden, daß sie tatsächlich nur wesentliche Daten in einer übersichtlichen und leicht zu lesenden Form enthalten. Die Aufzählung beispielsweise von Kostenarten in alphabetischer Reihenfolge nach Art eines Kontenplanes oder die vollständige

Wiedergabe des Inhalts eines Kontos für verschiedene Aufwendungen in allen Einzelheiten anstelle einer sinnvollen Zusammenfassung der Kostenarten in größere Gruppen sollte tunlichst vermieden werden."[1]

DIE FORM DER BUDGETBERICHTE. Die Form, in der Budgetberichte abgefaßt werden sollten, hängt zum Teil von der Funktion und zum Teil von der Schicht innerhalb der Unternehmensführung, der der Empfänger angehört, ab. Die Führungsspitze braucht einen Gesamtbericht, während die unteren Führungsschichten Einzelberichte über ihre jeweiligen Tätigkeitsbereiche bekommen. Im Falle der „Beispiel-Gesellschaft" würde der Generaldirektor einen Bericht mit allen Übersichten und Anlagen entsprechend den im Budget enthaltenen Aufstellungen erhalten. Die unteren Führungsschichten würden Budgetberichte auf der Grundlage ihrer jeweiligen Budgetunterlagen zur Verfügung gestellt bekommen. In jedem Falle sollten die ursprünglichen Budgetaufstellungen die Vorlage für die Berichterstattung über die tatsächliche Entwicklung im Vergleich zum Budget darstellen.

Der hauptsächliche Zweck der Berichte ist der Vergleich der tatsächlichen Ergebnisse mit den geplanten Ergebnissen. Die grundlegende Form der Darstellung ist deshalb wie folgt:

	Laufender Monat			Jahresaufrechnung		
Position	Effektiv	Budget	Über- (Unter-) schreitung	Effektiv	Budget	Über- (Unter-) schreitung

Diese Grundform kann je nach den Umständen und Erfordernissen variiert werden. Zusätzliche Spalten können z. B. zur Eintragung von Prozentsätzen, entweder Gliederungsprozentsätzen oder Entwicklungsprozentsätzen, vorgesehen werden. Im Falle eines flexiblen Teilbudgets, z. B. eines Fertigungsgemeinkostenbudgets, wird neben dem Verhältnis des Kostenanfalls zum geplanten Beschäftigungsgrad zusätzlich das Verhältnis zum tatsächlichen Beschäftigungsgrad dargestellt werden müssen. Abweichungen werden in späteren Kapiteln erläutert werden; für den Zweck dieses Kapitels möge es genügen, den Vergleich zwischen tatsächlichen und geplanten Ergebnissen als die Grundfunktion der Budgetberichterstattung darzustellen.

Die Entscheidung, ob Budgetberichte neben reinem Zahlenmaterial auch graphische Darstellungen enthalten sollten und ob die Zahlenaufstellungen mit textlichen Erläuterungen versehen werden sollten, hängt weit-

[1] Milton B. Basson, „A Review of Internal Reports and Reporting", N.A.A. Bulletin, Abteilung I, Sept. 1954, Seiten 7-9.

gehend von der Funktion des Empfängers ab. Wo der Leser kraft seiner Stellung den Umgang mit reinen Zahlen gewöhnt ist, sind textliche Erläuterungen weniger erforderlich als in den Fällen, wo eine solche Übung nicht vorhanden ist. In jedem Falle muß das Material so dargestellt werden, daß der Leser in die Lage versetzt wird, die volle Bedeutung der ihm vorgelegten Ergebnisse zu erkennen.
Auf den nunmehr folgenden Seiten (Abb. 6-1) sind die Berichte und Aufstellungen, die dem Generaldirektor der „Beispiel-Gesellschaft" für den Monat Januar vorgelegt werden, dargestellt. Der Vergleich zwischen tatsächlichen und budgetierten Ergebnissen ist nur für den laufenden Monat vorgenommen, weil im ersten Monat eine Jahresaufrechnung noch nicht erforderlich ist. Die Berichte und Aufstellungen entsprechen denen des Budget-Berichts, der im vorangegangenen Kapitel dem Generaldirektor zur Genehmigung vorgelegt wurde.

Analyse und Erläuterung der Ergebnisse

Analyse des Betriebsergebnisses. Ebenso wie bei der Vorlage des Budgets zur Genehmigung, so werden auch zu den nachfolgenden Budgetkontrollberichten Erläuterungen durch den Budgetdirektor gegeben. Im Interesse einer möglichst breiten Darstellung soll dieser Teil des Budgetberichts jedoch nicht wiedergegeben, sondern durch eine ins einzelne gehende Erörterung ersetzt werden.
Die Betriebsergebnisrechnung, Bericht I (Seite 137) zeigt an, daß im Planungszeitraum erhebliche Abweichungen aufgetreten sind. Während bei den Umsatzerlösen eine Unterschreitung von weniger als 5% zu verzeichnen ist, liegt der Nettogewinn um fast 40% unter dem budgetierten Betrag. Dieses Auseinanderklaffen macht eine eingehende Untersuchung der Ergebnisse notwendig. Die Untersuchung bewegt sich in zwei Ebenen. Erstens muß festgestellt werden, aus welchen verschiedenen Faktoren sich die Umsatzabweichung von 4.94% (die nicht übermäßig groß ist) zusammensetzt. Zweitens muß untersucht werden, in welchem Umfang der Unterschied zwischen der Umsatzabweichung und der Gewinnabweichung auf die Kostenentwicklung zurückzuführen ist und ob es sich dabei um eine grundlegende Schwäche in der Kostenstruktur oder lediglich um die Folge eines schlechten Leistungsgrades handelt.

Veränderungen des Mischungsverhältnisses der Produkte. Bericht I zeigt eine Unterschreitung in den Umsatzerlösen von 4.94% gegenüber einer Unterschreitung im Rohgewinn von 7.51%. Diese Tatsache deutet darauf hin, daß der Abweichungsprozentsatz bei den Umsatzerlösen nicht den vollen Umfang der Abweichungen in der Verkaufsleistung widerspie-

Bericht I

BEISPIEL-GESELLSCHAFT

BETRIEBSERGEBNIS UND VERZINSUNG DES EINGESETZTEN KAPITALS

Januar 19-

	Januar			
	Effektiv	Budget	Über-schreitung (Unterschr.)	Abweichung in %
Verkaufsumsätze (Aufst. Ia)	$ 589.400	$ 620.000	($ 30.600)	(4,94)
Kosten der Verkäufe (Aufst. Ia)	443.080	461.800	(18.720)	(4,05)
Rohgewinn	$ 146.320	$ 158.200	($ 11.880)	(7,51)
Vertriebsgemeinkosten (Aufst. Ib)	$ 89.582	$ 90.600	($ 1.018)	(1,12)
Verwaltungsgemeinkosten (Aufst. Ic)	20.360	20.000	360	1,80
Gesamtgemeinkosten	$ 109.942	$ 110.600	($ 658)	(0,60)
Netto-Betriebsergebnis	$ 36.378	$ 47.600	($ 11.222)	(23,58)
Überschuß der neutralen Aufwendungen über die neutralen Erträge (Aufst. Id)	20.388	21.340	(952)	(4,46)
Gewinn vor Steuern	15.990	26.260	(10.270)	(39,11)
Steuern vom Einkommen und Ertrag	7.995	13.130	(5.135)	(39,11)
Reingewinn	$ 7.995	$ 13.130	($ 5.135)	(39,11)
Verzinsung des eingesetzten Kapitals	12,78 %	16,72 %	(3,94 %)	

Abb. 6-1 Budgetkontrollbericht der „Beispiel-Gesellschaft"
Januar 19..

Bericht II

BEISPIEL-GESELLSCHAFT
BILANZ ZUM
31. Januar 19-

	Effektiv	Budget	Überschreitung (Unterschr.)
AKTIVA:			
Umlaufvermögen:			
Kassenbestand und Bankguthaben	$ 229.340	$ 245.360	($ 16.020)
Forderungen	358.300	373.000	(14.700)
Delkredere	(21.788)	(22.400)	612
Vorräte zu Standardkosten:			
Fertigungsmaterial	238.600	219.000	19.600
Fertige Teile	100.400	100.400	-
Halbfabrikate	54.400	54.400	-
Fertigerzeugnisse	559.870	544.200	15.670
Aktive Rechnungsabgrenzung			
Versicherungsprämien	-	-	-
Überschuß der Standardkosten über die Tageskosten der Fertigerzeugnisse	3.150	3.500	(350)
Werbeaufwendungen	4.500	4.500	-
Zwischensumme	$1.526.772	$1.521.960	$ 4.812
Anlagevermögen:			
Maschinen und Ausstattung	$1.000.000	$1.000.000	$ -
Abschreibung bis heute	(210.000)	(210.000)	-
Gebäude	800.000	800.000	-
Abschreibung bis heute	(102.000)	(102.000)	-
Grundstücke	100.000	100.000	-
Zwischensumme	$1.588.000	$1.588.000	$ -
Summe Aktiva	$3.114.772	$3.109.960	$ 4.812
PASSIVA:			
Laufende Verbindlichkeiten:			
Verbindlichkeiten	$ 287.500	$ 271.500	$ 16.000
Dividendenausschüttung	-	-	-
Rückstellung für Verkaufsprovision	17.682	18.600	(918)
Körperschaftsteuer	227.995	233.130	(5.135)
Grundsteuern	21.300	21.300	-
Hypothekenzinsen	5.000	5.000	-
Wechselzinsen	-	-	-
Hypotheken, Laufende Tilgungsrate	12.000	12.000	-
Schuldwechsel	-	-	-
Zwischensumme	$ 571.477	$ 561.530	$ 9.947
Langfristige Schulden, Hypotheken	$ 228.000	$ 228.000	$ -
Summe der Verbindlichkeiten	$ 799.477	$ 789.530	$ 9.947
Eigenkapital:			
Grundkapital, 20.000 Stammaktien, Nennwert $ 100	$2.000.000	$2.000.000	$ -
Gewinnvortrag	315.295	320.430	(5.135)
Zwischensumme	$2.315.295	$2.320.430	($ 5.135)
Summe Passiva	$3.114.772	$3.109.960	$ 4.812

Abb. 6-1 (Fortsetzung)

Bericht III

BEISPIEL-GESELLSCHAFT

HERKUNFT UND VERWENDUNG DER MITTEL

Januar 19-

	Januar		
	Effektiv	Budget	Überschreitung (Unterschr.)
Mittelverwendung:			
Zunahme des arbeitenden Kapitals	$ 19.995	$ 25.130	($ 5.135)
Investitionen	-	-	-
Insgesamt	$ 19.995	$ 25.130	($ 5.135)
Mittelherkunft:			
Netto-Gewinn	$ 7.995	$ 13.130	($ 5.135)
Abschreibungen	12.000	12.000	
Insgesamt	$ 19.995	$ 25.130	($ 5.135)

Abb. 6-1 (Fortsetzung)

Bericht IV

B E I S P I E L - G E S E L L S C H A F T

VERÄNDERUNGEN DES ARBEITENDEN KAPITALS

Januar 19-

	Januar		
	Effektiv	Budget	Über-schreitung (Unterschr.)
Umlaufvermögen:			
Flüssige Mittel	$ 229.340	$ 245.360	($ 16.020)
Forderungen	336.512	350.600	(14.088)
Vorräte:			
Produktionsmaterial	238.600	219.000	19.600
Teile	100.400	100.400	-
Halbfabrikate	54.400	54.400	-
Fertigerzeugnisse	559.870	544.200	15.670
Aktive Rechnungsabgrenzung:			
Versicherungen	-	-	-
Unterschied zwischen den Fertigerzeugnissen zu historischen und neuesten Standardkosten	3.150	3.500	(350)
Werbekosten	4.500	4.500	-
Umlaufvermögen insgesamt	$1.526.772	$1.521.960	$ 4.812
Kurzfristige Verbindlichkeiten:			
Verbindlichkeiten aus Lieferungen und Leistungen	$ 287.500	$ 271.500	$ 16.000
Nicht abgehobene Dividenden	-	-	-
Umsatzprovisionen	17.682	18.600	(918)
Steuern vom Einkommen und Ertrag	227.995	233.130	(5.135)
Grundsteuern	21.300	21.300	-
Hypothekenzinsen	5.000	5.000	-
Hypothekenschulden, kurzfristig tilgbar	12.000	12.000	-
Schuldzinsen	-	-	-
Schuldwechsel	-	-	-
Kurzfristige Verbindlichkeiten insgesamt	$ 571.477	$ 561.530	$ 9.947
Arbeitendes Kapital z. 31.1.19-	$ 955.295	$ 960.430	($ 5.135)
Arbeitendes Kapital z. 1.1.19-	935.300	935.300	
Netto-Veränderung, Zunahme oder (Abnahme)	$ 19.995	$ 25.130	($ 5.135)

Abb. 6-1 (Fortsetzung)

Aufstellung Ia

BEISPIEL-GESELLSCHAFT
UMSATZERLÖS UND KOSTEN DER VERKÄUFE
Januar 19-

	Januar			
	Effektiv	Budget	Über-schreitung (Unterschr.)	Abweichung in %
Mengenmäßiger Umsatz:				
Produkt A	1.800	2.000	(200)	(10,00)
Produkt B	2.100	2.000	100	5,00
Produkt C	7.600	8.000	(400)	(5,00)
Verkaufsumsatz, Kosten der Verkäufe und Rohgewinn:				
Erzeugnis A:				
Verkaufsumsatz	$ 144.000	$ 160.000	($ 16.000)	(10,00)
Standardkosten der Verkäufe	95.040	105.600	10.560	(10,00)
Standard-Rohgewinn	$ 48.960	$ 54.400	($ 5.440)	(10.00)
Erzeugnis B:				
Verkaufsumsatz	$ 187.000	$ 180.000	$ 7.000	3,89
Standardkosten der Verkäufe	135.450	129.000	6.450	5,00
Standard-Rohgewinn	$ 51.550	$ 51.000	$ 550	1,08
Erzeugnis C:				
Verkaufsumsatz	$ 258.400	$ 280.000	($ 21.600)	(7,71)
Standardkosten der Verkäufe	219.640	231.200	(11.560)	(5,00)
Standard-Rohgewinn	$ 38.760	$ 48.800	($ 10.040)	(20,57)
Gesamt:				
Verkaufsumsatz	$ 589.400	$ 620.000	($ 30.600)	(4,94)
Standardkosten der Verkäufe	450.130	465.800	(15.670)	(3,36)
Standard-Rohgewinn	$ 139.270	$ 154.200	($ 14.930)	(9,68)
Berichtigungen:				
In den Verkäufen realisierte Standardpreisänderungen				
1.000 Einheiten Erzeugnis A	$ 800	$ 800	$ -	
2.100 Einheiten Erzeugnis B	(7.350)	(7.000)	(350)	(5,00)
6.000 Einheiten Erzeugnis C	3.000	3.000	-	
Mehrverrechnung von Fertigungsgemeinkosten	7.000	7.200	(200)	(2,78)
Preisabweichung - Material A1	4.000	-	4.000	$ 4.000
Verbrauchsabweichung - Material B2	(400)	-	(400)	($ 400)
Kosten der Verkäufe - Effektiv	$ 443.080	$ 461.800	($ 18.720)	(4,05)
Rohgewinn - Effektiv	$ 146.320	$ 158.200	($ 11.880)	(7,51)

Abb. 6-1 (Fortsetzung)

Aufstellung Ib

BEISPIEL-GESELLSCHAFT
VERTRIEBSKOSTEN
Januar 19-

	Januar			
	Effektiv	Budget	Über-schreitung (Unterschr.)	Abweichung in %
Werbung - unmittelbarer Aufwand	$ 35.500	$ 35.500	$ -	-
Werbung - abgegrenzter Aufwand	4.500	4.500	-	-
Werbung - total	31.000	31.000	-	-
Provisionen	17.682	18.600	(918)	(4,94)
Reisekosten	30.800	31.000	(200)	(0,65)
Fixkosten:				
Verwaltung	3.100	3.000	100	3,33
Gehälter	5.000	5.000	-	-
Abschreibungen	800	800	-	-
Grundsteuer	1.000	1.000	-	-
Versicherung	200	200	-	-
Gesamt	$ 89.582	$ 90.600	($ 1.018)	(1,12)

Abb. 6-1 (Fortsetzung)

Aufstellung Ic

BEISPIEL-GESELLSCHAFT

VERWALTUNGSGEMEINKOSTEN

Januar 19-

	Januar			
	Effektiv	Budget	Über-schreitung (Unterschr.)	Abweichung in %
Gehälter - Verwaltung	$ 6.000	$ 6.000	$ -	-
Gehälter - Sonstige	9.000	9.000	-	-
Reisekosten	950	800	150	18,75
Büromaterial	275	300	(25)	(8,33)
Telefon und Telegramme	635	600	35	5,83
Rechtsberatung	500	500	-	-
Wirtschaftsprüfer	-	-	-	-
Gebühren	500	500	-	-
Beiträge	1.000	1.000	-	-
Abschreibungen	200	200	-	-
Grundsteuer	100	100	-	-
Versicherung	100	100	-	-
Verschiedenes.	1.100	900	200	22,22
Gesamt	$ 20.360	$ 20.000	$ 360	1,80

Abb. 6-1 (Fortsetzung)

Aufstellung I4

BEISPIEL-GESELLSCHAFT

NEUTRALE AUFWENDUNGEN UND ERTRÄGE

Januar 19-

	Januar			
	Effektiv	Budget	Über-schreitung (Unterschr.)	Abweichung in %
Neutrale Erträge:				
Lieferantenskonti	$ -	$ -	$ -	-
Neutrale Aufwendungen:				
Kundenskonti	7.600	7.940	(340)	(4,28)
Schuldzinsen	-	-	-	-
Hypothekenzinsen	1.000	1.000	-	-
Delkredere	11.788	12.400	(612)	(4,93)
Gesamt	$ 20.388	$ 21.340	($ 952)	(4,46)
Überschuß der neutralen Aufwendungen über die Erträge	$ 20.388	$ 21.340	($ 952)	(4,46)

Abb. 6-1 (Fortsetzung)

gelt. Zur weiteren Untersuchung muß Aufstellung I a (Seite 141) herangezogen werden. Diese Aufstellung zeigt die Umsatzerlöse und Kosten der Verkäufe. An dieser Stelle sollen jedoch nur die Umsätze betrachtet werden, während die bei den mit Standardsätzen verrechneten Kosten auftretenden Kostenberichtigungen später untersucht werden. Bei Betrachtung der Aufstellung I a wird sofort der Unterschied zwischen dem Abweichungsprozentsatz in den Absatzstückzahlen der Produkte B und C gegenüber den Abweichungsprozentsätzen in den wertmäßigen Umsätzen der beiden Produkte auffallen. Bei einer Zu- oder Abnahme der Verkaufsstückzahlen um 5% sollten die Umsatzerlöse im selben Verhältnis steigen oder fallen. Tatsächlich lagen jedoch bei einer 5%igen Überschreitung der Verkaufsstückzahlen die Umsatzerlöse bei Produkt B um nur 3.89% über dem budgetierten Betrag, während bei Produkt C einer Unterschreitung in den Verkaufsstückzahlen von 5% ein um 7.71% geringerer Umsatz gegenübersteht. Der Grund für diese Erscheinung liegt offenbar darin, daß die geplanten Preise nicht gehalten worden sind. Bei einem Verkaufspreis von 90 $ hätte der tatsächliche Umsatz bei Produkt B 189.000 $, nicht 187.000 $, betragen müssen. Für Produkt C hätte sich ein Umsatz von 266.000 $ anstelle von 258.400 $ ergeben müssen. Von den insgesamt 14.930 $ Unterschreitung im Rohgewinn entfallen demnach 9.600 $ auf nicht vorgesehene Preiszugeständnisse. Diese müssen von der Verkaufsleitung erklärt und verantwortet werden.

Wenn die Umsätze im Januar zu den vorgesehenen Preisen getätigt worden wären, würde ein Vergleich zwischen den geplanten Umsätzen und Rohgewinnen einerseits und den tatsächlichen Umsätzen und Rohgewinnen andererseits den in Abb. 6-2 gezeigten Werten entsprechen. Die Budgetzahlen deuten an, daß Produkt A zwar den kleinsten Anteil am Gesamtumsatz, jedoch den größten Anteil am Gesamtrohgewinn hat. Dies resultiert aus der Tatsache, daß die Standardrohgewinnspanne für Produkt A am höchsten liegt, nämlich bei 34%, während B nur 28.33% und C 17.43% abwirft. Die Bedeutung der unterschiedlichen Rohgewinnspannen für das Mischungsverhältnis der Produkte wird weiterhin unterstrichen durch die Tatsache, daß die Überschreitung im Umsatz bei Produkt B den Gewinnausfall infolge der Unterschreitungen bei A und C nicht wettmachen konnte. Darüber hinaus ist noch zu berücksichtigen, daß bei Produkt B und C die vorgesehenen Preise nicht eingehalten wurden.

Die bis jetzt durchgeführte Analyse vermittelt ein Bild von der Umsatzentwicklung, soweit sie aus den vorliegenden Zahlen erkennbar ist. Weitere Untersuchungen sind erforderlich im Hinblick auf die Frage, warum abweichende Preise angewendet wurden und aus welchem Grund und in welchem Gebiet der Absatz hinter den Erwartungen zurückgeblieben

Produkt	Budget				Effektiv			
	Umsätze		Rohgewinn		Umsätze (zu geplanten Preisen)		Rohgewinn	
	$	%	$	%	$	%	$	%
A	160.000	25.8	54.400	35.3	144.000	24.0	48.960	32.9
B	180.000	29.0	51.000	33.1	189.000	31.6	53.550	36.0
C	280.000	45.2	48.800	31.6	266.000	44.4	46.360	31.1
	620.000	100.0	154.200	100.0	599.000	100.0	148.870	100.0

Abb. 6-2 Analyse des Mischungsverhältnisses der Produktumsätze zu geplanten Preisen

ist. Diese Untersuchungen müssen vom Verkaufsbereich angestellt werden.

Analyse der Abweichungen bei den Kosten der Verkäufe. Aus Bericht I (Seite 137) geht hervor, daß die Kosten der Verkäufe um 4.05% unter dem budgetierten Betrag liegen. Eine Unterschreitung in den Kosten stellt an sich eine positive Entwicklung dar, in diesem Falle entspricht die eingetretene Unterschreitung jedoch nicht der Unterschreitung im Umsatz. Diese Diskrepanz verlangt eine Erklärung, da bei der Verwendung von Standardkosten eine Unterschreitung bei den Umsätzen von einer entsprechenden Unterschreitung bei den Kosten der Verkäufe begleitet sein müßte.

Ein Vergleich zwischen den Abweichungen bei den Kosten der Verkäufe zu Standards mit den Abweichungen bei den Verkaufsstückzahlen eines jeden Produkts (siehe Aufstellung I a, Seite 141) ergibt erwartungsgemäß Übereinstimmung. Der Unterschied der Abweichungen bei den Umsätzen und bei den Kosten der Verkäufe muß demzufolge, soweit er nicht aus abweichenden Verkaufspreisen herrührt, seine Erklärung in den Herstellkostenberichtigungen finden. Die Abweichung von den budgetierten Herstellkostenberichtigungen sind:

In den Umsätzen realisierte Unterschiede in den Standardkosten des Anfangsbestandes	$ (350)
Zuviel verrechnete Fertigungsgemeinkosten	$ (200)
Einkaufspreisabweichungen beim Produktionsmaterial	$ 4.000
Verbrauchsabweichungen beim Produktionsmaterial	$ (400)
Abweichungen insgesamt	$ 3.050

Die erste Abweichung ist eine Folge der Abweichungen beim Absatz. Sie erfordert keine weitere Analyse.

Bei der Beurteilung der Abweichung in der Gemeinkostenüberdeckung ist zu berücksichtigen, daß das Produktionsprogramm im Januar trotz abweichender Verkaufsstückzahlen eingehalten wurde. Die Unterschreitung in der Fertigungsgemeinkostenüberdeckung kann deshalb ihren Grund nur in einem überhöhten Anfall an Fertigungsgemeinkosten haben. Im achten Kapitel wird diese Abweichung näher analysiert.
Die dritte und größte Abweichung innerhalb der Herstellkostenberichtigungen stellen die Einkaufspreisabweichungen beim Produktionsmaterial dar. Hierfür ist im Budget kein Betrag vorgesehen worden. Die Abweichung resultiert aus einem um 0.40 $ unter dem Standard liegenden Stückpreis für die im Januar getätigten Einkäufe bei Material A 1, die sich aus 9000 ursprünglich vorgesehenen sowie 1000 wegen der günstigen Preissituation zusätzlich gekauften Einheiten zusammensetzen. Auf den Verbrauch an Material im Monat Januar entfallen an sich nur 30% der Gesamtabweichung, da 7000 Einheiten dieses Materials am Ende des Monats (6000 Einheiten budgetierter Endbestand plus 1000 Einheiten zusätzlich eingekauft) noch im Bestand sind. Die Gesellschaft pflegt jedoch Einkaufspreisabweichungen im Monat des Anfalls voll erfolgswirksam zu verbuchen. Für die vorliegende Analyse bedeutet dies, daß ohne diesen Ertrag aus Einkaufspreisabweichungen die gesamten Kosten der Verkäufe eine noch ungünstigere Entwicklung im Vergleich zu den Umsätzen gezeigt hätten, als dies in Bericht I der Fall ist.
Die als vierte Position ausgewiesene Materialverbrauchsabweichung deutet auf einen überhöhten Verbrauch von Produktionsmaterial hin. Diese Abweichung ist von der Fertigungsleitung zu vertreten und zu erläutern.
Dem Budgetbericht zufolge sind über die obenbeschriebenen Abweichungen hinaus keine weiteren Herstellkostenberichtigungen (Fertigungslohnabweichung usw.) zu verzeichnen.

Analyse der Abweichungen bei den Vertriebskosten. Die Vertriebskosten sind, wie aus Bericht I hervorgeht, um 1.12% hinter dem budgetierten Betrag zurückgeblieben. Die weitere Untersuchung dieser Abweichung stützt sich auf die in Aufstellung I b (Seite 142) enthaltenen Zahlen. Die Aufstellung zeigt, daß drei Abweichungen aufgetreten sind, eine Abweichung bei einer fixen Kostenart und zwei bei variablen Kostenarten.
Unter den variablen Kosten haben sich die Vertreterprovisionen erwartungsgemäß proportional zu den Umsätzen verhalten, auch bei ihnen ist eine Unterschreitung von 4.94% eingetreten. Die Reisekosten der Vertreter liegen jedoch nur um 0.65% unter dem budgetierten Betrag. Bei der Budgetierung ist angenommen worden, daß auch diese Kosten umsatzabhängig sein würden. Obwohl der absolute Betrag der Abweichung

geringfügig ist, bedarf er einer Erklärung durch die Verkaufsleitung, schon um festzustellen, ob die Kostenkontrolle auf diesem Gebiet verschärft werden muß oder ob ein Fehler in der Auffassung vorlag, als diese Kosten als voll umsatzproportional budgetiert wurden.

ANALYSE DER ABWEICHUNGEN BEI DEN VERWALTUNGSGEMEINKOSTEN. Diese Kostenarten wurden als fix budgetiert. Bei der Analyse der Abweichungen braucht deshalb auf den Beschäftigungsgrad im Berichtsmonat keine Rücksicht genommen zu werden. Bei erheblichen Schwankungen im Beschäftigungsgrad würde allerdings auch hier eine Überprüfung der budgetierten Kosten angebracht sein.

Die gesamte Abweichung beläuft sich auf nur 360 $ oder 1.80 % des budgetierten Betrages, wie aus Bericht I hervorgeht. Im einzelnen sind Abweichungen bei vier Kostenarten aufgetreten, die von einer Unterschreitung von 8.33 % bis zu einer Überschreitung von 22.22 % reichen (siehe Aufstellung I c, Seite 143). Bei den aufgetretenen Abweichungen handelt es sich wiederum nicht um große Beträge, die Anzahl und der Prozentsatz der Abweichungen legen jedoch eine schärfere Kontrolle der Kosten für die Zukunft nahe.

ANALYSE DER ABWEICHUNGEN BEI DEN NEUTRALEN AUFWENDUNGEN UND ERTRÄGEN. Bericht I weist aus, daß der Überschuß der neutralen Aufwendungen über die neutralen Erträge um 952 $ oder 4.46 % unter dem für den Monat budgetierten Betrag liegt. Der Grund hierfür liegt gemäß Aufstellung I d (Seite 144) in einer Unterschreitung von 4.28 % bei den Kundenskonti sowie in einer solchen von 4.93 % bei den Forderungsausfällen. Die letztere Abweichung steht im Einklang mit der Unterschreitung bei den Verkaufserlösen, da für die voraussichtlichen Verluste aus Forderungsausfällen monatlich ein umsatzabhängiger Betrag der Wertberichtigung für zweifelhafte Forderungen zugeführt wird.

Die Abweichung bei den Kundenskonti von 4.28 % erfordert eine sorgfältige Analyse, da in ihr nicht nur die bekannte Unterschreitung in den Umsatzerlösen, sondern auch eine Verschiebung in den Zahlungseingängen zum Ausdruck kommt. Dieser letztere Faktor ist von Bedeutung, da er ein Anzeichen dafür ist, wie sich die Zahlungsgepflogenheiten der Abnehmer entwickeln.

Die budgetierten Kundenskonti betreffen Forderungen sowohl aus dem Dezember als auch aus dem Januar. Die Untersuchung erstreckt sich deshalb auf die ursprünglichen Budgetzahlen im fünften Kapitel sowie auf die Kasseneingänge im Januar. Die geschätzte Bilanz Bericht V (Seite 122) weist Forderungen zum 31. Dezember in Höhe von 500.000 $

aus. Für die Zwecke unserer Erläuterung sei angenommen, daß 75% der Forderungen zum 31. Dezember im Laufe des Monats Januar bezahlt werden sollten, 5% davon mit 2% Skonto und die restlichen 70% netto. Eine Analyse der Kasseneingänge im Januar ergibt folgendes Bild:

	Forderungen zum 31. Dez.	Zielverkäufe im Januar	Zusammen
	$	$	$
	500.000	589.400	1.089.400
Bezahlt im Januar	368.800	362.300	731.100
Kundenskonti	300	7.300	7.600
Kasseneingänge	368.500	355.000	723.500

Ursprünglich war vorgesehen worden, daß 375.000 $ aus den Dezember-Forderungen (75% von 500.000 $) im Januar eingehen würden, wobei 500 $ Kundenskonti (2% von 5% von 500.000 $) anfallen würden. Diese Vorschätzung war offenbar nicht richtig; die Fehlschätzung ist allerdings bei den gesamten Forderungseingängen verhältnismäßig geringer als bei den Kundenskonti. Für die Forderungen aus dem Januar war mit einem Eingang von 60% im gleichen Monat, sämtlich mit Skonto, gerechnet worden. Bei Umsätzen von 589.400 $ wären das 353.640 $ Forderungseingänge und 7073 $ Skonto gewesen. In beiden Größen ist eine Überschreitung eingetreten.

Überprüfung der Abweichungen des Nettogewinns und der Verzinsung des eingesetzten Kapitals. Die oben besprochenen Abweichungen ergeben zusammen eine Unterschreitung beim Nettogewinn von 39.11% und reduzieren die Verzinsung des eingesetzten Kapitals auf 12.78% gegenüber den ursprünglich budgetierten 16.72%. Die unverhältnismäßig große Unterschreitung beim Nettogewinn ist eine Folge der an sich sehr knappen Gewinnspanne, die durch relativ kleine Schwankungen in Umsätzen und Kosten bereits verhältnismäßig stark beeinflußt wird. Bei einer so knappen Ertragslage ist eine scharfe Budgetkontrolle doppelt wichtig. Die Vorschätzungen für die Folgemonate deuten zwar eine gewisse Verbesserung für die Zukunft an, die Anfälligkeit der Ertragslage bei Schwankungen in den Umsätzen oder Kosten bleibt jedoch bestehen. Diese Anfälligkeit ist eine allen Unternehmungen innewohnende Eigenschaft, die mit der Kostenstruktur im allgemeinen und mit der Natur der Fixkosten im besonderen zusammenhängt und die Bedeutung der Planung und Kontrolle auf das eindringlichste unterstreicht.

ANALYSE DER ABWEICHUNGEN VOM FINANZPLAN. Die Auswirkungen der bei der Ergebnisrechnung aufgetretenen Abweichungen auf das Bilanzbild sind in den Berichten II, III und IV (Seite 138—140) dargestellt. Bericht II zeigt, daß sowohl im Anlagevermögen als auch bei den langfristigen Verbindlichkeiten keine Abweichungen gegenüber der Planbilanz eingetreten sind. Die Analyse der bilanziellen Abweichungen kann sich deshalb auf Bericht IV, Veränderungen des arbeitenden Kapitals, beschränken. Von den dort ausgewiesenen Abweichungen sind drei — nämlich Überschuß der Fertigerzeugnisse zu historischen Standardkosten über laufende Standardkosten, Vertreterprovisionen und Steuern vom Einkommen und Ertrag — eine direkte Folge der Abweichungen bei den Umsätzen und beim Gewinn und als solche nicht beeinflußbar.

Die Abwicklung der Forderungen ist, wenn sie einmal entstanden sind, ebenfalls nicht direkt beeinflußbar. Im vorliegenden Fall ist die Abweichung bei den Forderungen zum Teil auf die Umsatzabweichung, zum Teil auf die Fehlschätzung beim Eingang der Forderungen zurückzuführen.

Die vom Standpunkt der Beeinflußbarkeit wichtigen Abweichungen sind bei den Vorräten eingetreten. Die nicht vorgesehene Erhöhung der Vorräte an Produktionsmaterial und Fertigerzeugnissen war beeinflußbar. Beide Erhöhungen wurden aus berechtigten Gründen vorgenommen, sie hätten aber auch nötigenfalls vermieden werden können. Eine höhere Bevorratung beim Produktionsmaterial wurde um eines günstigen Einkaufspreises willen in Kauf genommen. Die Überschreitung bei den Fertigerzeugnissen ist eine Folge der Beibehaltung des Fertigungsprogramms bei sinkendem Absatz. Möglicherweise konnte das Programm so kurzfristig nicht geändert werden, jedenfalls aber zeigt dieses Beispiel deutlich die Auswirkungen eines mangelnden Ausgleichs zwischen Fertigung und Absatz. Die Tatsache, daß eine kurzfristige Änderung des Fertigungsprogramms unzweckmäßig sein mag, spricht nicht gegen den Gedanken der Beeinflußbarkeit; im Gegenteil, sie verstärkt ihn noch insoweit, als die Unternehmensführung die Vor- und Nachteile der Aufrechterhaltung einer gleichmäßigen Beschäftigung angesichts eines unmittelbaren Umsatzrückgangs abwägen kann und muß.

Durchführung von Maßnahmen

MASSNAHMEN ALS EINE METHODE DER KONTROLLE. Zahlen an sich stellen noch keine Kontrolle dar. Kontrolle muß an der Quelle ausgeübt werden, wo die Umsätze gemacht und die Kosten verursacht werden. Die soeben besprochenen Budgetberichte messen den finanziellen Effekt von Abweichungen im Betriebsablauf und zeigen solche an, aber sie kontrollieren sie nicht. Darüberhinaus können Umsätze, wenn sie einmal getätigt sind, und Kosten, wenn sie verursacht sind, nicht mehr beeinflußt werden. Das Wissen um Abweichungen, die bereits eingetreten sind, ist nur insoweit nützlich, als es für die Vermeidung von zukünftigen Abweichungen von Wert ist. Dies setzt jedoch voraus, daß das Wissen in einer konstruktiven Weise genutzt wird.

Die Kontrolle der verschiedenen Faktoren des Betriebsablaufs wird in den folgenden Kapiteln eingehend erörtert. An dieser Stelle soll lediglich auf die verschiedenen Richtungen, in denen Maßnahmen ergriffen werden können, eingegangen werden. Im wesentlichen sind Maßnahmen in drei Richtungen möglich. Die erste betrifft das Bewußtsein um die Bedeutung des Budgets bei den mit seiner Durchführung beauftragten Personen. Die zweite bezieht sich auf die Verbesserung der Leistung der einzelnen Glieder der Unternehmung und die dritte auf Korrekturen am Budget.

Förderung des Budgetbewusstseins. Die Umstände, unter denen die „Beispiel-Gesellschaft" Aufträge zu geringeren als den vorgesehenen Preisen entgegengenommen hat und unter denen bei gewissen als fix angenommenen Kosten die Budgetansätze überschritten wurden, sind hier nicht näher beleuchtet worden. Es wird jedoch angenommen, daß diese Abweichungen ohne eine ausdrückliche Genehmigung durch die Unternehmensführung nicht hätten verursacht werden dürfen. Das Bewußtsein in allen Schichten der Unternehmensführung, daß das Budget ein Instrument der Lenkung und Kontrolle darstellt, ist eine wichtige Voraussetzung der Budgetkontrolle. Der Gedanke an die Notwendigkeit der Erklärung und Rechtfertigung nicht genehmigter Abweichungen wirkt sich positiv auf die Einhaltung des Budgets aus. Der erste Schritt in Richtung auf eine intensive Budgetkontrolle besteht deshalb in der Entwicklung und Durchführung eines Systems der Befragung und Überprüfung. Die Rechenschaftspflicht der verschiedenen Schichten der Unternehmensführung ist eine der tragenden Grundprinzipien der Budgetkontrolle.

Dieses System der Rechenschaftspflicht sollte in einem Geist der Zusammenarbeit entwickelt werden. Dazu gehört, daß allen Schichten der Unternehmensführung die Überzeugung vom Budget als einem wichtigen Instrument für die Ausübung ihrer Funktionen vermittelt wird. Nur so kann der volle Nutzen aus der Budgetkontrolle gezogen werden.

Verbesserung der Leistung. Die Menschen sind das Herz einer jeden Organisation. Die menschliche Leistung ist eines der Hauptgebiete der Kontrolle und Beeinflussung durch die Unternehmensführung; Ausbilden, Trainieren, Überwachen und Anleiten sind die Aufgaben, die sich in diesem Zusammenhang stellen. Förderung der menschlichen Leistungsfähigkeit im Betrieb und in der Verwaltung durch Ausbildung und Training, Aufrechterhaltung einer guten Arbeitsdisziplin und Anspornen der Mitarbeiter, das Beste zu leisten — das sind die Aufgaben, die der Unternehmensführung aus der Budgetkontrolle erwachsen.

Die Natur der Maßnahmen, die ergriffen werden können, um die menschliche Leistungsfähigkeit durch Training, Überwachen und Anspornen zu fördern, ist vielschichtig und beinhaltet unwägbare Faktoren, die im einzelnen nicht exakt dargestellt und zum Teil auch nicht erlernt werden können. Diese echten Führungsaufgaben betreffen nicht nur das Verhältnis der Unternehmensführung zu den übrigen Mitarbeitern, sondern auch die Beziehungen der oberen Führungsschichten zu den unteren Schichten der Unternehmensführung.

Korrekturen am Budget. Eine weitere Möglichkeit der Reaktion auf einen Budgetkontrollbericht ist die Berichtigung des Budgets für die Folgemonate in einer Weise, die den aus der Analyse der Abweichung gewonnenen Erkenntnissen Rechnung trägt und so das Budget für die Zukunft zu einem noch besseren Instrument der unternehmerischen Kontrolle macht. Die Hauptschwierigkeit in diesem Zusammenhang besteht darin, zu bestimmen, ob und wann eine Berichtigung am Platze ist. Im Falle der „Beispiel-Gesellschaft" müßten auf der Grundlage des Budgetkontrollberichts für den Monat Januar Fragen gestellt und beantwortet werden, die sich beispielsweise darauf beziehen, ob die Unterschreitung bei den Umsatzerlösen eine Folge von Einflüssen ist, die in den Folgemonaten beseitigt werden können, oder ob sie ein Anzeichen für weitere Umsatzrückgänge darstellt, die ihren Grund in externen, von der Unternehmung nicht beeinflußbaren Faktoren haben. Darüber hinaus wird zu prüfen sein, ob die Größe und Bedeutung der Abweichungen eine Budgetkorrektur erforderlich machen.

Die Träger der Massnahmen. Budgetkontrolle ist eine Aufgabe aller Schichten der Unternehmensführung. Diese Tatsache erfordert eine ausgewogene Struktur der Unternehmensführung, die Gewähr dafür bietet, daß die erforderlichen Maßnahmen richtig eingeleitet und gelenkt werden. Die Kontrolle des Betriebsgeschehens hat an der Quelle des Entstehens zu erfolgen. Demzufolge sollten Korrekturmaßnahmen stets durch den unmittelbaren Vorgesetzten der betreffenden Organisationseinheit, auf die sich der Einzelplan bezieht, eingeleitet werden. Die Kontrollfunktion der Führungsspitze besteht 1. in der Beobachtung, Beurteilung und Anleitung der unteren Führungsschichten bei der Durchführung von Maßnahmen und 2. in der Auswertung der Gesamtergebnisse zur Beurteilung, wann Korrekturen am Budget erforderlich werden.

7. Flexible Budgets

Zweck des Kapitals. Wie sich in der bisherigen Diskussion über die Budgetierung der „Beispiel-Gesellschaft" gezeigt hat, bedarf es zur Erfüllung der allgemeinen Koordinierungsfunktion der Vorgabe eines verbindlichen Beschäftigungsgrades. Bei dem bisher erörterten Budget handelt es sich um ein starres Budget. Diese Art von Budgets sind zwar ihrem Charakter nach grundsätzlich starr; bei der praktischen Anwendung erfolgt aber bis zu einem gewissen Grade doch eine Anpassung der Budgetvorgaben an Veränderungen in den tatsächlichen Verhältnissen. Eine wesentliche Veränderung des Vertriebsgrades gegenüber dem Absatzplan, die zu einer entsprechenden Veränderung des Produktionsprogrammes, des Materialbedarfs und anderer Kosten führt, würde zur Erfüllung der Koordinierungsaufgaben für das neue Beschäftigungsintervall ein geändertes Gesamtbudget nach sich ziehen müssen. Daraus erklärt sich der Nutzen von Budgetvorgaben für mehrere verschiedene Beschäftigungsgrade.
Aber auch unwesentliche Veränderungen in den tatsächlichen Verhältnissen, bei denen sich die Notwendigkeit einer Änderung des Gesamtbudgets nicht ergibt, können aus Gründen der Kostenkontrolle eine Anpassung der Budgetvorgaben erfordern. Die im vorangegangenen Kapitel gezeigte Analyse der Budgetabweichung bei den Reisekosten der Vertreter veranschaulicht einen solchen Fall. Obwohl die in diesem Beispiel angefallenen Kosten unter der Vorgabe lagen, war ihr rückläufiger Verlauf langsamer als der Absatzrückgang. Ob diese Kosten sich stets im gleichen Rhythmus wie der Absatz entwickeln sollten, sei im Augenblick dahingestellt. Tatsache ist aber, daß eine gewisse Abhängigkeit dieser Kosten vom Vertriebsgrad gegeben ist, und daraus folgt, daß es unbedingt notwendig ist, die starre Budgetvorgabe durch andere Daten zu ergänzen. Mit Hilfe dieser ergänzenden Daten, sogenannter Variatoren, soll die Soll-Kostenhöhe an die neuen Gegebenheiten, die Variationen des Beschäftigungs- oder Vertriebsgrades angepaßt und ein wirklichkeitsnaher Maßstab für die Messung der Leistungen des Vertriebs gewonnen werden. Die erforderlichen Daten bestehen aus flexiblen Kostenvorgaben für ein Beschäftigungsintervall. In diesem Kapitel bleibt zu untersuchen, wie solche flexiblen Vorgaben ermittelt werden.

Voraussetzungen für die Ermittlung flexibler Kostenvorgaben. Bei der Ermittlung flexibler Kostenvorgaben lassen sich folgende vier Stufen unterscheiden:

1. Ermittlung eines zutreffenden Maßstabes für die Beschäftigung;
2. Ermittlung des Beschäftigungsintervalls;
3. Ermittlung der Kostenvorgaben für jeden Beschäftigungsgrad;
4. Bekanntmachung der Kostenvorgaben.

Im Folgenden wird dieser Schritt näher erläutert.

Ermittlung eines zutreffenden Maßstabes für den Beschäftigungsgrad

Da mit Ausnahme der fixen oder zeitabhängigen Kosten alle übrigen Kosten von einer bestimmten Art von Beschäftigung abhängig sind, bedarf es zur Bestimmung ihres künftigen Verlaufs der Ermittlung eines für sie zutreffenden Beschäftigungsmaßstabes. Die Lösung dieser Aufgabe ist nicht immer einfach. Für die Erfordernisse der Praxis muß der Maßstab drei Voraussetzungen erfüllen: Er muß gültig (d. h. es muß eine logische und praktische Abhängigkeit zwischen der auserwählten Beschäftigung und den Kosten bestehen), leicht anwendbar und verständlich sein.

Eignung des Masstabes. Die Bedeutung der Eignung eines Beschäftigungsmaßstabes für Kostenkontrollzwecke zeigt sich nur in Verbindung mit seiner praktischen Anwendung. Wie bereits einleitend zum Ausdruck gebracht wurde, bietet der Maßstab vor allem einen Anhalt für die Ermittlung von Vorgaben für beschäftigungsabhängige Kosten. Während damit bereits anerkannt wird, daß Kosten in Abhängigkeit vom Beschäftigungsgrad schwanken können, stellt sich nun die Frage, wie man den Beschäftigungsgrad am besten messen kann.

Die Auswahl eines geeigneten Maßstabes ist nicht immer einfach. Sehr häufig zeigt sich, daß ein Maßstab, der anfänglich anwendbar erscheint, in der Praxis nicht zu gebrauchen ist. Die Erfahrung mag auf einen gewissen Zusammenhang zwischen dem Verlauf bestimmter Kosten und dem ausgewählten Maßstab hindeuten, während die Analyse zu einem gegensätzlichen Ergebnis kommt. Dann bleibt schließlich nichts anderes übrig, als die Suche nach einem besseren Maßstab fortzusetzen. Ein typisches Beispiel für dieses Problem ist die Auffindung eines geeigneten Maßstabes für die Budgetierung der Reisekosten der Vertreter. Sollte man in diesem Zusammenhang die Vorgabe auf dem Gesamtumsatz aufbauen, wie das auch im Budget der „Beispiel-Gesellschaft" geschehen ist? Oder sollte ihr der stückmäßige Absatz oder irgendein anderer Faktor zugrunde liegen? Jedenfalls wäre es denkbar, daß eine Veränderung des Sortiments die Eignung des Gesamtumsatzes als Maßstab für die Vorgabe der Reisekosten in Frage stellen würde. Es bliebe sich schließlich auch gleich, ob der Absatz wert- oder stückmäßig angesetzt würde. Darüber hinaus könnte man sich vorstellen, daß das Reisekosten-Umsatz-Verhältnis von einem Absatzgebiet zum anderen erhebliche Abweichungen aufweisen würde.

Zur Illustration des Problems liegen zahlreiche andere Beispiele vor. Viele Fälle dieser Art ergeben sich bei den Kosten, die in der einen oder anderen Weise produktionsabhängig sind. Bei den Löhnen für die Lagerverwaltung ergibt sich beispielsweise die Frage, ob die Vorgabe auf die erreichten Produktionsstückzahlen, die Fertigungslöhne oder irgendeine andere Basis bezogen werden sollte. In diesem Beispiel, ähnlich wie in dem vorangegangenen, ist es meistens sehr schwer, einen geeigneten Maßstab zu finden, und oft genug bedarf es mehrerer Versuche, ehe er endgültig gefunden wird. Daß der Maßstab nicht nur für die Budgeterstellung, sondern auch für die Leistungskontrolle wichtig ist, muß bei seiner Ermittlung gebührend berücksichtigt werden.

Während wir uns hier zunächst bemühen, einen Maßstab für die betriebliche Kapazität, d. h. die mögliche Leistungsmenge des Betriebes zu finden, darf die Tatsache nicht übersehen werden, daß diese Größe nicht immer genau bekannt ist. Anhaltspunkte für das betriebliche Leistungsvermögen lassen sich aber wie folgt gewinnen:

1. Festlegung eines Arbeitszeitplanes. — Dieser Plan enthält nach Abteilungen und für das gesamte Werk auf der Basis einer normalen Arbeitswoche eine exakte Vorausbestimmung der Arbeitsstunden. Überstunden bleiben grundsätzlich unberücksichtigt. Wenn aber bestimmte Abteilungen so häufig Überstunden leisten, daß dieser Zustand als normal angesehen werden kann, so kommen diese Stunden ebenfalls zum Ansatz.

2. Aufschreibung aller Mittel, die zur Ausübung der Produktion erforderlich sind. — Mit Hilfe der Anlagenbuchhaltung werden zunächst alle Produktionsmittel aufgeschrieben.

3. Bereinigung der Aufschreibung hinsichtlich solcher Anlagen, die für die Produktion nicht unmittelbar erforderlich sind. — Hier handelt es sich darum, ingenieurmäßig zu ermitteln, welche der in der Aufschreibung enthaltenen Anlagen den Charakter von Beileistungsanlagen haben und somit nur mittelbar der Produktion gewidmet sind.

4. Überprüfung der Aufschreibung. — Die bereinigte Anlagenaufschreibung wird daraufhin im Betrieb auf ihre Vollständigkeit hin überprüft. Hierbei handelt es sich in der Wirklichkeit um eine Anlageninventur nach Abteilungen.

5. Zusammenfassung gleichartiger Maschinen. — Eine solche Zusammenfassung austauschbarer Maschinen gleicher Größe und Kapazität in Gruppen erfolgt unter Mitwirkung von erfahrenen Ingenieuren. Hierbei empfiehlt sich die Verwendung entsprechender Einheitsmaschinenschlüssel.

6. Ermittlung zuverlässiger Toleranzen für Reibungsverluste (z. B. Schichtwechsel, Umstellungen, Ausfälle usw.). — Die technische oder Maximalkapazität kann erfahrungsgemäß auf die Dauer nicht voll ausgenutzt werden, weil Reibungsverluste auftreten. Eine dauernde nachhaltige Leistung kann deshalb nur auf Basis der normalen Kapazität erreicht werden. Daher müssen für Reibungsverluste Faktoren festgelegt werden. Basis hierfür ist eine Liste aller eigengefertigten Teile und der dazugehörigen Operationen, unterteilt nach Abteilungen.
   Gemeinsam mit den Vorleuten und den Zeitstudieningenieuren können daraufhin die vorerwähnten Reibungsverluste für jedes Teil nach Operationen geschätzt werden. Wenn außerdem das Zeitkontrollverfahren vorsieht, daß der Maschinenbediener den Beginn und das Ende des Maschinendurchlaufs festhalten muß, ist es sogar möglich, Reibungsverluste, die bei der Ermittlung der Maximalkapazität zu berücksichtigen sind, genau vorauszuschätzen.
7. Berücksichtigung von Mehrleistungen auf Grund von Anreizsystemen. — Wenn ein Lohnanreizsystem in Kraft ist, besteht die Notwendigkeit, diesen Umstand bei der Ermittlung der betrieblichen Kapazität gebührend zu berücksichtigen. Die Ermittlung des Leistungsvermögens muß in diesem Fall von einem Zeitraum von wenigstens einem Jahr ausgehen, weil sich nur auf diese Weise ein einwandfreier Durchschnittsfaktor, der die betriebliche Mehrleistung gegenüber dem Standard widerspiegelt, ergibt.
8. Alle vorerwähnten Faktoren sind für die Ermittlung der betrieblichen Kapazität äußerst wichtig[1].

Anwendung des Masstabes. Das Budget soll ein Handlungsplan für das Unternehmen sein, der auf bestimmten Voraussetzungen und Annahmen aufgebaut ist. Ändern sich die Voraussetzungen, dann sollte das Budget den neuen Gegebenheiten unverzüglich angepaßt werden. Ein starres Budget ist oft schon überholt, wenn es als Kriterium für die Steuerung des Unternehmens gebraucht wird. Die Analyse der Abweichungen des effektiv Erreichten von der Vorgabe erlaubt keine Schlüsse, wie das Unternehmen optimal den geänderten Bedingungen angepaßt werden kann. Man verliert die Maßstäbe, die Leistungen des Unternehmens und seiner Leitung zu messen, wenn die Entwicklung von Umsatz und Produktion einen anderen Verlauf nimmt als vorgesehen. Ein starres Budget kann somit in vielen Fällen nicht mehr ein Handlungsplan für das Unternehmen sein. Es ist Historie geworden, genauso wie das Zahlenwerk des vergangenheitsorientierten Rechnungswesens. Daraus folgt, daß das Budget flexibel gestaltet sein muß, denn nur so kann es in der Gegenwart, in der kurzfristige Änderungen für die Wirtschaftsentwicklung charakteristisch sind, als Handlungsplan, als Kontrollinstrument und als Entscheidungsmodell dienen.

Da durch die flexible Budgetierung Plankosten für jedes Absatzvolumen und für jede Kapazitätsausnutzung kurzfristig verfügbar gemacht wer-

1 Thomas R. Torian, „Measuring Activity and Capacity for the Budget", N.A.A. Bulletin, Abteilung 1, Oktober 1951, Seiten 163—165.

den sollen, müssen die verschiedenen Maßstäbe für die Beschäftigung hinsichtlich ihrer praktischen Verwendbarkeit möglichst einfach sein.

Praktisch verwirklichen lassen sich diese Überlegungen dadurch, daß man alle Kostenarten, die in Hinsicht auf ihre jeweilige Höhe von demselben Beschäftigungsmaßstab abhängen, gruppenweise zusammenfaßt. Erweist sich dieses Vorgehen als durchführbar, dann können gleich für mehrere Kostenarten auf Grund des jeweiligen Beschäftigungsmaßstabes revidierte Vorgaben festgelegt werden. Die diese Methode auszeichnende Einfachheit in der Handhabung ist natürlich vorteilhaft. Bei ihrer Anwendung muß man aber vorsichtig sein, weil ein Gefühl der Fairness den Kostenkontroll- und Kostenauswertungsverfahren zugrunde liegen muß. Dies gilt ganz besonders, wenn die Kostengruppen verschiedene Verantwortungsbezirke enthalten.

Bei der Gruppierung der Kosten muß man darauf achten, daß alle Kostenarten einer Gruppe derselben logischen Abhängigkeit vom Beschäftigungsmaßstab unterworfen sind. Da Produktion und Absatz im allgemeinen nicht kongruent sind, müssen in beiden Fällen selbstverständlich eigene Abhängigkeitsmaßstäbe festgelegt werden.

Die nachstehenden Beispiele zeigen, wie Kostenarten gruppiert und Standards in Abhängigkeit vom jeweiligen Beschäftigungsmaßstab vorgegeben werden können.

Kostenart	Beschäftigungsmaßstab
Lohnfolgekosten	
Sozialversicherung Altersversorgung Überstunden Berufsgenosenschaft Erste Hilfe	Fertigungslohnsumme
Fahrzeugbetriebskosten	
Benzin Öl Reifen Reparaturen	Km-Leistung
Lagerverwaltungskosten	
Entladen Lagerung Kranbetrieb	Gewicht des Materials
Kosten der Verkaufsabteilung	
Gehälter — Aufsicht Gehälter — Übrige Angestellte Büromaterial Porto Telefon usw.	Anzahl der Verkäufer

Plausibilität des Masstabes. Wenn Kostenvorgaben für irgendeine Aktivität in genauen monetären oder physischen Größen ausgewiesen werden, so stellt die Verständlichkeit des begrifflichen Ausdrucks kein Problem dar. Wenn jedoch die vorausgeschätzten Gemeinkosten und die Kostenvorgaben auf Grund bestimmter Beschäftigungsmaßstäbe dem Aufsichtspersonal zur Verfügung gestellt werden müssen, dann kommt der Plausibilität der Beschäftigungsmaßstäbe eine erhöhte Bedeutung zu. So kann beispielsweise ein bestimmter Vomhundertsatz der Kapazität verschiedenes zum Ausdruck bringen, je nachdem, was im Einzelfall als die maßgebliche Kapazität angesehen wird. Es stellt sich also die Frage, ob als „Kapazität" die Normalkapazität, die Maximalkapazität, die ein- und zweischichtige Kapazität angesprochen wird. Im allgemeinen soll der begriffliche Ausdruck des Maßstabes engstens verbunden sein mit der Tätigkeit der jeweiligen Abteilung. Der Verfasser hat die Erfahrung gemacht, daß die Verwendung einer einheitlichen Kenngröße, die im Falle einer einschichtigen Ausnutzung von einer 100%igen Beschäftigung ausgeht, den Belangen der Praxis am meisten entgegenkommt, weil sie plausibel erscheint.

Ermittlung des Beschäftigungsintervalls

Notwendigkeit der Ermittlung des Beschäftigungsintervalls. Unterstellt man, daß flexible und im voraus festgelegte Budgetvorgaben sowohl für die Anpassung der Budgets als auch für die Kontrolle der budgetierten Zahlen in Abhängigkeit von dem jeweiligen Beschäftigungsgrad wichtig sind, dann müssen derartige Kostenvorgaben für alle möglichen Absatzvolumina und für alle verschiedenen Kapazitätsausnutzungsgrade jederzeit vorhanden sein. Wenn der Verlauf aller Kosten entweder voll fix oder voll variabel in Abhängigkeit vom Beschäftigungsgrad wäre, würde dies gänzlich unproblematisch sein. Ähnliches gilt, wenn eine spezielle Kostenart teils fix und im übrigen voll variabel wäre. Ein solcher Fall liegt beispielsweise dann vor, wenn der monatliche Kostenanfall einer bestimmten Fertigungsgemeinkostenart mindestens \$ 1000 beträgt und der Mehranfall stets in Höhe von 10% des Fertigungslohnes vorausschätzbar ist. Unter diesen Umständen läßt sich die Budgetvorgabe sehr einfach durch nachstehende Formel festlegen:

$$\text{Budgetvorgabe} = \$\,1000 + 10\%\ \text{Fertigungslohn}$$

Der Verlauf einiger Kostenarten läßt sich auf diese Weise vorausschätzen, und für sie ist es infolgedessen nicht notwendig, Beschäftigungsintervalle zu ermitteln. Bei den meisten Kostenarten trifft dies jedoch nicht zu.

Veränderungen im Verhalten einiger Kosten. Bestimmte Kosten können nur innerhalb eines eng begrenzten Beschäftigungsintervalls, ähnlich wie in dem vorerwähnten Beispiel, beurteilt werden. Sie ändern sich aber radikal, sobald dieses Intervall überschritten wird. In einem früheren Kapitel wurde darauf hingewiesen, daß die sogenannten Fixkosten keineswegs als absolut fix angesehen werden können. Fixe Kosten entstehen durch mangelnde Anpassungsfähigkeit des technischen Apparates, verminderte Anpassungsgeschwindigkeit auf Grund juristischer oder institutioneller Bindungen und vor allem durch unternehmenspolitische Entscheidungen. Es ist deshalb verständlich, daß die Unternehmensführung ein bestimmtes Kostenelement als fix für eine Periode behandelt wissen möchte und dabei an ein bestimmtes Beschäftigungsintervall während dieses Zeitraumes denkt, sich jedoch vorbehält, in eine andere Entwicklung dieses Kostenelements einzuwilligen, wenn die effektive Beschäftigung radikal von der Planung abweichen sollte. Natürlich gibt es auch einige wenige sogenannte fixe Kosten, die für alle Beschäftigungsintervalle zwischen 0 und 100 unverändert festliegen. In den meisten Fällen dürfte es nicht notwendig oder praktisch sein, die fixen Kosten aller Beschäftigungsintervalle zu ermitteln, weil umfangreiche Variationen innerhalb kürzerer Zeiträume sehr unwahrscheinlich bzw. derart kurzlebig sind, daß sich eine drastische Revision der fixen Kosten erübrigt.

Es gibt aber noch eine andere Klasse von Kosten, die bei weitem problematischer ist. Hierbei handelt es sich um sogenannte Stufenkosten. Da diese Kosten nur für jeweils ein Intervall fix sind, werden sie auch intervallfixe Kosten genannt. Daraus ergibt sich die besondere Bedeutung der Ermittlung von Beschäftigungsintervallen für die Vorgabe der Kosten dieser Klasse. Wenn die geplante Beschäftigung und das Intervall, in dem die Höhe dieser Kosten unverändert bleibt, zusammentreffen, dann können sie als Fixkosten behandelt werden. Wenn aber das geplante Beschäftigungsintervall diesen Rahmen übersteigt, muß der treppenförmige Verlauf der Kosten berücksichtigt und berechnet werden.

Faktoren, welche die Analyse des Beschäftigungsintervalls beeinflussen. Können Kosten weder als voll fix noch als voll variabel kategorisiert werden, weil sie sich kurvig oder treppenförmig an das Volumen anpassen, dann ist es im allgemeinen erforderlich, die Vorgaben für spezifische Volumen oder Beschäftigungsgrade vorauszuschätzen. In diesem Fall werden die absoluten Kostenbeträge für jeden Beschäftigungsgrad in einer Tabelle zusammengestellt. Üblich ist dabei die Abstufung für 10% Beschäftigungsgradänderung von 60% bis zu 130% der normalen Beschäftigung. Abbildung 7-1 verdeutlicht einen solchen Fall. Nehmen wir aber nun einmal an, die geplante Beschäftigung eines Monats betrüge 82% bzw. dies sei die effektive Beschäftigung eines speziellen Monats. Wie können die in diesem Fall zulässigen Kosten prompt vorgegeben werden? Die Kosten für die Meister, Abschreibung und Vermögensteuer gelten in diesem Zusammenhang als fix und sind deshalb unproblematisch. Ähnliches gilt hinsichtlich der Kosten für die Verpackung; sie verlaufen variabel und passen sich proportional an die Beschäftigung an. Alle übrigen Kosten sind teil-variabel.

Falls die teil-variablen Kosten nicht treppenförmig verlaufen, weil sie fixe und voll variable Anteile enthalten, dann können sie in zwei verschiedene Kostengruppen gespalten werden. In einem solchen Fall kann man stattdessen die Interpolationsmethode anwenden. Diese Methode, die sowohl beim Vorhandensein von Stufenkosten als auch im vorliegenden Fall anwendbar ist, zeigt nachstehendes Beispiel:

Kraftstoffverbrauch bei 90%	$ 470
Kraftstoffverbrauch bei 80%	$ 430
Mehrkosten bei einer Beschäftigungszunahme von 10%	$ 40
Mehrkosten bei einer Beschäftigungszunahme von 1% ($ 40 : 10)	$ 4
Vorgabe für 82%: $ 430 + (2 × $ 4)	$ 438

Dieser Berechnung liegt die Annahme zugrunde, daß diese Kosten ungeachtet ihres tatsächlichen Verlaufes während eines ganzen Beschäftigungsintervalls voll variabel bei Beschäftigungsänderungen zwischen 80 und 90% sind. Diese Methode basiert auf der Theorie, daß sich bei nur geringfügigen Abständen zwischen zwei Punkten auf einer Kostenkurve annähernd eine Gerade ergibt. Aus dieser Überlegung folgt, daß die Methode der Interpolation am genauesten ist, wenn das Intervall zwischen zwei Beschäftigungsgraden relativ klein ist.

Die Anwendung der Interpolationsmethode bedarf aber in jedem Einzelfall einer kritischen Würdigung. Ein einfaches Beispiel mag diese Feststellung verdeutlichen. Der Verlauf der Kostenart „Vorleute" in Abbildung 7-1 ist z. B. „treppenförmig", und trotzdem sollte man sie wahrscheinlich nicht interpolieren. Die Kosten erhöhen sich zwischen 80 und 90% Beschäftigung um $ 300. Da Vorleute nicht teilbar sind, ist anzu-

Abteilung Aggregatefertigung
Abteilungsleiter Ship

The Consolidated Corporation
Flugzeug-Werk
Fertigungsgemeinkosten-Budget

Jahr 1955
Normalkapazität 85,000
Basis Standardlohnstunden

Konto	in v.H. der Normalkapazität							
	60%	70%	80%	90%	100%	110%	120%	130%
Gehälter	$	$	$	$	$	$	$	$
Meister	700	700	700	700	700	700	700	700
Vorleute	1.100	1.500	1.900	2.200	2.200	2.200	2.600	2.600
Schreiber usw.	700	700	950	950	950	950	950	1.200
Zwischensumme	2.500	2.900	3.550	3.850	3.850	3.850	4.250	4.500
Löhne	1.500	1.750	2.000	2.250	2.500	2.500	2.750	3.000
Kraftstoff	350	400	430	470	510	530	570	620
Energie	2.620	3.020	3.430	3.870	4.300	4.740	5.140	5.320
Wasser	210	220	230	240	250	260	270	280
Instandhaltungen und Reparaturen	1.630	1.875	2.050	2.250	2.500	2.790	3.070	3.660
Nichtproduktionsmaterial	270	315	360	405	450	495	540	585
Fracht	140	180	190	200	210	230	260	270
Reisespesen	70	70	100	100	100	100	120	120
Telefon usw.	70	80	90	100	100	100	110	120
Verpackung	150	175	200	225	250	275	300	325
Sozialleistungen	30	40	50	50	50	60	60	60
Verschiedenes	120	130	150	160	175	190	200	210
Zwischensumme	9.660	11.155	12.830	14.170	15.245	16.120	17.640	19.070
Abschreibung — Gebäude	900	900	900	900	900	900	900	900
Abschreibung — Maschinen	1.800	1.800	1.800	1.800	1.800	1.800	1.800	1.800
Vermögen- und Grundsteuern	1.200	1.200	1.200	1.200	1.200	1.200	1.200	1.200
Versicherungen	350	350	400	400	400	400	400	450
Summe	13.910	15.405	17.130	18.470	19.545	20.420	21.940	23.420

Quelle: Heckert and Willson, Business Budgeting and Control (2d ed.; New York: The Ronald Press Co., 1955), Seite 63.

Abb. 7-1 Fertigungsgemeinkosten-Budget

nehmen, daß die Erhöhung entweder genau bei 90% oder bei einem Punkt zwischen 80 und 90% zu verzeichnen war. Andererseits würde sich bei einer Interpolation des Gesamtbudgets zwischen 80 und 90% eine annähernde Genauigkeit erzielen lassen, da sich aller Wahrscheinlichkeit nach Differenzen dieser Art gegenseitig aufheben würden.
Da es für wenig wahrscheinlich erachtet wird, daß Beschäftigungsgradänderungen außerhalb des angedeueteten Umfanges (60—130%) möglich sind, erscheint die Ermittlung darüber hinausgehender Variatoren als überflüssig. Zudem würde das nur unnützen Zeitverlust verursachen, da bei Beschäftigungsgradänderungen unter oder über dieser Reichweite ohnehin eine vollständige Revision des Kostenbildes erforderlich wäre.

Ermittlung der Kosten für jedes Beschäftigungsintervall

Gefahr vorgefasster Ansichten über den Kostenverlauf. Bei Ermittlung der Kostenvorgaben für mehrere Beschäftigungsgrade verschiedener Tätigkeitsbereiche des Unternehmens — Produktion, Vertrieb, Verwaltung usw. — soll sich der Analytiker von vorgefaßten Ansichten hinsichtlich der Veränderlichkeit verschiedener Kostenarten befreien. Kosten verlaufen häufig anders als erwartet. Über die Volumenabhängigkeit der Kosten existieren zuweilen nur recht unklare Vorstellungen, und ehe hierüber etwas ausgesagt werden kann, bedarf es daher einer scharfen gedanklichen Durchdringung und Erkenntnis hinsichtlich des Kostenverlaufs. Die Kosten des Versands, der Rechnungserstellung, der Auftragsbearbeitung und der betrieblichen Aufsicht sind einige Beispiele dafür, daß es nur mit Hilfe einer sorgfältigen Analyse der Kosten und der Leistungsdaten möglich sein dürfte, etwas über deren zukünftigen Verlauf auszusagen. Dabei wird natürlich unterstellt, daß es der Zweck der Vorgabekosten ist, eine gute Grundlage für eine wirksame Kostenkontrolle abzugeben, nicht aber die Leistungen früherer Zeiträume widerzuspiegeln. Hierzu muß jede Kostenart genau analysiert werden, um feststellen zu können, ob sie als fix, variabel oder teil-variabel betrachtet werden kann.

Kosten eine Funktion von Menge und Preis. Alle Kosten sind der geldwerte Ausdruck innerbetrieblicher Verbrauchsvorgänge (Materialverbrauch, Arbeitsleistung, Inanspruchnahme von Dienstleistungen oder Rechten und dergl.). Infolgedessen betrachten einige untere Führungskräfte quantitative Größen für die Leistungsmessung als geeigneter als die allgemein bevorzugten Geldmaßstäbe. Dabei mag die Tonnenzahl der von der Kraftstation verbrauchten Kohlen, die Arbeitsleistung der Montagelinie in Stunden oder der Quadratmeterverbrauch an Rollenblech, bezogen auf die Anzahl der Fertigerzeugnisse, einen wertvollen Leistungsmaßstab abgeben. Aus Gründen der Verständlichkeit seitens aller Führungskräfte und für die Budgeterstellung erweist es sich dagegen als allgemein erforderlich, daß diese quantiativen Größen zu einer Geldrechnung umgeformt werden. Ferner muß beachtet werden, daß in anderer Weise eine Addition verschiedenartiger Maßstäbe nicht möglich ist. Ebenfalls ist zuzugeben, daß sich die monetären Kosten nicht immer proportional zu den physischen Verbrauchsmengen verhalten. Die Arbeitsleistung für sich allein gibt z. B. weder Aufschluß über die zusätzlichen Kosten auf Grund von Überstunden noch über die Mehrlohnkosten auf Grund des Sondereinsatzes hoch entlohnter Kräfte zu niedriger eingestuften Arbeiten.

Kostenabweichungen können entweder durch Mengen- oder durch Preisdifferenzen entstehen. Um eine verursachungsgerechte Aufteilung beider Differenzen vornehmen zu können, sollten sie nach diesen Gesichtspunkten getrennt werden. Da erfahrungsgemäß die Preise vieler Kosten größeren Schwankungen unterliegen als die ihnen zugrunde liegenden quantitativen Verbrauchszahlen, ist dies ein Grund mehr, daß die Unterlagen der Kostenvorgaben sowohl Mengen- als auch Geldwerte ausweisen müssen.

Ermittlung der bekannten voll variablen Kosten. Bei der Ermittlung der flexiblen Kostenvariatoren einer bestimmten Abteilung beginnt man normalerweise mit denjenigen Kosten, die schon bisher voll variabel waren. Daran anschließend beschäftigt man sich mit den Kosten, welche eingehend untersucht werden müssen. Obwohl das Verhältnis der voll variablen Kosten zu den Gesamtkosten recht ansehnlich sein kann, gibt es in den meisten Unternehmen tatsächlich nur wenige Kostenarten, von denen jederzeit gesagt werden kann, daß sie voll variabel sind.

Im Falle des Budgets der „Beispiel-Gesellschaft" stand z. B. die Variabilität der Vertreterprovisionen außer Frage, da die getroffenen Vereinbarungen vorsehen, daß für alle Umsätze ein stets gleichbleibender Provisionssatz zu vergüten ist. Einmütigkeit bestand auch hinsichtlich der Variatoren für den Verbrauch an Fertigungsmaterial und für den Fertigungslohn. Für beide Kostenarten existieren Vorgaben in Form von Verrechnungspreisen in der Standardkostenrechnung. Im Zusammenhang mit der Rechnungslegung für das Fertigungsmaterial werden Preisabweichungen gegenüber dem Materialstandard im Zeitpunkt der Vereinnahmung des Materials ermittelt und gesondert verbucht, so daß den Materialkosten Standardverbrauchsmengen zu Standardpreisen zugrunde liegen. Die festgelegten Standardverbrauchsmengen sollen die voll variablen Kosten darstellen. Die Standdardlöhne sollen gleichfalls auf den voll variablen Kosten basieren. Allerdings muß in diesem Zusammenhang beachtet werden, daß die Lohnkosten einer solchen Betrachtung mitunter nicht zugänglich gemacht werden können. Unterstellt man beispielsweise, daß 10 Arbeitskräfte an einer Montagelinie benötigt werden und daß die Standdardlohnkosten je produzierte Einheit auf einer festgelegten Geschwindigkeit des Montagebandes basieren, dann bleiben die Standardlohnkosten pro Einheit von einer Abweichung der Bandgeschwindigkeit unberührt, obwohl sich die effektiven Lohnkosten auf Grund der besseren oder schlechteren Ausnutzung der Bandgeschwindigkeit ändern. In einem solchen Fall eignen sich die Standardkosten zwar für die Zwecke der Kostenrechnung, nicht aber für die Aufstellung von Budgets.

Außer den vorstehenden Kostenarten wurden von der „Beispiel-Gesellschaft" noch einige andere Posten als voll variabel budgetiert, deren Volumenabhängigkeit durchaus nicht so eindeutig von vorneherein feststand. Die Aufwendungen für Kundenausfälle und für Reisespesen der Vertreter wurden beispielsweise als voll variabel budgetiert, aber in beiden Fällen bedurfte es zur Ermittlung der Art und Weise des Kostenverlaufs eingehender Analysen. Normalerweise werden auch noch andere Kostenarten, vor allem Gemeinkosten der Produktion, die Tendenz haben, sich voll variabel zu verändern; aber es gibt in den meisten Unternehmen nur einige wenige Kosten, von denen ohne weiteres angenommen werden kann, sie gehörten in jene Gruppe von Gemeinkosten. In den meisten Fällen kann der wahre Kostenverlauf nur auf Grund des Studiums der Tatsachen ermittelt werden.

Ermittlung der bekannten fixen Kosten. Kosten dieser Gruppe entstehen meistens entweder auf Grund vertraglicher Vereinbarungen oder durch unternehmerische Entscheidungen mit Gültigkeit für den Planungszeitraum. Zu den geläufigsten fixen Kosten gehören Versicherungen, Vermögen- und Grundsteuern, Abschreibungen und Pauschalen für Beratungen. Alle diese Kosten sind nicht mengen-, sondern zeitproportional.

Die meisten Kosten, die in den betrieblichen und in den sonstigen Verwaltungsbereichen entstehen, sind im Gegensatz dazu nur fix auf Grund unternehmenspolitischer Entscheidungen. Im Falle einer radikalen Volumen- und Gewinnänderung lassen sich diese Kosten anpassen. Hierzu würde allerdings eine Entscheidung der obersten Unternehmensführung erforderlich sein, da im allgemeinen die Auffassung vorherrscht, daß sie durch die unteren Führungsstellen nicht beeinflußbar sind. Für die Zwecke der kurzfristigen Budgets bedürfen sie daher keiner näheren Erklärung.

STUDIUM DER BESCHÄFTIGUNGSABHÄNGIGKEIT DER ÜBRIGEN KOSTEN. Nach Ermittlung der Kosten, die ganz offensichtlich fix oder variabel sind, stellt sich dem Budgetleiter die Aufgabe, die Abhängigkeitscharakteristiken der übrigen Kosten zu analysieren. Damit ergibt sich eine der schwierigsten Aufgabenstellungen, da sie etwa die Hälfte aller Budgetpositionen umfassen kann. Diese Positionen können sich auf Grund von Analysen als vollvariabel, teilweise variabel oder fix erweisen, aber in jedem Fall kann diese Tatsache nur durch Analysen festgestellt werden. In diesem Zusammenhang unterscheidet man im allgemeinen zwischen zwei Arten von Analysen: die sogenannte ingenieurmäßige Analyse und Studien des früheren Kostenverlaufs, wobei sich letztere auf eine Vielzahl mathematischer und statistischer Methoden stützen.

INGENIEURMÄSSIGE STUDIEN ZUR ERMITTLUNG DER KOSTENABHÄNGIGKEIT. Zweck derartiger ingenieurmäßiger Studien ist nicht etwa die Schätzung von Kosten auf Grund der mit den effektiven Kosten gesammelten Erfahrungen, sondern die Vorgabe von Sollkosten, welche bisherige Unwirtschaftlichkeiten unberücksichtigt lassen. Die bei der Vorgabe der Einzelkosten angewendeten Methoden werden bei der Ermittlung der übrigen Kosten nutzbar gemacht werden.

Für die Ermittlung des Arbeitskräftebedarfs wird ein Stellenbesetzungsplan aufgestellt, in dem gruppenweise alle Arbeitskräfte des Unternehmens für mehrere Beschäftigungsgrade erscheinen. Auf Grund eines gewissenhaften Studiums des tatsächlichen Kräftebedarfs wird die Anzahl der Mechaniker, des Reinigungspersonals, der Lagerverwalter und dergl. für mehrere Beschäftigungsintervalle festgelegt. Voraussetzung für diese Art von Studien ist eine gute Kenntnis eines jeden Arbeitsplatzes und der dazugehörigen Ausbringungsstandards. Die Berechnung der Kosten kann auf Basis der vorerwähnten Daten und mit Hilfe der verschiedenen im Lohn- und Gehaltsstatut vorgesehenen Lohnstundensätze bzw. Gehälter erfolgen.

In ähnlicher Weise werden die Materialverbrauchsstandards für das Produktions- und das Nichtproduktionsmaterial ermittelt. Die Analyse stützt sich zunächst nur auf den mengenmäßigen Materialverbrauch. Die Bewertung des Materialbedarfs macht im allgemeinen mehr Schwierigkeiten als die des Lohnes, da die Preise des Materials häufig genug größeren Veränderungen unterliegen als die Lohnstundensätze.

Die mit der ingenieurmäßigen Ermittlung des Material- und Arbeitskräftebedarfs verbundenen Schwierigkeiten sind in den einzelnen Industriezweigen unterschiedlich. Sie wird sehr oft bei kontinuierlicher Fertigung von Massenerzeugnissen angewendet. Für Unternehmen mit überwiegender Einzelfertigung ist sie weitaus schwieriger anzuwenden.

Eine Reihe von Kosten läßt sich weniger genau analysieren. Hierzu gehören insbesondere alle Vertriebskosten. Ebensowenig können die Aufwendungen für Werbung in gleicher Weise genau vorausbestimmt werden; sie lassen sich nur ungefähr auf Grund von Statistiken und Experimenten festlegen. Ähnlich liegen die Verhältnisse bei den Kosten für die Aufsicht; hiervon ausgenommen sind lediglich solche Industriezweige bzw. Unternehmen, deren Produktionsprozeß im hohen Maße mechanisiert oder schablonisiert ist.
Nach Ansicht des Verfassers stellt das oben geschilderte Verfahren einen der wissenschaftlichen Lösungsversuche zur Ermittlung der Kostenvariatoren dar. Auf Grund seiner schwierigen praktischen Anwendung erfreuen sich die nachstehend beschriebenen mathematischen und statistischen Analysen der Erfahrungswerte einer weitaus größeren Beliebtheit. Während derartige Analysen eine indirekte Lösung darstellen, sind sie weniger aufwendig und führen unter gewissen Voraussetzungen zu zufriedenstellenden Ergebnissen. Daneben können sie zur Gegenprüfung der ingenieurmäßigen Studien angewendet werden.

Statistische Analyse der Erfahrungswerte. Wenn man davon ausgeht, daß ingenieurmäßige Studien zu zeit- und kostenaufwendig sind, dann führt das zwangsläufig zu der Alternative einer Analyse der Erfahrungswerte auf Grund der Buchführung. Die Ermittlung des Kostenverlaufs bei Beschäftigungsänderungen auf der Grundlage der Buchführung knüpft im allgemeinen an drei Voraussetzungen:

1. das Unternehmen muß über die notwendigen Erfahrungswerte für mehrere verschiedene Beschäftigungsgrade verfügen (diese Voraussetzung kann ein neugegründetes Unternehmen nicht erfüllen, es ist daher auf ingenieurmäßige Studien angewiesen);
2. die Erfahrungswerte müssen nach ihrer Abhängigkeit vom Beschäftigungsgrad buchmäßig gegliedert sein oder zumindest nach diesem Gesichtspunkt auf Grund der Buchführung ermittelt werden können (summarische Aufzeichnungen für zahlreiche Kosten vereiteln die Analyse);
3. die Kostenartenrechnungen müssen vergleichbar sein.

Sind alle diese Voraussetzungen erfüllt, so bleibt noch mit Nachdruck festzustellen, daß statistische Analysen nur hinsichtlich des Kostenverlaufs der Erfahrungswerte aussagefähig sind. Obwohl ihr Nutzen für die Budgetierung unbestritten ist, wäre es aber falsch, ihre Grenzen im Zusammenhang mit der Kostenkontrolle zu ignorieren. Die Erfahrungswerte können unter Umständen ein sehr schlechter Maßstab für die zukünftigen Kosten sein, weil sie vorhandene Unwirtschaftlichkeiten enthalten oder die ihnen zugrunde liegenden Produktionsbedingungen von den zukünftigen abweichen.

Aufstellung von Streuungsdiagrammen. Geht man davon aus, daß gut ausgebaute und vergleichbare Aufzeichnungen über den Kostenanfall einer bestimmten Kostenart für eine gewisse Anzahl vergleichbarer Zeiträume (Wochen oder Monate) und für mehrere Beschäftigungsgrade vorliegen, dann läßt sich die bestehende Beschäftigungsabhängigkeit dieser Kostenart am einfachsten mit Hilfe eines Streuungsdiagramms feststellen. Das Beispiel der Reisespesen des Verkaufspersonals einer Abteilung der „Beispiel-Gesellschaft" zeigt treffend die praktische Durchführung. Von besonderer Bedeutung ist in der Regel die Wahl des Zeitraumes. In diesem Fall wird der Monat zugrunde gelegt, weil es sich hierbei um den kürzesten Aufzeichnungszeitraum handelt. Im Folgenden ist eine Übersicht für die letzten 20 Monate:

Monat	Umsatz	Reisespesen des Verkaufspersonal
	$	$
1	70.000	2.800
2	75.000	2.000
3	69.000	2.100
4	71.000	1.800
5	62.000	1.500
6	63.000	1.400
7	66.000	2.000
8	50.000	1.900
9	54.000	2.000
10	30.000	2.200
11	31.000	2.400
12	64.000	3.000
13	40.000	2.000
14	50.000	1.700
15	58.000	1.900
16	62.000	1.700
17	60.000	2.200
18	48.000	2.100
19	81.000	2.300
20	74.000	1.600

Würde man vorstehende Daten entsprechend ihrer chronologischen Folge in das Streuungsdiagramm eintragen, dann ergäbe sich ein wenig übersichtliches Bild. Es ist daher empfehlenswert, alle Daten nach der Umsatzgröße neu zu ordnen. Das Ergebnis zeigt die nachfolgende Tabelle.

Monat	Umsatz	Reisespesen des Verkaufspersonal
	$	$
10	30.000	2.200
11	31.000	2.400
13	40.000	2.000
18	48.000	2.100
8	50.000	1.900
14	50.000	1.700
9	54.000	2.000
15	58.000	1.900
17	60.000	2.200
5	62.000	1.500
16	62.000	1.700
6	63.000	1.400
12	64.000	3.000
7	66.000	2.000
3	69.000	2.100
1	70.000	2.800
4	71.000	1.800
20	74.000	1.600
2	75.000	2.000
19	81.000	2.300

Durch vorstehende Ordnung wird die Ermittlung irgendwelcher Abhängigkeiten zwischen den zu vergleichenden Größen wesentlich vereinfacht. Wie stark in diesem Fall die Abhängigkeiten sind, zeigt das Streuungsdiagramm in Abbildung 7-2.

Wie aus dem Streuungsdiagramm ersichtlich, besteht keine klare Abhängigkeit zwischen den Umsätzen in diesem speziellen Verkaufsgebiet und den in der Vergangenheit angefallenen Reisespesen. Das Ergebnis ist somit als Grundlage für die Festlegung von Kostenvorgaben für Kostenkontrollzwecke nicht besonders geeignet. Läßt man aber die beiden oberen Punkte (in der Abbildung durch Kreise gekennzeichnet) wegen ihres Zufälligkeitscharakters außer acht, so zeigt sich, wenn auch nicht in aller Deutlichkeit, daß eine gewisse Relation zwischen den zwei variablen Größen vorliegt. Alles deutet darauf hin, daß die Reisespesen dieses Verkaufsgebietes die Tendenz haben, sich bei steigendem Umsatz zu reduzieren. Kann man auf Grund dieser Erkenntnis folgern, daß der höchste Umsatz in den Gebieten erzielt wird, die in der näheren Umgebung der Verkaufsniederlassung liegen, und daß das Verkaufspersonal entferntere Gebiete nur dann bereist, wenn der Umsatz schrumpft? Die Antwort auf diese Frage kann für den Verkaufsdirektor sehr aufschlußreich sein. Aus dem Diagramm geht jedoch hervor, daß als Grundlage für die Festlegung von Variatoren für die Reisespesen eine andere

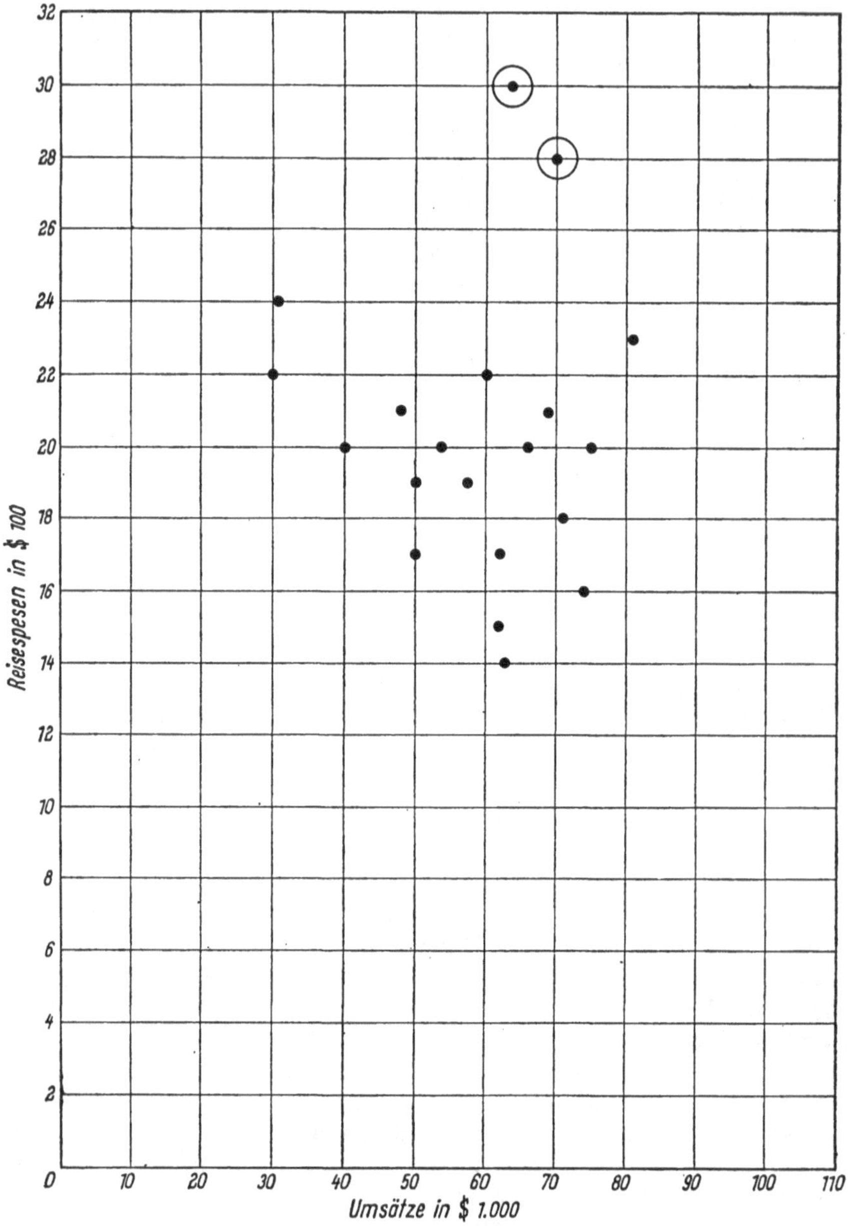

Abb. 7-2 Abhängigkeit der Reisespesen und des Umsatzes
Ein Verkaufsgebiet — „Beispiel-Gesellschaft"

Abhängigkeit gefunden werden muß, da der Umsatz allein keine gute Basis abgibt.
Mit dieser Aufgabe wird sich das zehnte Kapitel befassen. Ein anderes deutlicheres Beispiel stellt die Analyse der Kosten des Verbrauchs an Betriebshilfsmitteln im Verhältnis zu der Gesamtzahl der betrieblichen Arbeitskräfte dar. Nachstehende Tabelle zeigt das Zahlenwerk des Unternehmens für einen Zeitraum von 15 Monaten; Marktpreisabweichungen wurden beim Verbrauch abgespaltet.

Monat	Arbeitskräfte	Verbrauch an Betriebshilfsmitteln
		$
1	600	3.000
2	575	3.100
3	550	2.900
4	400	2.250
5	420	2.100
6	420	2.200
7	372	1.925
8	450	2.300
9	475	2.350
10	550	2.800
11	575	2.850
12	600	3.100
13	625	3.150
14	640	3.150
15	650	3.500

Ordnet man dieselben Zahlen nach der Anzahl der Arbeitskräfte, dann erhält man folgende Tabelle:

Monat	Arbeitskräfte	Verbrauch an Betriebshilfsmitteln
		$
7	372	1.925
4	400	2.250
5	420	2.100
6	420	2.200
8	450	2.300
9	475	2.350
3	550	2.900
10	550	2.800
2	575	3.100
11	575	2.850
1	600	3.000
12	600	3.100
13	625	3.150
14	640	3.150
15	650	3.500

Das dazugehörige Streuungsdiagramm zeigt Abbildung 7-3.

Die in das Streuungsdiagramm eingetragenen Zahlen zeigen eine enge Verwandtschaft, insbesondere wenn man den eingekreisten Punkt als atypisch ansieht und ihn deshalb außer acht läßt. Es hat den Anschein, als enthielten die Kosten sowohl fixe als auch variable Elemente und als hätten die letzteren die Tendenz, sich in Abhängigkeit von den Arbeitskräften voll variabel anzupassen. Falls dies zutrifft, läßt sich eine gerade Trendlinie bilden, und mit deren Hilfe ist es dann möglich, Variatoren für alle Größen des Arbeitskräftevolumens festzulegen.

Ermittlung des tendenziellen Kostenverlaufs. Durch Ansatz einer geraden Linie, die der Lage der Punkte im Streuungsdiagramm rein optisch am nächsten kommt, oder durch mathematische Formeln kann man eine Vorstellung vom tendenziellen Kostenverlauf gewinnen. Die mathematische Lösung ist zwar genauer, sie erfordert aber einen erheblichen Zeitaufwand, und so erklärt sich, daß die graphische Darstellung als eine Lösung der Praxis anzusehen ist. Nichtsdestoweniger hat die mathematische Lösung den Vorteil der Objektivität und theoretischen Genauigkeit, und aus diesem Grunde dürfte es berechtigt sein, sie im folgenden Abschnitt näher zu illustrieren. Es ist jedoch zu beachten, daß diese Lösung nur dann angewendet werden kann, wenn die Abhängigkeit zwischen den beiden Variablen linear ist. Diese Methode kann somit nicht angewendet werden, wenn die Abhängigkeit kurvig oder treppenförmig ist. Die Berechnung des tendenziellen Kostenverlaufs wird mit Hilfe der sogenannten „Methode des kleinsten Quadrats" durchgeführt, die in der Statistik weitverbreitet ist.

Ausgangspunkt ist die Formel für eine gerade Linie $Y = a + bx$. In dem illustrierten Beispiel bedeuten

y = Kosten des Verbrauchs an Betriebsmitteln
x = Anzahl der Arbeitskräfte
a = fixe Kosten
b = variable Kosten pro Arbeitskraft.

Es sind zu ermitteln diejenigen Werte von „a" und „b", welche für die verschiedenen Werte von x und y auf Grund der Vergangenheitskosten des Unternehmens charakteristisch sind. Wenn man auf Grund einer visuellen Prüfung eine Linie in das Streuungsdiagramm einzeichnet, so können die Werte für a und b aus der graphischen Darstellung abgelesen werden. Errechnet man die Werte für a und b mathematisch, so lauten die Formeln:

1. $\Sigma(y) = na + b\Sigma(x)$
2. $\Sigma(xy) = a\Sigma(x) + b\Sigma(x^2)$

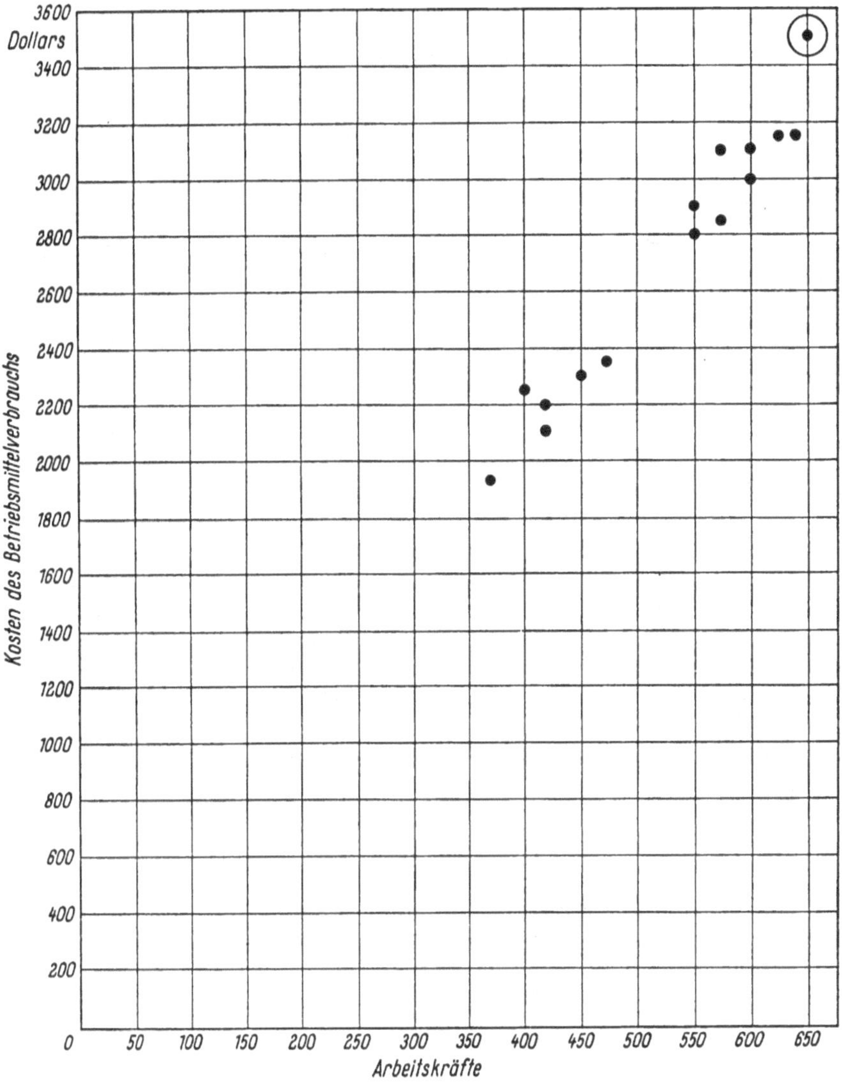

Abb. 7-3 Abhängigkeit der Arbeitskräfte und der Kosten des Betriebsmittelverbrauchs — „Beispiel-Gesellschaft"

In diesen Formeln bedeuten:

(y) = die monatlichen Aufwendungen
Σ (y) = die Summe von y
(x) = die monatliche Anzahl der Arbeitskräfte
Σ (x) = die Summe von x
Σ (xy) = die Summe der Produkte aus xy
Σ (x^2) = die Summe der Quadrate der Werte von x
n = die Anzahl der Punkte (Monate im Streuungsdiagramm

Damit ergibt sich folgende Rechnung:

x (Arbeitskräfte)	y (Aufwendungen)	xy	x^2
372	$ 1,925	$ 716,100	138,384
400	2,250	900,000	160,000
420	2,100	882,000	176,400
420	2,200	924,000	176,400
450	2,300	1,035,000	202,500
475	2,350	1,116,250	225,625
550	2,900	1,595,000	302,500
550	2,800	1,540,000	302,500
575	3,100	1,782,500	330,625
575	2,850	1,638,750	330,625
600	3,000	1,800,000	360,000
600	3,100	1,860,000	360,000
625	3,150	1,968,750	390,625
640	3,150	2,016,000	409,600
7,252	$ 37,175	$ 19,774,350	3,865,784

Durch Ansatz dieser Zahlen in die vorerwähnten Formeln erhält man

$$1.\quad 37.175 = 14\,a + 7.252\,b$$
$$2.\quad 19.774.350 = 7.252\,a + 3.865.784\,b$$

Klammert man die *a's* durch Multiplikation der ersten Zeile mit ./. 518 $\left(518 = \frac{7.252}{14}\right)$ aus, so ergibt sich

$$\begin{array}{rl} 19.774.350 = & 7.252\,a + 3.865.784\,b \\ ./.\ 19.256.650 = & 7.252\,a\ ./.\ 3.756.536\,b \\ \hline 517.700 = & \qquad 109.248\,b \end{array}$$

Somit beträgt *b* (die variablen Kosten pro Arbeitskraft) = $ 4.739.

Durch Einsetzen dieses Betrages in eine der beiden Originalgleichungen erhält man einen Betrag für „*a*" (die fixen Kosten) von $ 200,55. Daraus ergibt sich folgende Formel für die Kosten des Betriebsmittelverbrauchs pro Arbeitskraft $ 200,35 + $ 4,739. Abbildung 7-4 illustriert dieses Ergebnis in der graphischen Darstellung. An dieser Stelle sei noch einmal hervorgehoben, daß der vorstehenden Lösung Vergangenheitswerte zu-

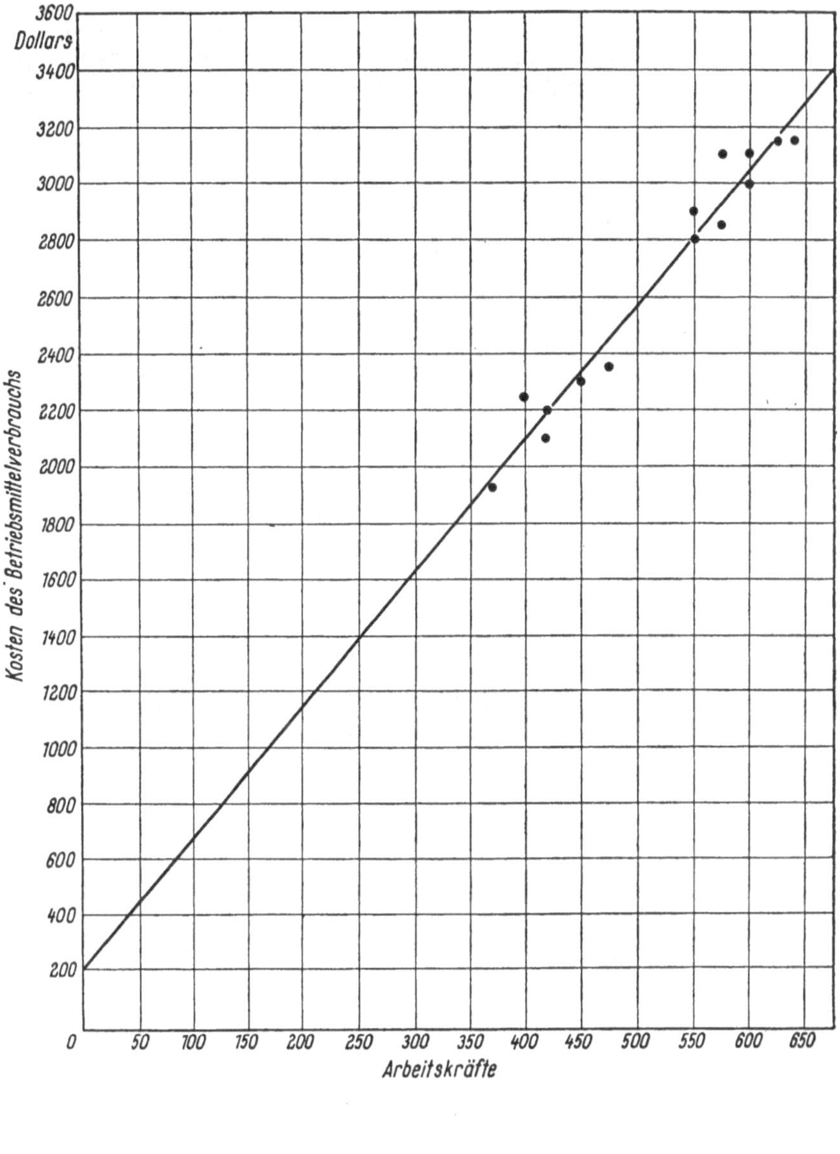

Abb. 7-4 Daten aus Abb. 7-3, ergänzt durch Trendlinie

grunde liegen. Bei einem derartigen Vorgehen muß man sicher sein, daß die Vergangenheitswerte als Richtschnur für Zwecke der Kostenkontrolle brauchbar sind. Weiterhin wird darauf aufmerksam gemacht, daß sich eine graphische Darstellung zur Ermittlung der Variatoren erübrigt,

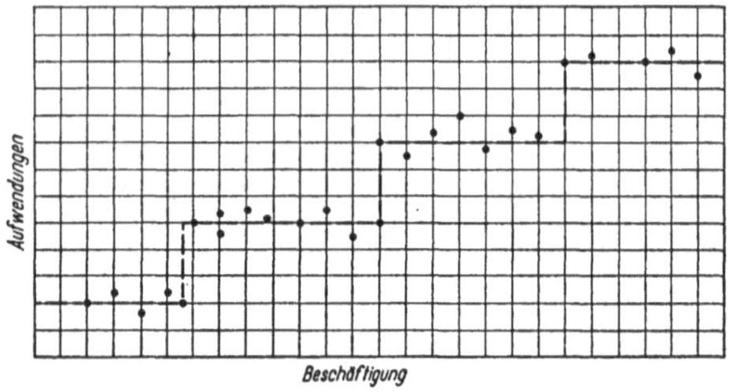

Abb. 7-5 Beispiel einer treppenförmigen Abhängigkeit

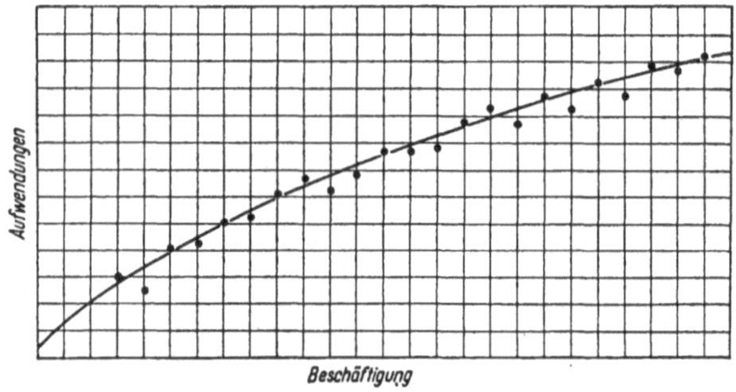

Abb. 7-6 Beispiel einer kurvigen Abhängigkeit

wenn die fixen Kosten (*a*) und der variable Satz (*b*) rechnerisch festgestellt worden sind; beide Größen ergeben sich auf Grund der Formel $y = a + bx$. In der Praxis dürfte allerdings die graphische Darstellung für die Bestimmung der linearen Abhängigkeit zwischen den beiden Variablen nicht zu entbehren sein.

Wie bereits erwähnt, ist Voraussetzung für die Anwendung der Formel, daß die Abhängigkeit weder treppenförmig noch kurvig ist. Derartige Fälle illustrieren die Abbildungen 7-5 und 7-6. Die erste Abbildung zeigt mehrere horizontale Trendlinien, die zweite Abbildung ein Kurvenbild.

Hoch-Niedrig-Methode zur Ermittlung des Kostenverlaufs. Sofern Variatoren auf Grund von Vergangenheitswerten ermittelt werden müssen, denen nur wenige Beschäftigungsgrade zugrunde liegen, bietet sich die sogenannte Hoch-Niedrig-Methode als Lösung an. Dies gilt beispielsweise für folgenden Fall:

Beschäftigung	Kosten
80	$ 200
60	160

Die fixen Kosten von $ 40 und die variablen Kosten von $ 2 pro Beschäftigungseinheit errechnen sich wie folgt:

	Beschäftigung	Kosten
	80	$ 200
	60	160
Zunahme	20	$ 40

Zunahme pro Beschäftigungseinheit 2 $.

Gesamtkosten bei 80 Beschäftigungseinheiten	$ 200
Variable Kosten bei 80 Beschäftigungseinheiten	160
Fixe Kosten	$ 40

oder

Gesamtkosten bei 60 Beschäftigungseinheiten	$ 160
Variable Kosten bei 60 Beschäftigungseinheiten	120
Fixe Kosten	$ 40

Eine derartige Lösung ist jedoch zu gefährlich, als daß sie extensiv angewendet werden könnte. Sie unterstellt eine lineare Abhängigkeit und Eignung der Daten, obwohl eine derartige Betrachtungsweise auf Grund des Zahlenwerkes keineswegs als sicher gilt. Würde man z. B. von den in der Abbildung 7-4 gezeigten Daten ausgehen, so wären mehrere Antworten denkbar, je nachdem, welches Paar von Punkten ausschließlich zur Verfügung stünde.

Bekanntmachung der Kostenvariatoren

FORM DER BEKANNTMACHUNG. Da flexible Variatoren für die Kostenkontrolle derjenigen Kostenstellen bestimmt sind, deren effektive Beschäftigungsmenge sich gegenüber der dem starren Budget zugrunde liegenden Beschäftigung geändert hat, erhebt sich die Frage, in welcher Form sie bekanntzumachen und zu genehmigen sind.

Was die Form der Bekanntmachung angeht, so wurde bereits angedeutet, daß die Kontrolldaten dem betrieblichen Aufsichtspersonal in Form von Tabellen wie in der Abbildung 7-1, Kostenformeln, graphischen Darstellungen oder einer Kombination derselben mitgeteilt werden können. Die Variatoren sollten jedoch nur für die von der Beschäftigungsänderung betroffenen Kostenstellen gültig sein.

Genehmigung der Variatoren. Es bedarf wohl keiner besonderen Betonung, daß die Variatoren im Rahmen des Gesamtbudgets von der obersten Unternehmensführung genehmigt werden müssen. Es versteht sich auch von selbst, daß — wenn Variatoren, die durch Anwendung irgendeiner der beschriebenen Methoden ermittelt worden sind, für die Erreichung der unternehmerischen Zielsetzung ungeeignet sind — Maßnahmen zu ihrer Verbesserung ergriffen werden müssen. Da die unternehmerische Zielsetzung für alle Teilbereiche des Unternehmens Gültigkeit besitzen soll, dürfte es ebenfalls selbstverständlich sein, daß die Variatoren sowohl von den Verantwortlichen der verschiedenen Verantwortungsbezirke als auch von der obersten Unternehmensführung gebilligt werden sollten.

8. Analyse und Berichterstattung über Kostenabweichungen

Zweck des Kapitels. Wenn der tatsächliche Betriebsablauf eines Unternehmens genau mit dem vorgeschätzten übereinstimmen würde, könnte das Budget in seiner ursprünglichen Form als Grundlage für die Beurteilung der effektiven Ergebnisse benutzt werden. Eine solche Übereinstimmung wird jedoch in den seltensten Fällen gegeben sein. Aus diesem Grunde ist es wichtig, daß für die Zwecke der Kostenkontrolle eine Reihe von Kostenvorgaben für unterschiedliche Beschäftigungsgrade verfügbar sind, damit der Kostenanfall nach dem Maßstab des tatsächlichen, nicht des geplanten Beschäftigungsgrades gelenkt und beurteilt werden kann. Das vorangegangene Kapitel war der Aufstellung und Bekanntgabe von flexiblen Kostenvorgaben gewidmet; im vorliegenden Kapitel soll ihre Anwendung bei der Beurteilung des effektiven Kostenanfalls besprochen werden.

Wo Kostenstandards für Fertigungsmaterial und Fertigungslöhne verfügbar sind, ist die Kontrolle dieser Kosten wesentlich erleichtert. Das Hauptproblem der Kostenkontrolle bilden die Gemeinkosten, die auch den Hauptgegenstand dieses Kapitels darstellen.

Die wichtigsten Erfordernisse bei der Analyse und Berichterstattung über Kostenanfall und -kontrolle sind

1. Abgrenzung der Tätigkeits- und Verantwortungsbereiche
2. Gültige Vergleiche und
3. Wirkungsvolle Berichte.

Jeder dieser Punkte ist wichtig und beinhaltet seine eigenen Probleme. Diese Probleme sollen in den nun folgenden Abschnitten erörtert werden.

Abgrenzung der Tätigkeits- und Verantwortungsbereiche

Übereinstimmung von Vollmacht und Verantwortlichkeit. Eine Grundvoraussetzung wirksamer Kostenkontrolle ist, daß die Kosten an der Quelle, d. h. da, wo sie entstehen, kontrolliert werden. Demzufolge sollten diejenigen, die Mitarbeiter einstellen, Überstunden oder Bestellungen genehmigen, auch die Verantwortung für die entstehenden Kosten tragen. Konstruktive Mitarbeit bei der Kostenkontrolle kann nicht erwartet werden, wenn ein Abteilungsleiter für Kosten verantwortlich gemacht wird, die er selbst nicht verursacht hat. Im gleichen Sinne wird eine Kontrollwirkung nicht erzielt werden, wenn derjenige, der Kosten verursacht, nicht dafür rechenschaftspflichtig gemacht wird. Aus diesen Gedankengängen entspringt das Erfordernis der Abgrenzung der Tätigkeitsbereiche.

In der klassischen Gliederung der betrieblichen Aufwendungen in der Gewinn- und Verlustrechnung nach Fertigung, Vertrieb, allgemeiner Verwaltung usw. hat zum Teil die Erkenntnis der Notwendigkeit einer Abgrenzung der Verantwortlichkeit für die verschiedenen Kostenarten ihren Niederschlag gefunden.

Diese Abgrenzung ist jedoch primär funktional und deshalb für die Kostenkontrolle nicht geeignet. Für diese Zwecke muß die Aufgliederung der Kosten wesentlich tiefer und schärfer sein.

Abgrenzung der Tätigkeitsbereiche. Die für die Zwecke der Kostenkontrolle erforderliche Übereinstimmung von Vollmacht und Verantwortlichkeit setzt eine klare Trennung und Bestimmung der einzelnen Tätigkeitsbereiche der Organisation voraus. Diese Trennung kann, aber muß nicht mit der für Kostenrechnungszwecke eingeführten Gliederung übereinstimmen. So kann z. B. eine Fertigungsabteilung im Betrieb für Zwecke der Kostenrechnung in mehrere Kostenstellen geteilt sein, während sie für die Kostenkontrolle als eine Einheit betrachtet wird. Die Entscheidung in dieser Hinsicht sollte davon abhängig gemacht werden, wie Vollmacht und Verantwortlichkeit für die Verursachung der Kosten innerhalb der Abteilung geregelt sind.

Eine der Schwierigkeiten bei der Festlegung der Verantwortlichkeit ergibt sich bei den Kosten für Dienstleistungen, die eine Abteilung für andere erbringt. Energiekosten, Instandhaltung und Raumkosten sind typische Beispiele dafür. Im Falle selbsterzeugter Energie z. B. wird der Verbrauch durch die benutzenden Abteilungen, die Kosten für die Erzeugung jedoch nur durch die erzeugende Abteilung beeinflußt werden können. Es leuchtet ein, daß ein Vormann in einer Fertigungsabteilung kein Verständnis dafür haben würde, daß ihm zu verschiedenen Zeiten unterschiedliche Kosten für den gleichen Verbrauch an Energie belastet werden. Diese Schwierigkeit kann dadurch behoben werden, daß Energie mit einem gleichbleibenden Verrechnungspreis belastet und damit die Leistung der verbrauchenden Abteilung nur am mengenmäßigen Energieverbrauch gemessen wird. In der erzeugenden Abteilung würde der Vergleich zwischen effektiven Kosten und Verrechnungspreisen für die gelieferte Energie einen Maßstab für die Leistungsfähigkeit der Energieerzeugung darstellen.

Ein ähnliches Problem entsteht bei der Instandhaltung, wenn die Arbeiten durch eine zentrale Reparaturabteilung durchgeführt werden. Auch hier führt eine andere Abteilung Arbeiten für eine Fertigungsabteilung durch. Die Frage erhebt sich: Wo sollen die Kosten kontrolliert werden? Diese Frage ist zwar ähnlich der der Verteilung der Energiekosten, jedoch ist der Sachverhalt insofern verwickelter, als der Energieverbrauch in gewissem Umfang vom Beschäftigungsgrad abhängig ist, während Instandhaltungen zum Teil willkürlich beeinflußt werden können. Instandhaltungen sind mehr oder weniger unabhängig von der Beschäftigungshöhe, sie können vorgezogen oder aufgeschoben werden.

Wie in allen Fällen, in denen eine Abteilung spezifische Dienstleistungen für mehrere andere Abteilungen erbringt, ist auch im Falle der Instandhaltungen ein doppelter Vorgang der Budgetierung erforderlich. Instandhaltungen und Reparaturen werden zunächst bei den Abteilungen budgetiert werden müssen, an deren Anlagen oder Einrichtungen die Arbeiten durchgeführt werden sollen. Die Reparaturabteilung selbst muß jedoch ebenfalls ein Budget aufstellen, um einen Überblick über den Bedarf an Personal und Material sowie über die voraussichtlichen Kosten zu erhalten. Dieses Budget stellt praktisch eine Summierung der Instandhaltungsanteile der Budgets aller anderen Abteilungen dar.

Die so entstehende Duplizierung in der Budgetierung ist unvermeidbar, da beide Budgets für die Kontrolle der Instandhaltungskosten erforderlich sind. Diese Notwendigkeit einer zweifachen Budgetierung deckt sich auch mit der zweigeteilten Verantwortung für die Instandhaltungskosten: Der Leiter der Fertigungsabteilung hat zu verantworten, daß die Anlagen und Einrichtungen in seinem Bereich mit einem möglichen Minimum an Instandhaltungskosten in einem einwandfreien und betriebsfähigen Zustand gehalten werden, während der Leiter der Reparaturabteilung für die fachgerechte und wirtschaftliche Durchführung der Instandhaltungsarbeiten verantwortlich ist.

Raumkosten als laufende Kosten für die Bereitstellung und Erhaltung der Gebäude sind ein weiteres Beispiel für Dienstleistungen, die von einer Abteilung für andere erbracht werden und deren Preis nicht in der verbrauchenden Abteilung kontrolliert wird. Diese Art Kosten wird in der Regel als fix und durch die verbrauchende Abteilung nicht beeinflußbar betrachtet. Eine Beeinflussung würde meist eher mittelbar über die Kontrolle der Menge des durch die verbrauchende Abteilung benutzten Raumes erfolgen.

Beeinflussbare und nicht beeinflussbare Kosten. Getrennt von dem Problem der Verteilung der Kostenverantwortlichkeit zwischen den Erzeugern und Verbrauchern von Dienstleistungen und Energie besteht außerdem die Tatsache, daß es in jeder Abteilung Kosten gibt, die entweder ihrer Natur nach oder auf Grund einer Entscheidung der Unternehmensführung als fix betrachtet werden müssen. Diese Tatsache legt nahe, solche Kosten für Zwecke der Kostenkontrolle nicht einer bestimmten Abteilung zu belasten.

Darüber hinaus werden auch variable Kosten häufig durch Faktoren beeinflußt, die sich der Kontrolle durch den Leiter der Kostenstelle entziehen. So wird er z. B. zwar den mengenmäßigen Verbrauch, meist jedoch nicht die Preise der Güter und Dienstleistungen beeinflussen können. Er wird auch regelmäßig verantwortlich sein für die Kosten von Überstundenzuschlägen, wenn die Mehrarbeit zur Aufholung von Produktionsrückständen bestimmt ist, nicht aber, wenn die Überstunden die Folge einer unerwarteten Erhöhung des Produktionsprogrammes sind. Diese Gedanken unterstreichen den bereits früher ausgeführten Grundsatz, daß die Kosten an der Stelle der Verursachung kontrolliert werden sollten.

In Übereinstimmung mit der Verteilung der Vollmachten und Verantwortlichkeiten für die Verursachung von Kosten sollte die Budgetberichterstattung so gestaltet sein, daß die Verantwortlichkeit für die einzelnen Kostenarten klar erkennbar ist. Dieser Grundsatz wird im weiteren Verlauf dieses Kapitels noch erörtert werden.

Vergleich der tatsächlichen mit den vorgegebenen Kosten

ERFASSUNG DER DATEN. Von wesentlicher Bedeutung für eine wirksame Kostenkontrolle ist die Schnelligkeit, mit der der effektive Kostenanfall im Vergleich zum Budget analysiert werden kann. Dazu ist zunächst erforderlich, daß der Berichtszeitraum möglichst kurz gehalten wird und daß zum andern die Daten kurzfristig gesammelt und analysiert werden.

Die Schnelligkeit, mit der Daten gesammelt und analysiert werden können, hängt weitgehend von der Gestaltung der Rechnungslegung ab. Von besonderer Bedeutung ist dabei ein geeigneter Kontenplan sowie eine Buchführungsorganisation, die ein kurzfristiges Abschließen der Bücher für die Abrechnungsperiode gestatten. Bei der Gestaltung des Kontenplanes muß berücksichtigt werden, daß die Erfordernisse der Kostenrechnung nicht notwendigerweise identisch sind mit denen der Kostenkontrolle. Die Ermittlung der Kosten der Erzeugnisse kann unter Umständen einen anderen Fluß der Werte durch die Konten erfordern als eine Kostenstellenrechnung nach dem Prinzip der Kostenverantwortlichkeit. Dies gilt besonders für den Fall der Gemeinkosten, wie bereits oben erwähnt. Ein Kontenplan sollte so aufgebaut sein, daß er beiden Zwecken, der Kostenrechnung und der Kostenkontrolle, gerecht wird. Die kurzfristige Berichterstattung über Abweichungen bei den Einzelkosten ist relativ einfach, insbesondere, wenn Standardkosten verwendet werden. In diesem Fall erscheinen die Abweichungen unmittelbar in den hierfür vorgesehenen Konten. Im Falle von Gemeinkosten liefert die Rechnungslegung lediglich die effektiv angefallenen Kosten, während die Abweichungen auf Grund der für den tatsächlichen Beschäftigungsgrad zutreffenden Vorgaben zusätzlich ermittelt werden müssen.

Der Beschäftigungsgrad der verschiedenen Abteilungen wird häufig nicht in Geldwerten gemessen, sondern z. B. in Lohnstunden, Maschinenstunden usw., je nach dem Tätigkeitsfeld der betreffenden Abteilung. Diese Daten können nicht unmittelbar aus dem Zahlenwerk des Rechnungswesens gewonnen werden und müssen deshalb zusätzlich aufgezeichnet werden.

BESCHÄFTIGUNGSGRAD. Die Wahl des geeigneten Maßstabs für den Beschäftigungsgrad ist in einem früheren Kapitel bereits erörtert worden. Die Frage, die an dieser Stelle auftritt, betrifft den Beschäftigungsgrad, der bei der Festlegung der Kostenvorgaben zur Kontrolle der Effektivkosten zugrunde gelegt werden sollte. In jedem Falle sollte nicht der der Budgetierung zugrunde gelegte Beschäftigungsgrad angewandt werden, sondern der tatsächliche Beschäftigungsgrad im Abrechnungszeitraum. Dabei erhebt sich die weitere Frage, ob die Kostenvorgaben für Gemeinkosten auf der Grundlage des Produktionsaufwandes oder der Leistung festgelegt werden sollten. In einer Abteilung beispielsweise, deren Beschäftigungsgrad nach Fertigungslohnstunden gemessen wird, könnte die Frage gestellt werden, ob die Vorgabe für die Fertigungsgemeinkosten auf der Grundlage der effektiv angefallenen Stunden, die im Abrechnungszeitraum 1100 betragen haben mögen, oder auf der Grundlage der Standardlohnstunden von beispielsweise 1000 gebildet werden sollte. Bei Verwendung der Produktionsstückzahlen selbst als Maßstab für den Beschäftigungsgrad würde diese Frage nicht auftreten. Aus diesem Beispiel kann die Bedeutung der Wahl des Maßstabs für den Beschäftigungsgrad abgeleitet werden.

Die Praxis in den verschiedenen Unternehmen ist in dieser Hinsicht unterschiedlich, zum Teil als Folge unterschiedlicher Standpunkte, zum Teil aus praktischen Notwendigkeiten heraus. Wird ein einheitliches Produkt hergestellt, so dient häufig die Fertigungsstückzahl als Maßstab für den Beschäftigungsgrad und als Grundlage für die Gemeinkostenvorgaben. Ist das Produkt jedoch nicht einheitlich, so müssen die Fertigungslohnstunden oder eine ähnliche Maßgröße benutzt werden, und gerade in diesem Falle erhebt sich nun die Frage, ob die Gemeinkostenvorgaben auf dem effektiven oder auf dem Standardfertigungslohn aufgebaut werden sollen. Die Entscheidung hierüber hängt von der Auffassung der Unternehmensführung über die Kostenkontrolle ab, es spielt jedoch auch bis zu einem gewissen Grade die Frage der Gerechtigkeit mit herein.

Angenommen, die Gemeinkostenvorgabe für die obenerwähnten 1000 Stunden Standardfertigungslohn wäre 1500 $, für die 1100 Stunden effektiver Fertigungslohn 1600 $ und der effektive Fertigungsgemeinkostenanfall wäre 1580 $, sollte der zuständige Abteilungsleiter kritisiert werden wegen einer Überschreitung des Budgets um 80 $ oder ein Lob bekommen für eine Einsparung von 20 $? Es steht außer Frage, daß für die Fertigung im Abrechnungszeitraum überhöhte Kosten sowohl beim Fertigungslohn (100 Stunden) als auch bei den Fertigungsgemeinkosten (80 $) angefallen sind. Auf der anderen Seite könnte der Leiter der betreffenden Fertigungsabteilung darauf hinweisen, daß er wegen der Überschreitung beim Fertigungslohn bereits kritisiert worden sei und daß er zwar diese Kritik für gerechtfertigt halte, jedoch nach seiner Meinung die Gemeinkostenvorgabe sich auf die tatsächliche Fertigungszeit und nicht auf die Fertigungsstückzahl beziehen sollte und er aus diesem Grunde ein Lob für den teilweisen Ausgleich des Verlustes an Fertigungszeit durch Einsparungen bei den Fertigungsgemeinkosten verdienen würde. Die Frage ist von einiger Bedeutung, teilweise aus dem Gesichtspunkt der Gerechtigkeit heraus, in der Hauptsache aber, weil sie die Notwendigkeit einer klaren Bestimmung von Ursachen und Wirkungen und einer klugen Wahl des Beschäftigungsgrades vor Augen führt.

Ähnliche Fragen treten auch in anderen Tätigkeitsbereichen auf. Sollten z. B. die Vorgaben für die Reisekosten der Vertreter auf der Grundlage der Umsätze oder des Vertriebsaufwandes bestimmt werden? Vom Standpunkt der Führungsspitze aus wird man alles daran setzen, die betreffenden Kosten in einem gewissen Verhältnis zum Umsatz zu halten, vom Standpunkt des Reisevertreters und seines unmittelbaren Vorgesetzten aus wird jedoch eine wirksame Kostenkontrolle nur durch ein Inbeziehungsetzen der Tätigkeit des Reisevertreters zu diesen Kosten, nicht jedoch der Ergebnisse dieser Tätigkeit zu den Kosten möglich sein.

Nicht verrechnete Fertigungsgemeinkosten. Das vorliegende Buch befaßt sich zwar mit Budgetierung und nicht mit Kostenrechnung. Die beiden Gebiete sind jedoch eng miteinander verknüpft, und es erscheint zweckmäßig, die Frage der Fertigungsgemeinkostenabweichungen im Zusammenhang mit dem gesamten System der Fertigungsgemeinkostenabrechnung zu erläutern. Aufstellung I a auf Seite 141 zeigt, daß die „Beispiel-Gesellschaft" im Berichtszeitraum eine Mehrverrechnung von Fertigungsgemeinkosten gegenüber dem Kostenanfall hatte, die als Minderung der Kosten der Verkäufe ausgewiesen wurde. Welches ist nun die Natur dieser Korrektur, und in welchem Zusammenhang steht sie mit den Fertigungsgemeinkostenabweichungen?

In der nachfolgenden Erörterung werden Tatbestände zugrunde gelegt, die von den bei der „Beispiel-Gesellschaft" vorherrschenden abweichen, um alle für eine solche Analyse bedeutsamen Faktoren ins Spiel zu bringen, auch wenn sie im Falle der „Beispiel-Gesellschaft" nicht auftreten.

Zunächst ist zu beachten, daß der Variabilitätsgrad der Fertigungsgemeinkosten nicht identisch ist mit dem für Zwecke der Kostenträgerrechnung benutzten Fertigungsgemeinkostenverrechnungssatz. Die zwei Größen stehen zwar in einem gewissen Zusammenhang, die erstere dient jedoch der Bestimmung von Kostenvorgaben für unterschiedliche Beschäftigungsgrade, während die letztere auf einem bestimmten Beschäftigungsgrad aufgebaut ist. Als Beispiel seien folgende Werte angenommen:

Fixe Fertigungsgemeinkosten pro Monat	$ 50.000.—
Variable Fertigungsgemeinkosten pro Fertigungslohnstunde	$ 5.—
Normales Beschäftigungsvolumen pro Monat (Fertigungslohnstunden)	10.000
Standardfertigungslohnstunden im Berichtsmonat	6.000
Effektive Fertigungslohnstunden im Berichtsmonat	6.200
Fertigungsgemeinkostenanfall im Berichtsmonat	$ 84.000.—

Der normale oder Standardfertigungsgemeinkostenverrechnungssatz pro Fertigungsstunde für Zwecke der Kostenrechnung auf der Grundlage des normalen Beschäftigungsvolumens errechnet sich wie folgt:

Fixe Fertigungsgemeinkosten..................................	$ 50.000.—
Variable Fertigungsgemeinkosten bei normaler Beschäftigung ..	$ 50.000.—
Gesamte Fertigungsgemeinkosten bei normaler Beschäftigung ..	$ 100.000.—
Bei einer normalen Beschäftigung von (Fertigungsstunden)......	10.000
ergibt sich ein Standardfertigungsgemeinkostenverrechnungssatz pro Fertigungslohnstunde von	$ 10.—

Bei einem Standardfertigungslohn im Berichtsmonat von 6000 Stunden würde sich eine Fertigungsgemeinkostenverrechnung von 60.000 $ ergeben. Der effektive Anfall an Fertigungsgemeinkosten betrug 84.000 $, es wurden demnach 24.000 $ zuwenig verrechnet.

Eine Analyse der Ursachen für diese Minderverrechnung ist wichtig für das volle Verständnis der Kostenkontrolle und ihrer Beziehung zur Kostenrechnung. Drei Hauptgründe sind bei der Analyse zu unterscheiden:

1. Nichterreichen des normalen Beschäftigungsvolumens
2. Überschreiten der normalen Fertigungszeiten
3. Mehranfall an Fertigungsgemeinkosten.

Die auf den ersten Hauptgrund entfallende Minderverrechnung stellt (unter der Annahme, daß nur völlig fixe und völlig variable Kosten vorhanden sind) den unveränderten Anteil an fixen Kosten dar. Nachdem der tatsächliche Fertigungsausstoß nur 60% des Normalvolumens erreichte, wurden nur 30.000 $ fixe Fertigungsgemeinkosten verrechnet, während 20.000 $ unverrechnet blieben. In der Sprache der Standardkostenrechnung wird dieser Teil der Minder-(bzw. Mehr-)Verrechnung gewöhnlich als Volumen- oder Kapazitätsabweichung bezeichnet. Die Verantwortung für diese Abweichung liegt bei der Stelle, die auch für die nur 60% des Normalvolumens betragende Fertigung verantwortlich ist. Wurde die Fertigung in Höhe von 60% der normalen Kapazität geplant, dann kann die Verantwortung zweifellos nicht beim Fertigungsbereich liegen, sondern bei denen, die für die Gesamtplanung und -kontrolle der Fertigung verantwortlich sind. Andererseits könnte die Verantwortung beim Fertigungsbereich liegen, wenn nämlich das an sich höher geplante Fertigungsvolumen nicht erreicht wurde.

Der zweite Hauptgrund findet seinen Niederschlag darin, daß 200 Stunden zuviel für den erreichten Fertigungsausstoß verbraucht wurden. Unter der Annahme daß die Fertigungsgemeinkosten lediglich in die zwei obengenannten Kategorien zerfallen, würden dadurch zusätzlich 1000 $ an Fertigungsgemeinkosten verursacht (200 Stunden zu 5 $ variable Fertigungsgemeinkosten). Dieser Betrag stellt die auf die Fertigungslohnüberschreitung entfallende Fertigungsgemeinkostenabweichung dar, für die diejenige Stelle verantwortlich ist, die auch die überhöhten Fertigungslöhne zu vertreten hat.

Für die Analyse des dritten Hauptgrundes, des Mehranfalls gegenüber der Vorgabe, sei angenommen, daß die Vorgabe auf den effektiven Fertigungslohnstunden (6200) und nicht auf dem Standard (6000) basiert. Nach dieser Annahme ergibt sich eine Fertigungsgemeinkostenvorgabe von 81.000 $ (50.000 $ fixe Kosten plus 5 $ pro Stunde variable Kosten) und bei einem Kostenanfall von 84.000 $ eine Überschreitung von 3000 $. Diese Überschreitung ist von der Fertigungsleitung zu vertreten.

Die Ergebnisse der vorstehenden Analysen lassen sich wie folgt zusammenfassen:

Anfall von Fertigungsgemeinkosten	84.000.—
Verrechnung von Fertigungsgemeinkosten	$ 60.000.—
Minderverrechnung	$ 24.000.—

Analyse der Minderverrechnung:

Volumenabweichung	$ 20.000.—
Fertigungszeitabweichung	1.000.—
Anfallabweichung	3.000.—
Gesamt	$ 24.000.—

Wenn die Minderverrechnung nicht in der obenbeschriebenen Dreiteilung, sondern lediglich nach den zwei Gründen „Volumen-Abweichung" und „Anfall-Abweichung" (unter Zugrundelegung der Standardfertigungslöhne anstelle der effektiven) analysiert werden soll, würde sich folgendes Bild ergeben:

Analyse der Minderverrechnung:

Volumenabweichung	$ 20.000.—
Anfallabweichung	4.000.—
Gesamt	$ 24.000.—

Für den Fall, daß nicht alle Kostenarten als entweder völlig fix oder völlig variabel klassifiziert werden können, sondern, wie dies in der Regel der Fall ist, auch teil-variable Kosten vorhanden sind, würde die Rechnung wie folgt aussehen:

Fertigungsgemeinkostenvorgaben

	Standard-Fertigungslohn 6.000 Std	Effektiver Fertigungslohn 6.200 Std	Normal-Volumen 10.000 Std
Fixe Kosten	$ 50.000.—	$ 50.000.—	$ 50.000.—
Teil-variable Kosten	15.000.—	15.000.—	20.000.—
Variable Kosten	18.000.—	18.600.—	30.000.—
Gesamt	$ 83.000.—	$ 83.600.—	$ 100.000.—
Fertigungsgemeinkostenverrechnungssatz		$/Std	10.—

Analyse der Minderverrechnung (Dreiteilung):

Volumenabweichung (Vorgabe $ 83.000.— ./. Verrechnung $ 60.000.—)	$ 23.000.—
Fertigungszeitabweichung (Vorgabe Effektiv $ 83.600.— ./. Standard $ 83.000.—)	600.—
Anfallabweichung (Anfall $ 84.000.— / Vorgabe $ 83.600.—)	400.—
Gesamt	$ 24.000.—

WÖCHENTLICHER LOHNKOSTENBERICHT FÜR VORLEUTE

Lohnwoche ... Abt. ...

Konto-Nr.	Kontenbezeichnung	Zeile	Lohnkosten x		
			Vorgabe	Effektiv	Abweichg
	FERTIGUNGSLOHN	1			
	Standard	2	1500		
	Zuschlag	3	150		
	Gesamt	4	1650		
	GEMEINKOSTENLÖHNE	5			
	Wartezeiten	6			
315	Warten auf Hilfs- oder Beriebsstoffe	7	—		
320	Warten auf Einrichten oder Werkzeuge	8	1		
330	Warten auf Maschinenreparaturen	9	8		
340	Energie- oder Betriebsunterbrechung	10	2		
342	Warten auf Inspektion	11	2		
344	Warten auf Arbeitsauftrag	12	1		
345	Teile und Material nicht geliefert	13	1		
	Gesamt	14	15		
	Bezahlter Arbeitsausfall	15			
158	Wahlen	16	—		
164		17	—		
165		18	—		
166	Unfallmeldezeit	19	—		
167		20	2		
168	Betriebsrat	21	10		
169	Pensionäre	22	2		
	Gesamt	23	14		
	Anlernen	24			
174	Neue Arbeiter anlernen	25	24		
175	Weiterbildung	26	—		
	Gesamt	27	24		
	Überstunden	28			
190	Überstundenzuschläge Fertigungsabt.	29	15		
	Rüstzeiten und Ausfallzeiten	30			
157	Rüstzeit f.Fert.lohn - Normale Prod.	31	80		
159	Ausfallzeit - Normale Produktion	32	16		
160	Rüstzeit f.Fert.lohn - Behördenauftr.	33	40		
161	Ausfallzeit - Behördenaufträge	34	15		
162	Werkzeugschwierigkeiten	35	65		
	Gesamt	36	216		

Quelle: Allan L. Rudell, "Planned Profits for the Factory", N.A.A. Bulletin, Abteilung 1, März 1955, Seite 942.

Abb. 8-1 Wöchentlicher Lohnkostenbericht für Vorleute

*) Der Originalbericht enthält außerdem noch Jahresaufrechnungsspalten

	Schrott verursacht durch	37			
080	Bearbeitung	38	80		
081	Inspektion	39	—		
082	Arbeitsvorbereitung	40	—		
083	Produktionsplanung	41	—		
084	Konstruktion	42	—		
085	Beschaffung	43	18		
086	Vorhergehende Abteilungen	44	20		
	Gesamt	45	118		
	Verwaltung	46			
115	Gruppenführer und Einrichter	47	125		
120	Allgemeine Verwaltung	48	175		
118	Planung Fertigung	49	—		
119	Planung Montage	50	—		
	Gesamt	51	250		
	Prämien	52			
192	Nachtschichtzuschläge	53	90		
193	Lohnzulagen	54	—		
163	Bezahlte Mittagspause	55	90		
196	Verbesserungsvorschlag-Prämien	56	—		
	Gesamt	57	180		
127	Verschied. nicht im Standard enth. Löhne	58	—		
	Instandhaltungen und Reperaturen	59			
187	Maschinenölen und -reinigen	60	45		
258, 303	Werkzeug-u. Maschineninst. u.-reparat.	61	—		
	Gesamt	62	45		
	Reparaturen und Aufarbeiten	63			
358	Vom Lager zurückgew. Fertigerzeugn.	64	—		
360	Normale Kundenreparaturen	65	—		
363, 364	Aufarbeiten f. andere Fertigungsabt.	66	—		
	Gesamt	67	—		
	Verschiedene Löhne	68			
173	Versuchsarbeiten	69	—		
199	Allgemeine	70	—		
116, 170	Lagerkontrolle	71	—		
	Alle anderen Löhne	72	—		
	Gesamt	73	—		
	Löhne insgesamt	74	2.587		
	Gesamtlohnkostenrate (Löhne insgesamt Fertigungslohn)	75	1.72		

Abb. 8-1 (Fortsetzung)

Analyse der Minderverrechnung (Zweiteilung)

Volumenabweichung	$ 23.000.—
Anfallabweichung	1.000.—
Gesamt..	$ 24.000.—

Das Wesentliche bei der obigen Analyse ist, daß die gesamten Fertigungsgemeinkosten, die nicht auf den Kostenträger zu Standardsätzen verrechnet werden, eine Kostenabweichung darstellen, die erklärt und vertreten werden muß. Die Verantwortlichkeit kann nach der Natur der Dinge verschieden geartet sein und bei unterschiedlichen Bereichen der Unternehmensführung liegen. Ein Programm der Kostenkontrolle wäre unvollständig, wenn nicht alle diese Aspekte völlig berücksichtigt würden.

Wirkungsvolle Berichte

Zusammenfassung der Erfordernisse der Berichterstattung. Es bedarf keiner besonderen Erwähnung, daß Budgetberichte, um zu wirken, regelmäßig und zeitig gegeben werden müssen. Ferner müssen sie allen Stellen der Unternehmensführung, die für den Kostenanfall oder für die Überwachung des Kostenanfalls verantwortlich sind, zugeleitet und von diesen ausgewertet werden. Budgetberichte sollten zu ihrer vollen Wirksamkeit sowohl vor als auch nach dem betrieblichen Geschehen erstattet werden. Sie umfassen nicht nur Berichte über das Geschehen, sondern auch Vorgaben auf der Grundlage der geplanten Beschäftigung für den Planungszeitraum. Die Hauptprobleme bei der Abfassung der Budgetberichte sind

1. Beschränkung des Inhalts auf den angesprochenen Verantwortungsbereich,
2. Verständlichmachung der wesentlichen Punkte des Berichts.

Beschränkung des Inhalts der Berichte. Wichtigster Grundsatz bei der Budgetberichterstattung ist, daß parallel zu der Stufenleiter von der Führungsspitze zu den unteren Führungsschichten eine immer weitergehende Detaillierung des Berichtsinhalts erfolgen muß. Die Führungsspitze muß ihre Beurteilung der Ergebnisse auf ganze Bereiche der Organisation beschränken, während die Kontrolle einzelner Teilgebiete delegiert werden muß. Bei dieser Delegierung ist es wichtig, daß die Verantwortung klar definiert wird. Es dürfen keine Lücken in der Kontrolle des Betriebsgeschehens vorhanden sein.

Kostenkontrollberichte sollten in Übereinstimmung mit den Grundsätzen der Übertragung von Vollmacht und Verantwortlichkeit so abgefaßt werden, daß sie den Bedürfnissen der angesprochenen Stellen gerecht werden. Berichterstattung ist mit Kosten verbunden, deshalb ist ihre Gestaltung wichtig, und es sollten nur wirklich brauchbare Informationen in die Berichterstattung einbezogen werden. In diesem Zusammenhang werden auch die obenerwähnten Fragen der beeinflußbaren Kosten, der Kostenverteilung und -umlage wichtig.

Es gibt zwei Grundrichtungen auf diesem Sektor. Die eine ist der Meinung, daß dem Kostenstellenleiter möglichst viele Daten anhand gegeben werden sollten — darunter auch solche, die er nicht beeinflussen und verantworten kann — um ihm ein umfassenderes Verständnis für die Kostenprobleme des Gesamtunternehmens zu vermitteln und dadurch den Geist der Zusammenarbeit zu fördern. Die andere Richtung geht davon aus, daß alle über den unmittelbaren Zweck des Berichts hinausgehenden Informationen die Gefahr einer Ablenkung der Aufmerksamkeit des Kostenstellenleiters von den für seinen Tätigkeitsbereich wichtigen Daten in sich bergen. Die Entscheidung zwischen beiden Richtungen ist eine Frage der Anschauung der Unternehmensführung sowie der Einstellung und der Zahl der Kostenstellenleiter. Darüber hinaus sollte jedoch in jedem Fall berücksichtigt werden, daß auch das Aufstellen von Kostenkontrollberichten seinerseits Kosten verursacht, die bei der Entscheidung über Inhalt und Umfang der Berichterstattung in Betracht gezogen werden müssen.

Beispiele von Berichten. Auf den vorangegangenen und den nachfolgenden Seiten sind einige Beispiele von typischen Kostenkontrollberichten abgedruckt. Abb. 8-1 zeigt einen wöchentlichen Lohnkostenbericht für Vorleute. Die Berichterstattung umfaßt Kostenvorgaben, Effektivkosten und Abweichungen nach Konten.

Abb. 8-2 enthält einen Fertigungslohnkostenbericht in Form einer graphischen Darstellung. Der Effektivlohn wird im Vergleich zum Standardfertigungslohn gezeigt, und die Abweichungen nach oben oder unten werden herausgestellt.

Abb. 8-3 zeigt die Ermittlung von Erfolgskennzahlen für verschiedene Kosten. Im Hinblick auf die erste Kennzahl des Berichts sei vermerkt, daß die Berechnung auf dem tatsächlichen Beschäftigungsgrad (in Prozenten der Gesamtkapazität) basiert.

Allen abgebildeten Berichten ist das Bemühen, die Abweichungen von der Vorgabe und damit den Erfolg der Kostenkontrolle besonders hervorzuheben, gemeinsam.

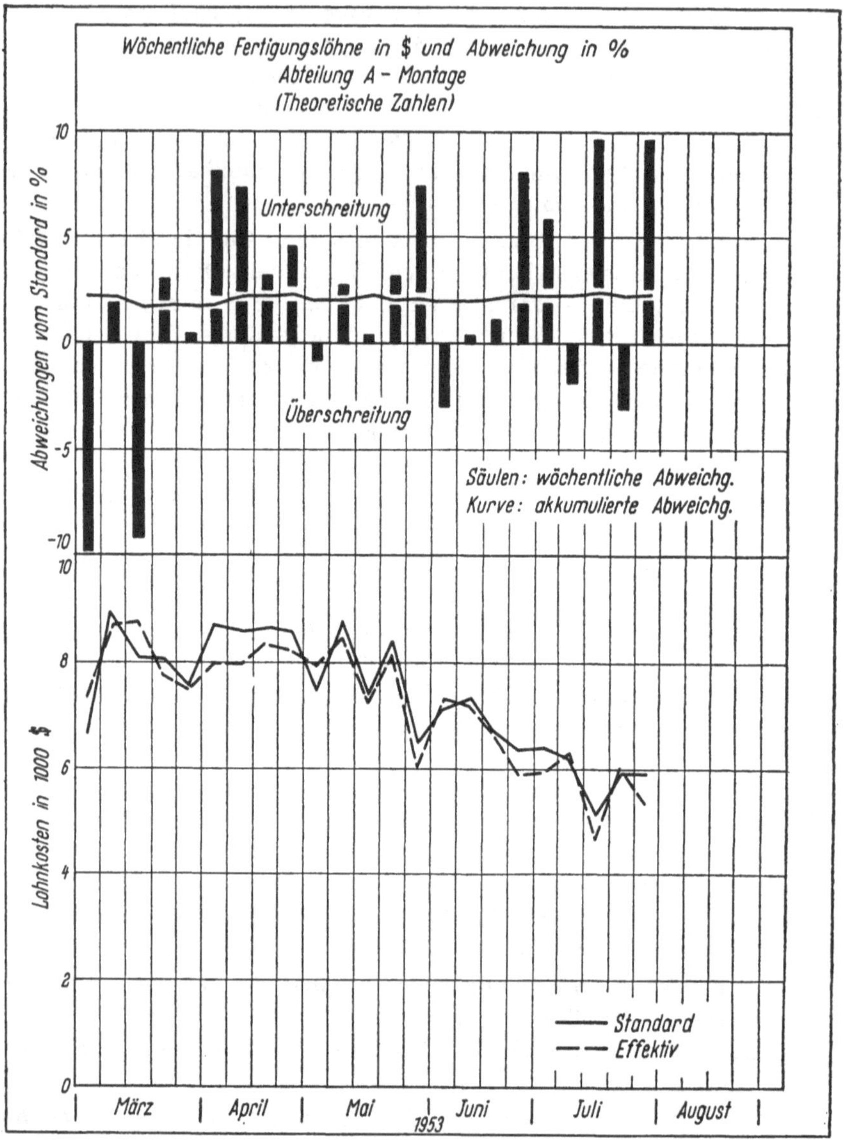

Quelle: Robert E. Stockmeyer, "Helping the Foreman Control Costs", N.A.A. Bulletin, Abteilung 1, Februar 1954, Seite 764.

Abb. 8-2 Fertigungslöhne in $ und Abweichungen in %.

Erfolgszahlen * auf der Grundlage des Vergleichs der Ergebnisse
zu Standard und Effektiv

1. Kennzahl der Arbeitsergiebigkeit (Löhne, Gehälter, soziale Leistungen):		
Effektivkosten	= $	
Standardkosten	= $	
Über/Unterschreitung	= $	
Erfolgskennzahl	=	%
Erfolgskennzahl letzte 12 Monate		%
2. Kennzahl der Materialergiebigkeit:		
Effektivkosten	= $	
Standardkosten	= $	
Über/Unterschreitung	= $	
Erfolgskennzahl	=	%
Erfolgskennzahl letzte 12 Monate		%
3. Kennzahl der beeinflußbaren Gemeinkosten (12.000, 13.000, 13.700):		
Effektivkosten	= $	
Standardkosten	= $	
Über/Unterschreitung	= $	
Erfolgskennzahl	=	%
Erfolgskennzahl letzte 12 Monate		%
4. Kennzahl der Ausnutzung der Produktionsmittel (Gebäude u. Einrichtungen):		
Effektivkosten	= $	
Standardkosten	= $	
Über/Unterschreitung	= $	
Erfolgskennzahl	=	%
Erfolgskennzahl letzte 12 Monate		%
5. Kennzahl der nicht beeinflußbaren Gemeinkosten (15.500 u. 16.000):		
Effektivkosten	= $	
Standardkosten	= $	
Über/Unterschreitung	= $	
Erfolgskennzahl	=	%
Erfolgskennzahl letzte 12 Monate		%

* In der Praxis werden häufig auch Kennzahlen für 1-3, 4 und 5 sowie 1-5 gebildet.

Quelle: Oliver R. Altum, "Production Costing in a Pharmaceutical Company", N.A.A. Bulletin, Abteilung 1, Januar 1955, Seite 705.

Abb. 8-3 Erfolgskennzahlen

III. BUDGET- UND KONTROLLVERFAHREN

9. Vertrieb

Zweck des Kapitels. Im vierten Kapitel zeigte sich bereits die starke Marktgebundenheit des Planens der unternehmerischen Gesamttätigkeit. Alle Aktivitäten eines Zeitraumes sind im allgemeinen durch eine bewußte Orientierung zu den vorausgeschätzten Verkäufen gekennzeichnet. Daher erscheint es gerechtfertigt, die Festlegung der Vertriebspolitik und die Vorausschau der Angebotsmengen an die Spitze des betriebswirtschaftlichen Planungssystems zu stellen. Auch nach Aufstellung des Planes ist es unbedingt notwendig, die tatsächlichen Verkäufe mit den vorgegebenen dauernd vergleichend zu kontrollieren. Der Vertriebsplan ist kein starrer Etat, sondern ein Gestaltungs- und Führungsinstrument, welches wie alle anderen Pläne zielorientierte Maßstäbe für die Leistungen des Unternehmens enthält. Zeigt sich im Verlauf des Planungszeitraumes, daß die angesteuerten Verkäufe infolge veränderter Verhältnisse nicht erreicht werden können, so muß der Vertriebsplan diesen neuen Verhältnissen rechtzeitig angepaßt werden. Dieses Kapitel behandelt daher in erster Linie die Planung und Kontrolle des Vertriebs.

Einleitend sei noch bemerkt, daß Verkäufe nur dann sinnvoll vorausgeschätzt werden können, wenn im Gefolge damit alle erforderlichen Vertriebsmaßnahmen vorausschauend festgelegt werden. Verkäufe sind keine Zufallserscheinungen, sondern das Ergebnis einer Vielzahl geplanter Maßnahmen. Vom Standpunkt der unternehmerischen Zielsetzung, die letzten Endes stets die Maximierung des erwarteten Gewinns vor Augen hat, ist derjenige Vertriebsplan als der vorteilhafteste anzusehen, der die Gewähr für den höchstmöglichen Überschuß der Leistungen (Erträge) über die Aufwendungen (Vertriebskosten) bietet. Will man dieses Ziel verwirklichen, so gibt es nur eine Lösung: Planung und Kontrolle des Vertriebs müssen Hand in Hand durchgeführt werden. In der nun folgenden Betrachtung werden beide Themen lediglich aus naheliegenden Vereinfachungsgründen separat behandelt.

Planung des Vertriebs

Festlegung der Vertriebspolitik. Die Vertriebspolitik muß im Einklang mit den Zielen der Gewinnplanung des Unternehmens festgelegt werden.

Die Grundlagen der Gewinnplanung wurden bereits im zweiten Kapitel besprochen. Ausgehend von den dargestellten Zielen und Maßstäben der Gewinnplanung, müssen die spezifischen Probleme der Vertriebsplanung von der Unternehmensführung gelöst werden. Darüber hinaus muß der Vertriebsplan eine Vielzahl spezifischer Vertriebsprobleme berücksichtigen einschließlich der nachfolgend genannten:

1. Grundlagen des Wettbewerbs — Preis- oder mittelbare Konkurrenz (z. B. Kundendienst, Lieferbedingungen usw.);
2. Beziehung des Sortiments zum Gewinn — Zusammenstellung eines Verkaufsprogramms, welches zur Ausnutzung der Kapazität zahlreiche Artikel mit unterschiedlichen Gewinnmöglichkeiten enthält, oder Konzentrierung der Anstrengungen auf solche Artikel, welche die höchsten Gewinne ergeben;
3. Vertriebsmethode — Direktverkäufe, Verkauf über den Einzelhandel;
4. Gebietsweise Aufteilung des Verkaufsprogramms;
5. Zusammensetzung der Kundschaft — Konzentrierung auf wenige Großabnehmer oder unterschiedlose Bedienung des Marktes;
6. Entwicklung neuer Erzeugnisse;
7. Angestrebter Marktanteil des Unternehmens.

Immer handelt es sich bei den vorerwähnten Fragen um folgende Problemkreise:

1. Die Zusammensetzung des Verkaufsprogramms
2. Die Vertriebsmethode
3. Die Verkaufsmengen
4. Die Preishöhe

Alle diese Problemkreise werden nachfolgend besprochen.

Zusammensetzung des Verkaufsprogramms. Diese Frage hat sowohl langfristige als auch kurzfristige Bedeutung. In den Fällen, in denen es sich um die Entwicklung neuer Fabrikate und die Umstellung der Produktion auf Grund größerer Veränderungen im Sortiment handelt, wird man ihr langfristige Bedeutung zuerkennen müssen. In allen anderen Fällen aber, in denen nur geringfügige, mit den bereits vorhandenen sachlichen Produktionsmitteln durchführbare Veränderungen im Sortiment notwendig sind, können als Planperiode der Zeitraum eines Jahres oder noch kürzere Perioden zugrunde gelegt werden.

Alle im Verkaufsprogramm enthaltenen Artikel sollten im Idealfall einen gleich hohen Überschuß der Erlöse über die Kosten abwerfen, weil beim Vorhandensein mehrerer Alternativen befürchtet werden muß, daß sich alle Anstrengungen nur auf den oder die günstigen Artikel konzentrieren. Auf kurze Sicht wird es jedoch stets Artikel geben, deren Gewinnbeitrag zum Gesamtergebnis vom Standard abweicht. Derartige Fälle ergeben sich meistens auf Grund mehrerer verschiedener Ursachen. Zu allen Zeiten wird es Artikel geben, die sich noch im Stadium der Marktentwicklung befinden. Dabei kann es sich um Artikel handeln, die den geschätzten Zukunftsumsatz noch nicht erreicht haben, oder bei denen Produktionsschwierigkeiten noch nicht restlos beseitigt werden konnten, oder bei denen anläßlich ihrer Einführung auf den Markt, bzw. zur Erweiterung des Marktes Sonderpreise gewährt werden mußten, die noch wirksam sind. Welcher Grund aber auch immer vorliegen mag, in diesen Fällen kann es gerechtfertigt sein, daß man sich zur Erzielung des höchstmöglichen Gesamtgewinns auf lange Sicht während der kommenden Planperiode mit nur unter dem Standard liegenden Gewinnspannen zufrieden gibt. Es kann aber auch Fälle geben, in denen ein gegenüber dem Ausgangspunkt ermäßigter Preis oder reduziertes Planvolumen festgelegt werden muß. In beiden Fällen ergibt sich ein niedrigerer Gesamtgewinn; aber solange der Absatz dieser Artikel noch einen Gewinn erwarten läßt, wird die Unternehmensführung zu keinem anderen Artikel übergehen, da ein solcher Übergang im allgemeinen eine gewisse Zeit beansprucht.

Ferner werden nicht selten zur Ausnutzung vorhandener Kapazitätsreserven Artikel geführt, die einen nur geringen Beitrag zum Gesamtgewinn leisten. Es können sogar extreme Fälle auftreten, in denen die Vollkosten über den Erlösen liegen, diese Artikel aber nichtsdestoweniger auch in Zukunft angeboten werden, weil ihre ausgabengleichen Kosten immer noch die Erlöse unterschreiten.

Angesichts der vorerwähnten Möglichkeiten ist es verständlich, daß die kurz- und langfristigen Planungsüberlegungen sehr verschieden sein können. Während die langfristige Planung ihre Hauptaufgabe in der Erzielung des für die einzelnen Artikel angestrebten Gewinne sieht, sind die Überlegungen der kurzfristigen Planung meistens auf die Erzielung des höchsten Gesamtgewinns auf der Grundlage aller im Planungszeitraum zur Verfügung stehenden Artikel gerichtet. Das Vorhandensein fixer Kosten sowie die relative Starrheit des technischen und organisatorischen Ausübungsapparates erhöhen die Bedeutung der Planung des Gesamtabsatzvolumens und des zu seiner Erreichung vorgesehenen Sortiments. Nach Möglichkeit soll das Sortiment eine Vielzahl von Artikeln mit günstigen Gewinnbeiträgen enthalten.

Es dürfte jetzt auch verständlich sein, daß das Nebeneinander von Fixkosten und mangelhafter Anpassungsfähigkeit des Ausübungsapparates dazu neigt, die kurzfristige Planung mit der langfristigen Planung in Widerstreit zu bringen. Gewinnmaximierung auf lange Sicht kann unter Umständen mit Gewinneinbußen in der Gegenwart verbunden sein. Es gehört zu den Aufgaben der Unternehmensführung, diesen Konflikt zu lösen. Weiterhin kann das Erfordernis einer dauerhaften Entwicklung neuer Fabrikate nicht überbetont werden. In dem ständigen Bemühen, mit der Konkurrenz Schritt zu halten oder sie sogar zu überbieten, hat die moderne Industrie unaufhörlich neue Fabrikate angeboten.

Feststellung der Vertriebsmethode. Die Frage nach der geeigneten Vertriebsmethode bezieht sich sowohl auf die Verkaufsorganisation als auch auf die Absatzwege. Die erste Frage betrifft die interne Verantwortungsabgrenzung, die Vergütungen in Form von Provisionen usw. sowie die Absatzförderungsmaßnahmen. Die zweite Frage bezieht sich in erster Linie auf externe Angelegenheiten.

Zu dem letzten Gebiet gehören die langfristigen Überlegungen über die Art und Weise der Auftragserlangung und Kundenwerbung. Gerade diese Frage ist in Hinsicht auf das angestrebte Absatzvolumen von grundlegender Bedeutung. Zur Auswahl stehen viele Alternativen, wie z. B. Verkaufsniederlassungen, eigene Einzelhandelsfilialen, oder der Einsatz von Kommissionären, Großhändlern oder Vertretern.

Der angeschnittene Komplex erfordert die Beantwortung folgender Fragen:

1. Wie weit soll ein Hersteller seine eigene Geschäftsstruktur ausbreiten?
2. Welches ist die wirksamste Vertriebsmethode auf der Ebene des Einzelhandels und Großhandels?
3. Wie breit und tief soll das Vertriebsnetz sein?
4. Wieviel Kontrolle über rechtlich selbständige Vertriebsunternehmen ist wünschenswert oder notwendig?

Dabei ist jedoch zu berücksichtigen, daß das Problem der Vertriebsmethode ebenso wie das der Auswahl der Fabrikate langfristiger Natur ist. Es ist ein Problem, dem man dauernd Beachtung schenken muß. Andererseits ändern sich die Vertriebsmethoden im allgemeinen nur selten. Bei der kurzfristigen Planung wird somit die Vertriebsmethode in der Regel als feste Gegebenheit behandelt.

Feststellung der Preise. Es versteht sich wohl von selbst, daß das Streben der Preispolitik auf eine Gewinnmaximierung auf lange Sicht gerichtet ist. Dem Grundproblem, wie weit der Hersteller den Markt über den Preis im gewünschten Sinne beeinflussen kann, kommt in diesem Zusammenhang naturgemäß eine ganz andere Bedeutung zu. Hierbei handelt es sich letzten Endes um die Frage, ob sich der Preis nach Angebot

und Nachfrage oder nach den eigenen Maßnahmen des Herstellers richtet.
Einige der den Grad der preispolitischen Unabhängigkeit beherrschenden Faktoren sind:

Besondere Merkmale des Fabrikates, die vom Konsumenten bevorzugt werden;
Wettbewerb mit gleichen oder ähnlichen Konkurrenzfabrikaten;
Wettbewerb mit substituierbaren Fabrikaten (Ersatzgütern), die zwar keine unmittelbare Konkurrenz darstellen, dem Kunden aber die Möglichkeit einer Wahl ermöglichen;
Elastizität der Nachfrage;
die Möglichkeit des Entstehens neuer Konkurrenz auf Grund eigener preispolitischer Maßnahmen.

Der Grad der preispolitischen Unabhängigkeit kann je nach dem Ausmaß der Unterscheidungsmerkmale zwischen dem eigenen Fabrikat und dem der Konkurrenz verschieden groß sein. Für preispolitische Maßnahmen ist es daher außerordentlich wichtig, daß man den eigenen Grad der Unabhängigkeit genau kennt und gebührend berücksichtigt.
Obwohl in den meisten Fällen die Preisbildung auf den Selbstkosten aufbaut, haben die vorstehenden preispolitischen Überlegungen dazu geführt, daß sich viele Geschäftsleute in der Praxis flexibler Marktpreise, intuitiver Preisstellungen, die sich nach der Preisstruktur des Hauptherstellers richten, und ähnlicher Verfahren bedienen. Alle derartigen Verfahren streben Preisziele an, die bei Ausnutzung der vorhandenen Kapazitäten angemessene Gewinne abwerfen.
Die Vielzahl der Verfahren, die augenscheinlich für Preisbildungszwecke angewendet werden, sind größtenteils eine Folge davon, daß die Unternehmensführung nichts oder nur wenig über die Beziehungen zwischen Angebot und Nachfrage weiß. Während die Preisbildung auf der Grundlage der Selbstkosten überwiegt, bedeutet dies noch nicht, daß sie das beste Verfahren ist, denn

1. sie vernachlässigt die Nachfrage. Den Bedarf und die Zahlungsbereitschaft des Käufers, welche beide das insgesamt erreichbare Absatzvolumen maßgeblich beeinflussen, läßt sie unberücksichtigt. Was der Käufer für den Erwerb des Gutes zu zahlen bereit ist, richtet sich nicht nach den Herstellungskosten;
2. sie läßt die Konkurrenz unberücksichtigt. Die Alternativen des Käufers in Form von Konkurrenz- und Ersatzfabrikaten und die Reagibilität der Konkurrenz bleiben bei der einfachen Preisbildung auf der Grundlage der Selbstkosten außer acht. Bei einer derartigen Preisbildung scheiden höhere Gewinne und Verkäufe zu niedrigeren Ge-

winnen aus. Auf ihre Weise wirkt sie wie ein zweischneidiges Schwert in Richtung auf eine Gewinnrestriktion;

3. sie überbetont die Richtigkeit der Ist-Kosten. In einem Unternehmen, welches mehrere Fabrikate produziert, lassen sich die Kosten der einzelnen Fabrikate im allgemeinen nicht exakt ermitteln, weil durch mehrmalige Umschlüsselungen gemeinsamer Kosten stets Ungenauigkeiten entstehen. Ferner sind die Schlüsselgrundlagen oft genug umstritten. Die Zahlen der Vollkostenrechnung sind in der Regel weniger genau, als dies der Fall zu sein scheint;
4. sie baut auf einer Kostenkonzeption auf, die für Preisentscheidungen sehr oft ungeeignet ist. Gewöhnlich sind keine Tageskosten oder gar Vergangenheitskosten, sondern die erwarteten Zukunftskosten gefragt. In vielen Fällen sind sogar die Grenzkosten geeigneter als die Vollkosten.

In dem Umfang, in welchem die vorstehenden Ausführungen die Schwächen des Rechnungswesens zutreffend charakterisieren, stellt sich den Betriebswirten die überaus wichtige Aufgabe, die Kostenrechnung trotz der allgemeinen anerkannten Schwierigkeiten zu verbessern. In der Praxis haben viele Unternehmen bereits ihre Kostenrechnung dadurch verbessert, daß sie dazu übergegangen sind, verschiedene Kosten für verschiedene Zwecke zu ermitteln. Aber selbst in diesen Fällen wird von der Unternehmensführung anerkannt, daß die Preisbildung eine Aufgabe ist, die eine große Flexibilität und Anpassungsfähigkeit an das Marktgeschehen erfordert.

Feststellung der Mengen. Während die vorstehenden Ausführungen lediglich andeuten, daß Preis und Menge eng miteinander verbunden sind, bleibt nunmehr noch die Frage zu beantworten, wieviel zu einem bestimmten Preis verkauft werden muß. Auf die Bedeutung des Absatzvolumens wurde bereits hingewiesen. Die Frage nach der Verkaufsmenge zu einem bestimmten Preis in der Planperiode kann daher eine der beiden oder sogar beide der folgenden Formen annehmen: Wieviel kann verkauft werden, und wieviel muß verkauft werden? Die letzte Frage ist eine Angelegenheit der Budgetpolitik; sie geht davon aus, daß bestimmte Planziele vorliegen und einwandfrei definiert wurden. Die erste Frage bezieht sich auf die Marktchancen der Fabrikate des Unternehmens bei einem bestimmten Preis; sie betrifft das schwierigste und zugleich wichtigste Budgetproblem.

Verfahren der Vertriebs- oder Absatzplanung. Die Frage nach dem erwarteten Zukunftsabsatz ist für die Unternehmensführung sehr wichtig.

Bei Durchsicht der verschiedenen nachstehend beschriebenen Prognoseverfahren zeigt sich, daß die Schwierigkeiten von Unternehmen zu Unternehmen und von Planungsperiode zu Planungsperiode ungleich groß sind. Viele Unternehmen, die nur den Inlandsmarkt bedienen, legen der Prognose des Absatzes den voraussichtlichen Marktanteil zugrunde. Hierbei stützen sie sich in der ersten Phase meistens auf gewisse Marktindizes oder -studien über den geschätzten Gesamtumsatz ihrer Erzeugnisse. Derartige Prognosen können sehr allgemein gehalten sein. Die Heranziehung von Indizes für die Bauindustrie und ähnliche Schlüsselbranchen ist sehr üblich. In der zweiten Phase stellt man auf Grund von Vergangenheitsdaten Statistiken auf, die Aufschluß über die Beziehung des gesamten Marktes für ein Produkt zu den eigenen Absatzergebnissen geben. In der dritten Phase erhält man Voranschläge über den künftigen Marktanteil in der nächsten Planperiode seitens der Vertriebsleitung, des Außendienstes und von Marktforschern.

Während und unmittelbar nach einer längeren Periode akuter Güterknappheit drängt sich vielen Unternehmen die Auffassung auf, daß die eigenen Absatzmöglichkeiten von der eigenen Produktionskapazität abhängen oder, anders ausgedrückt, daß die Kapazität der eigenen sachlichen Produktionsmittel die Obergrenze des Vertriebsplanes darstellt. Eine solche Lage kann natürlich nicht als normal gewertet werden.

In der Praxis sind die in Verbindung mit der Aufstellung des Vertriebsplanes auftretenden Schwierigkeitsgrade sehr unterschiedlich. Am einfachsten dürften solche Fälle sein, in denen das Unternehmen seine Produkte an nur wenige Abnehmer verkauft und infolgedessen in der Lage ist, verhältnismäßig genaue Bedarfsvorausschätzungen für die nächste Planperiode von seinen Kunden einzuholen. Weiterhin kann die Vorausschätzung des Absatzes in alle jenen Fällen mit einiger Zuverlässigkeit durchgeführt werden, in denen sich die Produkte nicht durch eine besondere Geschmacksrichtung und -entwicklung auszeichnen. Wenn aber die Produkte des Unternehmens im besonderen Maße der Mode ausgesetzt sind, dann besteht vielfach die Gefahr, daß die von der Marktseite her zu erwartenden Änderungen bei der Vorausschätzung des Absatzvolumens nicht richtig erkannt werden. Ebenso ist hervorzuheben, daß bei Vorausschätzungen für billige Artikel die Gefahr von Fehlerquellen häufig erheblich geringer ist als bei solchen für teuere Artikel.

Schließlich sei noch darauf aufmerksam gemacht, daß dem Voranschlag nicht nur der geschätzte wertmäßige Zukunftsumsatz zugrunde gelegt werden darf. Wie bereits im vierten Kapitel dargestellt, ist der Absatzplan für alle Produkte sowohl in Mengen als auch in Werten und nach Monaten (oder sogar Wochen oder Tagen) aufzustellen.

Als Verfahren werden dabei im allgemeinen verwendet:

1. Verkaufsvorausschätzung der Verkaufsleitung
2. Vertreterschätzung
3. Statistische Analysen
4. Kombinierte Verfahren

VERKAUFSVORAUSSCHÄTZUNG DER VERKAUFSLEITUNG. Das erste Verfahren besteht in einer mehr oder weniger formellen Abstimmung der Spitzenkräfte hinsichtlich ihrer Vorstellungen über die Absatzmöglichkeiten des Unternehmens in der nächsten Planperiode. Wenn in den Fällen, in denen dieses Verfahren verwendet wird, keine Angaben über solche Faktoren gemacht werden, auf denen die Schätzung aufzubauen hat, so handelt es sich bei dem Ergebnis um einen Gruppenvoranschlag. Sofern die an der Abstimmung beteiligten Spitzenkräfte ein ausgeprägtes Empfinden für die die Marktentwicklung bestimmenden Faktoren haben und mit dem Markt im engen Kontakt stehen, können die Ergebnisse einer solchen Abstimmung recht aufschlußreich sein. In vielen kleinen und mittleren Unternehmen basiert die Absatzplanung nur auf diesem Verfahren. Aber auch solche Unternehmen, die erheblich verfeinerte Schätzverfahren verwenden, geben den Spitzenkräften im allgemeinen Gelegenheit, sich zu den wissenschaftlich ermittelten Voranschlägen zu äußern, weil die Erfahrung gezeigt hat, daß selbst das theoretisch zuverlässigste Verfahren nicht narrensicher ist. Statistische Analysen unterstellen beispielsweise den ihnen zugrunde liegenden Faktoren gewisse Charakteristiken, die aber häufig genug durch Ereignisse nicht wirtschaftlicher Natur, wie den Ausbruch oder das Ende eines Krieges, die Änderung der Gesetzgebung oder Zukunftseinschätzung der Bevölkerung, ad absurdum geführt werden. Zum Beispiel kann die Statistik unmöglich voraussagen, daß der Zigarettenkonsum auf Grund der Zunahme krebsartiger Erkrankungen voraussichtlich rückläufig sein wird. In alle den Fällen, in denen zum Beispiel der Voranschlag auf politischen, religiösen oder psychologischen Faktoren aufbaut, erscheint es deshalb richtig, das statistische Material auf Grund der Markteinschätzung der Verkaufsleitung zu berichtigen.
Die Vor- und Nachteile der Verkaufsvorausschätzung durch die Verkaufsleitung sind die folgenden:

Vorteile —
1. Sie kann leicht und schnell durchgeführt werden.
2. Sie setzt im allgemeinen kein statistisches Material voraus.
3. Sie enthält eine Vielzahl von Überlegungen und Erfahrungen.
4. Beim Fehlen geeigneter Daten kann sie das einzig brauchbare Verfahren sein.

Nachteile —
1. Sie basiert auf persönlichen Ansichten anstatt auf Tatsachen.

2. Sie beansprucht die kostbare Zeit der Verkaufsleitung.
3. Sie ist weniger genau, weil ihr eine Synthese aller Ansichten zugrunde liegt.
4. Sie streut die Verantwortung für die Richtigkeit der Prognose.
5. Sie ist sehr problematisch, wenn die Vorausschätzungen nach Artikeln oder Artikelgruppen, nach Teilperioden des Planungszeitraumes oder gebietsweise aufzuteilen sind.[3]

Das Beispiel in dem nachstehenden Bericht zeigt die Arbeitsweise dieses Verfahrens in der Praxis.

Der verfahrensmäßige Ausgangspunkt der Vertriebsplanung liegt beim Verkaufsdirektor. Unter Zugrundelegung seiner eigenen Erfahrung, Kenntnis der Nachfrage und der Betriebskapazität für die verschiedenen Produkte sowie unter Berücksichtigung der Vorstellungen seiner Abteilungsleiter erstellt er eine Vorausschätzung des Absatzvolumens. Diese Vorausschätzung ist nach Produkten aufgeteilt. Eine solche Aufteilung ist wichtig für die Aufstellung des Fertigungsprogramms.
Anschließend wird die vorläufige Vorausschätzung des Verkaufsdirektors dem Finanzdirektor übergeben, der auf Grund dieser Unterlagen eine geplante Gewinn- und Verlustrechnung aufstellt. In diesem Zusammenhang ist der Finanzdirektor auf zuverlässige Auswertungen der Ergebnisse früherer Zeiträume und das Urteil verschiedener Führungskräfte hinsichtlich der voraussichtlichen Kostenveränderungen, der künftigen betrieblichen Kapazität, der erwarteten Entwicklung des Leistungsgrades im Fertigungsbereich und zahlreicher anderer Faktoren, welche in der Gewinnprognose ihren Niederschlag finden müssen, angewiesen. In dieser Phase liegt die Leitung und Überwachung der Planerstellung ausschließlich beim Finanzdirektor. Mit Hilfe der Standardkostenrechnung des Unternehmens lassen sich die für die Umrechnung der erwarteten Verbrauchsmengen benötigten Vorgabekosten der einzelnen Produkte jederzeit und ohne größeren Zeitaufwand ermitteln.
Im allgemeinen bespricht der Finanzdirektor den Fortschritt des Vertriebsplanes mit den anderen Führungskräften des Unternehmens. In seinem Vertriebsplan kommen daher mehr oder minder alle Überlegungen der anderen Verantwortlichen zum Ausdruck.
Sobald er seinen Auftrag erfüllt hat, wird die vorläufige Vorausschätzung des Absatzvolumens und die geplante Gewinn- und Verlustrechnung dem Budget-Komitee übergeben. Ihm gehören Mitglieder der obersten Unternehmensführung an, also insbesondere der Generaldirektor, der Verkaufsdirektor, der Fertigungsdirektor, der Finanzdirektor usw. Das Komitee überprüft, billigt oder korrigiert Punkt für Punkt die der Vorausschätzung zugrunde liegenden Prognosen. Falls sich die Prognose ändert, muß die geplante Gewinn- und Verlustrechnung an die geänderten Daten angepaßt werden.
Wie gesagt, besitzt der Verkaufsdirektor für die vorläufige Vorausschätzung des Absatzvolumens und der Finanzdirektor für die Aufstellung einer auf dieser Vorausschätzung basierenden geplanten Gewinn- und Verlustrechnung funktionale Autorität. Durch die Prüfung der Prognose und Festlegung der endgültigen Planziele im Budget-Komitee bleibt aber letztlich die originäre Verantwortung der Unternehmensführung bestehen.[4]

3 National Industrial Conference Board, Forecasting in Industry, Studies in Business Policy, Nr. 77, 1957, S. 7
4 dto., S. 8

Verkaufsvorausschätzung des Verkaufspersonals und der Vertreter. Dieses Verfahren verschafft dem Personal der internen Vertriebsorganisation und des Außendienstes Gehör. Dieser Personenkreis wird zur Abgabe eines formgebundenen Voranschlages, getrennt nach den einzelnen Waren, aufgefordert. Dabei ist es für die angesprochenen Personen meistens von großem Vorteil, wenn ihnen zur Unterstützung besonderes Zahlenmaterial aus der Vergangenheit zur Verfügung gestellt wird.
Die Vor- und Nachteile dieses Verfahrens sind die folgenden:

Vorteile —
1. Es basiert auf der Erfahrung und dem Urteil gerade derjenigen Personen, die unmittelbar mit dem Markt in Berührung kommen.
2. Es legt die Verantwortung für den Voranschlag in die Hände derjenigen, die ihn letztlich auch verwirklichen sollen.
3. Es stärkt das Vertrauen des Verkaufspersonals in die gebietsweise Quotenaufteilung auf Grund des Voranschlages.
4. Es führt tendenziell zu einer größeren Stabilität des Voranschlages wegen der Vielzahl der ihm zugrunde liegenden Schätzungen.
5. Es erleichtert die Aufteilung des Voranschlages nach einzelnen Produkten oder Produktgruppen, nach Absatzgebieten, nach Kunden oder nach Vertreterbezirken.

Nachteile —
1. Verkäufer sind schlechte Schätzer, die je nach Veranlagung entweder optimistischer oder pessimistischer sind, als dies auf Grund der Marktlage gerechtfertigt ist.
2. Sofern man diese Schätzungen für die gebietsweise Quotenaufteilung verwendet, werden die Verkäufer versuchen, die zukünftige Nachfrage zu unterschätzen, um sich auf diese Weise die Verwirklichung ihrer Quote zu erleichtern.
3. In den meisten Fällen sind sich die Verkäufer der allgemeinen Wirtschaftslage, die letztlich für die künftige Umsatzentwicklung ausschlaggebend ist, nicht bewußt. Ihre Aufgabe, das künftige Absatzvolumen vorauszuschätzen, geht also unter Umständen weit über das hinaus, was im allgemeinen bei der Aufstellung eines Voranschlages vorausgesetzt werden muß.
4. Verkaufsvoranschläge gehören zu den nebensächlichen Funktionen des Verkaufspersonals, und somit dürfte hierfür nur wenig oder gar keine Zeit zu erübrigen sein.
5. Verkaufsvoranschläge beanspruchen einen großen Zeitaufwand seitens des Verkaufspersonals.
6. Ein möglichst genaues und unvoreingenommenes Bild hinsichtlich der künftigen Nachfrage erhält man meistens nur auf Grund einer gründlichen Marktanalyse und unter Berücksichtigung der eigenen statistischen Aufzeichnungen.[5]

Trotz vorstehender Nachteile ergibt sich aus der bereits angeführten Studie "Forecasting in Industry", daß das zuletzt behandelte Verfahren in der Praxis weit verbreitet ist und in einigen Unternehmen ganz offensichtlich mit Erfolg durchgeführt wird. Aus der Studie ergibt sich weiter-

[5] National Industrial Conference Board, a. a. O. S. 12.

hin, daß die Schätzfehler nur bis zu 5% ausmachten. Ferner läßt diese Studie durchblicken, daß die erwähnten Nachteile zumindest teilweise dadurch beseitigt werden können, daß

1. man den Verkäufern Aufzeichnungen ihrer früheren Verkäufe zur Verfügung stellt;
2. Die Zonen- oder Bezirksleiter die Verkaufsschätzungen mit ihren Verkäufern, bzw. Vertretern besprechen;
3. man die Verwirklichung des Voranschlages durch geeignete verkaufsfördernde Maßnahmen unterstützt (dieses Vorgehen erscheint aber nur dann richtig, wenn das Verkaufspersonal oder die Vertreter, die den Voranschlag verwirklichen sollen, ein Anrecht auf Provision haben);
4. man den Voranschlag dauernd mit dem effektiv Erreichten vergleicht.[6]

Statistische Analysen. Eine ausführliche Darstellung des statistischen Verfahrens und aller derjenigen Faktoren, die in diesem Zusammenhang von Bedeutung sind, würde den Rahmen, in dem die Probleme hier behandelt werden sollen, bei weitem überschreiten; hierbei handelt es sich um ein weitgespanntes Spezialgebiet mit einer umfangreichen Literatur. Es sei aber darauf hingewiesen, daß statistische Untersuchungen sich letzten Endes nur auf den Umsatztrend des eigenen Unternehmens erstrecken können. Außerdem besteht die Möglichkeit, die eigene Umsatzentwicklung aus gewissen externen Faktoren abzuleiten. Hierzu bedarf es einer Spezialausbildung, und so ist es zu erklären, daß derartige Untersuchungen im allgemeinen größeren Unternehmen mit einem entsprechend vorgebildeten Stab vorbehalten sind.
Ein relativ einfaches statistisches Verfahren, welches in der Praxis vieler Unternehmen mit einigem Erfolg angewendet wird, erscheint auch im Rahmen dieser Darstellung als erwähnenswert. Dieses Verfahren enthält im wesentlichen nur zwei Schritte. Der erste Schritt besteht in einer Analyse des Umsatzes früherer Zeiträume, wobei speziell festgestellt werden soll, ob die Monatsumsätze der einzelnen Produkte hinsichtlich ihrer Entwicklung zum Gesamtumsatz einen bestimmten typischen Verlauf erkennen lassen. In einigen Unternehmen können die Verhältnisse allerdings so gelagert sein, daß die Relation der Auftragseingänge zum Jahresumsatz erheblich aussagefähiger ist. Sofern ein derartiger typischer Verlauf vorliegt und festgestellt werden kann, sieht der zweite Schritt eine Division des stückmäßigen Umsatzes des Repräsentativmonats durch den Prozentanteil am jährlichen Gesamtumsatz vor.
Sofern sich beispielsweise auf Grund einer solchen Analyse ergibt, daß bei einem bestimmten Produkt der Umsatz des Monats Dezember normalerweise 10% des Jahresumsatzes repräsentiert und dieser Prozentanteil ungefähr 1.000 Stück ausmacht, kann mit einiger Gewißheit davon

[6] National Industrial Conference Board, a. a. O. S. 13.

ausgegangen werden, daß der Umsatz der nächsten zwölf Monate im Einklang mit der festgestellten typischen Entwicklung 10.000 betragen wird. Damit dieses Verfahren von Nutzen sein kann, muß die typische monatliche Entwicklung herausgefunden werden. Weiterhin ist zu sagen, daß die Schätzung die künftige Entwicklung nur solange treffend widerspiegelt, als die Verhältnisse des Monats Dezember unverändert fortbestehen. Dieses Verfahren hat natürlich den großen Vorzug, daß es auf den Leistungen und Gegebenheiten des Marktes der dem Planungszeitraum unmittelbar vorangehenden Periode aufbaut. Aber noch in anderer Weise ist dieses Verfahren nützlich: Die meisten Unternehmen planen kurzfristig, d. h. für einen kürzeren Zeitraum als ein Jahr. In den Fällen, in denen dieses Verfahren für vierteljährliche Planungen verwendet wird, ist es besonders aussagefähig. Wird die Ermittlung monatlich durchgeführt, so erhält man einen Überblick, ob der Voranschlag auf Grund der tatsächlichen Gegebenheiten zu erhöhen oder zu erniedrigen ist.

Kombinierte Verfahren. Es gibt kein Verfahren zur Schätzung des Zukunftsumsatzes, welches narrensicher ist. Es wird daher der Vorschlag gemacht, mehrere kombinierte Verfahren zu verwenden, sofern dies praktisch möglich ist. In der Tat gibt es nur wenige Unternehmen, die sich ausschließlich auf das Resultat nur eines einzigen Verfahrens verlassen. Und es hat den Anschein, daß selbst in den Fällen, in denen sowohl Schätzungen des Verkaufspersonals als auch statistische Verfahren vorliegen, auch noch ein von der Verkaufsleitung aufgestellter Plan bei der endgültigen Festlegung des Voranschlages Berücksichtigung findet. Treffend zeigt dies folgender Fall, in dem alle drei Verfahren berücksichtigt sind und der jährliche Vertriebsplan somit eine Synthese aus folgenden Schätzungen darstellt:

1. Geschätzter Zukunftsumsatz des Vertreters für seinen Bezirk.
2. Geschätzter Zukunftsumsatz des Gesamtmarktes für ein spezielles Produkt seitens des zuständigen Abteilungsleiters des Verkaufsbereichs.
3. Geschätzter Zukunftsumsatz des Zonenleiters für seine Zone.
4. Geschätzer Zukunftsumsatz des Gesamtmarktes für alle Produkte seitens der Verkaufsleitung.
5. Geschätzer Zukunftsumsatz des Gesamtmarktes für alle Produkte seitens des Budgetdirektors durch Anwendung folgender statistischer Verfahren:
   a) Umsätze der jüngsten Vergangenheit werden auf Grund des Zahlenwerkes der letzten fünf Jahre in einen Absatzplan für die nächste Planperiode umgewandelt;
   b) Langfristiges Trendverfahren.
6. Wirtschaftsprognose der obersten Unternehmensführung.[7]

7 C. E. Manteuffel, A Case Study in Systematic Forecasting, N.A.A. Bulletin, Abteilung I, März 1954, Seite 820

Der Absatzplan. Der endgültige Absatzplan, aufgestellt in ähnlicher Form wie der im fünften Kapitel dargestellte, ergibt sich aus der Verkaufsschätzung. Die Verkaufsschätzung gilt als die Obergrenze des voraussichtlich erreichbaren Absatzvolumens im Planungszeitraum. Die Verkaufsschätzung bedarf daher noch folgender Erweiterungen:

1. Das voraussichtliche Höchstvolumen ist in Beziehung zu setzen zu dem angestrebten Ausnutzungsgrad der Fertigungskapazität.
2. Die revidierte Verkaufsschätzung ist sachlich, zeitlich, mengen- und wertmäßig aufzuteilen.

Im Zusammenhang mit der ersten Erweiterung könnte man sich vorstellen, daß das Unternehmen entweder nicht in der Lage ist oder es aus anderen Gründen ablehnt, alle erwarteten Marktchancen wahrzunehmen. Im letzten Fall können die voraussichtlichen Gewinnmöglichkeiten der einzelnen Produkte einen wesentlichen Einfluß ausüben.

Bei der zweiten Erweiterung spielt die Planung aller mit dem Vertrieb verbundenen Einzeltätigkeiten eine wesentliche Rolle. Hierbei werden in vielen Unternehmen die Auftragserlangung und die Auftragsbearbeitung scharf voneinander getrennt. Derartige Unterscheidungen führen zur Aufstellung verschiedener Tätigkeitspläne für die aufgeteilten Aufgabenkreise.

Kontrolle des Vertriebs

Beziehung zwischen Planung und Kontrolle. Die Kontrolle des Vertriebs enthält zwei Aufgaben. Die erste Aufgabe stellt sich bereits im eigentlichen Planungsstadium, wo es um die Behandlung der Fragen des „wo", „wann", „warum", „wie" usw. des Vertriebs geht. Es handelt sich dabei also um jenes Stadium, in dem die verschiedenen Alternativen mit ihren voraussichtlichen Auswirkungen einander gegenübergestellt werden und die relativ günstigste Entscheidung getroffen wird. Die zweite Aufgabe ergibt sich nach dem Inkrafttreten des Vertriebsplanes auf Grund der nunmehr folgenden vergleichenden Kontrolle der tatsächlichen Resultate mit dem Voranschlag. Sie ist Ausgangspunkt und unbedingtes Erfordernis für

a) die Einleitung vorbeugender Maßnahmen mit dem Ziel einer erhöhten Wirksamkeit des Vertriebsplanes;
b) die Erkenntnis der Notwendigkeit einer Abänderung und Anpassung des Vertriebsplanes.

Beide Aufgaben sind in der Praxis eng miteinander verbunden. Die Entscheidung für die relativ günstigste Alternative wird in der Planungsphase getroffen. Daraus entstehende Vorgaben müssen in der Kontrollphase im Zusammenhang mit der vergleichenden Kontrolle der tatsächlichen Resultate verwendet werden. Weiterhin führen solche fortlaufenden Kontrollen der effektiven Leistungen mit den Vorgaben zu neuen Erkenntnissen der Zusammenhänge von Ursache und Wirkung. Daraus ergeben sich unentbehrliche Grundlagen für die Aufstellung des nächsten Vertriebsplanes.

Das Wesen der Kontrolle zeigt sich also darin, daß die Vorgaben für den Planungszeitraum mit den tatsächlich erreichten Verkaufsergebnissen für denselben Zeitraum fortlaufend kontrolliert werden. Dazu tritt die Ursachenwirkungsforschung hinsichtlich der ermittelten Differenzen, und deren Ergebnisse ziehen unter Umständen eine Abänderung und Anpassung des Vertriebsplanes an geänderte Verhältnisse nach sich. Der Vertriebsplan ist somit ein Maßstab für die in der Zukunft angestrebten Verkaufsergebnisse, und so erklärt sich auch die enge Verbindung zwischen dem Planungsstadium und der Kontrollphase. Ferner ergibt sich daraus, daß eine Besprechung der Kontrolle des Vertriebsplanes ohne eine Analyse der Vorgaben nicht möglich ist.

Vorgaben zur Kontrolle des Vertriebs. Die im Budget der „Beispiel-Gesellschaft" (vgl. fünftes Kapitel) enthaltenen Planverkäufe für die Produkte A, B und C stellen die Gesamtvorgabe für den Planungszeitraum dar. Dieser Gesamtvorgabe liegen mehrere Einzelvorgaben zugrunde, und jede dieser Einzelvorgaben bedurfte einer Entscheidung für die relativ günstigste Alternative.

Das Endziel des Vertriebsplanes ist die Gewinnmaximierung in der Zukunft bei gleichzeitiger Wahrung der übrigen Ziele des Unternehmens. Dieses Endziel hat zur Voraussetzung, daß man außer dem wert- und mengenmäßigen Absatz auch die mit dem Absatz zusammenhängenden Kosten vorausschätzt. Dies führt zu einer Gegenüberstellung der erwarteten Verkaufsergebnisse und der dazugehörigen Kosten zur Feststellung des Gewinnmaximums. Da eine exakte Behandlung dieses Problems dem nächsten Kapitel vorbehalten ist, soll auf Einzelheiten hier noch nicht näher eingegangen werden. Unbeschadet dessen bedarf es wohl keiner besonderen Betonung, daß auch im Falle der „Beispiel-Gesellschaft" derartige Untersuchungen durchgeführt wurden. Drei weitere Punkte dürften aber für die mit den Vorgaben angestrebte Gewinnmaximierung besonders wichtig sein:

1. Die Vorgabe des Sortiments
2. Die Vorgabe der Auftragsgröße
3. Die Vorgabe der Verkäufe nach Absatzgebieten

Demgegenüber ist nochmals festzustellen, daß Fragen der Preispolitik, der Herausbringung neuer oder der Änderung vorhandener Produkte und der Einführung neuer Vertriebsmethoden in ihrer Bedeutung für die kurzfristige Planung stark zurücktreten. Derartige Betrachtungen führen zu Planperioden, die meistens weit länger als ein Jahr sind.

Vorgabe des Sortiments. Hierbei handelt es sich um die Festlegung einer Produktkombination, die unter Berücksichtigung der erwarteten Marktverhältnisse die relativ höchste Gewinnmöglichkeit ergibt. Sofern alle Produkte gleich günstig abgesetzt werden könnten, würde es das Problem der Sortimentvorgabe überhaupt nicht geben. Zu allen Zeiten wird aber ein solcher Zustand nur selten vorherrschen. Die Gewinnmöglichkeiten der einzelnen Produkte werden mit Rücksicht auf die Abnehmer und die Absatzgebiete stets Unterschiede aufweisen. Auf kurze Sicht kann es sogar erforderlich sein, auch solche Produkte in das Sortiment aufzunehmen, durch deren Verkauf ein nur geringer Gewinnbeitrag entsteht. Aber auch in einem solchen Fall bedarf es der Auswahl einer optimalen Produktkombination, d. h. der Zusammenstellung eines Vertriebsplanes, der unter Berücksichtigung aller den Zukunftsmarkt beeinflussenden Faktoren den relativ höchsten Gewinn erwarten läßt. Hierfür ein Beispiel:

Eingeführte Produkte	Gewinnbeitrag in % des Umsatzes
A	20
B	18
C	25
Neues Produkt	
D	15
Regierungsauftrag	10

Das Gewinnziel für den Planungszeitraum beträgt $ 100.000. Müßte man es durch den Vertrieb eines einzigen Produktes verwirklichen, so wären hierfür folgende Umsätze erforderlich:

Produkt A allein	$ 500.000
Produkt B allein	555.555
Produkt C allein	400.000
Produkt D allein	666.666
Regierungsauftrag allein	1.000.000

Mit Rücksicht auf geschäftspolitische Überlegungen sowie unter Berücksichtigung der voraussichtlichen Marktlage und Fertigungskapazität kann es aber notwendig sein, ein Sortiment festzulegen, das eine komplette

Auswahl aller Produkte enthält. Damit stellt sich die Aufgabe, ein Sortiment auszuwählen, welches unter Berücksichtigung aller Einflußfaktoren die Verwirklichung des angestrebten Gewinnziels ermöglicht. Die erwarteten Erfordernisse des Marktes müssen mit denjenigen des eigenen Betriebes in Einklang gebracht werden. Geht man zum Beispiel davon aus, daß alle Produkte den Einsatz eines Produktionsapparates zur Voraussetzung haben, dessen Leistungsfähigkeit in einem bestimmten Verhältnis zum Umsatz steht, und nimmt man weiterhin an, daß die vorhandene Fertigungskapazität einen Umsatz von höchstens \$ 600.000 erreichbar macht, dann zeigt sich, daß das Gewinnziel von \$ 100.000 über den Regierungsauftrag nicht verwirklicht werden kann. Für den Fall, daß die Unternehmensführung bestrebt ist, neben dem gewinnmaximalen Produkt C auch noch ein Maximum des Regierungsauftrages in das Vertriebsprogramm aufzunehmen, so würde sich bei einem Gewinnziel von \$ 100.000 und einem Gesamtumsatz von \$ 600.000 der Anteil des Regierungsauftrages am Gesamtumsatz auf \$ 333.333 belaufen. Die nachstehende Rechnung zeigt die Lösung für diese Frage:

Regierungsauftrag = X

$$.10\,X + .25\,(600.000 - X) = 100.000$$
$$.10\,X + 150.000 - .25\,X = 100.000$$
$$.15\,X = 50.000$$
$$X = 333.333$$

Probe:

Regierungsumsatz	\$ 333.333	a 10% =	\$ 33.333
Umsatz C	266.667	a 25% =	66.667
	\$ 600.000		\$ 100.000

Würde das Unternehmen alle Kapazitäten dem neuen Produkt D widmen, könnte es das Gewinnziel nicht verwirklichen. Ein Umsatz von \$ 600.000, welcher nur 15% Gewinn abwirft, würde keinen Überschuß von \$ 100.000 verdienen. Falls es dagegen bestrebt ist, ein Maximum des Produktes D in Verbindung mit dem Produkt C abzusetzen, ergäbe sich ein Höchstumsatz für D von \$ 500.000 aus folgender Rechnung:

$$.15\,D + .25\,(600.000 - D) = 100.000$$
$$.15\,D + 150.000 - .25\,D = 100.000$$
$$.10\,D = 50.000$$
$$D = 500.000$$

Umsatz D	\$ 500.000	a 15% =	\$ 75.000
Umsatz C	100.000	a 25% =	25.000
	\$ 600.000		\$ 100.000

Sollen alle Produkte im Sortiment vertreten sein, so führt dies zu einer entsprechenden Erweiterung der dargestellten Rechnungen.

VORGABE DER AUFTRAGSGRÖSSE. Die Vorausbestimmung des erwarteten Umsatzes für jedes einzelne Produkt genügt nicht. Weiterhin muß den Auftragsgrößen eine besondere Bedeutung zuerkannt werden. Damit tritt zu der Auswahl der Produkte bzw. der bereits oben behandelten Gestaltung des Verkaufsprogramms nun noch die Auswahl der Kunden.

Eine sorgfältige Analyse der Kosten des Vertriebs und Kundendienstes nach Abnehmern kann in vielen Fällen mit der Erkenntnis verbunden sein, daß die voraussichtlichen Kosten höher sein werden als der erzielbare Gewinn. Manchmal sind die Aufträge für eine gewinnbringende Bearbeitung zu klein. Die hierfür erforderlichen Sonderroutinen im Zusammenhang mit der Bereitstellung der Ware, dem Verpacken und Versenden verzehren oft genug den Gewinn. Die Kosten des Vertriebs und Kundendienstes können in solchen Fällen höher sein als das Gewinnpotential. Der Annahme derartiger Aufträge, lediglich mit Rücksicht auf solche Abnehmer, die nur eine kleine Warenmenge wünschen, müßte der erfahrene Kostenanalytiker mit Nachdruck widersprechen. Seine Aufgabe wäre es zu beweisen, daß der Preis für die Bearbeitung kleiner Auftragsmengen in keinem Verhältnis zum erwarteten Erfolg steht.
Bei der Untersuchung der relativen Gewinnmöglichkeiten ist die Ermittlung der Gewinnschwelle, d. h. des Punktes, wo die Kosten des Vertriebs genau so groß sind wie der erzielbare Gewinn, äußerst wichtig. Daraus ergibt sich zwangsläufig die Vorgabe von Mindestauftragsgrößen, welche das Unternehmen günstig bearbeiten kann. Aus den Ergebnissen einer Analyse der Gewinnmöglichkeit läßt sich in vielen Fällen die Erkenntnis ableiten, daß der Gesamtgewinn des Unternehmens größtenteils das Ergebnis eines relativ kleinen Prozentsatzes der gesamten Aufträge ist; ferner zeigt sich, daß die Auftragsbearbeitung in einigen Fällen nur mit Verlust durchgeführt werden kann. Eine Illustration einer solchen Analyse zeigt Abbildung 9-1. Auf Grund dieser Erkenntnisse hat der Verkäufer bei der Auftragserlangung darauf zu achten, daß der mengenmäßige Umfang der bestellten Waren den vorstehenden Bedingungen entspricht.[8]

Obwohl sich die Unternehmen zur Erzielung des angestrebten Gesamtumsatzes sehr oft veranlaßt sehen können, Aufträge der verschiedensten Größenordnung anzunehmen, scheint es doch unmittelbar einleuchtend, daß die Vorgabe von Mindestauftragsgrößen für die budgetmäßige Leistungsmessung unerläßlich ist.

VORGABE DER ABSATZGEBIETE. Mit der Vorausbestimmung des Zukunftsumsatzes ist ein anderes Problem eng verbunden: Die Vorgabe des Umsatzes nach Absatzgebieten. Geht man von dem Vorhandensein einer bestimmten Anzahl von Verkaufsgebieten aus, so ist es wichtig, daß jedes

[8] Lawrence L. Ellis, "What Cost Reduction means in Distribution", N. A. A. Bulletin, Abteilung I, September 1950, Seite 43—44

einzelne Gebiet seinen Beitrag zum Gesamtumsatz leistet. Das gleiche Erfordernis ist für jeden einzelnen Verkäufer bzw. Vertreter zutreffend, wenngleich im Rahmen dieser Betrachtung aus Vereinfachungsgründen generell unterstellt wird, daß die Kontrolle des Vertriebspersonals durch die Kontrolle der Absatzgebiete erfolgt.

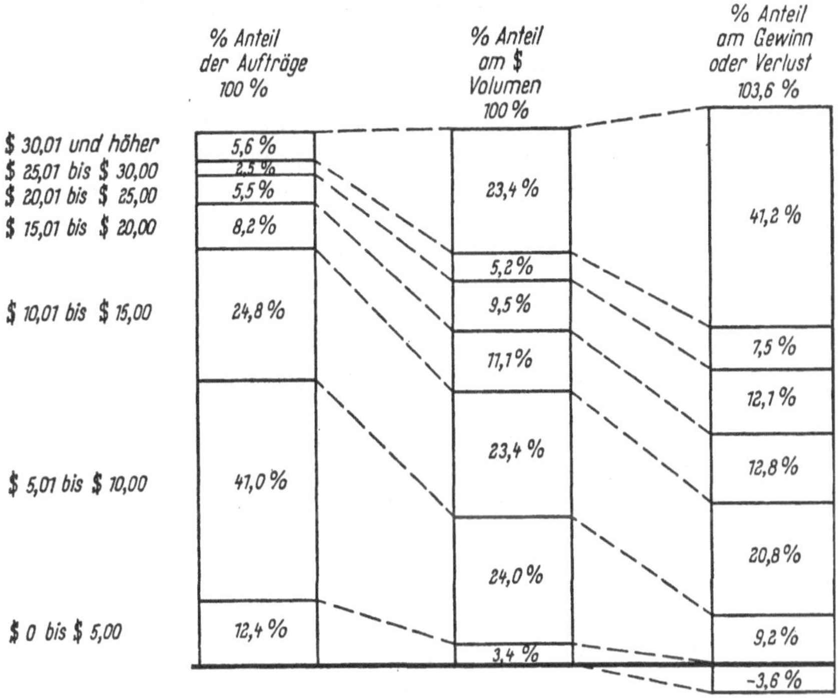

Quelle: Lawrence L. Ellis, "What Cost Reduction means in Distribution", N. A. A. Bulletin, Abteilung I, September 1950, S. 44

Abb. 9-1 Analyse des Gewinns nach Auftragsgrößen

Zeigt sich auf Grund einer vergleichenden Kontrolle, daß gegenüber dem angestrebten Gesamtumsatz von $ 100.000 in Wirklichkeit ein Umsatz von nur $ 85.000 erreicht wurde, so setzt hier nun die kritische Betrachtung ein und eine Feststellung der Ursachen, die zu einer solchen Abweichung führten. Eine solche Kontrolle des Planes im Hinblick auf seine Erfüllung erstreckt sich zunächst auf die einzelnen Absatzgebiete, findet dann aber ihre Erweiterung bei der vergleichenden Kontrolle der Absatzquoten für den einzelnen Verkäufer bzw. Vertreter.

Die Bestimmung des Volumens in Hinsicht auf seine absolute Höhe und seines Anteils am Gesamtvolumen ist von zwei Faktoren abhängig. Der erste Faktor ist das Verkaufspotential auf Grund der Absatzprognose. Der zweite Faktor besteht aus den Kosten des Vertriebs und der Beförderung der Waren in das jeweilige Absatzgebiet. Alle Absatzgebiete sind nicht gleich günstig. Für die Lenkung der Verkaufsanstrengungen ist die Zusammensetzung des Gesamtumsatzes nach Absatzgebieten somit nahezu ebenso wichtig wie die Auswahl des günstigsten Produktsortiments.

Überblick über alle Vorgaben. Aus den vorstehenden Ausführungen geht eindeutig hervor, daß das endgültige Budget für alle Leistungsfaktoren entsprechende Meßgrößen vorgibt. Es ermöglicht dadurch eine fortlaufende vergleichende Kontrolle aller Leistungsfaktoren. Daraus erklärt sich auch die Tatsache, daß dem Absatzplan eine Vielzahl von Einzelplänen beigefügt ist. Jeder Einzelplan enthält Vorgaben für irgendeine Einzeloperation. Die Planung des Absatzes in Stückzahlen und Werten erfolgt für
das Gesamtunternehmen nach einzelnen Warenarten und -gruppen,
die Absatzgebiete nach einzelnen Warenarten und -gruppen,
die Absatzbereiche nach einzelnen Warenarten und -gruppen,
die Verkäufer bzw. Vertreter nach einzelnen Warenarten und -gruppen.
Darüber hinaus sind alle Einzelpläne nach zeitlichen Gesichtspunkten unterteilt.

Vergleichende Kontrolle. Mit Hilfe der bisher erläuterten Vorgaben, welche in ihrer Gesamtheit die geplanten Verkäufe ausmachen, lassen sich die tatsächlich erreichten Verkaufsergebnisse mit dem vorgegebenen Umsatz fortlaufend kontrollieren. Die nachfolgende Ursachen-Wirkungsforschung führt dann zu vorbeugenden Maßnahmen, zu denen man ohne eine solche Kontrolle nicht in der Lage gewesen wäre.
Bedingung für eine solche Kontrolle des Planes im Hinblick auf seine Erfüllung ist aber ein gut ausgebautes Berichtswesen, um die Fortschritte im Hinblick auf das zu erreichende Ziel aufzuzeigen. Die Berichtsformen sind dabei weitgehend abhängig von der Art der Vorgaben. Von grundsätzlicher Bedeutung ist jedoch die Entscheidung darüber, ob derartige Berichte die verschiedenen Verkaufsresultate mengen-, wert- oder anteilmäßig ausweisen sollen. Nachstehende Abbildungen zeigen derartige Fortschrittsberichte.
Abbildung 9-2 zeigt einen graphischen Bericht über die Verkaufsergebnisse in den einzelnen Absatzgebieten und Abbildung 9-3 die Abweichungen gegenüber dem Vorjahr, den Absatzquoten u. a.

Auswertung und vorbeugende Massnahmen. Die Bedeutung des Budgets als Kontrollinstrument erschöpft sich in dem Augenblick, wo die wesentlichen Vergleiche des Vorgegebenen mit dem Tatsächlichen abgeschlossen sind. Sofern die Prognosen und Vorgaben unanfechtbar sind, dürften die Gründe für die Nichterfüllung des Planzieles im allgemeinen nur

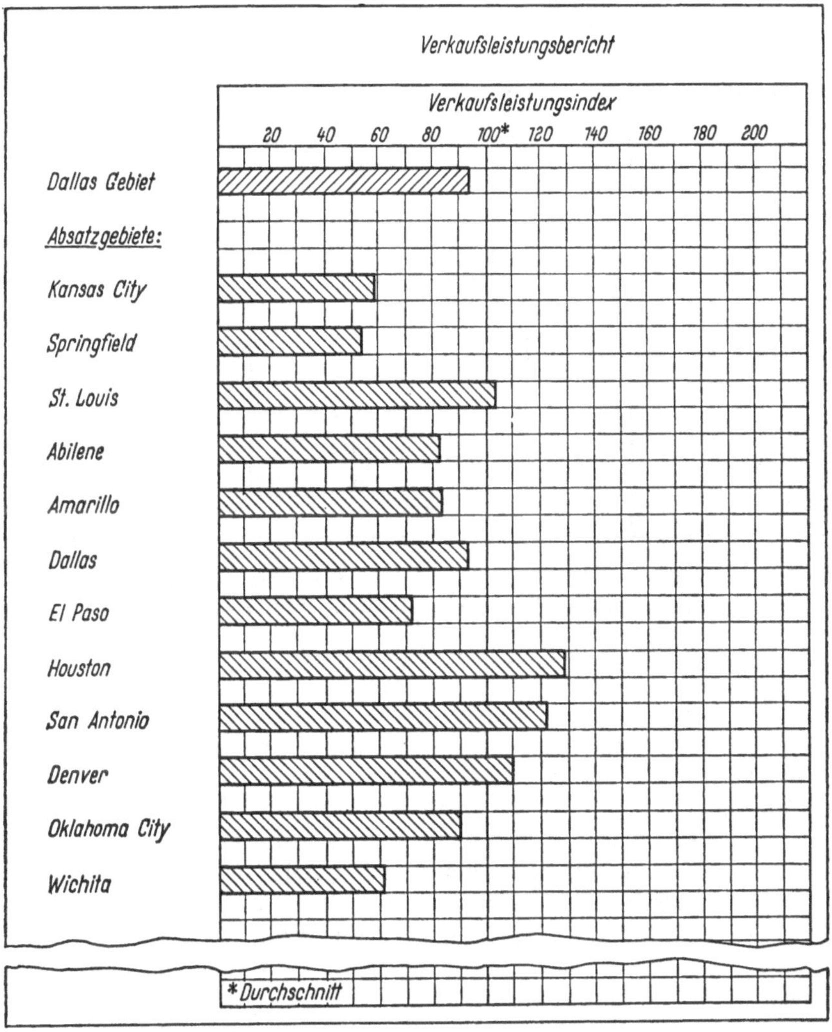

Quelle: J. S. Ebnight, "The Accountant's Part in Market Development", N. A. A. Bulletin, Abteilung 1, Juni 1952, S. 1232

Abb. 9-2 Verkaufsleistungsbericht

Fortschrittsbericht aufgeteilt nach Bezirken und Verkäufern										
Bezirk	Gesamtumsatz	% Zu- oder Abnahme gegenüber Vorjahr	Quoten	% Leistung gegenüber Quote	Total Vertriebskosten	Vertriebskosten in % des Umsatzes	$ Umsatz nach Produkten			
							A	B	C	usw
Los Angeles	$	%	$	%	$	%	$	$	$	$
Verkäufer										
Jones										
Smith										
Brown										
usw.										
Portland										
Verkäufer										
Doe										
Roe										
usw.										

Quelle: "Cost Control for Marketing Operations — Order Getting", aus der Forschungsserie Nr. 26, N. A. A. Bulletin, Juni 1954, Seite 1374

Abb. 9-3 Fortschrittsbericht, aufgeteilt nach Bezirken und Verkäufern

beim Personal zu suchen sein. Vergleichende Kontrollen ermöglichen die Aufdeckung leistungsschwacher Verantwortungsbezirke; sie versetzen die Verkaufsleitung in die Lage, das Planziel durch vorbeugendes Handeln doch noch erreichbar zu machen. Daraus ergibt sich, daß betriebliche Schwierigkeiten nur durch zielbewußte Maßnahmen seitens der Unternehmensführung, nicht aber durch Zahlen beseitigt werden können. Der Budgetanalytiker ist jedoch dafür verantwortlich, daß der Unternehmensführung ein zielbewußtes Handeln in Form vorbeugender Maßnahmen unter Zugrundelegung konkreter Zahlen und Auswertungen ermöglicht wird. Es besteht stets die Möglichkeit, daß die Vorgaben entweder fehlerhaft sind oder auf Grund zwischenzeitlich eingetretener Änderungen in den zugrunde gelegten Voraussetzungen nicht erreicht werden können. In diesen Fällen hätte es keinen Sinn, die tatsächlich erreichten Resultate mit den vorgegebenen Planzielen zu vergleichen, sondern sie können nur verglichen werden mit denjenigen, die auf Grund der berichtigten Vorgaben oder neuen Verhältnisse hätten erreicht werden müssen. Die Angemessenheit der Vorgaben ist infolgedessen ein weiteres wichtiges Problem, welches in Verbindung mit der vergleichenden Kontrolle bewältigt werden muß. Dabei darf die Notwendigkeit einer Abänderung und Anpassung der Vorgaben an geänderte Verhältnisse bzw. einer Berichtigung fehlerhafter Vorgaben nicht außer acht gelassen werden.

Voraussetzungen des Rechnungswesens für die Kontrolle des Vertriebs. Aus den bisherigen Ausführungen geht schon hervor, daß sich die Kontrolle des Vertriebs sowohl auf das Planungsstadium als auch auf die Durchführungsphase beziehen muß. Im Planungsstadium ergeben sich im wesentlichen zwei Probleme:

1. die Ermittlung des Erreichbaren,
2. die Ermittlung der Vorgaben, d. h. die Vorausbestimmung des Planzieles auf Grund der erkannten Möglichkeiten.

Inhaltlich handelt es sich hierbei um die Schätzung des Zukunftsumsatzes und die damit zusammenhängenden Analysen.

Bei der Vorausschätzung der zukünftigen Umsatzhöhe spielen die Vergangenheitsumsätze des Unternehmens eine besondere Rolle. Da diese Informationen der Buchhaltung entnommen werden müssen, bedarf es hierfür eines gut gegliederten Kontenplanes. Ganz allgemein müssen sich die Buchhaltungsaufzeichnungen auf folgende Einzelinformationen erstrecken:

- Gesamtumsatz — wertmäßig
- unterteilt nach
  - Produkten und Produktlinien
  - Verkaufsbezirken
  - Vertretern
  - Kundenklassen
- Produktsorte — wert- und mengenmäßig
- unterteilt nach
  - Verkaufsbezirken
  - Vertretern
  - Kundenklassen
  - Auftragsgrößen

Auf Grund der auf diese Weise erfaßten Vergangenheitsumsätze und eines genauen Studiums der externen Daten über die voraussichtlichen Absatztrends in der Zukunft lassen sich Meßgrößen für die zukünftige Periode ziemlich genau vorausbestimmen. Voraussetzung für die Kontrolle des Vertriebs ist neben der Ermittlung der voraussichtlichen Absatztrends für jedes einzelne Produkt aber ein weiteres. Es genügt nicht, daß das Unternehmen im Verlauf der Planperiode alle Absatzchancen wahrnimmt, sondern es muß vor Beginn der Periode auch noch in Betracht ziehen, welche der vielen Absatzmöglichkeiten es unter dem Gesichtspunkt der langfristigen Gewinnmaximierung für günstig erachtet. Im Rahmen dieser unternehmerischen Entscheidungen bedarf es der Kenntnis des Gewinnbeitrages und der optimalen Auftragsgrößen für jedes einzelne Produkt sowie der voraussichtlichen Absatzgebiete, Herstellungskosten und Kosten des Vertriebs.

Da die vergleichende Kontrolle auf Grund der Plandaten durchzuführen ist, ergibt sich in dieser Phase in erster Linie die Notwendigkeit eines gut ausgebauten, rasch und sicher arbeitenden Berichtswesens. Letzten Endes kann aber das Berichtswesen nicht besser sein als das Rechnungswesen des Unternehmens, da es ja seine Daten von dem letzteren erhält. Es erscheint deshalb zweckmäßig, das Rechnungswesen so zu organisieren, daß es den angedeuteten Erfordernissen in vollem Umfang nachkommen kann. Der Ausgangspunkt für ein wirksames Berichtswesen liegt nach den bisherigen Erfahrungen beim Kontenplan. Seine Zergliederung kann aber von vornherein so weit getrieben werden, daß die Bereitstellung der für die Planung benötigten Daten keine sonderlichen Schwierigkeiten bereitet. Abbildung 9-4 zeigt einen Verkaufskontenplan, der mit den generellen Erfordernissen einer Planung und Kontrolle des Vertriebs abgestimmt ist. Dieser Kontenplan stellt kein Modell dar, sondern zeigt eine der vielen Gestaltungsmöglichkeiten. Jeder Fall ist in der Regel anders gelagert und bedarf somit einer individuellen Behandlung. Ganz allgemein sei allerdings an dieser Stelle vor einer Übertreibung der Zergliederung des Kontenplanes und einer Überfeinerung des Rechnungswesens gewarnt.

KONTENPLAN

Kunden Code			Produkt Code		
Produktlinie	Produktsorte	Auftragsgröße	Kundenklasse	Bezirk	Vertreter
0	0	0	0	0	0

Produkt Code	Kontonummer	
	Produkt Code	Kunden Code
Linie I	100	000
Produkt A	110	000
Auftragsgröße 1	111	000
„ 2	112	000
„ 3	113	000
Produkt B	120	000
Auftragsgröße 1	121	000
„ 2	122	000
„ 3	123	000
Produkt C	130	000
Auftragsgröße 1	131	000
„ 2	132	000
„ 3	133	000
Linie II	200	000
Produkt D	240	000
Auftragsgröße 1	241	000
„ 2	242	000
„ 3	243	000
Produkt E	250	000
Auftragsgröße 1	251	000
„ 2	252	000
„ 3	253	000
Produkt F	260	000
Auftragsgröße 1	261	000
„ 2	262	000
„ 3	263	000

Kunden Code	Kontonummer	
	Produkt Code	Kunden Code
Kundenklasse A	000	100
Bezirk X	000	110
Vertreter 1	000	111
„ 2	000	112
„ 3	000	113
Bezirk Y	000	120
Vertreter 4	000	124
„ 5	000	125
„ 6	000	126
Bezirk Z	000	130
Vertreter 7	000	137
„ 8	000	138
„ 9	000	139
Kundenklasse B	000	200
Bezirk X	000	210
Vertreter 1	000	211
„ 2	000	212
„ 3	000	213
Bezirk Y	000	220
Vertreter 4	000	224
„ 5	000	225
„ 6	000	226
Bezirk Z	000	230
Vertreter 7	000	237
„ 8	000	238
„ 9	000	239
Kundenklasse C	000	300
Bezirk X	000	310
Vertreter 1	000	311
„ 2	000	312
„ 3	000	313
Bezirk Y	000	320
Vertreter 4	000	324
„ 5	000	325
„ 6	000	326
Bezirk Z	000	330
Vertreter 7	000	337
„ 8	000	338
„ 9	000	339

Abb. 9-4 Verkaufs-Kontenplan

10. Vertriebskosten

Zweck des Kapitels

Das vorliegende Kapitel befaßt sich mit den Kosten, die durch den Fluß der Güter bis zum Abnehmer verursacht werden. Diese Kosten werden üblicherweise als Vertriebskosten bezeichnet und sollen für die Zwecke unserer Erörterung die Kosten des Hereinholens und Ausführens von Aufträgen umfassen. Die Kosten umschließen eine Vielfalt von Kostenarten. Als Beispiel sei der Abschnitt Vertriebskosten aus dem Kontenplan eines Fertigungsbetriebes wiedergegeben:

1. Kosten der Bevorratung der Fertigerzeugnisse:
   Steuern auf Vorräte
   Versicherungen auf Vorräte
2. Lagerhaltung für Fertigerzeugnisse:
   Mietkosten oder
   Instandhaltung und Reparaturen an Gebäuden
   Steuern auf Gebäude
   Versicherungen auf Gebäude
   Heizung, Beleuchtung, Energie
   Auswärtige Lagerflächen
3. Vorrätekontrolle für Fertigerzeugnisse:
   Gehälter — Lagerkarteiführer
   Gehälter — Warenverteilung (Verteilung der Vorräte auf Auslieferungsläger und Ausstellung von Fertigungsaufträgen)
   Gemeinkosten — Raum, Einrichtungen, Hilfs- und Betriebsstoffe und anteilige Kosten der Überwachung
4. Zusammenstellen der Aufträge (im Lager):
   Gehälter — Lagerarbeiter
   Gemeinkosten — Raum, Einrichtungen, Hilfs- und Betriebsstoffe und anteilige Kosten der Überwachung
5. Verpackung und Versand:
   Material
   Löhne
   Gemeinkosten — Raum, Einrichtungen, Hilfs- und Betriebsstoffe und anteilige Kosten der Überwachung
6. Beförderungskosten (für den Versand der Ware ab Fabrik oder Auslieferungslager zum Abnehmer und von Auslieferungslager zu Auslieferungslager sowie für Rücksendungen):
   Bahnfracht
   LKW-Fracht
   Expreß
   Paketpost
   Fracht für Konsignation, ab Fabrik an Auslieferungslager

7. Verkaufsförderung
   Gehälter — Verkäufer
   Provisionen — Verkäufer
   Provisionen — Vertreter
   Provisionen — Vermittler
   Reisespesen — Verkäufer
   Repräsentation — Verkäufer
   Gemeinkosten:
      Gehälter — Verkaufsleitung
      Gehälter — Verkaufsleitung Außendienst
      Verkäuferschulung
      Absatzforschung
      Technische Dienste
      Verkaufsstatistik
      Raum- und Einrichtungskosten
8. Werbung:
   Zeitungen
   Zeitschriften
   Plakate
   Reklameschilder
   Leuchtreklame
   Werbeagenturdienste
   Rundfunk und Fernsehen
   Vorführungen
   Filme
   Gemeinkosten:
      Gehälter — Werbeleitung
      Werbematerial
      Raum- und Einrichtungskosten
9. Auftragsannahme:
   Gehälter
   Gemeinkosten — Raum, Einrichtungen, Hilfs- und Betriebsstoffe und anteilige Kosten der Überwachung
10. Rechnungsschreibung:
   Gehälter
   Gemeinkosten — Raum, Einrichtungen, Hilfs- und Betriebsstoffe und anteilige Kosten der Überwachung
11. Kundenkredite und Inkasso:
   Gehälter
   Gemeinkosten — Raum, Einrichtungen, Hilfs- und Betriebsstoffe und anteilige Kosten der Überwachung
12. Debitorenbuchhaltung:
   Gehälter
   Gemeinkosten — Raum, Einrichtungen, Hilfs- und Betriebsstoffe und anteilige Kosten der Überwachung[1]

[1] Charles H. Sevin, "Distribution and Administrative Cost Analysis", Seite 870-72 im Industrial Accountant's Handbook, Herausgeber Wymann P. Fiske und John A. Beckett, Verlag Prentice-Hall, Inc., Englewood Cliffs, N. Y. 1954.
Die Funktionen und die Aufwandskonten basieren zum Teil auf den Empfehlungen des Uniform Accounting Manual for the Rubber Manufacturing Industry, herausgegeben von The Rubber Manufacturers Association Inc.

Die obige Gliederung trifft selbstverständlich nicht für alle Unternehmungen zu.[2] Sie zeigt jedoch die Mannigfaltigkeit der in Betracht kommenden Kosten und deutet die bei der Budgetierung aufkommenden Probleme an. Der Zweck dieses Kapitels ist,

1. die Probleme und Techniken der Budgetierung dieser Kosten und
2. Verfahren zu deren Kontrolle zu erörtern.

Budgetierung der Vertriebskosten

Beziehung zur Absatzplanung. Im vorhergehenden Kapitel wurde festgestellt, daß Absatz und Vertriebskosten in einem gewissen Zusammenhang stehen. Die Auswahl des günstigsten Absatzplanes kann nicht unabhängig von der Berücksichtigung der damit im Zusammenhang stehenden Kosten des Hereinholens und Ausführens der Aufträge erfolgen. In der der Budgetierung vorausgehenden Phase der Planung der Produkte, der Absatzgebiete, der Absatzmengen und der Verkaufspreise müssen die Beziehungen zwischen den Vertriebskosten und dem Vertriebsergebnis sorgfältig analysiert werden. Für die Zwecke dieses Kapitels sei angenommen, daß diese Analyse bereits durchgeführt wurde und die Ergebnisse vorliegen. Wir haben es an dieser Stelle demnach nur noch mit der Aufstellung der Einzelpläne der Vertriebskosten in Übereinstimmung mit den bei der Absatzplanung gefällten Entscheidungen zu tun.

Natur der Kosten. In Anbetracht der Vielfalt der mit dem Vertrieb der Produkte in Zusammenhang stehenden Tätigkeitsbereiche und Kosten würde eine Darstellung der einschlägigen Budgetierungsverfahren Wiederholungen und Einzelheiten in einem erheblichen Umfang zur Folge haben. Der eingangs wiedergegebene Auszug aus einem Kontenplan enthält zwölf voneinander abgegrenzte Tätigkeitsbereiche. Es wäre möglich, der Reihe nach jeden dieser Bereiche vorzunehmen und die dazugehörigen Budgetierungsverfahren darzustellen. In einem gewissen Umfang wird dies in den folgenden Abschnitten auch getan. Zunächst erscheint es uns jedoch wichtiger, die Kosten als Gesamtheit zu betrachten und den Versuch zu unternehmen, eine Formel für ihr Verhalten zu finden. Das Verständnis der Natur dieser Kosten wird dazu dienen aufzuzeigen, in welcher Richtung Planziele gesetzt werden müssen und in welchem Um-

[2] Anmerkung des Herausgebers: Die wiedergegebene Gliederung ist eine für die nordamerikanische Betriebswirtschaft typische Kontengliederung. Sie vermischt nach deutscher Sicht Kostenarten- und Kostenstellengesichtspunkte. Die Technik des Betriebsabrechnungsbogens in unserem Sinne, für den die Unterscheidung zwischen Kostenarten und Kostenstellen grundlegend ist, ist der amerikanischen Betriebswirtschaftslehre nicht geläufig. Die für die Rechnungslegung und Kostenrechnung erforderliche Untergliederung der Kosten ist dort im Kostenartenplan enthalten, während Kostenstellen mehr der Kosten- und Leistungskontrolle dienen.

fang die zu budgetierenden Kosten von Entscheidungen, die beim Aufstellen anderer Pläne bereits gemacht wurden, abhängen.
Gleichgültig, ob die Vertriebskosten in der oben dargestellten Form detailliert werden oder lediglich als Kosten des Hereinholens und Ausführens von Aufträgen gesehen werden oder in einer anderen, beispielsweise durch Heckert und Willson[3] vorgeschlagenen Weise in

1. direkte Vertriebskosten
2. Verkaufsförderung und Werbung
3. Beförderungskosten
4. Kosten der Lagerhaltung
5. allgemeine Vertriebskosten

gegliedert werden, in jedem Fall können für Budgetzwecke drei Grundkategorien unterschieden werden. Diese Kategorien sind:

1. Fixe oder Bereitschaftskosten
2. Variable oder Beschäftigungskosten, verursacht durch die Verkaufstätigkeit
3. Auf Entscheidung beruhende Kosten zur Bewirkung des Absatzes[4]

In dieser Gliederung werden unter den fixen oder Bereitschaftskosten diejenigen Vertriebskosten verstanden, die über eine Folge von mehreren Planungszeiträumen hinweg in ungefähr gleicher Höhe anfallen. Abgesehen von Preisänderungen werden sie nur durch eine Änderung der Verkaufsorganisation oder der Vertriebsmethoden beeinflußt. Die Kosten umfassen „den relativ dauerhaften Verwaltungsapparat, der für Verkauf, Werbung, Lagerhaltung, Kundenkredite und Inkasso und alle anderen vertriebsorientierten Tätigkeitsbereiche unterhalten wird, sowie die Kosten der von diesen Abteilungen benutzten dauerhaften Einrichtungen".

Zu den variablen umsatzabhängigen Kosten gehören in der Hauptsache die Kosten des Zusammenstellens der Aufträge, des Verpackens und Versendens, der Beförderung, der Verkaufsförderung, der Auftragsannahme, der Rechnungsschreibung und der Debitorenbuchhaltung. Diese Kosten werden durch die Umsatztätigkeit verursacht und sind echte Beschäftigungskosten. In diesem Zusammenhang sei darauf hingewiesen, daß auch Kosten wie z. B. Umsatzprovisionen zu den durch den Umsatz verursachten Kosten und nicht zu dem Zwecke der Bewirkung des Umsatzes getätigten Vertriebsaufwand zu zählen sind, da Provisionen nur verdient werden, wenn Umsatz tatsächlich erzielt wird. Ebenfalls sei erwähnt, daß viele Kostenarten dieser Kategorie sich nicht völlig proportional zum Absatzvolumen verhalten, sondern von einer teil-variablen Natur sind. Darüber hinaus ist zu beachten, daß die Variabilität dieser Kosten einerseits im Zusammenhang mit dem wertmäßigen Umsatz, andererseits je-

[3] Business Budgeting and Control (New York: The Ronald Press, Co., 1955), Seite 231
[4] Cf. Sterling K. Atkinson, N. A. A., 1947, Conference Proceedings, Seite 88-95

doch in Abhängigkeit vom mengenmäßigen Absatz zu sehen ist. Während z. B. Umsatzprovisionen in der Regel vom wertmäßigen Umsatz abhängen, sind Verpackungskosten meistens eine Funktion der Absatzmenge.

Die auf Entscheidungen beruhenden Kosten zur Bewirkung des Absatzes sind typisch für den Vertriebsbereich. Viele von ihnen sind dem Wesen nach durch besondere Entscheidungen der Unternehmensführung genehmigte Kosten, die in festen Beträgen für den Planungszeitraum vorausbestimmt sind. Sie unterscheiden sich von Fixkosten dadurch, daß ihre Höhe von Fall zu Fall für jeden Planungszeitraum neu festgelegt wird, wobei das Absatzziel der bestimmende Faktor ist. Der Werbeetat ist ein typisches Beispiel für diese Art von Kosten. Andere auf Entscheidung basierende Kosten sind variabel, d. h. sie können in ihrer Höhe nach oben oder unten nach dem Willen der Unternehmensführung verändert werden. Diese Variabilität muß jedoch nicht notwendigerweise in einem Zusammenhang mit der Höhe des Umsatzes stehen, oder sie kann sogar in einem umgekehrten Verhältnis zur Entwicklung des Umsatzes stehen. So können z. B. bei rückläufigem Absatz die Bemühungen des Außendienstes in Form von Reisen und Kundenbesuchen intensiviert werden.

Wenngleich die obenbeschriebene Gliederung der Vertriebskosten kein starres Schema darstellt — wie jede Gliederung der Kosten nach dem Grade ihrer Variabilität relativ sein muß — so bildet sie dennoch eine brauchbare Grundlage für das Studium der Budgetprobleme dieses Sektors. Ihr Vorzug liegt in der Tatsache begründet, daß alle Bereiche der Verkaufsorganisation, gleichgültig, wieviele verschiedene Bereiche diese umfaßt oder wieviele Verkaufsgebiete oder andere Gliederungsgesichtspunkte auftreten, in der gleichen Weise analysiert werden können. Jede Kostenart muß naturgemäß in eine der drei Kategorien fallen.

Budgetierung der fixen Kosten. Die Budgetierung der fixen Vertriebskosten erfolgt analog der Budgetierung der fixen Fertigungs- oder Verwaltungskosten. Das Hauptproblem besteht in der Bestimmung, welche Kosten voraussichtlich — abgesehen von eventuellen Preisänderungen — in einem bestimmten Bereich des Absatzvolumens unverändert bleiben und wie groß dieser Bereich ist. Nachdem diese Feststellungen getroffen sind und der Bereich, innerhalb dessen sich das Absatzvolumen im Planungszeitraum voraussichtlich bewegen wird, bestimmt ist, können die Budgetzahlen zusammengestellt werden, wobei von Budgets der Vorperioden unter Berücksichtigung etwaiger geplanter Änderungen in der Verkaufsorganisation oder in den Vertriebsmethoden ausgegangen werden kann. Auf diese Weise wird ein gewisser Teil der Kosten aller zwölf Gruppen des obigen Vertriebskostenschemas von Sevin erledigt.

BUDGETIERUNG DER VARIABLEN, DURCH DIE VERKAUFSTÄTIGKEIT VERURSACHTEN KOSTEN. Hierbei handelt es sich, wie oben erwähnt, um die Kosten des Zusammenstellens der Aufträge, des Verpackens und Versendens, der Beförderung, der Verkaufsförderung, des Auftragseingangs, der Rechnungsschreibung und der Debitorenbuchführung.

Im allgemeinen können diese variablen Kosten entweder auf der Grundlage eines Prozentsatzes der Umsätze oder eines Standardbetrages pro Maßeinheit budgetiert werden.[5] Die erstgenannte Grundlage ist jedoch nur in beschränktem Umfang anwendbar, weil manche Kostenarten nur teilvariabler Natur sind, und zum andern, weil außer dem Umsatz auch andere Größen für die Höhe der Kosten bestimmend sein können. Standardbeträge pro Maßeinheit sind in der Regel vorzuziehen. Ihre Ermittlung erfolgt nach Verfahren, die generell bei der Aufstellung von Standardkosten Anwendung finden.

Folgende Schritte sind bei der Aufstellung von Standards für die Kosten des Ausfüllens von Aufträgen zu unternehmen:

1. Größere Funktionen werden zerlegt in Tätigkeitsbereiche, innerhalb derer die Arbeitsvorgänge relativ gleichartig sind. Tätigkeiten, die Beurteilung und Entscheidung erfordern (z. B. Aufsichtsfunktion), werden getrennt von sich wiederholenden, relativ mechanischen Tätigkeiten, da nur Tätigkeiten der letztgenannten Art standardisiert werden können. Ein einzelner Tätigkeitsbereich sollte einer einzigen Stelle unterstehen, wobei diese Stelle allerdings mehrere Tätigkeitsbereiche überwachen kann.
2. Die verschiedenen voneinander unabhängigen Einflußgrößen für die Kosten innerhalb eines jeden Tätigkeitsbereiches werden durch Analysen der durchgeführten Arbeiten ermittelt. Diese Einflußgrößen werden soweit wie möglich in ihrer Zahl reduziert durch Standardisierung der Tätigkeiten und der Bedingungen, unter denen die Arbeit verrichtet wird.
3. Eine Maßeinheit für die Messung der Ausbringung in jedem Tätigkeitsbereich wird bestimmt. Diese Maßeinheit sollte einmal das Hauptgebiet der Tätigkeit des jeweiligen Bereiches wiedergeben und zum andern keine allzu großen zusätzlichen Aufwendungen bei ihrer Ermittlung und laufenden Aufzeichnung verursachen.
4. Es werden Standardsätze festgelegt, wobei von der Erfahrung der Vergangenheit ausgegangen wird und Korrekturen entweder nach Gutdünken oder auf Grund von Arbeitsstudien vorgenommen werden. Diese Standardsätze stellen die Grundlage für die Budgetierung der Planstellen, der Arbeitszeiten, des Materialverbrauchs sowie alle anderen zur Bewältigung der voraussichtlichen Arbeitsmenge erforderlichen Posten dar. Darüber hinaus dienen diese Standardsätze zur Kontrolle der tatsächlichen Leistung und zur Analyse eventueller Abweichungen nach Ursachen.

5 "Cost Control for Marketing Operations-Order Filling", Research Series No. 27, N. A. A. Bulletin, Abteilung 2, August 1954, Seite 1649-51

5. Die mengenmäßigen Pläne werden in wertmäßige Budgets umgesetzt. Diese Budgets stellen die finanziellen Planziele sowie die Grundlage zur Feststellung von Abweichungen gegenüber der Vorgabe dar.[6]

Die so ermittelten Standardsätze je Maßeinheit werden unter Berücksichtigung des voraussichtlichen Beschäftigungsgrades im Vertriebsbereich in Kostenbeträge umgerechnet und nach Kostenarten zusammengestellt.

Budgetierung der Umsatzprovisionen. Der Begriff „Umsatzprovisionen" soll für die Zwecke unserer Erörterung sowohl die reinen Provisionsleistungen als auch Umsatzprämien für die Verkäufer umfassen. Die Ermittlung der Budgetbeträge erfolgt auf der Grundlage der geplanten Umsätze. Im Falle der „Beispiel-Gesellschaft" wurden die Umsatzprovisionen durch Anwendung eines einheitlichen Prozentsatzes auf die geplanten monatlichen Umsatzerlöse budgetiert. Dabei ist jedoch zu beachten, daß in anderen Fällen häufig unterschiedliche Provisionssätze für verschiedene Produkte oder Abnehmergruppen gelten. Wenn Prämienvereinbarungen bestehen, werden diese Beträge nicht voll umsatzproportional sein, sondern entsprechend dem Prämienplan in gewissen Stufen anfallen.

Budgetierung der variablen Lagerkosten. Kosten für die Lagerhaltung von Fertigerzeugnissen können entweder in Form von Lagergebühren in öffentlichen Lagerhäusern oder von Aufwendungen für eigene Lagerräume entstehen. Im ersteren Fall werden die Kosten in der Regel variabel sein. Ihre Höhe ist abhängig vom Umfang und von der Dauer der Lagerhaltung. Diese Größen werden einerseits durch die Absatztätigkeit und andererseits durch die allgemeine Betriebsplanung bestimmt. Insofern handelt es sich hier zum Teil um durch die Verkaufstätigkeit verursachte Kosten und zum Teil um auf Entscheidungen beruhende Kosten zur Bewirkung des Absatzes.

Im Falle werkseigener Lagerhallen ist eine Kombination von fixen und variablen Kosten sowie von solchen, die durch die Verkaufstätigkeit verursacht sind, und anderen, auf Entscheidungen beruhenden Kosten zur Bewirkung des Absatzes, gegeben. Die Art der Kosten geht aus der im Folgenden wiedergegebenen Kontengliederung hervor, die in einem praktischen Fall für die Erfassung der Kosten der Lagerhaltung benutzt wird:

6 "Cost Control for Marketing Operations-Order Filling", Research Series No. 27, N. A. A. Bulletin, Abteilung 2, August 1954, Seite 1651

13. Gehälter und Löhne
20. Betriebskosten für Lagerfahrzeuge
24. Lager- und Versandmaterial
32. Fernsprech- und Telegrammgebühren
33. Elektrische Energie
34. Wärme
37. Stapelhilfsmittel
64. Mieten für Grundstücke
77. Instandhaltung und Reparaturen an Einrichtungen
78. Instandhaltung und Reparaturen an Gebäuden
81. Abschreibungen auf Einrichtungen
84. Feuerversicherung
93. Grundsteuern und Vermögensteuern[7]

Typische Tätigkeiten der Lagerhaltung sind:

Warenannahme, normal
Warenannahme, Waggonsendungen
Lagerhaltung — Kleinmaterial
— Mittlere Teile
— Großteile
Zusammenstellen von Bestellungen
Versand
Lagerkontrolle[8]

Die variablen Kosten, die im wesentlichen aus den Lohnkosten der obenbeschriebenen Tätigkeiten bestehen, können am besten auf der Grundlage flexibler Kostenpläne budgetiert werden. Diese sollten auf Standardsätzen für jede einzelne Tätigkeit aufgebaut werden. Der Einbau in das Vertriebskostenbudget erfolgt dann auf Basis der budgetierten Umsätze, da ja der Arbeitsanfall in einem Fertigwarenlager von der Umsatzhöhe abhängig ist. Dabei ist zu beachten, daß bei Vorhandensein von mehreren Warenlagern in verschiedenen Verkaufsbezirken nicht Gesamtumsätze, sondern der Umsatz in dem jeweiligen Bezirk maßgebend ist.

Budgetierung der variablen Beförderungskosten. Die Bedeutung dieser Kosten für die Budgetierung hängt zum Teil davon ab, ob sie von der Gesellschaft getragen oder dem Abnehmer belastet werden. Aber auch im letzteren Falle kann je nach der Beförderungsart der bei der Gesellschaft verbleibende Teil erheblich sein. Die Vielfalt der Beförderungskosten für Fertigerzeugnisse geht aus dem im Folgenden wiedergegebenen beispielhaften Kontenplanauszug hervor:

40. Beförderungskosten für Fertigerzeugnisse
  1. Zwischen Fabriklagern

7 "Cost Control for Marketing Operations — Order Filling", Research Series No. 27, N. A. A. Bulletin, Abteilung 2, August 1954, Seite 1655
8 dto. Seite 1656

2. Zwischen Fabriklagern und Zwischenlagern
3. Von der Fabrik zu Verteiler- und Durchgangslagern
4. Zwischen Fertigwarenlagern
6. An Kunden ab Fabrik — durch Bahn
7. An Kunden ab Fabrik — durch Lkw
8. An Kunden ab Außenlager — durch Bahn
9. An Kunden ab Außenlager — durch Lkw
10. Frachten für Export
11. Sonderkosten für Schutz gegen Einfrieren, Rosten usw.
12. Feuer- und allgemeine Transportversicherung[9]

Aus der Aufzählung geht bereits hervor, daß bei der Planung der Beförderungskosten eine Reihe von variablen Elementen berücksichtigt werden muß. Sitz des Abnehmers und Versandart sind Faktoren, die eine Abhängigkeit der Kosten vom Absatz vermuten lassen. Zwischenbetriebliche Lieferungen dagegen werden verständlicherweise von anderen Faktoren abhängig sein, oder soweit der Absatz einen Einfluß auf diese Kosten hat, kann die Abhängigkeit unterschiedlicher Art, unter Umständen sogar bis zu einem reziproken Verhältnis, sein. Bei gleichbleibenden Lieferungen an vorbestimmte Plätze können Standardsätze für die Budgetierung gebildet werden. Wo dagegen ungleichmäßige Verhältnisse vorherrschen, die eine individuelle Bearbeitung durch die Transportabteilung erfordern, werden die Budgetzahlen auf Erfahrungswerten unter Berücksichtigung der Absatzentwicklung und anderer bekannter Einflußgrößen aufgebaut werden müssen.

Bei Vorhandensein eigener Transporteinrichtungen ist die Bildung von Standardsätzen für die Budgetierung einfacher. Die Kosten setzen sich in diesem Falle in der Regel wie folgt zusammen:

Fixe Kosten
Kilometerkosten
Fahrer und Beifahrer
Versicherung
Zulassungsgebühren
Reisespesen
Straßengebühren
Frachtumschlaggebühren
Verschiedenes[10]

BUDGETIERUNG DER VARIABLEN VERWALTUNGSKOSTEN. In allen Bereichen der Vertriebstätigkeit fallen Verwaltungsarbeiten an. Ein großer Teil dieses Verwaltungsaufwands ist fixer Natur und stellt insoweit für die kurzfristige Budgetierung kein besonderes Problem dar. In langfristiger Sicht

9 "Cost Control for Marketing Operations — Order Filling", Research Series No. 27, N. A. A. Bulletin, Abteilung 2, August 1954, Seite 1661
10 dto. Seite 1664

erlangen allerdings auch auf diesem Gebiet die Bemühungen um die Rationalisierung der Verwaltungsarbeit erhebliche Bedeutung. Die variablen Verwaltungskosten, die vornehmlich auf dem Sektor des Ausführens der Aufträge anfallen, sollten auf der Grundlage flexibler Kostenpläne für die jeweilige Verwaltungstätigkeit budgetiert werden. Für diesen Zweck sollten Standardsätze verfügbar sein.

Die auf Entscheidungen beruhenden Kosten zur Bewirkung des Absatzes. Wie bereits an früherer Stelle ausgeführt, handelt es sich hierbei um die nicht fixen Kosten, deren Aufwendung zum Zwecke der Bewirkung des Absatzes vorgesehen ist. Sie brauchen nicht notwendigerweise von einem zum anderen Abrechnungszeitraum in einem gleichbleibenden Verhältnis zum Umsatz zu stehen, sondern können das Ergebnis eines mehr oder weniger intensiven Vertriebsaufwands sein, abhängig zum Teil von der Marktlage und zum Teil von Entscheidungen der Unternehmensführung, die auf die Erzielung eines langfristig gewinnmaximalen Verhältnisses von Aufwendungen und Erträgen gerichtet sind. Einige dieser Kosten können als feste Beträge für den Planungszeitraum geplant werden, zwar auf der Grundlage der geplanten Umsätze, jedoch unabhängig von den Umsatzschwankungen im Planungszeitraum. Im allgemeinen wird die Unternehmensführung aber freizügig über die jeweilige Höhe des Vertriebsaufwands entscheiden, je nachdem, was sie zur Erzielung des geplanten Umsatzes für erforderlich hält — soweit kurzfristige Änderungen durchführbar sind. So kann die Unternehmensführung in einer bestimmten Situation z. B. beschließen, die Anzeigenwerbung zu verstärken, um den nachlassenden Absatz wieder zu beleben, ihre Entscheidungsfreiheit kann jedoch eingeengt sein durch die für die Ausarbeitung des Werbefeldzugs oder für die Bereitstellung des Anzeigenraums erforderliche Zeitspanne.

Der Unterschied zwischen der Budgetierung der Kosten für das Hereinholen der Aufträge und der anderen Kosten wird deutlich an einer Erläuterung, die im Budgethandbuch einer Gesellschaft enthalten ist:

Vertriebsorganisation, Anzeigenwerbung und Verkaufsförderungsaktionen sind Werkzeuge zur Bewirkung und Erhaltung des Absatzes. Sie sind beeinflußbar insofern, als die Unternehmensführung sie willkürlich verändern kann, sie fallen jedoch nicht unter die üblichen Kategorien der fixen, teil-variablen oder voll-variablen Kosten. Sie sind in jedem Fall nicht fix. Sollten sie als variabel angesehen werden, dann nur in Abhängigkeit vom Umsatz. Eine Planung der Vertriebskosten als fester Prozentsatz des Umsatzes würde bedeuten, die Bestimmung der tatsächlichen Umsätze vorwegzunehmen, wobei jedoch die Höhe des Umsatzes zum großen Teil erst durch den Vertriebsaufwand bestimmt wird. Auf der anderen Seite würde eine Planung des Absatzes ohne Rücksicht auf den Vertriebsaufwand, auf Werbe- und Verkaufsförderungsmaßnahmen und eine nachträgliche Festlegung des Vertriebsaufwandes als Prozentsatz des budgetierten Umsatzes eine unzulässige Vereinfachung der Frage der Bestimmung des Vertriebsaufwandes und des daraus resultierenden Absatzes bedeuten.[11]

Die hauptsächlichen Arten der Kosten des Hereinholens der Aufträge sind diejenigen, welche im Zusammenhang mit Werbung und Verkaufsförderung, mit der Verkaufsorganisation sowie mit absatzwirtschaftlichen Verwaltungsfunktionen stehen, wobei letztere zum Teil auch zu den Kosten des Ausführens der Aufträge gehören. Jede dieser Kostengruppen wird im Folgenden besprochen.

BUDGETIERUNG DER KOSTEN DER VERKAUFSFÖRDERUNG UND WERBUNG. Die Hauptprobleme in diesem Zusammenhang sind 1. wieviel und 2. wo und wie ausgegeben werden soll. Viel ist über die erste Frage bereits geschrieben worden, die eine der wohl am schwierigsten wissenschaftlich exakt zu beantwortenden Fragen der Unternehmensführung ist.
Ein Autor zählt die folgenden Faktoren als Bestimmungsgrößen für die Höhe des Verkaufsförderungs- und Werbeaufwands auf:

1. Wie groß ist der Markt? Wieviele Abnehmer sollen erfaßt werden? Handelt es sich um einen neu erschlossenen oder um einen nahezu gesättigten Markt?
2. Welches sind die Merkmale der prospektiven Abnehmer? Sind sie über ein weites Gebiet verstreut oder örtlich konzentriert? Welche wirtschaftlichen, welche Altersgruppen bestehen, welches Geschlecht, welche Einkommensschicht wird angesprochen?
3. Wie gut ist das Produkt eingeführt? Wird bloße Erinnerungswerbung genügen, um den Absatz zu beleben, oder ist die Verwirklichung neuer Ideen oder sogar die Einführung einer neuen Marke erforderlich?
4. Welche Konkurrenz ist vorhanden — hinsichtlich des Preises — hinsichtlich der Werbung?
5. Wie gut reagiert der Absatz des Produkts auf die Werbung? Zur Beantwortung dieser Frage sind Aufzeichnungen über frühere Werbemaßnahmen und deren Erfolg nützlich. Auf welche Art Werbung hat das Produkt am besten reagiert?
6. Welche Werbung ist angebracht, welche ist durchführbar und zu welchen Kosten?
7. Welches Quantum an Verkaufsförderung wird die Rohgewinnspanne bei dem erwarteten Umsatzvolumen erlauben?
8. Wieviel Geld ist für ein Minimum an Werbung erforderlich, wieviel für ein Optimum?
9. Wie schnell sollte versucht werden, das endgültige Absatzpotential zu erreichen im Licht der Antworten auf die Fragen 7 und 8?[12]

Eine Studie des N. A. A. (Research Series Nr. 26) führt die folgenden Leitsätze aus:

11 "Cost Control for Marketing Operations — Order Getting", Research Series No. 26, N. A. A. Bulletin, Juni 1954, Seite 1353

12 Charles G. Mortimer, Jr. "How Much Should You Spend on Advertising?", Seite 112-14 im Advertising Handbook, Roger Barton (Herausgeber). Copyright 1950 bei Prentice-Hall, Inc., Englewood Cliffs, N. J.

1. Erfahrungssätze aus der Vergangenheit, ausgedrückt in einem Prozentsatz des Umsatzes.
2. Werbeaufwand der Konkurrenz.
3. Bestimmte Ziele wie Einführung eines neuen Produkts oder verstärkte Einprägung eines Markennamens ins Bewußtsein des Abnehmers.
4. Versuche zur Bestimmung des Erfolges, der aus der Verstärkung einer bestimmten Art von Werbung und Verkaufsförderung erwartet werden kann.
5. Finanzielle Leistungsfähigkeit der Unternehmung nach Berücksichtigung des Geldbedarfs für andere Zwecke.
6. Abwägen des Werbe- und Verkaufsförderungsaufwands gegen die Vorteile eines möglichst hohen Ausnutzungsgrades der Produktions- und Lagereinrichtungen.[13]

Der Grundstein jeder Analyse auf diesem Gebiet ist der Erfolg des Werbe- und Verkaufsförderungsaufwands. Das Inbeziehungsetzen von Aufwand und Erfolg sollte die grundlegende Überlegung bei der Budgetierung dieser Kosten bilden. Nun ist das Herstellen einer solchen Beziehung allerdings äußerst schwierig, es sei denn in einem ganz breiten, allgemeinen Sinne. Im Idealfalle sollte das Budget von unten her aufgebaut werden unter Bestimmung des Bedarfs für jedes Produkt, jeden Bezirk und jedes Werbemedium und Zusammenfassung dieser Einzelbeträge zu einer Budgetsumme. In der Praxis ist es jedoch häufig notwendig, von oben nach unten vorzugehen, da es einfacher ist, einen Maßstab für den Erfolg des gesamten Werbeaufwands zu bilden als für einzelne Aufwandsarten. Ein in der Praxis häufig beschrittener Weg, der jedoch zugleich die grundlegenden Schwächen auf diesem Gebiet aufzeigt, ist das Aufbauen auf dem Vorjahresaufwand und das Vorschätzen des Erfolgs zusätzlicher Maßnahmen.

Bevor Ausgaben für Werbung gemacht oder Verpflichtungen eingegangen werden, möchte die Unternehmensführung festlegen, wieviel Mittel für diesen Zweck im Geschäftsjahr bereitgestellt werden sollen. Der zu budgetierende oder bereitzustellende Betrag kann auf verschiedene Weise ermittelt werden. Eine Möglichkeit ist die Verwendung einer festen Rate pro Absatzeinheit, multipliziert mit den von der Verkaufsabteilung vorgeschätzten Absatzstückzahlen, oder eines Prozentsatzes, angewandt auf die vorgeschätzten Verkaufsumsätze. Eine andere Möglichkeit wäre, vom Werbeaufwand des Vorjahres auszugehen und diesen Betrag durch Zu- oder Absetzungen so zu verändern, wie die Unternehmensführung oder die Werbeagentur es unter Berücksichtigung der Wirksamkeit der Werbemaßnahmen zur Erreichung des Absatzziels für erforderlich halten. Eine mehr wissenschaftliche Methode geht von einer Schätzung des zusätzlichen Absatzvolumens aus, das durch zusätzliche Werbung in unterschiedlicher Höhe erreicht werden kann, wobei Erfahrungen in der Vergangenheit oder Testmärkte als Grundlage dienen. Im Anschluß daran wird der Punkt ermittelt, an dem der Gewinn aus dem zusätzlichen Verkaufsvolumen gleich den gesamten Barauslagen einschließlich dem zusätzlichen Werbeaufwand ist.
Unter der Annahme, daß genügend Fertigungskapazität vorhanden ist, bringt

[13] N. A. A. Bulletin, Juni 1954, Seite 1357

zusätzlicher Werbeaufwand Gewinn bis zu dem Punkt, an dem die Werbekosten zuzüglich anderer Barauslagen gleich dem Verkaufserlös minus direkte Materialkosten des zusätzlichen Umsatzvolumens sind. Jeder zusätzliche Werbeaufwand würde einen Verlust bei dem dabei erzielten Zusatzvolumen bringen. In bestimmten Situationen könnte sogar dieser Verlust in Kauf genommen werden, um einer Verbreiterung der Absatzbasis des Produkts willen. In jedem Falle geht eine Vielfalt von Annahmen und Unwägbarkeiten in die Aufstellung des Werbeetats ein, und die endgültige Bereitstellung der Mittel für die Werbung wird wahrscheinlich auf Grund einer Kombination zwischen den bei der Budgetierung berücksichtigten und anderen Faktoren erfolgen.
Nachdem der Gesamtumfang des Werbeetats bestimmt ist, wird er aufgeteilt in den Teil, der von der Gesellschaft selbst ausgegeben werden soll, und den, der über die Werbeagentur laufen soll, und es werden Einzelbudgets über die den beiden Werbeträgern zugeteilten Mittel aufgestellt.[14]

Die Aufstellung der Einzelbudgets umfaßt die Verteilung der Ausgaben auf die verschiedenen Werbemittel und Absatzgebiete nach Zeitabschnitten. Die folgende Aufzählung zeigt die Vielfalt der zu budgetierenden Kostenarten:

- Werbung
  - Rundfunk
    - Sendezeit, Personal- und Sachkosten
  - Fernsehen
    - Sendezeit-, Personal- und Sachkosten
  - Zeitungen und Zeitschriften
    - Insertion, Sachkosten
  - Fachzeitschriften
    - Insertion, Sachkosten
  - Lehrmittel
    - Insertion,
    - Sachkosten,
    - Bildmaterial,
    - Drucksachen,
    - Ausstellung,
    - Sonstiges,
    - Porto
  - Bürodienste
    - Löhne und Gehälter,
    - Gemeinkosten
- Verkaufsförderung
  - Material
    - Ladenwerbung,
    - Postwurfsendungen,
    - Preislisten,
    - Matern und Klischees,
    - Ausstellungsmaterial,
    - Sonstiges

14 Glen M. Harold, "Advertising Expense Accounting and Control", N. A. A. Bulletin, Abteilung 1, August 1953, Seite 1591

Porto und Verpackung
Dienstleistungen des Fertigungsbetriebes
Bürodienste
Löhne und Gehälter,
Gemeinkosten
Rücknahmeverpflichtungen
Gemeinsame Werbung
Verschiedenes
Verwaltungskosten[15]

An dieser Stelle sei nochmals darauf hingewiesen, daß diese Kosten auf Entscheidungen basieren und nicht in einem festen Abhängigkeitsverhältnis zu den Umsätzen stehen. Die Unternehmensführung hat es in der Hand, mehr oder weniger auf diesem Gebiet auszugeben, je nachdem, was sie in der jeweils gegebenen Situation für erforderlich hält. Budgetkorrekturen sind deshalb gerade beim Werbeetat besonders häufig, und viele Gesellschaften überprüfen und verändern diesen Teil des Budgets häufiger als alle andern Teile.

Budgetierung der Kosten der Vertriebsorganisation. Hierbei handelt es sich um die Kosten der personellen Verkaufsförderung im Unterschied zur Förderung durch sachliche Mittel, die im vorangegangenen Abschnitt beschrieben wurde. Es sind die Kosten für die Unterhaltung und den Betrieb einer Vertriebsaußenorganisation. Neben den Kosten für die Unterhaltung der Verkaufsbüros gehören hierher vor allem die Gehälter und sonstigen Vergütungen sowie die Reisekosten der Mitarbeiter des Verkaufsaußendienstes. Typische Kosten dieser Art zeigt die folgende Gliederung:

Kosten der Verkaufsbüros:

1. Gehälter des Verwaltungspersonals
2. Unterkunft und Verpflegung
3. Fahrtkosten
4. Spenden und Beiträge
5. Fernsprecher und Fernschreiber
6. Büromaterial und Porto
7. Repräsentation
8. Miete
9. Sonstiges

Kosten des Verkaufsaußendienstes:

1. Gehälter
2. Unterkunft und Verpflegung
3. Fahrtkosten (außer Dienstfahrzeuge)

15 Aus: Anlage 3, Research Series No. 26, N. A. A. Bulletin, Juni 1954, Seite 1362

4. Dienstfahrzeuge
   a) Garage
   b) Reparaturen
   c) Reifen
   d) Treibstoff und Öl
   e) Abschreibung
   f) Versicherung
   g) Sonstiges
5. Spenden und Beiträge
6. Fernsprecher und Fernschreiber
7. Büromaterial und Porto
8. Repräsentation
9. Sonstiges[16]

Im Gegensatz zu den Werbekosten lassen sich die Kosten der Vertriebsorganisation viel eher von unten herauf budgetieren, da ein deutlicherer Zusammenhang zwischen Aufwand und Nutzen festgestellt werden kann. Die Kosten des Verkaufsaußendienstes sind in der Hauptsache abhängig von der Zahl und den Umständen der vorzunehmenden Kundenbesuche. Da der Kundenkreis bekannt ist, kann der zur Erzielung des gewünschten Ergebnisses erforderliche Aufwand genauer bestimmt werden, als dies bei der Werbung der Fall ist.

Das Verfahren der Budgetierung dieser Kosten läßt sich in die folgenden Schritte zusammenfassen:

1. Aufstellung des gebietsweisen Verkaufssolls auf der Grundlage des geplanten Gesamtabsatzes.
2. Bestimmung des erforderlichen Vertriebsaufwands in jedem Verkaufsgebiet, ausgedrückt in Arbeitstagen. Dabei sind die gebietsweise unterschiedlichen Verhältnisse in der Streuung des Kundenkreises zu berücksichtigen.
3. Ermittlung der Kosten des erforderlichen Vertriebsaufwands durch Bewertung der unter Punkt 2 festgestellten Arbeitstage. Dabei sind die gebietsweise unterschiedlichen Kosten der Unterbringung, Verpflegung usw. zu berücksichtigen.

Erfahrungen aus der Vergangenheit in bezug auf die Zahl der Kundenbesuche, die zur Erzielung eines bestimmten Verkaufsziels notwendig sind sowie in bezug auf die arbeitstäglichen Kosten der Außendienstmitarbeiter sollten in der Regel eine gute Grundlage für eine wirklichkeitsnahe Budgetierung dieser Kosten für die einzelnen Verkaufsgebiete darstellen.

BUDGETIERUNG DER KOSTEN DER VERTRIEBSPLANUNG. Unter Vertriebsplanung wird in diesem Zusammenhang die für die Aufstellung und Abwicklung von Vertriebsplänen verantwortliche Organisation verstanden. Die Ko-

16 Sebert Schneider "Sales Territory Cost Control", N. A. A. Bulletin, Abteilung 1, Juni 1952, Seite 1225-26

Budget des Bereiches Vertriebsplanung .... Abteilung
.... Planungszeitraum

Kosten-Element	Quelle	Halbjahr gesamt	Januar Juli	Februar August	März Septemb.	April Oktober	Mai Novemb.	Juni Dezemb.
Gehälter	Formular BWP 1001							
Überstunden Gesamt	Abteilungsleiter	Budgetiere geschätzte Überstunden, verwende 150% der durchschnittlichen Gehaltsrate.						
Sozialversicherung	Prozentsatz der obigen Gehaltssumme	Budgetabteilung liefert den anzuwendenden Prozentsatz.						
Büromaterial	Abteilungsleiter	Budgetiere auf Grundlage des Durchschnitts der letzten 12 Monate, korrigiert um . außergewöhnliche Posten, die in diesem Durchschnitt enthalten sind, . bekannte außergewöhnliche Posten im Planungszeitraum.						
Telefon und Telegramme	Abteilungsleiter	Wie Büromaterial .						
Reise- und Repräsentationskosten	Formular BWP 1005	Einzelaufzeichnung der geplanten größeren Reisen und Repräsentationen, Zuschlag für kleinere Reisen und Benutzung von Dienstwagen.						
Verbände und Publikationen	Formular BWP 1005	Einzelaufzeichnung der geplanten Ausgaben für Verbände und Publikationen, Zuschlag für kleinere unvorhergesehene Ausgaben.						
Fremdleistungen (einschl. Marktforschungs-Aufträge)	Formular BWP 1005	Budgetierung nur in der Kostenstelle des Vertriebsdirektors. Einzelaufzeichnung über die geplanten Fremdleistungen, gegliedert nach Art der Leistungen und Produktzugehörigkeit.						
Verkäuferschulung	Formular BWP 1005	Budgetierung nur durch Leiter des Verkaufsaußendienstes. Einzelaufzeichnung (1) der geplanten Lehrgänge unter Angabe der Teilnehmerzahl und Aufteilung der Kosten, (2) der zum Ankauf vorgesehenen Lehrmittel für Verkäuferschulung und (3) der zum Ankauf vorgesehenen sonstigen Lehrgangsunterlagen usw.						
Verschiedenes	Formular BWP 1005	Einzelaufzeichnung der geplanten außerordentlichen Aufwendungen, die keiner der oben aufgeführten Kostenarten zuzuordnen sind.						
Raumkosten	Budgetabteilung	Budgetierung nur in der Kostenstelle des Vertriebsdirektors. Betrag wird vom Leiter der Budgetabteilung bekanntgegeben.						
Gesamtkosten	Summe							

Quelle: "Cost Control for Marketing Operations — Order Getting", Research Series No. 26, N. A. A. Bulletin, Juni 1954, Seite 1379

Abb. 10-1, Budget des Bereiches Vertriebsplanung

sten dieser Organisation sind im allgemeinen fixer Natur oder abhängig von Entscheidungen der Unternehmensführung. In jedem Falle werden sie meist als feste Beträge für den Planungszeitraum vorgegeben. Ein Beispiel dafür, wie solche Kosten in der Praxis vorgeplant werden, enthält Abbildung 10-1.

Kontrolle der Vertriebskosten

Abhängigkeit des Kontrollverfahrens von der Natur der Kosten. Würden alle im Budget eines Unternehmens eingearbeiteten Pläne verwirklicht, dann brauchte die Kontrolle der Kosten lediglich in einem Vergleichen der tatsächlichen mit den geplanten Aufwendungen zu bestehen. Es liegt jedoch in der Natur der Dinge, daß in den verschiedenen Tätigkeitsbereichen eines Unternehmens Abweichungen von dem ursprünglichen Plan auftreten. Aus diesem Grunde muß jede Kontrolle diese Abweichungen in Betracht ziehen, um sicherzustellen, daß die Ergebnisse der Geschäftstätigkeit des Unternehmens auf die wirtschaftlichste Weise erzielt werden. Das erste Problem besteht demnach darin, das Ergebnis der Geschäftstätigkeit festzustellen. Gerade in dieser Hinsicht unterscheiden sich die Vertriebskosten wesentlich von den Kosten der Fertigung.
Im Falle der Fertigung stehen alle Kosten in einem mehr oder weniger engen Zusammenhang mit einer Haupttätigkeit — der Herstellung von Endprodukten — und die Blickrichtung der Kontrolle ist entsprechend eindeutig. Gleichgültig ob die Kosten ihrer Natur nach fix, teil-variabel oder variabel sind, in jedem Fall werden sie in Beziehung zum Fertigungsausstoß gesehen. Bei den Vertriebskosten bietet jedoch die Tatsache der Unterscheidung zwischen Kosten des Hereinholens und des Ausführens von Aufträgen mehr Schwierigkeiten in der Bestimmung der Ziele und Methoden der Kontrolle. Die nunmehr folgenden Abschnitte dieses Kapitels befassen sich mit der Kontrolle der Vertriebskosten unter Zugrundelegung der bereits eingangs benutzten Dreiteilung in

Fixe Kosten (für das Hereinholen und Ausführen von Aufträgen)
Variable Kosten des Ausführens von Aufträgen (verursacht durch die Absatztätigkeit)
Auf Entscheidungen beruhende Kosten des Hereinholens von Aufträgen

Es sei noch betont, daß gerade im Falle der Vertriebskosten häufig in starkem Maße Rücksicht genommen werden muß auf die Besonderheiten gewisser Kostenarten, die manchmal einen stärkeren Einfluß auf die Kostenentwicklung haben können als theoretisch festgestellte Kostenabhängigkeiten. Die dabei in Betracht zu ziehenden Faktoren reichen von Erfahrungswerten über Entwicklungstendenzen, Wettbewerb bis hin zu speziellen Marktgegebenheiten, Handelsusancen (z. B. in der Werbung) und historisch gewachsenen personellen Gepflogenheiten (z. B. bei der Bezahlung der Vertreter). Trotzdem ist der Autor der Überzeugung, daß praktisch alle Kosten dieser Art sich in der hier angewandten Weise gliedern und abhandeln lassen.

Kontrolle der fixen Vertriebskosten. Die zu dieser Kategorie gehörenden Kostenarten sind oben bereits definiert worden. Ebenso wie die Budgetierung dieser Kosten sich in nichts von der anderer Fixkosten unterscheidet, besteht auch kein wesentlicher Unterschied in der Kontrolle. Diese besteht lediglich in dem Vergleich der tatsächlichen mit den geplanten Kosten sowie in der Berichterstattung und Erläuterung eventueller Abweichungen.

Von dem übergeordneten Gesichtspunkt der Kostenkontrolle aus, die bereits bei der Planung einsetzt, wird es mehr Anlässe für die Korrektur der Kostenansätze fixer Vertriebskosten geben, als das bei anderen Bereichen der Fall ist, weil viele Vertriebsaufgaben mehr experimenteller Natur sind und der gesamte Vertriebsapparat in der Regel schneller an neue Gegebenheiten angepaßt werden kann und muß.

Kontrolle der variablen Kosten des Ausführens von Aufträgen. In diese Kategorie wurden bereits die variablen Anteile der Vergütungen an die Vertreter, die Lagerkosten, die Transportkosten und Verwaltungskosten eingegliedert. Bei dieser Art Kosten ist die Anwendung von flexiblen Kostenplänen am Platze, wobei die Flexibilität nicht notwendigerweise vom Umsatz abhängen muß.

Insoweit als variable Vergütungen an die Vertreter in Form einer prozentualen Umsatzprovision gegeben werden, bietet ihre Kontrolle keine besondere Schwierigkeit. Die tatsächlich gezahlten Provisionen mögen zwar (wie im Falle der „Beispiel-Gesellschaft") von den budgetierten Provisionen abweichen, der Differenz muß jedoch eine entsprechende Abweichung bei den Umsätzen gegenüberstehen. Der Kostenstandard ergibt sich hier aus den Provisionsvereinbarungen in Form von Prozentsätzen. Ausgenommen bei fehlerhafter Verbuchung oder sonstigen Bearbeitungsfehlern sollten sich hier keine Abweichungen gegenüber den auf die tatsächlichen Umsätze angewandten Standardsätzen ergeben. Für die anderen variablen Kosten des Ausführens von Aufträgen sind die Kostenstandards jedoch weniger exakt und verdienen eine ausführliche Behandlung.

Kontrolle der variablen Lagerkosten. Ausnutzung des Lagerraums und Kosten der Materialbewegung sind Hauptgegenstand der Kontrolle. Der erstgenannte Kontrollzweck ist in der kurzfristigen Sicht von geringerer Bedeutung, weil Raumkosten in der Regel zeitgebundener Natur sind — bei eigenen Lagerräumen für eine ganze Reihe von Planungszeiträumen, bei gemieteten Räumen zumindest für eine oder für einen Teil einer Planungsperiode. Die Kosten der Materialbewegung dagegen sind in kurzfristiger Sicht eher zu beeinflussen. Die letztgenannten Kosten können am besten durch Verwendung von Standardsätzen kontrolliert werden.

Die verschiedenen Lagerhäuser eines Unternehmens können sich sowohl hinsichtlich der umzuschlagenden Güter als auch hinsichtlich der verfügbaren technischen Einrichtungen voneinander unterscheiden. Es wird deshalb zweckmäßig sein, eigene Standards für jedes Lager zu bilden. Die Standardsätze können sich entweder auf Stückzahlen oder auf das Gewicht der umgeschlagenen Güter beziehen. Nachdem die Standards einmal aufgestellt sind, kann aus der Gegenüberstellung mit den effektiven Kosten der Materialbewegung leicht die Abweichung ermittelt werden. Dabei soll noch einmal daran erinnert werden, daß die Leistung nicht auf der Grundlage der budgetierten Standardwerte, sondern an den auf die tatsächlich durchgeführte Arbeit angewandten Standards gemessen wird. Unterschiede in den Standardkosten der Materialbewegung und in den Raumkosten zwischen mehreren Lagerhäusern sind zwar aufschlußreich, sie sollten jedoch bei der Budgeterstellung analysiert und ausgewertet werden und nicht erst im Laufe der Budgetperiode.

Kontrolle der variablen Beförderungskosten. Die Höhe der Beförderungskosten richtet sich zum Teil nach der Menge der zu befördernden Güter, nach der Entfernung, nach der Wahl der Transportwege und -mittel und zum Teil nach den mit bestimmten Transportwegen oder -mitteln verbundenen Kosten. Die Kontrolle dieser Kosten ist deshalb schwieriger als die der Kosten der Lagerhaltung. Als Beispiel sei die Methode der Beförderungskostenanalyse und -berichterstattung eines Unternehmens wiedergegeben:

Die Beförderungskosten können wirksam kontrolliert werden durch die in einem geeigneten Berichtswesen enthaltenen Informationen. Die Kosten der Beförderung der Endprodukte vom Hersteller zum Auslieferungslager und von da zum Abnehmer stellen einen der wichtigen Posten der Vertriebskosten dar. Sie werden kontrolliert mit Hilfe der „Beförderungskostenstatistik" (Abb. 10-2), die aus den Unterlagen des Rechnungswesens erstellt wird. Die Beförderung der Endprodukte wird in vier große Gruppen aufgeteilt:

1. Vom Werk zum Versandlager
2. Vom Werk zum Kunden
3. Lieferungen zwischen Versandlagern
4. Vom Versandlager zum Kunden

Der Kontenplan für Beförderungskosten dient zweierlei Zwecken: Einmal der Kontrolle der Beförderungskosten durch die zuständigen Führungskräfte. Zum andern ist er ein Mittel zur Feststellung der Beförderungskosten zum Zwecke der Weiterbelastung dieser Dienstleistung an die einzelnen Verkaufsabteilungen. Im Hinblick auf die Kontrolle ist die Beförderungskostenstatistik ein gutes Mittel, um den verschiedenen Transportabteilungen sowie der zentralen Transportstabsstelle einen Überblick über die Kostenlage auf dem Beförderungssektor zu verschaffen, ohne daß Hunderte von Einzelrechnungen durchgesehen werden müssen. Außerdem können an Hand der Statistik Vergleiche zwischen den effektiven und den Standardkosten für die Beförderung der verschiedenen Güter angestellt werden.

Die aus der Statistik ersichtlichen Informationen ermöglichen es, Fragen an die einzelnen Transportabteilungen und darüber hinaus an die Verwalter der Versandhäuser zu stellen, die wiederum zu wichtigen Verbesserungen in der Kostenlage führen können. Die in der Statistik enthaltenen Zahlen lösen diese Fragen fast von selbst aus:

1. Lieferungen von nur 16.000 Pfund Malz ab Werk bei Verkäufen von 76.000 Pfund deuten auf eine Übersetzung des Lagers im Vormonat hin. Außerdem liegt der Beförderungskostensatz Werk an Versandlager im Vergleich zum Standard zu hoch. Können die Kosten durch Zusammenfassung der Lieferung mit anderen Produkten gesenkt werden?
2. Lieferungen von 74.000 Pfund Teigverbesserer zwischen den Versandlagern scheinen unnötig. Waren die Kosten von 504 $ gerechtfertigt? Warum wurden diese Mengen nicht vom Werk bezogen?
3. Warum wurde eine kleine Sendung von Teebeuteln ab Werk geliefert bei Beförderungskosten von 4,87 $ pro Zentner? Dieser Satz liegt erheblich über dem Standard. Wenn diese Lieferung notwendig war, warum wurde sie nicht mit anderen Sendungen zusammengefaßt?
4. Die Statistik zeigt, daß 823.000 Pfund Backfett ab Werk an Versandlager und 713.000 Pfund ab Versandlager an Kunden geliefert wurden. Warum wurden bei diesem Volumen nicht mehr Lieferungen ab Werk direkt an Kunden getätigt?
5. Die Lieferungen von Pulverkaffee ab Werk an Versandlager hätten mit anderen Lieferungen zusammengefaßt werden müssen, um einen niedrigeren Frachtsatz zu erzielen. Die effektiven Frachtkosten betragen 4.54 $ pro Zentner gegenüber einem Standard von 2.35 $ bei Sammelladung.
6. Die durchschnittlichen Frachtsätze für Lieferungen ab Versandlager an Kunden von —.71 $ und —.67 $ pro Zentner liegen wesentlich über dem Standard. Bei dem hohen Transportvolumen können niedrigere Sätze erwartet werden. Der Durchschnitt dürfte bei richtiger Auslegung der Auslieferungsfahrten und günstigen Vertragsabschlüssen mit Frachtführern um —.55 $ bzw. —.51 $ pro Zentner liegen.[17]

Unternehmen, die ihre Transporte selbst durchführen, können Standards für die verschiedenen Teilaufgaben bilden. Als Beispiel wird die Festlegung von Zeitstandards für die Frei-Haus-Lieferung von Milch in einer Vorstadt angeführt:

17 E. W. Kelley, "Distribution Cost Control — and Beyond", N. A. A. Bulletin, Abteilung 1, April 1951, Seite 916

BEFÖRDERUNGSKOSTEN-STATISTIK

Verkaufsbereich: A

Monat August 19__

Zeile	Produkt	Werk an Versandlager			Werk an Kunden			Zwischen Versandlagern		Versandlager an Kunden		Gesamt	Beförderungskosten des Monatsumsatzes		
		Menge	Betrag	Stückkost.	Menge	Betrag	Stückkost.	Menge	Betrag	Menge	Betrag		Menge	Betrag	Stückkost.
	Spalte →	(1)	(2)	(3)	(4)	(5)	(6)	(7)	(8)	(9)	(10)	(11)	(12)	(13)	(14)
	Rechnung →			(2 : 1)			(5 : 4)					(2 + 5 + 8 + 10)			(13 : 12)
1															
2	Malz	3 410	65,02	1,90	12 442	190,12	1,52	21 392	142,07	51 802	370,20	767,41	76 086	1 911,63	2,51
3	Hefe	49 794	660,53	1,32				25 338	156,38	15 343	109,65	926,56	59 590	1 052,62	1,77
4	Teigverbesserer	188 325	2 471,61	1,31				73 727	503,88	119 799	856,14	3 831,63	144 891	3 258,09	2,25
5	Gefriereier	250 176	936,46	—,37				149 048	848,19	1 536	10,98	1 795,63	252 832	1 794,65	—,71
6	Gefrierfrüchte	25 110	251,19	1,00				24 773	165,77	960	6,86	423,82	26 048	433,11	—,67
7	Kaffee — Großküchen	192 334	1 496,07	—,77				302	1,34	4 472	31,96	1 529,37	202 639	1 593,62	—,79
8	Kaffee — Extrakt	2 925	96,95	3,31	750	16,20	2,16	185	1,28			114,43	3 936	122,94	3,12
9	Teebeutel	300	14,62	4,87				1 523	8,99	63	—,45	24,06	3 773	193,19	5,12
10	Gelatine — Großküchen	9 860	233,68	2,37				4 970	34,50	1 106	7,91	276,09	9 202	260,50	2,83
11	Pudding — Großküchen	8 925	197,19	2,20				1 604	10,46	226	1,90	209,55	4 209	104,96	2,50
12	Margarine für Bäcker	218 430	305,80	—,14				6 201	22,05	29 521	210,97	538,82	51 832	305,58	—,59
13	Backfett	823 337	3 968,76	—,48	60 896	470,90	—,77	39 593	254,97	713 112	5 095,90	9 790,53	824 570	9 487,40	1,15
14															

Abb. 10-2

38	Kaffee — Einzelhandel	428 980	514,75	—,12	68 141	438,17	—,64			644 860	4 296,05	5 248,97	712 001	5 506,85	—,77
39	Pulverkaffee	8 400	382,10	4,54						7 531	50,17	432,27	7 522	391,67	5,20
40	Teepakete	800	23,32	2,91						3 081	20,53	43,85	3 070	109,87	3,58
41	Teebeutel	10 000	285,92	2,85				1 146	8,24	3 492	23,26	317,42	3 473	130,48	3,76
42	Pulvertee			2,62											
43	Gelatine — Einzelhandel			1,90						30 783	205,08	205,08	30 716	788 68	2,57
44	Pudding — Einzelhandel	46 125	887,84	1,90				15 938	114,62	35 014	233,26	1 235,72	34 966	1 012,23	2,89
45	Backpulver			1,32											
46	Margarine — Einzelhandel	425 572	7 369,63	1,73	272 623	2 142,40	—,78			378 093	2 518,85	12 030,88	643 977	11 085,67	1,72
47	Butter — Einzelhandel			1,85											
48	Zutaten	37 223	30,36	—,08	213 930	1 296,88	—,60			67 253	448,04	1 775,28	249 313	1 773,23	—,71
49	Käse	143 064	2 219,08	1,55						155 708	1 037,33	3 256,41	153 115	3 410,61	2,23
50	Tomatensaft	164 212	2 069,07	1,26	40 096	585,40	1,46			140 124	933,51	3 587,98	180 220	3 284,47	1,82
51	Haferflocken	72 036	1 087,74	1,51	20 142	328,31	1,63			81 744	544,58	1 960,63	101 886	2 107,22	2,07

68	Zwischensumme	1 336 412	14 869,81	—	614 932	4 791,16	—	17 084	122,86	1 547 683	10 310,66	30 094,49	2 120259	29 600,98	—
69															
70	Kosten pro Zentner	—	—	1,11	—	—	—,78	—	—,7191	—	—,6662	—	—	—	1,40
71	Fehlerkorrektur	20 119	291,73		(20 119)	(291,73)									
72															
73	Gesamt	3 129 457	25 859,42	—	668 901	5 176,65	—	365 776	2 272,74	2 485 633	17 013,58	50 322,39	3 779 867	50 119,27	—
74	Kosten pro Zentner	—	—		—	—		—		—		—	—	—	

Quelle: E. W. Kelley, "Distribution Cost Control — and Beyond", N. A. A. Bulletin, Abteilung 1, April 1951, Seite 914

Abb. 10-2, Beförderungskosten-Statistik

Ergebnisse einer Zeitstudie für die Frei-Haus-Lieferung von Milch in einer Vorstadt

Tägliche Zeiten:	Minuten	
Vorbereiten der Auftragsbücher	1,50	pro Tag
Vorbereiten des Fahrzeugs für die Fahrt und Abstellen nach der Fahrt	8,18	„
Neuverstauen der Ladung während der Fahrt	6,50	„
Abrechnungen bei der Zentrale	36,00	„
Persönliche Verlustzeiten	50,50	„
Insgesamt	102,68	pro Tag
Ladezeiten:		
Beladen des Fahrzeugs	0,12	pro Kiste
Abladen des Leerguts	0,06	„
Insgesamt	0,18	pro Kiste
Kundenbezogene Zeiten:		
Abliefern der Milch	0,94	pro Kunde
Kassieren	1,10	„
Eintragen im Auftragbuch	0,18	„
Insgesamt	2,22	pro Kunde
Streckenbezogene Zeiten:		
An- und Abfahrt	3,60	pro Meile
Kundenfahrt*	12,60	„

* Abhängig von der Zahl der Kunden pro Meile[18]

Die im Vorstehenden entwickelten Standardzeiten ergeben, bewertet zu Standardlohnraten, den Standardlohn. In Verbindung mit den anderen Transportkostenelementen ergibt sich daraus die Grundlage sowohl für die Budgetierung als auch für die Kontrolle der Transportkosten. Abweichungen vom Budget können auf dieser Grundlage ermittelt und nach volumenbedingten und leistungsbedingten Abweichungen analysiert werden. Die ersteren werden in kurzer Sicht nicht beeinflußbar sein, während die letzteren in jedem Falle Maßnahmen zu ihrer Behebung auslösen sollten.

KONTROLLE DER VARIABLEN VERWALTUNGSKOSTEN. Die bei der Kontrolle dieser Kosten auftretenden Probleme sind identisch mit denjenigen, die sich bei der Kontrolle der allgemeinen Verwaltungskosten ergeben. Aus diesem Grund wird hier auf die ausführliche Behandlung dieses Themas im fünfzehnten Kapitel verwiesen. An dieser Stelle möge es genügen, darauf hinzuweisen, daß sich die Benutzung von Standards auch hier als bestes Kontrollmittel anbietet.

18 W. D. Holdsworth, "Bringing Delivery Route Costs Under Standards", N. A. A. Bulletin, Abteilung 1, Oktober 1952, Seite 258

KONTROLLE DER KOSTEN DER VERKAUFSFÖRDERUNG UND WERBUNG. Den Hauptteil dieser Kosten machen in der Regel die Werbekosten aus. Bei der Kontrolle dieser Kosten sind zwei Gesichtspunkte von Bedeutung:

1. Die Einhaltung der im Budget genehmigten Aufwendungen und
2. die Messung der Wirksamkeit der Werbemaßnahmen.

Die Kontrolle des Werbeetats ist bereits heute eine unter den großen Unternehmen weit verbreitete Übung. Wegen der Größe der Ausgabenbeträge und der Vielfalt der Aufwendungen kommt diesem Teil des Budgets regelmäßig auch besondere Bedeutung zu. Abbildung 10-3 zeigt einen typischen Budgetkontrollbericht für Werbekosten.

Die Rechnungslegung für die Werbekosten und deren Prüfung kann eine umfangreiche Aufgabe darstellen, vor allem dann, wenn zahlreiche Werbeagenturen in die Werbetätigkeit eingeschaltet sind. Der Umfang dieser Aufgaben in Verbindung mit der Budgetkontrolle der Werbekosten wird aus den folgenden Ausführungen deutlich:

Eine der Hauptaufgaben der Rechnungslegung für die Werbeabteilung ist die Kontrolle der Werbekosten mit dem Ziel sicherzustellen, daß die tatsächlichen Werbeaufwendungen sich im Rahmen der durch das Budget genehmigten Beträge bewegen oder daß Überschreitungen dem Werbeleiter zwecks Beantragung einer Nachgenehmigung zur Kenntnis gebracht werden.

Werbeagenturen und Werbeabteilung haben zunächst Einzelaufstellungen als Unterlage zum Budget zu erstellen, aus denen die Verteilung des Gesamtbetrages auf die verschiedenen Werbemittel und Produkte hervorgeht. Auf der Grundlage dieser in alle Einzelheiten gehenden Planung und Genehmigung sollte man an sich mit einem Minimum an zusätzlicher Kontrolle auskommen. Diese Annahme wird jedoch durch eine Reihe von Tatsachen widerlegt:

1. Auch die besten Pläne bedürfen einer laufenden Überprüfung und Anpassung auf Grund der Wettbewerbslage, der Produktentwicklung usw.
2. Zeitungen und Rundfunk können ihre Gebühren verändern.
3. Durch Sendeausfälle oder mangelnde Sendekapazität können Rückvergütungen anfallen.
4. Die Kosten für die Produktion von Werbefilmen usw. können von der ursprünglichen Vorschätzung abweichen.
5. Die Klischeekosten können infolge von Änderungen in den Farben, Größen usw. der Anzeigen schwanken.
6. Rücknahmen aus Einführungsverkäufen können ganz erheblich von der Vorschätzung abweichen.
7. Die Verwaltungskosten können sich anders entwickeln als im Budget vorgesehen.

Ein gewisser Sicherheitszuschlag für Ungewißheiten dieser Art sollten immer im Budget vorgesehen werden. Trotzdem ist es erforderlich, Budget und Kostenanfall laufend zu überwachen, um nicht am Jahresende mit einer unvorhergesehenen Überschreitung abzuschließen. Diese Kontrolle stützt sich im Grunde auf zwei Elemente: Einmal werden die Einzelpläne so oft wie möglich auf den neuesten Stand gebracht. Zum andern werden die Buchungen im Ausgabenkontrollregister monatlich durchgesehen auf Posten, die nicht im Budget enthalten sind oder den im Budget vorgesehenen Betrag übersteigen. Eine Zu-

Monat..........	Budget-Kontrollbericht für Werbekosten				Produktgruppe..........			
Kosten-Element	Budget		Effektiv		Saldo			
	Laufender Monat	Jahres-Aufrech.	Laufender Monat	Jahres-Aufrech.	Noch nicht ausgegeben	Verfügungen widerruflich	Verfügungen unwiderrufl.	Noch nicht verfügt
Inserate: Zeitschriften — Insertion — Produktion Wirtschafts-zeitungen — Insertion — Produktion Kundeninserate								
Gesamt								
Drucksachen: Kataloge Preislisten Prospekte Spezial- Kataloge Prospekte Porto								
Gesamt								
Verschiedenes: Klischees Porto und Verpackung Aus-stellungen Schaufenster-artikel Lehrmaterial Verkäufer-schulung								
Gesamt								
Reserve								
Gesamt-Aufwendungen								
Gemeinsame Werbung Gesamt-Werbekosten								

Quelle: "Cost Control for Marketing Operations — Order Getting", Research Series No. 26, N. A. A. Bulletin, Abteilung 3, Juni 1954, Seite 1360

Abb. 10-3, Budget-Kontrollbericht für Werbekosten

sammenfassung aller dieser Posten in einer übersichtlichen Berichtsform zeigt der Unternehmensführung zu jeder Zeit den Stand der effektiven Werbekosten im Vergleich zum Budget.[19]

Im Hinblick auf die Kontrolle der Wirksamkeit der Werbemaßnahmen ist das erzielbare Kontrollergebnis nicht annähernd so befriedigend. Die bereits früher erwähnte Untersuchung des N. A. A. ergab, daß in dieser Richtung noch nicht sehr viel erreicht worden ist.

Die Messung der Wirksamkeit von Werbemaßnahmen wird allerdings überwiegend als eine Aufgabe der Marktforschung, weniger des Rechnungswesens betrachtet. Das Rechnungswesen liefert lediglich Zahlenmaterial, wie z. B. Absatzziffern, als Grundlage für die Auswertung der Marktforschung. Dazu kommen Daten von anderen Quellen einschließlich selbständiger Marktforschungsinstitute. Wenn auch auf einzelnen Teilgebieten der Messung der Wirksamkeit von Werbemaßnahmen — wie z. B. beim Vergleich der Wirksamkeit verschiedener Medien für einen bestimmten Zweck — bereits Fortschritte zu verzeichnen sind, so bleibt hinsichtlich der Schaffung allgemeingültiger Methoden für die Messung der Wirksamkeit von Werbemaßnahmen noch sehr viel zu tun übrig.[20]

KONTROLLE DER KOSTEN DER VERTRIEBSORGANISATION. Wie im Falle der Werbekosten sind auch bei der Kontrolle der Kosten der Vertriebsorganisation quantitative und qualitative Merkmale zu berücksichtigen. Im Unterschied zur Werbung richtet sich die mengenmäßige Kontrolle bei den Kosten der Vertriebsorganisation nicht ausschließlich auf Geldbeträge, sondern in einem starken Maße auf den Einsatz menschlicher Arbeitskraft. Die Zahl der Kundenbesuche z. B. ist eine der Maßeinheiten, nach denen die Leistung der Vertriebsorganisation gemessen wird und die auch der Kontrolle der Kosten zugrunde gelegt werden.

Die Gehälter der Vertreter und sonstigen fixen Kosten dieser Kategorie können gegen das Budget kontrolliert werden. Die Kosten variabler Natur, wie z. B. Reisekosten der Vertreter, müssen nach folgenden Gesichtspunkten kontrolliert werden:

1. Einsatz der Vertreter
2. Aufwendungen der Vertreter
3. Ergebnisse der Vertretertätigkeit

Der Einsatz wird gemessen an den zurückgelegten Entfernungen sowie an der Zahl der Kundenbesuche. Die Aufwendungen gliedern sich in Fahrtkosten, Unterbringung, Verpflegung und Sonstiges. Die Ergebnisse sind die getätigten Abschlüsse.

19 G. M. Harold, "Advertising Expense Accounting and Control", N. A. A. Bulletin, Abteilung 1, August 1953, Seite 1597-98

20 N. A. A. Bulletin, Research Series No. 26, Juni 1954, Seite 1365-66 "Cost Control for Marketing Operations — Order Getting"

Die Kontrolle des Einsatzes der Vertreter erfolgt über gebietsweise festgelegte Standards und Vertreterberichte. Die Standards für den Einsatz der Vertreter ergeben sich aus dem festgelegten Umsatzsoll, da der Umsatz mit eine Folge der Vertretertätigkeit ist.
Diese Standards bilden den Maßstab für die Kontrolle des Vertretereinsatzes. Vertreterberichte können dabei nicht nur zur Kontrolle des Einsatzes, sondern auch zur Überwachung der Stoßrichtung des Vertretereinsatzes dienen. Die Vertreterberichte sollten folgende Informationen enthalten:

1. Kundenbesuche mit Verkaufsabschluß
2. Kundenbesuche ohne Verkaufsabschluß
3. Kundenbesuche ohne Verkaufsabsicht
4. Kunden beim Besuch nicht angetroffen[21]

Die Kontrolle der Aufwendungen der Vertreter muß auf den einzelnen Mitarbeiter zugeschnitten werden. Sie ist im wesentlichen eine Sache der Analyse der Reisekostenabrechnungen der einzelnen Vertreter an Hand ihrer Reiseberichte. Die Praxis in diesem Punkt ist unterschiedlich. Manche Unternehmen verlangen von ihren Reisevertretern detaillierte Abrechnungen, andere erstatten die entstandenen Auslagen gegen Vorlage von Belegen usw. In jedem Falle sollten bei der Kontrolle gebietsbezogene Standards angewendet werden. Neben der reinen Prüfung der Reisekostenabrechnungen ist die Überwachung der Ausrichtung der Reisetätigkeit und des Vertretereinsatzes auf bestimmte Gebiete, Abnehmerkreise und Produkte von besonderer Bedeutung. Dieser Punkt wird am Ende dieses Kapitels noch einmal gesondert behandelt.
Die Kontrolle des Ergebnisses der Verkaufstätigkeit ist bereits an früherer Stelle besprochen worden. Sie wird hier lediglich erwähnt, um auf ihre Bedeutung im Rahmen der Messung der Gesamtleistung der Verkaufsorganisation hinzuweisen.

Kontrolle der Kosten der Vertriebsplanung. Die Kosten dieser Kategorie sind in der Regel fixer Natur. Die Kontrolle erfolgt durch Vergleich der effektiven Kosten mit den budgetierten Beträgen.

Kontrolle der Ausrichtung der Vertriebstätigkeit. Im Falle eines Fertigungsbetriebes ist der Zusammenhang zwischen Kosten und Leistung in der Regel so eindeutig bestimmbar, daß die Kostenkontrolle aus diesem Grunde keine besonderen Schwierigkeiten bereitet. Eine Verlage-

[21] Cf. Sebert Schneider, "Sales Territory Cost Control", N. A. A. Bulletin, Abteilung 1, Juni 1952, Seite 1224

rung der Produktion von einem Produkt auf ein anderes erfordert lediglich ein Ersetzen der Standards durch andere. Im Falle der Vertriebsorganisation ist jedoch eine laufende Analyse der Vertriebstätigkeit und ihres Zusammenhangs mit den Verkaufsergebnissen erforderlich, um richtige Entscheidungen über den Einsatz der Vertriebsorganisation treffen zu können. In dieser Hinsicht besteht ein enger Zusammenhang zwischen diesem und dem vorangegangenen Kapitel.

Wo und in welchem Umfang muß der Einsatz der Vertriebstätigkeit verstärkt werden, um den Absatz auf die im Absatzplan vorgesehene Höhe zu bringen? Fragen dieser Art sind es, die die Notwendigkeit einer ausführlichen Rechnungslegung über die Vertriebskosten unterstreichen. Dieses Thema würde zweifellos den Rahmen des vorliegenden Buches sprengen. Es soll hier lediglich betont werden, daß Entscheidungen hinsichtlich Ort, Art und Umfang der Vertriebstätigkeit stets im Lichte des Beitrages dieser Aufwendungen zum Gesamterfolg getroffen werden müssen. In diesem Sinne ist der obige Hinweis auf den Zusammenhang zwischen diesem und dem vorangegangenen Kapitel zu verstehen. Absatz setzt Vertriebstätigkeit voraus, und diese beiden Größen müssen ständig gegeneinander abgewogen werden. Dieses Abwägen hat in der Regel bereits bei der Budgeterstellung eine Rolle gespielt. Aber auch im Laufe des Planungszeitraumes soll bei der Kontrolle stets auf eventuell notwendig werdende Veränderungen in Umfang und Ausrichtung der Vertriebstätigkeit geachtet werden.

Gebietsweise sowie produktweise gegliederte Berichte über den Ertragsbeitrag, Berichte über den Verkaufserfolg der einzelnen Teile der Vertriebsorganisation und ähnliche Berichte sind die Instrumente, die die moderne Unternehmensführung zur Kontrolle des Absatzes und der Vertriebsorganisation braucht. Die Erstellung solcher Berichte bzw. die Schaffung der Grundlage zu ihrer Erstellung durch eine geeignete Gliederung und Aufzeichnung der Vertriebskosten ist eine der Hauptaufgaben der Rechnungslegung auf diesem Sektor.

11. Vorratshaltung

ZWECK DES KAPITELS. Eine besondere Bedeutung besitzt die Vorratshaltung in den Unternehmen, die ohne ein großes Lager aus den verschiedensten Gründen nicht auskommen können. In solchen Fällen ergibt sich die Wichtigkeit der Vorratshaltung aus der Höhe des in den gelagerten Vorräten investierten Kapitals und den Kosten für die eigentliche Vorratshaltung. In vielen Unternehmen betragen die Vorräte 20 bis 30% der Bilanzsumme. Die Kosten der Vorratshaltung sind in den einzelnen Industriezweigen sehr verschieden. Entsprechende Untersuchungen lassen aber den Rückschluß zu, daß sie sich jährlich zwischen 5 oder 6% und 20 oder 30% des in den Vorräten investierten Kapitals belaufen. Diese Kosten belasten die Erfolgsrechnung und üben neben den Kosten für den laufenden Geschäftsbetrieb einen erheblichen Druck auf den Gewinn des Unternehmens aus.
Aus den vorstehenden Tatsachen und schließlich auch aus der Erkenntnis, daß die Vorratshöhe nur unter Berücksichtigung der engen Verflechtung der Lagerfunktion mit der Beschaffungs-, Erzeugungs- und Absatzfunktion zu lösen ist, ergibt sich, daß eine richtige Planung der Vorräte in ganz besonderem Maße schmiegsam und anpassungsfähig sein muß und daß eine Kontrolle auf diesem Gebiet zu den wichtigsten, aber auch schwierigsten Aufgaben des Unternehmens gehört. Die Bestimmung der zukünftigen Vorratshöhe erfordert die Berücksichtigung einer Vielzahl von Faktoren, die in diesem Zusammenhang einen maßgeblichen Einfluß haben. Angesichts der Tatsache, daß die Ermittlung einiger dieser Faktoren in der Praxis oft zu Schwierigkeiten führt, wird dieses Problem in der nachfolgenden Darstellung besonders ausführlich behandelt. Mit diesen allgemeinen Ausführungen ist die eigentliche Linie dieses Kapitels vorgezeichnet. Es wird zunächst auf alle mit der Planung der richtigen Vorratshöhe zusammenhängenden Probleme eingehen und schließlich auch die einzelnen Möglichkeiten der Kontrolle der Vorratshöhe behandeln.

Planung der Vorratshaltung

WESEN DER VORRÄTE. Die bilanzierten Vorräte sind der wertmäßige Ausdruck der in den Lagern gebundenen Kapitalmengen. Primär sind aber Lagerziffern zunächst Mengenziffern, denn jede Entnahme aus dem Lager und jede Überlegung zwischen Bedarf und notwendiger Deckung durch den vorhandenen Bestand hat Mengencharakter. Die Bilanz enthält nur die Kosten dieser Lagermengen. Sofern die Stückkosten und Anschaffungspreise stets unverändert bleiben würden, wäre die Unterscheidung zwischen Wert- und Mengenziffern ohne Bedeutung. Wie die Dinge aber nun einmal liegen, ist mit dieser Möglichkeit wohl niemals zu rechnen, und aus dieser Überlegung heraus muß die Vorratshaltung mengenmäßig geplant werden.

MENGENMÄSSIGE BEZIEHUNGEN DER VERSCHIEDENEN VORRÄTEGRUPPEN UNTEREINANDER. Zum besseren Verständnis der nunmehr folgenden Ausführungen dürfte ein nochmaliges Studium des im vierten Kapitel erörterten Budgetverfahrens der „Beispiel-Gesellschaft" beitragen. Die für die Planung der Vorratshöhe in Frage kommenden Schritte lassen sich wie folgt zusammenfassen:

Fertigerzeugnisse

1. Schätze die gegenwärtigen und zukünftigen Auslieferungsmengen.
2. Ermittle den Bedarf an Vorräten im Verhältnis zu den zukünftigen Auslieferungen.
3. Ermittle die erforderliche Anzahl der monatlich bereitzustellenden Fertigerzeugnisse auf Grund folgender Formel:

Monatliche Lieferungen an Kunden	+	Geplanter Vorrat am Monatsende	—	Vorrat am Monatsanfang

4. Verändere die vorstehenden Vorratsmengen, wenn dies zur Erreichung einer gleichmäßigen Auslastung des Produktionsapparates für erforderlich gehalten wird.

Halbfabrikate und fertige Teile

1. Errechne auf Grund der vorstehenden Ermittlungen die Anzahl und Art der monatlich bereitzustellenden Teile getrennt nach Abteilungen.
2. Ermittle die erforderlichen Monatsendbestände.
3. Ermittle die erforderliche Monatsproduktion auf Grund folgender Formel:

Erforderliche Bereitstellung an fertigen Teilen	+	Geplanter Vorrat am Monatsende	—	Vorrat am Monatsanfang

Fertigungsmaterial

1. Ermittle die erforderliche Materialbereitstellung zur Verwendung in vorstehender Produktion.
2. Bestimme die erforderliche Vorratsmenge am Monatsende.

3. Ermittle den erforderlichen Einkauf an Fertigungsmaterial auf Grund folgender Formel:

Gegenwärtiger Bedarf	+	Geplanter Vorrat am Monatsende	—	Vorrat am Monatsanfang

Aus den vorstehenden Schritten ergibt sich, daß die verschiedenen mengenmäßigen Ausdrucksformen der Vorräte eng ineinandergreifen und daß man eine Vorstellung über ihren zukünftigen Anteil am Gesamtvorrat nur durch die dargestellte Rückrechnung der Fertigerzeugnisse gewinnen kann. Allerdings sind die Fälle, in denen man in der Praxis die zukünftige Vorratshöhe weniger formalistisch ermittelt, nicht selten. Sehr oft beschränkt man sich auf die Ermittlung von Wertziffern auf Grund des in der Vergangenheit üblichen Verhältnisses des in den Vorräten gebundenen Kapitals zu den Verkaufsumsätzen. Dieses Verfahren ist in zweifacher Hinsicht mit erheblichen Mängeln behaftet. Als nachteilig ist einmal die Tatsache anzusehen, daß die Verhältnisziffern auf der Vergangenheit beruhen und demnach eine ausreichende Genauigkeit ihrer Aussagen für die Zukunft nicht gegeben ist. Zum anderen sind die mit ihrer Hilfe getroffenen Feststellungen nur globaler Art. Es handelt sich also um eine Ermittlung der zukünftigen Gesamthöhe aller Vorräte, nicht aber um die Planung der Vorräte nach Gruppen, die der eigentlichen Bestimmung der Höhe des gesamten Lagerbestandes vorausgehen muß.
Für die Kontrolle der Vorräte hat dieses Verfahren somit keinen Wert — jedenfalls ist seine Aussagetiefe und -genauigkeit so gering, daß seine Anwendung in der Praxis meistens mit einem Verzicht auf eine genaue Analyse der Vorräte verbunden ist. Im Hinblick auf die erhebliche wirtschaftliche Bedeutung der in den Vorräten gebundenen Kapitalmengen versteht es sich aber von selbst, daß eine ziemlich genaue Vorausschätzung der künftigen Lagerhaltung eine so selbstverständliche Aufgabe der betriebswirtschaftlichen Planung ist, daß sich weitere Erörterungen hierzu erübrigen.
Weshalb werden Bestände an Material, Halbfabrikaten und Fertigerzeugnissen gebildet? Wie bereits einleitend angedeutet, sollten sie nicht das Ergebnis einer Überproduktion oder fehlerhaften Einkaufsdisposition sein. Sie sind geplant und werden benötigt. Nachfolgend werden die verschiedenen Beweggründe für die Vorratshaltung kurz erörtert.

Die Beweggründe für die Vorratshaltung. Die Beweggründe für die Vorratshaltung können ganz verschieden sein:

1. Vermeidung von Verzögerungen;

2. Schaffung eines Ausgleichsbeckens zur Stabilisierung der Produktion;
3. Wirtschaftlichkeit des Fertigungsloses;
4. Deckungseinkäufe im Hinblick auf voraussichtliche Preiserhöhungen und/oder Lieferengpässe.

Ungeachtet der jeweiligen Umstände können alle Beweggründe bei jeder Art von Vorrat zutreffen. Beim ersten Motiv handelt es sich um Verzögerungen, die entstehen können bei

a) der Lieferung von Fertigerzeugnissen an die Kundschaft,
b) der Fertigstellung von Fertigerzeugnissen aus Halbfabrikaten oder
c) der Produktionsdurchführung von Operationen, die materialintensiv sind.

Die unter a) angeführte Verzögerung besitzt eine besondere Bedeutung und steht im unmittelbaren Zusammenhang mit dem eigentlichen Hauptziel der unternehmerischen Gesamttätigkeit — dem Absatz von Produkten als Beitrag zur Gewinnmaximierung. In vielen Fällen sind die Lieferfristen eines Unternehmens von maßgeblichem Einfluß auf den Auftragseingang. Industriezweige, in denen die Produktionsdurchführung unmittelbar nach Auftragserteilung abgeschlossen werden kann, gibt es nur wenige; hieraus erklärt sich die Bedeutung der Fertigerzeugnislager für die prompte Belieferung der Kundschaft.
Die Verzögerung unter b) betrifft das Lager für selbsthergestellte Teile und Teilegruppen. Neben der Tatsache, daß die Höhe des Vorrats an Halbfabrikaten von der Länge des Produktionsprozesses (gesamten Bearbeitungszeit) maßgeblich beeinflußt wird, ist zu beachten, daß sich in allen Zwischenstadien der Erzeugung bezogene Teile und selbsthergestellte Zwischenprodukte befinden, durch die eine gleichmäßige Auslastung des Produktionsapparates ermöglicht wird.
Die Vorratshaltung für Material läßt sich somit allein aus dem Produktionsbedarf und dem auf der Beschaffungsseite zu berücksichtigenden Zeitfaktor hinreichend erklären.
Die zweite Begründung, nach der die Unternehmen Vorräte zum Zwecke der Produktionsstabilisierung ansammeln, dürfte in erster Linie auf solche Industrieunternehmen zutreffen, deren Fertigung nicht schnell genug an den kurzfristig veränderten Produktionsbedarf angepaßt werden kann. Weiterhin geschehen Produktionsstabilisierungen, um entweder einen gut eingespielten und kostenmäßig günstigen Produktionsapparat oder einen guten Arbeiterstamm zu erhalten und außerdem für voraussichtlich stärkere oder schwächere Belastungen gerüstet zu sein.
Wichtig ist in diesem Zusammenhang zu erkennen, daß der Vorratshaltung des Unternehmens neben anderen die wesentliche Aufgabe zufallen kann, als Ausgleichsbecken zur Stabilisierung der Produktion zu dienen.

Das Wirtschaftlichkeitsmotiv bezieht sich sowohl auf die Wirtschaftlichkeit des Produktionsprozesses als auch auf die der Materialbeschaffung. Je höher der Auftrag, desto größer ist das Fertigungslos bzw. die Kalkulationseinheit. Bei der Einzelfertigung ist der Auftrag Kalkulationseinheit. Kleine Kalkulationseinheiten haben im allgemeinen hohe Stückkosten zur Folge. Der Grund hierfür liegt in den relativ hohen Lohnkosten für die Vorbereitung der Produktionsanlagen und, wenn auch im verringerten Maße, auf dem hierauf entfallenden Anteil an den Gemeinkosten. Auf der Seite der Materialbeschaffung können Mengenrabatte von erheblichem Einfluß auf die Wirtschaftlichkeit sein.
Schließlich können der Vorratshaltung spekulative Motive zugrunde liegen. Entscheidend hierfür sind die Erwartungen im Hinblick auf die zukünftigen Materialpreise. Hält z. B. ein Unternehmen starke Preiserhöhungen in naher Zukunft für wahrscheinlich, so wird es Vorräte ansammeln, damit es beim Eintritt seiner Erwartungen möglichst lange noch mit dem günstig eingekauften Material produzieren kann. Bestände an Material werden somit gebildet, um die Gesamtkosten des Unternehmens zu senken. Würden derartige Vorräte nicht angesammelt, so müßten beim erwarteten Eintritt der Preiserhöhungen möglicherweise erheblich höhere Preise bezahlt werden.

Bestimmung des Materialbedarfs — Vermeidung von Verzögerungen. Die Tatsache, daß die Vorratshaltung zu Stabilisierungszwecken und aus Spekulationsgründen auf Entscheidungen der obersten Unternehmensführung beruht, weist darauf hin, daß sie für eine Erörterung über die normalen Maßstäbe zur Bestimmung des Materialbedarfs nicht in Frage kommt. Vielmehr ist die Aufgabe gestellt, einen normalen Materialbedarf zu bestimmen, und es scheint naheliegend, hierbei nur auf die beiden anderen Beweggründe für die Vorratshaltung aufzubauen.
Der dem Lager für Fertigerzeugnisse zugrunde liegende Beweggrund, Verzögerungen zu vermeiden, dient der Bereitstellung von Fertigerzeugnissen zur direkten Lieferung an die Kundschaft und der Verkaufsförderung. Bei der Bestimmung der Höhe des Fertigerzeugnislagers ergibt sich deshalb die Frage, inwieweit für die prompte Erfüllung aller Kundenaufträge eine Vorratshaltung für Fertigerzeugnisse in Betracht kommt. Hierzu bedarf es im wesentlichen einer Vorausschätzung des künftigen Auftragseinganges, der Verfügbarkeit der Produktionsanlagen und der Länge des Produktionsdurchlaufs. Unter der Annahme, daß der Produktionsdurchlauf im Durchschnitt zwei Wochen in Anspruch nimmt, alle Verkäufe gleichmäßig über den Monat verteilt sind und Produktionsanlagen für das jeweils bestellte Produkt stets einsatzbereit stehen, kommt man zu dem Ergebnis, daß ein völlig neuer Produktionsdurchlauf

einzuleiten ist, sobald das Fertigerzeugnislager nicht mehr ausreicht, um den Bedarf für zwei Wochen zu decken. Mit diesem Ergebnis wird noch keine Aussage hinsichtlich des Mindestbestandes gemacht. Vielmehr beschränkt sie sich auf die Feststellung, daß ein neuer Produktionsprozeß anrollen muß, wenn der zweiwöchige Lagerbedarf für Fertigerzeugnisse unterschritten wird. Während des zweiwöchigen Produktionsdurchlaufes wird das Fertigerzeugnislager durch Verkäufe linear bis auf Null abgebaut. In dem Augenblick, in dem der Nullpunkt erreicht worden ist, wird das Lager aus der Neuproduktion wiederaufgefüllt.

Die diesem Beispiel zugrunde liegende gedankliche Voraussetzung eines linearen Lagerabbaus ist in der Praxis im allgemeinen nicht erfüllt. Um den hiermit verbundenen Gefahren zu begegnen und die erforderliche Sicherheit zu gewährleisten, werden bei der Bestimmung der Höhe des Fertigerzeugnislagers Sicherheitsspannen eingerechnet. Dabei ist jedoch zu beachten, daß derartige Sicherheitsmargen nicht unbedingt auf hundertprozentige Sicherheit abgestellt werden müssen. Solche Sicherheitsbestände können nämlich sehr kostspielig sein und infolgedessen unangemessen ertragsmindernd wirken.

Sicherheitsbestände an Fertigerzeugnissen werden außerdem gebildet, um im Bedarfsfall Produktionslücken, die durch die nicht sofortige Verfügbarkeit der Produktionsanlagen entstehen können, ausfüllen zu können. Würden derartige Sicherheitsbestände nicht gehalten, so müßten beim unvorhergesehenen Auftreten einer Nachfrage möglicherweise Auftragsverluste in Kauf genommen werden. Der wirtschaftliche Effekt und damit der Nutzen der Sicherheitsbestände liegt also in der möglichen Vermeidung von Verzögerungen bzw. Auftragsverlusten.

Auch die Unternehmensführung der „Beispiel-Gesellschaft" hielt es für angebracht, einen Sicherheitsfaktor bei der Bestimmung der Lagerhöhe für Fertigerzeugnisse zu berücksichtigen, als sie entschied, daß die Vorratshaltung dem Verbrauch eines Monats entsprechen müsse (vgl. viertes Kapitel). Da sich diese Entscheidung auf die Zukunft bezog, mußten zu ihrer Verwirklichung zunächst einmal die voraussichtlichen Zukunftsverkäufe ermittelt werden. Die Tatsache, daß die Leitung des Unternehmens diese Entscheidung letzten Endes wieder aufhob, um eine Stabilisierung ihrer Produktion zu erreichen, vermag das dargestellte Prinzip nicht zu beeinflussen. Die prognostizierte Lagerhöhe für Fertigerzeugnisse muß natürlich den Zukunftsverkäufen und ihrer zeitlichen Entwicklung Rechnung tragen. Dies ist das wirkliche Kernstück des Problems. Während die Bearbeitungszeiten festliegen, muß der Auftragseingang für das jeweilige Produkt und auch für alle anderen Produkte, welche dem gleichen Produktionsprozeß unterworfen sind, vorausgeschätzt werden. An dieser Stelle wird erneut deutlich, welche überragende Bedeutung der

Absatzplan im Rahmen des betriebswirtschaftlichen Planungssystems einnimmt. Weiterhin ist bemerkenswert, daß die Bestimmung des Materialbedarfs für das einzelne Produkt vorgenommen werden muß und daher mengenmäßig durchzuführen ist. Eine nur wertmäßige Bestimmung ist für diesen Zweck bedeutungslos.

Im Hinblick auf die Bearbeitungszeiten in der Fertigung sind Unternehmen ohne Bestände an Halbfabrikaten nicht gut denkbar. Abgesehen von dieser Tatsache befinden sich aber auch stets Erzeugnisse in einem Zwischenstadium der Erzeugung. Sie kommen aus dem Produktionsprozeß, werden gelagert und gehen nun entweder erneut in die Produktion, um zu dem endgültigen Erzeugnis weiter verarbeitet zu werden, oder sie gehen in diesem Stadium in den Absatzmarkt. Die Tatsache, daß gewisse Halbfabrikate und selbsthergestellte Teile in irgendeinem Stadium des Produktionsprozesses zwischengelagert werden müssen, weist in den meisten Fällen darauf hin, daß die im gesamten Produktionsprozeß mitwirkenden Einzeltätigkeiten, Tätigkeitselemente und Operationen unterschiedliche Bearbeitungszeiten in Anspruch nehmen. Die Zwischenlager innerhalb des Produktionsprozesses haben somit als Ausgleichsbecken für unterschiedliche Bearbeitungszeiten zu dienen. Auf diese Weise gewährleisten sie einen gleichmäßigen Produktionsfluß und die Einhaltung des geplanten Produktionsprogramms. Die Gestaltung des Produktionsprozesses in zeitlicher und quantitativer Hinsicht gehört zu den Aufgaben der Planung des Produktionsablaufes. Sie hat alle Elemente herauszufinden, aus denen jeder Produktionsablauf sich zusammensetzen kann und muß. Während man demnach in der Lage ist, das Lager für Halbfabrikate nach der Anzahl der am gesamten Produktionsweg des Erzeugnisses beteiligten Leistungsstellen bzw. Operationen vorauszubestimmen, richtet sich die Höhe des Lagers für Halbfabrikate in letzter Konsequenz überwiegend nach dem Bedarf an Fertigerzeugnissen.

Die Bestimmung der Höhe des Lagers für Fertigungsmaterial erfordert die Abstimmung des Produktionsplanes mit den Verhältnissen am Beschaffungsmarkt, insbesondere den Lieferfristen. Im übrigen unterliegt sie den gleichen Analysen wie das Lager für Fertigerzeugnisse. Ob dem Bestand der Verbrauch von zwei oder vier Wochen zugrunde gelegt werden muß, ist von dem Zeitaufwand abhängig, der für betriebsinterne Bearbeitung der Bestellung und die eigentliche Materialbeschaffung erforderlich ist. Dabei wirkt sich außerdem die Wirtschaftlichkeit der Bestellgröße und die Höhe des Sicherheitsfaktors aus.

Ähnliche Probleme der Vorratsbildung gibt es in reinen Handelsunternehmen. Auch in diesen Fällen ist die Notwendigkeit einer planmäßigen Beschaffung und Vorratshaltung gegeben unter Berücksichtigung aller Faktoren, die darauf einwirken.

BESTIMMUNG DES MATERIALBEDARFS — WIRTSCHAFTLICHKEIT DES FERTIGUNGSLOSES. Es bleibt schließlich noch zu klären, inwieweit die Unternehmen aus Wirtschaftlichkeitsgründen Vorräte zu halten planen. Während der erste Beweggrund für die Vorratshaltung tendenziell die Untergrenze für den zukünftigen Lagerbestand angibt, ist mit seiner Hilfe eine genaue Aussage über die für die Zukunft anzustrebende Obergrenze der Vorräte nicht möglich. Wirtschaftlichkeitsüberlegungen können der Grund dafür sein, daß mehr Fertigerzeugnisse, Einzelteile und Gruppenteile produziert oder größere Mengen an Fertigungsmaterial beschafft werden müssen, als dies allein auf Grund des ersten Beweggrundes für die Vorratshaltung erforderlich gewesen wäre. Die Wirtschaftlichkeit solcher Produktionsgestaltungen ist von mehreren Faktoren abhängig. Sie erscheinen so lange sinnvoll, als die ersparten Kosten aus der Produktion genau so groß sind wie die zusätzlichen Kosten aus der Vorratshaltung. Verschiedene mathematische Formeln wurden für die Berechnung der wirtschaftlichsten Fertigungslosgröße entwickelt. Eine der verbreitetsten ist die Norton-Formel:[1]

$$Q = \sqrt{\frac{S}{K}} \qquad (1)$$

K ergibt sich aus der Formel

$$\frac{(B + 1)\,C + 2AI - \frac{U}{P}}{2NU} \qquad (2)$$

und

Q = Fertigungsgröße

S = Gesamte Vorbereitungszeit für das Fertigungslos (wertmäßig), einschließlich der Kosten für die Ausstellung des Produktionsauftrages, der Kosten für den Umbau und die Einstellung der Produktionsanlagen und ähnlicher Kosten, die unabhängig von der herzustellenden Menge anfallen.

P = Produktionsstückzahl pro Tag

U = Verbrauchsstückzahl pro Tag

N = Anzahl der Arbeitstage pro Jahr

C = Material, Fertigungslohn und -gemeinkosten pro Stück (wertmäßig)

A = Kosten der Lagerung für ein Stück pro Jahr (wertmäßig)

B = Steuern, Versicherung usw. in v. H. der Vorräte

I = Angestrebte Kapitalverzinsung in v. H. pro Jahr

1 W. Van Alan Clark Jr. und William E. Ritchie, "Economic Lot-Size and Inventory Control", N. A. A. Bulletin, Abteilung 1, Februar 1953, Seite 775

Formeln dieser Art basieren in der Regel auf bestimmten Hypothesen. Daraus folgt, daß ihre Ergebnisse nur insoweit als richtig angesehen werden können, als die ihnen zugrunde liegenden Hypothesen zuverlässig sind. Vorstehende Formel ist durch vier Annahmen gekennzeichnet:

1. Es wird angenommen, daß der Kostenverlauf für die Vorratshaltung sowohl in räumlicher als auch in zeitlicher Hinsicht variabel ist. Daraus ergibt sich, daß das Unternehmen weder ungenutzte Lagerflächen noch irgendwelche Geldmittel für Lagerzwecke frei verfügbar haben sollte und daß sich die Mehrkosten für zusätzliche Lagerflächen auf lange Sicht in annähernd gleicher Höhe bewegen.
2. Es wird davon ausgegangen, daß während des der Untersuchung zugrunde liegenden Zeitraumes die Losgröße keinen Einfluß auf die Fertigungstechnik hat.

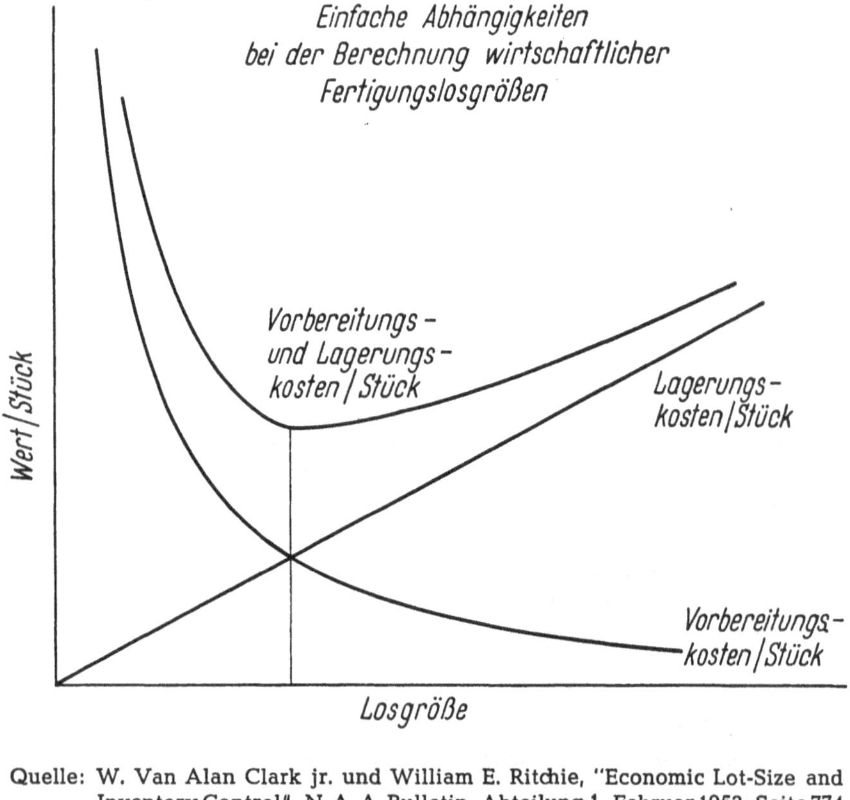

Quelle: W. Van Alan Clark jr. und William E. Ritchie, "Economic Lot-Size and Inventory Control", N. A. A. Bulletin, Abteilung 1, Februar 1953, Seite 774

Abb. 11-1 Einfache Abhängigkeit bei der Berechnung wirtschaftlicher Fertigungslosgrößen

3. Von den Lohnkosten wird ebenfalls angenommen, daß sie von der Losgröße unabhängig sind.
4. Der angenommene Abbau der Vorräte vollzieht sich auf linearer Basis.[2]

Vorstehende Hypothesen genügen natürlich nicht in allen Fällen. Es bleibt demnach stets zu prüfen, inwieweit sich diese Annahmen zur Bestimmung der in dem hier erörterten Sinne wirtschaftlichen Fertigungslosgröße eignen. Wichtig erscheint auch der Hinweis, daß die Nützlichkeit der gewonnenen Ergebnisse in weitem Maße von den in diesem Zusammenhang erforderlichen Kostenermittlungen abhängig ist. Weiterhin muß beachtet werden, daß es sich nicht empfiehlt, die Formel auf jedes einzelne Erzeugnis anzuwenden, sofern mehrere Produkte hergestellt werden. Dies gilt vor allem dann, wenn die der Formel zugrunde liegenden Kostenfaktoren sich im Laufe der Zeit ändern. Zusammenfassend sei also hervorgehoben, daß derartige Ermittlungen mit Hilfe allgemein gültiger und für alle Produkte zutreffender Formeln durchgeführt und nachfolgend häufig überprüft werden sollten. Eine ausführliche Behandlung dieses Themas würde über die Aufgabe dieses Buches hinausgehen; hier sollte lediglich auf die Bedeutung dieses Problems im Zusammenhang mit der Budgetierung hingewiesen werden.
Ähnliche Analysen sind bei der Bestimmung der Höhe des Lagers für Fertigungsmaterial von Nutzen. Geht man davon aus, daß Minimumbestände zur Gewährleistung des richtigen Produktionsflusses unbedingt erforderlich sind, so erhebt sich die Frage, ob nicht durch ein Mehr an Lager eine noch wirtschaftlichere Bestellgröße und Lagerung erreicht werden könnten. Hierbei geht es ebenfalls um die Ermittlung des Punktes, wo die ersparten Kosten aus der Beschaffung genau so groß sind wie die zusätzlichen Kosten aus der Vorratshaltung. Und dabei ergibt sich der Grundsatz, daß auch die Beschaffung auf die Erzielung der niedrigsten Stückkosten ausgerichtet sein sollte.

Finanzielle Grenzen der Vorratshaltung. Die vorangegangenen Betrachtungen haben gezeigt, in welcher Weise sich zwei bestimmte Beweggründe für die Vorratshaltung auf die Planung der richtigen Vorratshöhe auswirken. In beiden Fällen haben die zugrunde liegenden Überlegungen Mengencharakter, d. h. den finanziellen Gesichtspunkten der Vorratshaltung wird nicht Rechnung getragen. Auf diesen Faktor soll daher nachstehend ergänzend eingegangen werden.
Vorräte sind in Lagern gebundene Kapitalmengen. Aus dieser Tatsache entstehen im Hinblick auf die beschriebene Bestandshaltung auf Grund von Sicherheits- und Wirtschaftlichkeitsüberlegungen zwei Fragen:

[2] W. Van Alan Clark jr. und William E. Ritchie a. a. O.

1. Kann die Vorratshaltung finanziert werden?
2. Wird das in den Vorräten investierte Kapital eine angemessene Verzinsung erarbeiten?

In Unternehmen, die unter einem strukturellen Kapitalmangel leiden, dürfte sich diese Frage besonders ernsthaft stellen, und ihre gewissenhafte Beantwortung wird in aller Regel eine richtige, der künftigen Entwicklung Rechnung tragende Vorratshaltung verhindern. Auf die Auswirkung der Vorratshaltung auf die liquiden Mittel wurde bereits bei der Besprechung des Budgets der „Beispiel-Gesellschaft" eingegangen. In diesem Beispiel ergab sich zwar ein kurzfristiger Finanzbedarf, diese zusätzlichen Mittel wurden aber nur vorübergehend zur Durchsetzung einer neuen Lagerpolitik benötigt. Demgegenüber gehören Kapitalinvestierungen in den Vorräten in der Praxis in aller Regel zu den Finanzproblemen, die nicht nur vorübergehender Natur sind, sondern die Unternehmen dauernd oder zumindest sehr oft beschäftigen. Gerade der Fall, daß die Höhe der Vorratshaltung durch die gegebene Kapitalausstattung begrenzt wird, ist sehr häufig anzutreffen. Die unternehmerische Zielsetzung im Hinblick auf die Vorratshaltung steht demnach unter dem Einfluß der Kapitalausstattung.

Sofern nun die vorhandene Kapitalausstattung genügend Mittel für die Ansammlung von Vorräten bereitstellt, bleibt noch zu fragen, ob diese Form der Kapitalinvestierung eine angemessene Verzinsung erarbeitet. Dabei ist ohne weiteres einzusehen, daß bei einer ansonsten unveränderten Datenkonstellation höhere Vorräte eine niedrigere Kapitalverzinsung zur Folge haben. Die Faktoren Sicherheit, Wirtschaftlichkeit und Kapitalverzinsung sind damit wie folgt korreliert:

1. Das Sicherheitsmotiv (Vermeidung von Verzögerungen) bezieht sich auf den Preis und das Absatzvolumen.
2. Das Wirtschaftlichkeitsmotiv steht in Verbindung mit der Gewinnspanne.
3. Die Höhe der Vorräte steht in Beziehung zum Lagerumschlag und zur Kapitalverzinsung.

Unter Zugrundelegung dieser ergänzenden Ausführungen ist daher die Frage zu stellen, ob die aus der zusätzlichen Sicherheit und Wirtschaftlichkeit resultierenden Vorteile die Nachteile einer höheren Kapitalinvestierung aufwiegen.

Die Ersparnisse auf Grund einer größeren Wirtschaftlichkeit der Bestell- und/oder Fertigungslosgröße lassen sich ziemlich genau ermitteln, sofern die den Produktions- und Beschaffungsformeln zugrunde liegenden Faktoren zuverlässig sind. Demgegenüber können die Vorteile prompter

Lieferungen an die Kundschaft im Gegensatz zu Auftragsrückständen weniger leicht definiert werden. Hinzu kommt, daß in diesem Zusammenhang die jeweiligen Marktverhältnisse mit zu berücksichtigen sind.

Aus dieser Analyse kann eine sehr wichtige Erkentnis gezogen werden. Geht man davon aus, daß letzten Endes für jedes Produkt Mindestbestände zu bestimmen sind, so scheint es naheliegend, hierbei auf einer marginalanalytischen Betrachtung aufzubauen. Wenn sich auf Grund einer solchen Betrachtung ergibt, daß die Kapitalinvestierung in den Vorräten für ein bestimmtes Produkt keine angemessene Verzinsung abwirft, so dürfte es im allgemeinen nicht vertretbar sein, dieses Produkt überhaupt zu fertigen. Die aus den bekannten Beweggründen gebildeten Mindestbestände würden sonst mit dem Verzicht auf eine andere, ertragreichere Verwendung des Kapitals verbunden sein. Die Herstellung des Produktes ist jedoch zu bejahen, sofern das Produkt auch unter Berücksichtigung der erforderlichen Mindestbestände eine angemessene Kapitalverzinsung für die Zukunft erwarten läßt.

Kontrolle der Vorratshaltung

Die Höhe der Vorratshaltung. Die mit der Planung der künftigen Höhe der Vorratshaltung verbundenen Analysen beschränken sich auf die Festlegung der Höchstbestände, die zu verschiedenen Zeitpunkten in der Planungsperiode vorhanden sein sollen. Es handelt sich hier also um die Planung von Spitzenbeträgen zu verschiedenen Zeitpunkten, nicht aber von Durchschnittsbeständen im Planungszeitraum. Die gleiche Zielsetzung ist für die Bestimmung wirtschaftlicher Losgrößen und Sicherheitsmargen kennzeichnend, denn auch in diesem Zusammenhang begnügt man sich mit der Festlegung von Vorgaben für den Anfang und das Ende der Planperiode. Zur Verdeutlichung des Gesagten möge folgendes Beispiel dienen:

1. Absatz in Einheiten

Januar	5.000
Februar	4.000
März	6.000
April	8.000

2. Ein Anfangsbestand ist nicht vorhanden.
3. Der Sicherheitsfaktor (= Endbestand an Vorräten) soll der Hälfte des Absatzes im nächsten Monat entsprechen.
4. Der Produktionsdurchlauf ist kurz.

Geht man von einer kontinuierlichen Produktion während der Periode aus, so ergeben sich unter diesen Voraussetzungen folgende Vorräte:

	Januar	Februar	März
Absatz	5.000	4.000	6.000
Geplanter Endbestand	2.000	3.000	4.000
Gesamtbedarf	7.000	7.000	10.000
Abzüglich Anfangsbestand	—	2.000	3.000
Erforderliche Produktion	7.000	5.000	7.000
Durchschnittsbestand			
Anfang	—	2.000	3.000
Ende	2.000	3.000	4.000
	2.000	5.000	7.000
Dividiert durch 2	1.000	2.500	3.500

Unter der Annahme, daß die wirtschaftlichste Produktion nur dann erreichbar ist, wenn bereits im ersten Monat 19.000 Einheiten hergestellt werden, ergibt sich nachstehende Analyse:

	Januar	Februar	März
Produktion	19.000	—	—
Anfangsbestand	—	14.000	10.000
Total	19.000	14.000	10.000
Abzüglich Absatz	5.000	4.000	6.000
Endbestand	14.000	10.000	4.000
Durchschnittsbestand			
Anfang	—	14.000	10.000
Ende	14.000	10.000	4.000
	14.000	24.000	14.000
Dividiert durch 2	7.000	12.000	7.000

An Hand der hier entwickelten Analyse sollte einmal die Auswirkung des Wirtschaftlichkeitsfaktors dargestellt werden, zum anderen sollte mit Hilfe der beiden Analysen gezeigt werden, daß die Höhe der Vorratshaltung sich von Monat zu Monat verändern kann.

Vorgaben für Vorräte. Wie bereits im Zusammenhang mit früheren Darstellungen zur Budgetkontrolle zum Ausdruck gebracht wurde, sind Vorgaben ein unbedingtes Erfordernis jeder Plankontrolle. Bei den Vorräten soll die Kontrolle die Gewähr für eine richtige Bestandshöhe bieten. Es ergibt sich somit die Frage, wann Vorräte in ihrer Höhe richtig sind. Sofern alle dem Gesamtplan des Unternehmens zugrunde liegenden Daten, Entscheidungen und Zielsetzungen als erreichbar anzusehen sind, kann und muß die Richtigkeit der Vorratshöhe in der Planperiode nur mit Hilfe des Gesamtplanes beurteilt werden.

Da der Vorräteplan sowohl Wert- als auch Mengenziffern enthält, entsteht ferner die Frage, welche Ausdrucksform Grundlage der Kontrolle sein soll. Ohne Frage sollte man Mengenziffern verwenden. Wertziffern sind für diesen Zweck aus folgenden Gründen unbrauchbar:

1. Die Bewertungsmethoden — Fifo, Lifo, Durchschnitt usw. beruhen auf Aspekten, die im Rahmen der Kontrolle zu Irrtümern Anlaß geben können.
2. Leistungsgradabweichungen in der Produktion können dazu führen, daß der Bilanzansatz für Vorräte zu hoch ist. Dies zu vermeiden ist nicht Aufgabe der Kontrolle der Vorratshaltung. (Im übrigen kann dieser Nachteil durch Verwendung von Standardkosten vermieden werden.)
3. Wertziffern beziehen sich meistens auf ganze Vorrätegruppen und verhindern infolgedessen vergleichende Kontrollen für einzelne Arten von Beständen.

Das Problem der Abweichungen vom Budget. Wie bei allen anderen betrieblichen Aspekten können Abweichungen vom Budget das Resultat eigener Minderleistungen oder veränderter Verhältnisse sein. Nachstehend folgt eine Besprechung der Abweichungsgründe für jede Vorräteart, ausgehend von den Fertigerzeugnissen.

Die Planung der Fertigerzeugnisse im Bestand basiert auf den erwarteten Zukunftsverkäufen und dem Produktionsplan. Mit diesem Hinweis sind auch schon die beiden Hauptursachen für die Abweichungen vom Budget angedeutet:

1. Verkaufsabweichungen
2. Produktionsabweichungen

Der erste Grund ist meistens ausschlaggebend. Wenn die tatsächlichen Verkäufe mit den vorgegebenen nicht Schritt halten, sollte der Produktionsplan abgeändert und an die tatsächliche Entwicklung angepaßt werden. Eine solche Plankorrektur kann aber meistens nicht über Nacht erfolgen. Angesichts der Länge des Produktionszyklus und der Komplexität der technischen Betriebsstruktur vergehen oft Tage oder Monate, ehe ein revidierter Plan vorliegt und daraufhin in Kraft gesetzt werden kann. In der Zwischenzeit werden Fertigerzeugnisbestände in den Lagern und die Abweichungen vom Budget immer größer. In ähnlicher Weise kann ein plötzlich auftretender Bedarf an Fertigerzeugnissen über die Größe und Leistungsfähigkeit der vorhandenen sachlichen Produktionsmittel erheblich hinausgehen.

Der zweite Grund hängt eng zusammen mit dem Produktionsablauf. Produktionsschwierigkeiten können die Ursache für ein Zurückbleiben der Vorratshaltung hinter dem Bedarf sein. Im Gegensatz hierzu können betriebliche Maßnahmen zur Leistungssteigerung bewirken, daß der Bedarf an Fertigerzeugnissen in einer kürzeren Zeitspanne bereitsteht als geplant. Die Vorräte werden vorübergehend höher sein als ursprünglich vorgesehen war.

Bei den Beständen an Halbfabrikaten sind dieselben Faktoren bestimmend, weil auch sie von der Produktion abhängig sind. Die Höhe des Bestandes steht jederzeit in Beziehung zum laufenden Produktionsvolumen. Insoweit diese Bestände Aggregate enthalten, die produziert und bis zum Anlauf der nächsten Produktionsstufe auf Lager genommen wurden, ist der Zeitfaktor von großer Wichtigkeit. Je früher die Produktion in der Planperiode durchzuführen ist, desto geringer ist die Chance einer Produktionsberichtigung auf Grund von Budgetänderungen. Der Zeitfaktor ist ebenfalls von erheblicher Bedeutung beim Fertigungsmaterial. Auch in diesem Fall können durch größere Abrufe im Hinblick auf einen plötzlich auftretenden Bedarf und auf Grund der erhöhten Wirtschaftlichkeit größerer Bestellmengen erhebliche Materialansammlungen bereits zu Beginn der Planperiode entstehen und ernsthafte Kontrollprobleme aufwerfen. Bei einer Verminderung der Absatzaussichten kann eine Anpassung der Vorräte derart geschehen, daß die noch nicht belieferten Bestellungen im Einvernehmen mit den Lieferanten in Einklang gebracht werden mit dem neuesten Fertigungsprogramm, und zwar sowohl zeitlich als auch der Höhe nach. Während der Anpassungsperiode enthält der vorhandene Vorrat an Fertigungsmaterial Überbestände, d. h. das Lager ist der Höhe nach unrichtig.

An dieser Stelle zeigt sich erneut, daß die verschiedenen Arten von Vorräten ebenso wie alle übrigen betrieblichen Faktoren eng ineinandergreifen. Es wird weiterhin deutlich, daß die Koordinierung von Planänderungen unter Berücksichtigung des Zeitfaktors zu den schwierigsten Aufgaben der Planung gehört. Hinzu kommt, daß der voraussichtliche Zukunftsumsatz im allgemeinen nicht in allen Einzelheiten genau geschätzt werden kann und infolgedessen eine genaue Abstimmung der Vorratshaltung mit dem Absatz nur selten erreichbar ist. Daraus ergibt sich in doppelter Weise eine Bindung der Kontrolle der Vorratshaltung an die des Absatzes. Die Festlegung der Vorgaben für Vorräte erfolgt in den Budgetaufstellungen, aber die Frage, ob und in welcher Höhe diese Aufstellungen geändert werden müssen, kann nur unter Berücksichtigung der Verkaufsergebnisse gelöst werden.

Die Anwendung von Lagerkennziffern. Über die Anwendung von Lagerkennziffern findet man in der Literatur eine Vielzahl von Hinweisen. Diesen Kennziffern liegt entweder der Lagerumschlag oder das Verhältnis der Vorräte zu anderen Bilanzposten bzw. der Bilanzsumme zugrunde.

Folgende Formeln zur Ermittlung von Kennziffern sind typisch:

$$\frac{\text{Kosten der Verkäufe}}{\text{Bestand an Fertigungserzeugnissen}}$$

$$\frac{\text{Materialverbrauch}}{\text{Bestand an Material}}$$

$$\frac{\text{Total-Herstellungskosten}}{\text{Bestand an Halbfabrikaten}}$$

Für die Beurteilung der Vorratshöhe erweisen sich derartige Lagerformeln als nützlich, sofern ihre Ergebnisse mit entsprechenden Kennziffervorgaben verglichen werden können. Für die Budgetkontrolle ist ihr Wert aber sehr gering, weil sie auf Vergangenheitsmomenten beruhen. Sie nehmen auf die Tatsache, daß auf die gegenwärtige Lagerhöhe in erster Linie Faktoren der Zukunft Einfluß haben, keine Rücksicht. Ungewöhnlich hohe Vorräte, deren vorzeitige Ansammlung eine prompte Abwicklung des erwarteten höheren Zukunftsumsatzes ermöglichen soll, würde sich infolgedessen auf die Lagerumschlagshäufigkeit der Berichtsperiode ungünstig auswirken müssen. Mit Hilfe derartiger Kennziffern läßt sich weiterhin keine Kontrolle der tatsächlichen Lagerleistung mit der vorgegebenen durchführen. Sie dürften sich aber als Grundlage zur Ermittlung des Erfordernisses einer Budgetänderung eignen, weil ungewöhnlich hohe oder niedrige Kennziffern auf Planunrichtigkeiten hindeuten können. So kann beispielsweise der Bestand an Fertigerzeugnissen mit dem von vornherein auf Grund des tatsächlichen Verkaufsvolumens festgelegten Sicherheitsbestand genau übereinstimmen, aber die mit der Bestandsansammlung verbundenen Kosten erweisen sich als zu hoch. Würde ein Sicherheitsbestand nicht gehalten, so müßten beim unvorhergesehenen Auftreten einer zusätzlichen Nachfrage möglicherweise Auftragsverluste in Kauf genommen werden. Der wirtschaftliche Effekt und damit der Ertrag eines Sicherheitsbestandes liegt also in der möglichen Vermeidung von Auftragsverlusten. Es scheint deshalb in einem solchen Fall naheliegend, den Sicherheitsbestand erneut zu überprüfen und hierbei eine größere Risikofreudigkeit walten zu lassen.

Kennziffern haben natürlich historischen Wert, weil sie Rückschlüsse auf die Wirksamkeit der in der Vergangenheit angewendeten Kontrollverfahren zulassen. Daraus darf man aber nicht den Schluß ziehen, daß sie auch für die Budgetkontrolle in Frage kommen könnten. Letztere erfordert eine mengenmäßige Analyse und eine genaue Detailprüfung der Vorräte.

Im Rahmen der genannten Anwendungsfälle von Kennziffern ist die Ermittlung der Kennziffervorgaben von großer Wichtigkeit. Es kann sich hierbei um externe oder interne Vorgaben handeln. Es scheint jedoch naheliegend, daß zumindest am Anfang die Anwendung externer Vorgaben nicht in Frage kommen dürfte. Die Vorgaben müssen auf kurze Sicht auf Grund bisheriger Betriebserfahrungen vorausgeschätzt werden. Weiterhin sollten die Kennziffervorgaben, insbesondere alle umsatzabhängigen Vorgaben, flexibel gestaltet sein, d. h. sie sollten auf das jeweilige Umsatzvolumen Rücksicht nehmen.

Kontrollberichte. Es versteht sich von selbst, daß die Entwicklung der Vorräte laufend verfolgt werden muß. Über Abweichungen der tatsächlichen Vorratsentwicklung von der Planung muß unverzüglich Bericht erstattet werden. Die mangelnde Übereinstimmung der Vorräte mit dem Budget muß ebenso wie das Erfordernis einer Budgetänderung so bald wie möglich erkannt werden. Die Abbildungen 11-2 und 11-3 geben zwei brauchbare Beispiele wieder; die eine zeigt einen Bericht über Überschußmaterial, die andere einen Kontrollbericht über Vorräte im Bestand.

Bericht über Uberschußmaterial
September 1953
Rohmaterial

Material 35	$ 30.000
wurde angesammelt im Hinblick auf Engpässe auf der Beschaffungsseite. Der Überbestand entspricht einem Bedarf für drei Monate.	
Material 88	25.500
sind Lagerhüter auf Grund von Neukonstruktionen und technischen Änderungen, die sofortige Änderungen am Material zur Folge hatten. Eine Lagerverminderung ist vorgesehen.	
Material 103	20.500
wurde für das neue Produktionsprogramm angesammelt. Nach Anlauf des Programmes wird dieses Material als gängig anzusehen sein.	
Total-Rohmaterialüberschuß	$ 76.000
Fertigerzeugnis 22	$ 25.000
Dieser Vorrat wurde aus jahreszeitlichen Gründen gebildet, um eine bessere Produktionsauslastung zu erreichen und außerdem für die voraussichtlich stärkere Nachfrage im Herbst.	
Total-Überschuß an Fertigerzeugnissen	$ 25.000

Quelle: Charles H. Gleason, "Inventory Control Through Budgeted Turnover", N. A. A. Bulletin, Abteilung 1, Dezember 1953, Seite 538

Abb. 11-2 Bericht über Uberschußmaterial

Die Bedeutung der Buchführung. Gute und zuverlässige Aufzeichnungen sind in allen Phasen der Bugetierung äußerst wichtig. Auch im Zusammenhang mit der Vorratshaltung ist ihr Vorhandensein erste Voraussetzung. Eine physische Kontrolle der Vorräte ist schwer durchführbar. Das umfangreiche Transaktionsvolumen, die große Anzahl der betroffenen Positionen, die zahlreichen Lagerbewegungen und die Vielzahl des damit befaßten Personals erfordern infolgedessen ein ausgefeiltes Buchführungssystem. Eine ordnungsmäßige Buchführung ist somit für Zwecke der Budgetkontrolle genau so wichtig wie für die Gewinnermittlung, in deren Zusammenhang sie allgemein anerkannt ist. Während jedoch der Prüfer den Bilanzansatz für Vorräte auf Grund körperlicher Bestandsaufnahmen zum Jahresende prüft, muß die Budgetkontrolle die Bestandsentwicklung laufend verfolgen.

Kontrollbericht über Vorräte im Bestand

September 1953

Rohmaterial

Werk	Gesamt-Bestand	Uberschuß	Netto-bestand	Bestand in Monaten Ist	Soll	Zulässiger Bestand	Mehr-bestand
A	$ 580.000	$ 76.000	$ 504.000	2.70	2.50	$ 466.000	$ 38.000
B	670.500	55.500	615.000	3.45	3.40	606.000	9.000
C	178.700	—	178.700	2.20	2.55	207.000	(28.300)
D	619.000	20.000	599.000	2.35	2.30	585.000	14.000
Total	$ 2.048.200	$ 151.500	$ 1.896.700			$ 1.864.000	$ 32.700
August	$ 2.062.600	$ 158.000	$ 1.904.600			$ 1.843.000	$ 61.600
Juli	2.048.100	165.000	1.883.100			1.795.400	87.700
Juni	2.020.200	140.000	1.880.200			1.850.500	29.700
Fertigerzeugnisse und Halbfabrikate							
A	$ 570.000	$ 25.000	$ 545.000	1.06	1.00	$ 517.000	$ 28.000
B	577.000	—	577.000	1.62	1.50	535.000	42.000
C	380.000	—	380.000	3.05	3.00	373.000	7.000
D	1.090.000	75.000	1.015.000	2.60	2.75	1.075.000	(60.000)
Total	$ 2.617.000	$ 100.000	$ 2.517.000			$ 2.500.000	$ 17.000
August	$ 2.640.500	$ 110.000	$ 2.530.500			$ 2.495.000	$ 35.500
Juli	2.563.000	118.000	2.445.000			2.420.000	25.000
Juni	2.544.000	109.000	2.435.000			2.390.000	45.000

Quelle: Charles H. Gleason, "Inventory Control Through Budgeted Turnover", N. A. A. Bulletin, Abteilung 1, Dezember 1953, Seite 540

Abb. 11-3 Kontrollbericht über Vorräte im Bestand

12. Fertigungsmaterial

Begriffsbestimmung. Fertigungsmaterial sind Stoffe, die unmittelbar in das Produkt eingehen. Diese Definition scheint zunächst sehr einfach und genau zu sein. In der Tat wird jedoch die Unterscheidung zwischen Produktionsmaterial und Nichtproduktionsmaterial häufig nach mehr praktischen Gesichtspunkten erfolgen, nämlich nach der Leichtigkeit der Zumessung. Dabei ist zu berücksichtigen, daß die eigentliche Bedeutung der Klassifizierung eines Stoffes als Fertigungsmaterial darin liegt, daß die Kosten des Materialverbrauchs bestimmten Produkten oder Serien von Produkten zugemessen werden. Für größere Fertigungsmaterialpositionen erfolgt diese Zumessung im Rahmen der gebräuchlichen Kostenrechnungsverfahren. Bei Stoffen jedoch, die in sehr kleinen Mengen in das einzelne Produkt eingehen, kann eine direkte Zumessung des Verbrauchs unwirtschaftlich werden, obwohl es sich begrifflich um Fertigungsmaterial handelt. In solchen Fällen mag es angebracht sein, den Materialverbrauch als Bestandteil der Fertigungsgemeinkosten zu behandeln und die Kosten des Verbrauchs auf die Fertigung aller Produkte zu verteilen, statt sie einem bestimmten Produkt zuzumessen. Die Entscheidung für diesen Weg wird wiederum durch die Art des Kostenrechnungssystems beeinflußt werden. In einem Kostenrechnungsverfahren für Serien- oder Massenproduktion (Divisionskalkulation), insbesondere bei nur einem Produkt je Fertigungsabteilung, wird die direkte Zumessung oder auch eine Umlage innerhalb der Fertigungsgemeinkosten kein Problem darstellen. Anders liegt der Fall jedoch bei Einzelfertigung. Hier kann die Entscheidung, ob einzelne Stoffe, die tatsächlich in ein bestimmtes Produkt eingehen, wegen der relativen Geringfügigkeit des Verbrauchswertes pro Fertigungseinheit zusammen mit den Fertigungsgemeinkosten auf andere Produkte mit verrechnet werden sollen, zu einem wirklichen Problem werden. Die Zuordnung der Stoffe zum Produktionsmaterial oder Nichtproduktionsmaterial wird demnach in der Praxis sowohl durch die Natur und den Wert des Stoffes als auch durch das System der Kostenrechnung und schließlich durch die Auffassung der Unternehmensführung von dem Wert der letzten Genauigkeit in der Zumessung der Kosten auf die Kostenträger bestimmt.

Unterschiede zum Fertigungslohn. In vieler Hinsicht besteht eine Ähnlichkeit zwischen Fertigungslohn und Fertigungsmaterial. Es könnte aus diesem Grunde angebracht scheinen, beide in diesem Kapitel darzustellen. Im Hinblick auf die Budgetkontrolle bestehen jedoch gewisse Unterschiede, die eine getrennte Abhandlung erfordern. Die Unterschiede rühren aus der Tatsache her, daß zwar beim Fertigungslohn der Zeitpunkt der Anschaffung und des Verbrauchs zusammenfallen, beim Fertigungsmaterial jedoch zeitliche Verschiebungen eintreten. Der Zeitfaktor spielt demnach eine Rolle. Darüber hinaus sind die Preise für Fertigungsmaterial häufig schwieriger vorauszubestimmen als die für den Lohn. Hinzu kommt, daß die Trennung von Beschaffung und Verbrauch im Falle des Produktionsmaterials auch ein besonders gelagertes Problem der Kontrolle darstellt. Zusammenfassend können die Unterschiede wie folgt typisiert werden:

1. Unterschiede im Zeitablauf
2. Unterschiede im Genauigkeitsgrad der Vorschätzung
3. Unterschiede in der Verteilung der Verantwortlichkeit

Wegen dieser Unterschiedlichkeit von Fertigungslohn und Fertigungsmaterial sollen beide getrennt abgehandelt werden.

Zweck des Kapitels. Wegen des zeitlichen Unterschiedes zwischen Beschaffung und Verbrauch von Fertigungsmaterial sowie im Hinblick auf die Tatsache, daß Materialkäufe sowohl für die Ansammlung von Vorräten als auch für den laufen Verbrauch bestimmt sein können, wird der Beschaffungsplan in der Regel vom Fertigungsmaterialbudget abweichen. Die Vorrätebudgetierung ist an dieser Stelle bereits besprochen worden. Da überdies alle Materialeinkäufe, sei es für den unmittelbaren Verbrauch oder auf Vorrat, letztlich durch den zukünftigen Verbrauch bestimmt sind, wird sich dieses Kapitel vorwiegend mit der Planung und Kontrolle auf der Grundlage des standardisierten Bedarfs für die Fertigung befassen. Der Hauptzweck dieses Kapitels ist die Darstellung der Zusammenhänge zwischen diesen Standards einerseits und der Planung und Kontrolle der Fertigungsmaterialbewegungen andererseits.

Budgetierung der Fertigungsmaterialkosten

Die Bestandteile der Fertigungsmaterialkosten. Bei Anwendung der Standardkostenmethode zerfallen die Kosten für den Verbrauch von Fertigungsmaterial in

1. Produktionsverbrauch zu Standardmengen und -preisen
2. Preisabweichungen und
3. Verbrauchsabweichungen

Werden keine Standards in der Kostenrechnung verwendet, dann müssen Planzahlen für Zwecke der Budgetierung, Gewinnplanung oder Preisermittlung festgelegt werden. In dem vorliegenden Kapitel soll jedoch davon ausgegangen werden, daß Standards aus der Kostenrechnung bereits vorliegen.

Die folgenden Abschnitte sind der Budgetierung der einzelnen Bestandteile der Fertigungsmaterialkosten gewidmet.

Die Bestimmung der Standardverbrauchsmengen. Im vierten Kapitel wurde bei der Beschreibung der Budgetierungsroutine der Beispiel-Gesellschaft unter anderem auch die Planung des Fertigungsmaterials unter Verwendung von Mengenstandards dargestellt. Bei gegebenen Mengenstandards und unter Außerachtlassung von Abweichungen kann das mengenmäßige Fertigungsmaterialbudget auf der Grundlage des Fertigungsplanes sehr schnell aufgestellt werden.

Mengenstandards können auf dreierlei Weise bestimmt werden:

1. Durch technische Untersuchungen zur Ermittlung der für den Zweck geeignetsten Materialart und der erforderlichen Menge. Bei dieser Methode müssen alle Faktoren wie Fertigungsverfahren, gewünschte Qualität des Produkts, erwartete Ausbringung usw. berücksichtigt werden.
2. Durch Auswertung von Erfahrungssätzen für den Fertigungsmaterialverbrauch bei dem gleichen oder bei ähnlichen Produkten. Bei dieser Methode werden Durchschnitte aus den Erfahrungswerten der Vergangenheit genommen oder Zeitabschnitte ausgewählt, die als typisch und normal angesehen werden können. Die Benutzung unbereinigter Erfahrungswerte hat gewöhnlich zur Folge, daß die darauf aufgebauten Standards einen unbestimmten Anteil Fertigungsabfall und überhöhten Verbrauch enthalten. Diese unerwünschte Erscheinung kann zu einem gewissen Grad dadurch ausgeschaltet werden, daß entweder überhöhter Verbrauch — soweit bekannt — abgezogen oder eine willkürliche prozentuale Kürzung der Verbrauchsvorgaben vorgenommen wird. In beiden Fällen wird jedoch kein optimales Verhältnis zwischen Fertigungsmaterialeinsatz, Fertigungsverfahren und Qualität des Erzeugnisses hergestellt, wie das bei der unter Punkt 1 beschriebenen Methode der Fall ist. Der Vorteil der „Erfahrungsmethode" wird in der Regel in den geringeren Kosten der Durchführung liegen. Für die Bildung von Standardsätzen kleinerer Kostenelemente oder von provisorischen Standardsätzen können damit befriedigende Ergebnisse erzielt werden.
3. Durch Probeläufe unter kontrollierten Bedingungen. Dieses Verfahren vermeidet einige der Hauptschwächen der unter Punkt 2 beschriebenen Methode insoweit, als für die Bildung von Standards geeignete Bedingungen gewählt und von außen her wirkende Gründe für Abweichungen ausgeschaltet werden können.

Die meisten (amerikanischen) Gesellschaften verwenden zur Bildung von Fertigungsmaterial-Mengenstandards eine Kombination der oben dargestellten Verfahren. Etwa zwei Drittel der bei einer im N. A. A. Bulletin veröffentlichten

Untersuchung befragten Gesellschaften gaben an, daß das Hauptgewicht bei der Bildung von Mengenstandards auf technische Untersuchungen gelegt wird."[1]

Eine wichtige Frage bei der Verwendung von Standards für die Budgetierung betrifft die Angemessenheit der Standardsätze. Für Zwecke der Kostenkontrolle mag es angebracht sein, die Standards knapp zu bemessen. Für Zwecke der Budgetierung jedoch müssen die Werte wirklichkeitsnah sein — entweder in Form von unter normalen Bedingungen erreichbaren Vorgaben oder durch Einplanung von Abweichungen. Dabei ist es wichtig, die Standards im Einklang mit den Plänen der Unternehmensführung festzusetzen.

Bei Anwendung der unter Punkt 2 und 3 beschriebenen Verfahren sind Vorgaben für normalen Mehrverbrauch automatisch in den Standardsätzen enthalten. Eine getrennte Vorgabe des normalen Mehrverbrauchs muß jedoch bei Anwendung der ersten Methode erfolgen.

Die Bildung von Mengenstandards für Fertigungsmaterial durch technische Untersuchungen auf der Grundlage von Zeichnungen und Produktspezifikationen ergibt theoretische oder ideale Sätze, die um gewisse Toleranzen erhöht werden müssen, um Werte zu bekommen, die in der Praxis erreichbar sind. Die Toleranzen hängen zum Teil von der Art des Fertigungsverfahrens ab. Der größte Teil der in der oben erwähnten Untersuchung befragten Gesellschaften beaufschlagt die Fertigungsmaterial-Mengenstandards um einen gewissen Anteil an unvermeidbarem Abfall und Verlust.[2]

Die folgenden Beispiele zeigen für verschiedene Industriezweige die für die Bildung von Mengenvorgaben gebräuchlichen Verfahren sowie die damit verbundenen Probleme.

Ein Unternehmen der chemischen Industrie:

In der chemischen Industrie sind eine Reihe von Voraussetzungen bei der Aufstellung der Stückliste und der Fertigungslohnstandards zu berücksichtigen. In anderen Industriezweigen mögen die Verhältnisse einfacher liegen und die Fertigungsmaterialstandards durch technische Untersuchungen exakt bestimmt werden können. Anders jedoch in der chemischen Industrie; hier kann das Problem der Standardbildung nicht so leicht gelöst werden. Zugegeben, die theoretischen Anteile können mit Hilfe chemischer Formeln ermittelt werden. Es treten jedoch andere Faktoren dazu, die unter Umständen eine wichtige Rolle spielen können. So z. B. die Reinheit des Rohstoffes, das Ausmaß der Kontrolle über den Verarbeitungsprozeß, der Grad der Vollkommenheit der technischen Einrichtungen, der Faktor der menschlichen Arbeitskraft usw. Auf diese Weise wird die Stückliste eine durchschnittliche oder normale Ausbringung aus einer Reihe verschiedener Partien von Rohstoffen darstellen. Dieser Durchschnitt muß normale Verluste beinhalten. Der Faktor Verlust ist mehr

1 "Standards to Aid Control of Manufacturing Costs", Research Series No. 12, N. A. A. Bulletin, Abteilung 3, März 1948, Seite 903-4

2 dto. Seite 904-5

oder weniger eine Sache des Ermessens. So kann z. B. bei einer theoretisch denkbaren Ausbringung von 100 % und einer 80 %igen Ausbeute unter kontrollierten Bedingungen im Labor der Ausbringungsstandard unter Berücksichtigung normaler Betriebsverluste mit 70 % festgelegt werden.[3]

Ein Hersteller von Drahtgeweben:

Rohmaterialstandard. — Zunächst wird das Gewicht für je 100 qm bei verschiedenen Gewebegrößen festgestellt. Dabei mag sich bei Gewebegröße 18 × 14 ein durchschnittliches Gewicht von 12,8 kg pro 100 qm ergeben haben. Der Fertigungsmaterialstandard ergibt sich dann aus der Multiplikation dieses Wertes mit dem Preis pro kg Stahldraht.
Überzugsmaterialstandard. — Beim Fertigmachen des Drahtgewebes wird nochmals Material verbraucht. Das Gewebe muß mit einem Zinküberzug einer bestimmten Stärke versehen werden. Es sei angenommen, daß dieser Überzug bei dem oben erwähnten Gewebe 18 × 14 5,5 % des Rohgewichts des Gewebes ausmacht. In diesem Fall ergibt sich die Verbrauchsmenge für Zink pro 100 qm Drahtgewebe aus der Anwendung des Prozentsatzes von 5,5 auf das Gewicht des Gewebes (12,8 kg/100 qm). Das Resultat multipliziert mit dem Preis pro kg Zinkanode ergibt den Materialstandard für das Überziehen von 100 qm Drahtgewebe 18 × 14.[4]

Ein Stahlproduzent:

Für jedes Walzerzeugnis wird eine Standardkostenübersicht geführt... An dieser Stelle liegt das Hauptgewicht der Standardisierung der einzelnen Kostenelemente... Angenommen der Fertigungsmaterialstandard für Produkt A, das aus Barren Nr. 1 gewalzt wird, soll ermittelt werden. Durch wissenschaftliche Messungen und unter Berücksichtigung von Erfahrungswerten wird festgestellt, daß der Ausbringungsfaktor für Produkt A 82,97 % beträgt. Dieser Prozentsatz... besagt, daß aus jeder Tonne Einsatzmaterial (Barren Nr. 1) 0,8297 ton Fertigerzeugnis A unter normalen Betriebsbedingungen gewonnen werden können.[5]

Die Standardmenge an Rohmaterial, die zur Fertigung einer Tonne Endprodukt erforderlich ist, beträgt demnach 1,205 ton.

Ein Hersteller von Bekleidung:

Die Fertigungsmaterial-Mengenstandards für das Hauptmaterial (Stoffe) werden unter Benutzung von Schnitteilen für die als durchschnittlich festgelegte Größe bestimmt. Die Schnitteile werden in einer Weise angeordnet, die eine bestmögliche Ausnutzung des Stoffes gibt. Der Standardsatz wird auf der Grundlage der so angeordneten Schnitteile unter Berücksichtigung des Verschnittes festgesetzt. ... Standards für Zutaten wie Knöpfe, Reißverschlüsse, Taschen usw. werden aufgrund des am fertigen Kleidungsstück festgestellten Verbrauchs gebildet...[6]

3 Kenneth Schweller, "Material Control in A Chemical Company", N. A. A. Bulletin, Abteilung 1, November 1950, Seite 304

4 W. S. Hildebrand, "Standard Costs in Wire Cloth Manufacture", N. A. A. Bulletin, Abteilung 1, Juli 1951, Seite 1331-2

5 A. J. Penz, "Standard Costs in A Small Steel Company", N. A. A. Bulletin, Abeilung 1, Juli 1951, Seite 1350-1

6 "How Standard Costs Are Being Used Currently", Sonderausgabe der kompletten N. A. A. Standard Cost Research Series, Seite 82

Die Beispiele aus der Praxis sollten zeigen, daß Mengenstandards für Fertigungsmaterial vorwiegend auf technischen Messungen beruhen. Hinzu kommen Versuche unter kontrollierten Bedingungen, Erfahrungswerte und Ermessensentscheidungen. In Abhängigkeit von den jeweiligen Umständen werden gesonderte Vorgaben für Verluste vorgesehen. Diese Art von Standards ist in der Regel relativ leicht aufzustellen.

Die Bestimmung der Standardpreise. Der Einfluß auf den mengenmäßigen Materialverbrauch liegt einzig und allein bei der verbrauchenden Stelle und die Standardsätze können, wie oben ausgeführt, mit relativ hoher Genauigkeit und Zuverlässigkeit ermittelt werden. Die Einkaufspreise für das Material hingegen stellen insofern ein schwierigeres Problem dar, als sich die preisbestimmenden Faktoren in der Mehrzahl der Beeinflussung durch den Käufer entziehen. Der Schwierigkeitsgrad schwankt allerdings je nach Art des Marktes und nach der Stabilität von Angebot und Nachfrage.
In einem Markt, der ständig Preisänderungen mit sich bringt, pflegen die Unternehmen ihre Standardpreise für Fertigmaterial auf der Grundlage der zukünftigen Preisentwicklung festzulegen. Dieser Festlegung liegen zwei Schritte zugrunde:

1. Vorschätzung der Materialpreisentwicklung im Planungszeitraum
2. Auswahl der günstigsten Lieferanten

Das Verhältnis des Gewichtes dieser beiden Schritte zueinander hängt von der Art des zu kaufenden Materials ab. Bei Rohmaterialien wird der erste Schritt schwerer wiegen, weil der Preis dieser Stoffe überwiegend durch Börsen- oder Marktentwicklungen bestimmt wird und die Lieferanten sich diesen Entwicklungstendenzen anpassen. Im Falle von vorbearbeitetem Material wird jedoch dem zweiten Schritt mehr Gewicht zukommen.
Je weiter ein Produkt vom ursprünglichen Rohstoff entfernt ist, d. h., je größer der Grad der Verarbeitung ist, desto mehr spielen die Fertigungsverfahren und -kosten des Lieferanten eine preisbeeinflussende Rolle.
Die Auswahl der Lieferquellen für vorbearbeitetes Material sollte auf der Grundlage einer möglichst guten Kenntnis dieser Faktoren erfolgen.
Ein Unternehmen, das einen gewissen Anteil an Eigenfertigung besitzt und nur das restliche vorbearbeitete Material hinzukauft, wird auf Grund der eigenen Erfahrungen eine gute Grundlage für die Beurteilung der Angemessenheit der Kaufpreise haben.
Bei der Bildung der Materialstandardpreise muß stets der Zweck dieses Vorganges im Auge behalten werden. Gerade in dieser Hinsicht unter-

scheidet sich das Material wesentlich von anderen Kostenelementen. Für den Zweck der Geldbedarfsplanung ist der Standardpreis für Materialeinkäufe maßgebend, nicht aber für den Materialverbrauch. Auf der anderen Seite wird für die Budgetierung der Kosten der verkauften Erzeugnisse[7] entscheidend sein, mit welchen Preisen die Anfangsbestände an Fertigungsmaterial verrechnet werden. Für die Bewertung der Fertigerzeugnisse scheinen in jedem Fall die laufenden Standardpreise am geeignetsten zu sein.

Die Schwierigkeiten sowie die verschiedenen Möglichkeiten der Bildung von Materialstandardpreisen sind im Folgenden dargestellt:

Wie sollen Standardpreise für vorbearbeitetes Material gebildet werden? Zunächst wurde folgender Weg beschritten: Das niedrigste von je drei Angeboten pro Position sollte als Standardpreis gelten. Bei der praktischen Durchführung stellten sich jedoch erhebliche Schwierigkeiten ein. Einmal bekam in vielen Fällen nicht der am niedrigsten bietende Lieferant den Zuschlag, und zwar aus verschiedenen Gründen: Wegen schlechter Qualität in der Vergangenheit, wegen mangelnder Zuverlässigke.t, unzureichender Lieferkapazität usw. Außerdem mußten wir wegen der Verknüpfung von Standardpreisbildung und Einkaufspreisanalyse für jedes neue Produktionsteil mindestens drei Angebote einholen lassen. Die Folge war, daß bereits nach wenigen Monaten der Einkauf mit der Einholung von Angeboten derart im Rückstand war, daß er seiner laufenden Beschaffungsfunktion nicht mehr gerecht werden konnte. Andererseits waren wir mit der Bildung von Standardpreisen so stark im Rückstand, daß sich Störungen in anderen Bereichen ergaben.
Als zweiter Weg wurde die Bildung von Materialstandardpreisen als Durchschnitt von drei Angeboten je Teil versucht. Diese Lösung hatte zur Folge, daß das Niveau der Standardpreise anstieg, da ja Durchschnittswerte anstelle von Niederstwerten benutzt wurden. Außerdem ging der Arbeitsaufwand in die Höhe, weil nunmehr die Errechnung des Durchschnitts aus drei Angeboten an die Stelle der Ermittlung des niedrigsten Angebots trat. Im übrigen blieben alle anderen Schwächen und Unzulänglichkeiten der ersten Alternative bestehen.
Um einen Ausweg aus dieser Situation zu finden, sind wir dazu übergegangen, die Standardpreise selbst zu bilden.
Dies geschieht so, daß wir die von Lieferanten zu beziehenden Materialien in zwei Kategorien teilen, und zwar in solche, die wir sowohl selbst fertigen als auch fertig kaufen, und solche, die wir ausschließlich fertig kaufen. Bei den letzteren handelt es sich um handelsübliches Material wie Schrauben, Muttern, Sprengringe usw. Dieses Material wird von vielen Lieferanten zu relativ gleichen Preisen angeboten. Für solche Materialien wird der Marktpreis als Standard benutzt.
Teile, die wir sowohl selbst produzieren als auch fertig kaufen, sind speziell entwickelte Teile, wie z. B. Gehäuse aus Holz oder Kunststoff, Kunststoffteile, Preßteile, Federn, Transformatoren, Lautsprecher, Schalter u. ä. Die Standardpreise werden jeweils für ein Jahr festgelegt. Vor Beginn des Abrechnungs-

[7] Anmerkung des Herausgebers: Die Gewinn- und Verlustrechnung der nordamerikanischen Unternehmen sind überwiegend nach dem Umsatzkostenverfahren aufgebaut

jahres ermitteln wir die Marktpreise aller für uns relevanten Rohstoffe. Wir stellen fest, was Stahl in den verschiedenen Formen kostet, Kupfer, Aluminium, Zink, Bronze usw. Darüber hinaus ermitteln wir die Marktpreise für Draht, Papier, Kunststoff in Pulverform, Überzugsmaterial, Farbe, Holz, Leim, Folien und andere Ausgangsmaterialien. Unsere Personalabteilung stellt inzwischen die Lohnraten für die verschiedenen Berufssparten wie Bediener von Pressen, Drehbänken, Montagearbeiter, Fräser und viele andere fest. Der Einkauf ermittelt in Zusammenarbeit mit der Personalabteilung durchschnittliche Fertigungsgemeinkostenzuschlagsätze für die verschiedenen Maschinenarten.
Diese vorbereitenden Arbeiten bilden die Grundlage für die Standardpreisbildung bei den Teilen, die wir sowohl selbst fertigen als auch fertig kaufen. Jedes dieser Teile wird durch Techniker entwickelt, konstruiert und gezeichnet. Eine Blaupause der Zeichnung geht der Abteilung „Kostenvorschätzung" zu. Diese Abteilung beschäftigt Spezialisten auf dem Gebiet der Fertigungstechnik, Zeitstudien und Arbeitsfolgen. Diese Spezialisten ermitteln aus den Angaben der Zeichnung zunächst den Materialbedarf. Dieser Bedarf wird beaufschlagt mit einem normalen Abfall- und Schrottprozentsatz und mit dem festgelegten Standardpreis bewertet.
Als nächstes wird die Fertigungsfolge des Teils bestimmt und eine theoretische Fertigungszeit ermittelt. Diese Zeit wird mit der zugehörigen Standardlohnrate bewertet und darauf der Fertigungsgemeinkostensatz angewendet. Zuschläge für Verlustzeiten werden eingerechnet. Die sich so ergebenden Werte sind identisch mit denen, die wir bei Eigenfertigung benutzen.
Die Standardkosten für Material, Lohn und Fertigungsgemeinkosten werden nun zusammengefaßt. Der sich ergebende Standardpreis entspricht den Standardfertigungskosten bei Eigenfertigung. Er wird noch beaufschlagt um Verwaltungsgemeinkosten und Gewinn und wird so zum Standardpreis für fertig gekaufte Teile.[8]

Die budgetmässige Behandlung von Abweichungen. Neben der Festsetzung der Standards für Mengen und Preise des Fertigungsmaterials erhebt sich die Frage, ob Abweichungen von diesen Standards budgetiert werden sollen oder nicht.

Im Falle der Materialpreisabweichungen, die den Unterschied zwischen Standard- und Effektivpreisen der Fertigungsmaterialeinkäufe darstellen, dürften die Differenzbeträge, vorausgesetzt, daß die Standards auf der Grundlage der erwarteten Preisentwicklung realistisch festgelegt wurden, nicht groß sein und sollten deshalb nicht budgetiert werden.

Bei den Verbrauchs- oder Mengenabweichungen jedoch, die den Unterschied zwischen Standard- und Effektivverbrauch an Fertigungsmaterial darstellen, ist die Frage der Knappheit oder Großzügigkeit der festgesetzten Standards von großer Bedeutung. Für die Zwecke der Kostenkontrolle sollten die Standards möglichst knapp bemessen sein. Wenn sie jedoch auf einem so hohen Leistungsgrad festgesetzt sind, daß es

[8] George K. Bryant, "How We Built Standard Cost Into Control and Planning", N. A. A. Bulletin, Abteilung 1, Mai 1954, Seite 1101-4

unter Umständen Jahre dauert, bis sie effektiv erreicht werden können, und dementsprechend ein erheblicher Betrag Verbrauchsabweichung für die unmittelbare Zukunft zu erwarten ist, dann müßte im Interesse einer wirklichkeitsnahen Darstellung der gegenwärtigen Erfordernisse eine Budgetierung der voraussichtlichen Verbrauchsabweichung erfolgen. Die Benutzung von zweierlei Standards — einmal für die Kostenkontrolle und zum andern für die Budgetierung — scheint aus psychologischen und praktischen Gründen unzweckmäßig. Der Autor ist deshalb der Meinung, daß die Standards auf einer realistischen Grundlage festgesetzt und im Rahmen des Möglichen und Erforderlichen laufend angepaßt werden sollten. Auf diese Weise kann die Budgetierung von Verbrauchsabweichungen vermieden und ein und derselbe Standard sowohl für die Kostenkontrolle als auch für die Budgetierung verwendet werden.

Kontrolle der Fertigungsmaterialkosten

Die Kontrollfunktion der Standards. Das für die Kontrolle zur Verfügung stehende Budget sieht zwar absolute Beträge für den Einkauf bestimmter Materialmengen zu bestimmten (Standard-) Preisen sowie den Verbrauch bestimmter (Standard-) Mengen für eine bestimmte Produktion vor. Die Verwendung von Preis- und Mengenstandards gestattet jedoch auch die Messung der Leistung bei vom Budget abweichenden Materialeinkäufen oder abweichender Produktion. Ein Abweichen der effektiv eingekauften Mengen vom budgetierten Materialeinkauf ist wichtig für die Zwecke der Kontrolle des Umlaufvermögens, für die Kostenkontrolle jedoch ist der entscheidende Faktor die Einhaltung der Standardeinkaufspreise für die effektiv getätigten Materialeinkäufe. Ebenso kann ein Abweichen der tatsächlichen Produktion von den budgetierten Produktionsstückzahlen einen schwerwiegenden Einfluß auf die Einhaltung des Gesamtplanes haben, für die Kostenkontrolle zählt jedoch nur der Materialverbrauch im Verhältnis zur effektiven Produktion. Unter diesem Gesichtspunkt kann man Abweichungen beim Einkauf und Verbrauch von Fertigungsmaterial in „qualitative" und „quantitative" Abweichungen trennen, wobei solche, die Abweichungen von Standardpreisen oder Standardverbrauchsmengen darstellen, als „qualitativ" und solche, die eine Folge abweichender Einkäufe oder abweichender Produktion darstellen, als „quantitativ" bezeichnet werden.

Die Standardkostenrechnung befaßt sich lediglich mit der erstgenannten Art von Abweichungen (qualitativen), nicht jedoch mit der letzeren (quantitativen). Diese sind ausschließlich eine Sache der Budgetkontrolle. Unter der Annahme, daß keine Materialpreisabweichungen auftreten, würde eine Abweichung in der Menge des eingekauften Fertigungsmaterials einzig und allein im arbeitenden Kapital, und zwar in den Vorräten und in den Verbindlichkeiten bzw. flüssigen Mitteln zum Ausdruck kommen. Solche Abweichungen müssen sich nicht unmittelbar auf den Erfolg des Abrechnungszeitraums auswirken, sie beeinflussen jedoch das Zusammenspiel der Kräfte im geplanten Betriebsablauf. Nehmen wir weiter an, daß keine Abweichung vom Verbrauchsstandard aufgetreten sei, dann muß jede Abweichung des effektiven Materialverbrauchs vom budgetierten aus einer Abweichung der Fertigungsstückzahlen herrühren. Eine solche Abweichung muß sich wiederum nicht notwendigerweise auf den Erfolg des Abrechnungszeitraums auswirken, aber sie beeinträchtigt den reibungslosen Ablauf des Gesamtplanes.

Die Kontrolle der Preisabweichungen. Preisabweichungen stellen den Unterschiedsbetrag zwischen dem tatsächlichen Einkaufspreis und dem Standardpreis der eingekauften Güter dar. Es ist zu beachten, daß solche Abweichungsbeträge im Augenblick des Auftretens bereits historisch sind und nur noch angeben, welche Mehr- (oder Minder-) Kosten durch das Nichteinhalten des vorgegebenen Standards entstanden sind. In der Literatur wird vielfach dafür eingetreten, die Kosten im Zeitpunkt und am Ort des Entstehens zu kontrollieren und nicht hinterher. Unter dieser Voraussetzung sollten Standardpreise dazu dienen, Abweichungen überhaupt zu verhindern, weil im Idealfall kein Kauf zu anderen als Standardpreisen getätigt werden sollte. In der Praxis ist dies jedoch nicht durchführbar. Unvorhergesehene Schwierigkeiten können den sofortigen Kauf von Materialien zu überhöhten Preisen unbedingt notwendig machen. Die Marktsituation kann sich ändern und die Standardpreise zeitweise oder dauernd ungültig machen. Die Aufzeichnung von Preisabweichungen dient weniger der Kontrolle der bereits getätigten Einkäufe als vielmehr als Hinweis auf die Notwendigkeit der genaueren Überwachung zukünftiger Einkäufe.

Wenn Abweichungen auftreten, erhebt sich die Frage, wann sie aufgezeichnet werden sollten. Die Standardkostenrechnung sieht im Regelfall vor, daß die Preisabweichungen zugleich mit der Verbuchung der Lieferantenrechnung und des Materialeingangs verbucht werden. Der Buchungssatz lautet:

Vorräte Debet
Preisabweichung Debet (oder Credit)
Verbindlichkeiten Credit

Ein Autor[9] vertritt sogar die Auffassung, daß dieser Zeitpunkt noch zu spät liegt, und schlägt vor, die Preisabweichung im Zeitpunkt der Erteilung der Bestellung aufzuzeichnen. Als Vorteile dieser Methode nennt er frühzeitige Information

1. der Verkaufsabteilung im Interesse einer rechtzeitigen Reaktion auf dem Gebiet der Preisbildung oder Verkaufspolitik.
2. der Entwicklungsabteilung, die im frühestmöglichen Zeitpunkt Entscheidungen über Einsatz oder Wegfall von Materialien je nach Preisentwicklung fällen kann.
3. Der Abteilung Fertigungstechnik, die auf Grund der Materialpreisentwicklung rechtzeitig Kostensenkungsmaßnahmen einleiten kann.

Eine andere wichtige Frage ist die der Verantwortlichkeit für Preisabweichungen. Dies sollte logischerweise bei der Einkaufsabteilung liegen. Wenn der Einkauf auch nicht in jedem Falle einen Einfluß auf die Preise ausüben kann, sollte er trotzdem seine ganze Aufmerksamkeit auf die Preisentwicklung richten und die außerhalb seiner Kontrolle liegenden Einflußgrößen beobachten und in seine Überlegungen einbeziehen.

Die Kontrolle der Verbauchsabweichungen. Diese Art von Abweichungen stellt den Unterschied zwischen Standard- und Effektivverbrauch an Fertigungsmaterial bei einem bestimmten Fertigungsvolumen dar. Sie messen den Wirkungsgrad der Materialausnutzung und fallen in die Verantwortlichkeit der Fertigungsabteilungen. In vielen Unternehmen bildet das Fertigungsmaterial den größten Posten der Herstellungskosten. Daraus erklärt sich die Bedeutung dieser Phase der Kostenkontrolle. Aus diesem Grund und außerdem, weil die Abweichungsgründe hier eher beeinflußbar sind, ist auf diesem Gebiet mehr Fortschritt zu verzeichnen als bei der Kontrolle der Preisabweichungen.

Ein verbreitetes Kontrollverfahren beruht auf der Benutzung von besonderen Materialanforderungen für zusätzliches Material. Für jeden Fertigungsauftrag werden Standardmengen an Fertigungsmaterial ausgegeben. Wird zusätzliches Material zur Fertigstellung der Arbeit benötigt, dann muß hierfür eine besondere Materialanforderung ausgestellt werden. Dieses Verfahren gewährleistet sowohl Erfassung als auch Erklärung des Mehrverbrauchs. Die Gründe für den Mehrverbrauch können mannigfaltig sein und schließen schlechtes Material, fehlerhafte Vorrichtungen, ungenügend geschultes Personal, mangelhafte Aufsicht u. a. m. ein. Die Bestimmung des wirklichen Abweichungsgrundes und seine Be-

9 Nieson N. Shak, "Before the Fact Control of Material Prices", N. A. A. Bulletin, Abteilung 1, September 1955, Seite 75

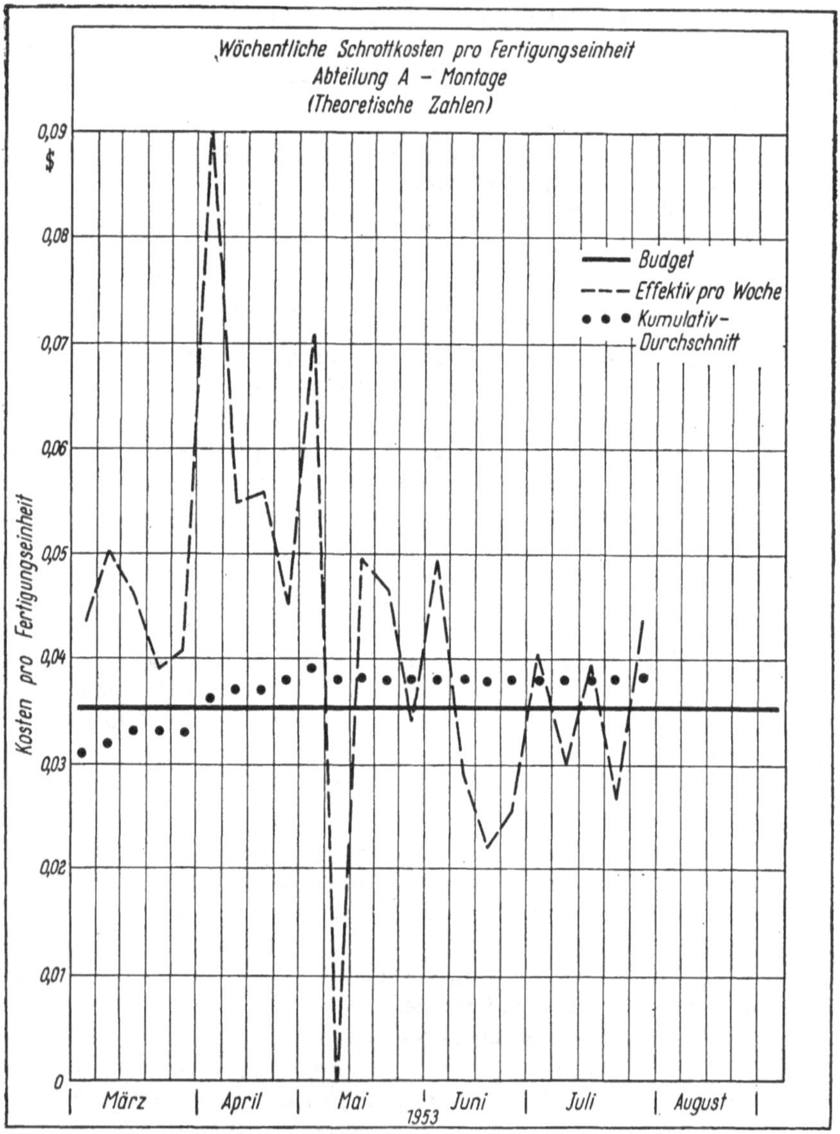

Quelle: Robert E. Stockmeyer, "Helping the Foreman Control Costs", N. A. A. Bulletin, Abteilung 1, Februar 1954, Seite 762

Abb. 12-1 Wöchentliche Schrottkosten pro Fertigungseinheit

seitigung sind von großer Bedeutung. Dabei darf nicht übersehen werden, daß bei einer Vielzahl von Materialpositionen das Hauptaugenmerk auf diejenigen Abweichungen zu richten ist, die auch wertmäßig ins Gewicht fallen.

In manchen Industriezweigen ist die Eigenart des Materialverbrauchs dergestalt, daß die Verbrauchskontrolle am besten über die Kontrolle des Abfalls oder Schrotts ausgeübt werden kann. In metallverarbeitenden Betrieben und Gießereien zum Beispiel, wo Abfall eine normale Nebenerscheinung des Fertigungsprozesses ist, stellt die Kontrolle des Abfalls ein wirksames Mittel zur Kontrolle des Materialverbrauchs dar. Abbildung 12-1 zeigt ein Beispiel für einen solchen Schrottkontrollbericht.

13. Fertigungslöhne

Definition der Fertigungslöhne. Unter Fertigungslöhne werden alle Löhne verstanden, die als Einzelkosten dem Erzeugnis unmittelbar zurechenbar sind. Diese Definition hat in der Praxis ebenso wie die Begriffsbestimmung des Fertigungsmaterials einiges von ihrer offenkundigen Präzision verloren. Dies ist vor allem dann zutreffend, wenn man einen Unterschied macht zwischen der menschlichen Arbeitskraft und ihren Kosten.

Hinsichtlich der menschlichen Arbeitskraft hatte der Begriff ursprünglich einen klaren Inhalt, weil seine Anwendung nur auf solche Arbeiten beschränkt war, die zu einem unmittelbaren, meßbaren Fortschritt am Enderzeugnis führten. Durch die fortschreitende Mechanisierung und Automation der Produktionsprozesse verliert jedoch der physische Kontakt zwischen Arbeitskraft und Erzeugnis immer mehr an Bedeutung, und infolgedessen besteht in der Neuzeit die Tendenz, an den Begriff der Fertigungslöhne die Vorstellung einer Kostenrelation und nicht mehr die einer physischen Relation zu knüpfen. Diese Kostenrelation ist meistens schwer definierbar. Die Aufgliederung der menschlichen Arbeitskraft im Zusammenhang mit der Maschinenbedienung und der Instandhaltung von Maschinen unterliegt beispielsweise keiner bestimmten Gesetzmäßigkeit. Ferner können sich große Schwierigkeiten ergeben, wenn die Aufgabe gestellt ist, die Arbeitsleistung eines Bedieners einer Maschinengruppe, die mehrere verschiedenartige Erzeugnisse bearbeitet, den einzelnen Erzeugnissen zuzuordnen. Daraus ergibt sich, daß die menschliche Arbeitskraft neuerdings nur in den Fällen als Fertigungslohn behandelt wird, in denen sich eine solche Abrechnungsweise als durchführbar, einfach und wenig zeitaufwendig erweist.

Vom Kostenstandpunkt aus gesehen ergeben sich in Verbindung mit der Aufgliederung der menschlichen Arbeitskraft nach Erzeugnissen weitere Probleme. Der Verfasser verweist auf die Kosten der Überstundenvergütungen, des bezahlten Urlaubs, der Ausfallzeiten, Leerlaufzeiten, Umstellungszeiten usw. Theoretisch könnte man alle mit der menschlichen Arbeitskraft in Verbindung stehenden Kosten, die zu einem unmittelbaren, meßbaren Fortschritt am Enderzeugnis führen, als Einzelkosten ansehen. Bei der praktischen Durchführung würde jedoch die Kostenzurechnung erhebliche Schwierigkeiten bereiten. Infolgedessen ist die Erfassung der Überstundenvergütung und aller übrigen, mit der menschlichen Arbeitsleistung eng verbundenen Nebenkosten als Gemeinkosten weit verbreitet.

Im Hinblick auf die hier nur grob dargestellten Probleme der Kostenaufgliederung, für deren Lösung letzten Endes die betriebsindividuellen Verhältnisse ausschlaggebend sind, soll dieses Kapitel vor allem jene Prinzipien erörtern, denen im Zusammenhang mit der Budgetierung und Kontrolle der Fertigungslöhne praktische Bedeutung beizumessen ist. Dabei liegt allerdings den nunmehr folgenden Ausführungen die Annahme zugrunde, daß den Fertigungslöhnen nur solche Arbeitskosten zugehörig sein sollten, bei denen eine angemessene Relation zwischen der menschlichen Arbeitsleistung und dem Enderzeugnis besteht. Schließlich sollten Fertigungslöhne nur solche Nebenkosten enthalten, die dem Enderzeugnis ohne weiteres zugerechnet werden können.

Zweck des Kapitels. Wie bereits im vorangegangenen Kapitel zum Ausdruck gebracht wurde, werden alle im Zusammenhang mit dem Fertigungsmaterial und den Fertigungslöhnen zu klärenden Fragen in zwei getrennten Kapiteln behandelt, obwohl es sich in beiden Fällen um Einzelkosten handelt, d. h. beide Kosten lassen sich unter dem Gesichtspunkt der Gruppierung dem Enderzeugnis unmittelbar zuordnen. Der Grund hierfür liegt in der unterschiedlichen Genauigkeit der ermittelten Vorgaben und der zeitlichen Divergenz zwischen Aufwand und betriebswirksamem Werteinsatz. Je nach Art der Arbeit unterliegt die Festlegung der Vorgaben für den Fertigungslohneinsatz im Gegensatz zu den Vorgaben für das Fertigungsmaterial mehr subjektiven als objektiven Einflüssen, wodurch das Problem der Auffindung einer echten Kostenzurechnung erheblich erschwert wird. Ferner wird Fertigungsmaterial in der Regel früher beschafft als verbraucht, während alle Aufwendungen für Fertigungslöhne sofort in voller Höhe zu Kosten werden. Diese Unterschiede sind für die Budgetierung äußerst wichtig; daraus ergibt sich die Notwendigkeit einer getrennten Behandlung der Fertigungslöhne. Infolgedessen beschränkt sich dieses Kapitel auf die Erörterung der Budgetierung und vergleichenden Kontrolle der Fertigungslöhne.

Planung der Fertigungslöhne

Elemente der Fertigungslöhne. Der Gesamtaufwand der Fertigungslöhne einer Betriebsperiode enthält

1. Arbeitszeitvorgaben für die geplante Fertigung im Betriebszeitraum, bewertet mit den vorgegebenen Lohnraten;

2. Beschäftigungsabweichungen;
3. Lohnratenabweichungen.

Diese Aufzählung unterstellt in Anlehnung an das Fertigungsmaterial das Vorhandensein von Standardkosten. Auch für den Fall, daß Standardkosten im eigentlichen Sinn nicht angewendet werden, ist davon auszugehen, daß irgendwelche Kostennormen, selbst wenn es sich dabei lediglich um reine Vergangenheitskosten handelt, einen Maßstab für die Kosten abgeben. Entsprechend den genannten Kostenelementen ist die nachfolgende Besprechung der Budgetierung in folgende Abschnitte gegliedert:

1. Wie werden Arbeitszeitvorgaben ermittelt?
2. Wie werden Vorgaben für Lohnraten festgelegt?
3. Die budgetmäßige Behandlung der Abweichungen gegenüber den Vorgaben.

Wie werden Arbeitszeitvorgaben ermittelt? Die Ermittlung der Arbeitszeitvorgaben ist eine Funktion der Wirtschaftsingenieure. Aus naheliegenden Gründen kann sie nicht so genau sein wie die Festlegung der Mengenvorgaben für den Materialverbrauch. Für die Messung der Normalleistung eines Arbeiters im Betrieb gibt es keine Richtsätze, die einen absoluten Maßstab abgegeben. Die Vorgaben können nur näherungsweise mit Hilfe folgender drei Verfahren ermittelt werden:

Zeit- und Bewegungsstudien. Dieses Verfahren liefert die größtmögliche Genauigkeit bei den Zeitvorgaben und die beste Grundlage für die Anwendung der vorgegebenen Lohnraten. Auf der Basis der ermittelten Vorgaben können Zeitabweichungen anschließend auf ihre Ursachen hin geprüft werden, was in den Fällen, in denen den betrieblichen Vorgabezeiten Durchschnittszeiten früherer Zeiträume oder auf Mutmaßungen basierende Vorausschätzungen zugrunde liegen, meist große Schwierigkeiten bereitet. Im letzteren Fall ist nicht eindeutig analysierbar, wieweit Abweichungen eine Folge falscher Vorgaben oder echter Leistungsschwankungen sind.

Ziel der Zeitstudien ist die Aufgliederung der manuellen und mechanischen Operationen in unterscheidbare Elementarbewegungen und die Messung, bzw. Feststellung der für die Durchführung aller Operationen normalerweise erforderlichen Zeiten. Derartige Zeitvorgaben enthalten nicht nur die für die reine Operationsleistung notwendigen Zeiten, sondern auch Zuschläge für Pausen, unvermeidbare Maschinenstillstandzeiten sowie für Vorbereitungs- und Umstellzeiten.

Durchschnittliche Vergangenheitsleistung. Ein zweites Verfahren basiert auf der Durchschnittsleistung der Vorperioden. Bei der Auftragskostenrechnung kann der tatsächliche Zeitverbrauch früherer Perioden an Hand der Zeitkarten ohne weiteres nachgewiesen werden. Nach Eliminierung extremer Zeiten, die meist auf Unwirtschaftlichkeiten oder Fehler hindeuten, wird mittels der verbliebenen Zeiten ein Durchschnittszeitverbrauch errechnet und vorgegeben.

Wenn Veränderungen in den Produktionsmethoden durchgeführt wurden, können Arbeitszeiten erst dann vorgesehen werden, wenn genügend Erfahrung gesammelt werden konnte. Dieses Verfahren leidet weiter darunter, daß es ungewöhnlich großen Veränderungen in den Operationszeiten infolge nicht einheitlicher Materialbeschaffenheit, Maschinenausfälle oder anderer Bedingungen, die sich dem Einfluß der Arbeitskräfte entziehen, nicht in gebührender Weise Rechnung trägt. Solche Situationen sind meist durch eine breite Streuung der Vergangenheitszeiten für vergleichbare Operation oder eine Betriebsbesichtigung feststellbar. Für die Aussagefähigkeit der Standardkostenrechnung erweist sich eine Standardisierung der Arbeitsbedingungen als notwendig, denn Verantwortungsbereiche können nicht ermittelt, bzw. Abweichungsursachen nicht aufgedeckt werden, wenn zu viele Quellen für Abweichungen gegeben sind.

Vorausschätzung. Ein anderes Verfahren sieht eine Vorausschätzung der Arbeitszeit vor. Dieses Verfahren ist besonders dann von großem Nutzen, wenn eine vergleichbare Operation noch nicht vorliegt. So kann zum Beispiel der Bau eines Hauses, Schiffes oder eine ähnlich große Sonderaufgabe Anlaß für die Anwendung dieses Verfahrens sein. Sehr oft bedient man sich zunächst der Vorausschätzung, um für die Abgabe eines Preisangebotes überhaupt eine Grundlage zur Hand zu haben; im Anschluß an die Auftragserlangung benutzt man möglicherweise dieselbe Vorausschätzung als Vorgabe für die Messung und Kontrolle der effektiven Leistungen, um auf diese Weise eine Gewähr dafür zu haben, daß der vorausgeschätzte Gewinn auch tatsächlich realisiert wird.

Diesen Vorausschätzungen müssen selbstverständlich gründliche Studien des Produktionsprozesses vorausgehen und auf zuverlässigen Daten basieren. Hinzu kommt ein fundiertes Wissen der künftigen Aufgaben sowie ein Vergleich mit Erfahrungsgrundlagen ähnlicher Operationen und die Berücksichtigung von Zuschlägen für unvorhergesehene Mehrzeiten. Die Höhe der letzteren ist von der Art der Vorgabe abhängig, d. h. sie wird bestimmt davon, ob der Vorausschätzung die tatsächlich erwarteten, die normalen oder die idealen Zeiten zugrunde liegen.

Manchmal empfiehlt sich die Entwicklung rein empirischer Formeln, Übersichten, Tabellen oder Kurven für die Festlegung von Vorgaben für solche Operationen, die in der Vergangenheit noch nicht vorgekommen sind. Dieses Vorgehen ist weiterhin für die Festlegung flexibler Vorgaben bedeutsam. Ausgangspunkt dafür ist aber eine genaue Analyse des Produktionsdurchlaufs, um Anhaltspunkte für seine Elemente zu gewinnen. Daraufhin kann festgestellt werden, in welcher Weise sich die Operationszeiten verändern, wenn andere Elemente des Produktionsdurchlaufs variiert werden. Diese Veränderung wird in einer Aufstellung, Kurve oder Formel eingetragen, mit deren Hilfe sodann alle Zeiten im Rahmen der um diese Ermittlung erweiterten Erfahrungsgrundlage angegeben werden können. Dieses Verfahren ist allgemein als die synthetische Zeitfestsetzung bekannt. Es besteht aus einer Analyse aller Operationen mit dem Ziel ihrer Aufgliederung in zwei Gruppen: Grundoperationen, die bei allen Produktionsdurchläufen gleichermaßen vorhanden sind, und variable Operationen.

Liegen die Arbeitszeitvorgaben auf der Basis einer Produktionseinheit erst einmal fest, so kann man den Gesamtarbeitszeitaufwand durch Multiplikation der geplanten Produktion mit der Arbeitszeitvorgabe für die Produktionseinheit ermitteln.[1]

Wie werden Vorgaben für Lohnraten festgelegt? Die Festlegung von Lohnratenvorgaben richtet sich nach der Art der Entlohnung. Beim Zeitlohn sind die auftretenden Probleme mit der Festlegung der Materialvorgaben vergleichbar. Die Lohnrate entspricht dem Stundenlohn, den das Unternehmen unter Berücksichtigung aller regionalen und sonstigen Arbeitsbedingungen voraussichtlich bezahlen muß. In der Gegenwart sind die Lohnraten im allgemeinen Bestandteil der Arbeitsverträge. Wenn alle Arbeiter einer bestimmten Abteilung oder Kostenstelle Anspruch auf Vergütung einer gleich hohen Lohnrate haben, so entspricht die Lohnratenvorgabe dem Vertragslohn. In den Fällen jedoch, in denen unterschiedliche Lohnraten mit Rücksicht auf die Dauer der Betriebszugehörigkeit, Erfahrung und ähnliche Gesichtspunkte gewährt werden, muß für die Zwecke der Lohnratenvorgabe ein gewogener Durchschnitt ermittelt werden.

Für den Fall, daß sich die Entlohnung ohne Rücksicht auf die bei der Arbeitsausführung gebrauchte Zeit entweder völlig oder teilweise proportional zur Zahl der vom Arbeiter hergestellten Einheiten entwickelt, ist die Ermittlung der Lohnratenvorgabe von der Festlegung der Mengenvorgabe abhängig. Sofern der Arbeitsvertrag die Bezahlung eines Akkord- bzw. Stücklohnes vorsieht, enthält die Vereinbarung über die Lohnrate in Wirklichkeit sowohl preisliche als auch mengenmäßige Gesichtspunkte. Die Lohnrate stellt die Lohnratenvorgabe für die Produktionseinheit dar.

Werden die Lohnhöhe und die Produktionsmenge in Verbindung mit irgendeinem Lohnanreizsystem ausgehandelt, so bedarf es eines weiteren Schrittes zur Festsetzung der Vorgabezeit für die Produktionseinheit wegen der Variabilität der Lohnkosten je Produktionseinheit unter verschiedenartigen Ausbringungsbedingungen. Bei derartigen Systemen erweist sich entweder eine Anhebung oder Ermäßigung der Lohnkosten je Produktionseinheit als notwendig, wenn sich die Leistung pro Kopf (oder einer Arbeitsgruppe) verbessert. Solche Anhebungen oder Reduzierun-

[1] Theodore Lang, Cost Accountants Handbook (New York: The Ronald Press Co. 1944), S. 291-93

gen können ihrer Natur nach kurven- oder stufenförmig sein. Genau genommen werden mit den Lohnraten bereits die Leistungsmengen je Arbeiter vorgegeben, und infolgedessen handelt es sich bei der Festsetzung der Lohnraten um eine gemischte Preis- und Mengenschätzung.

Die budgetmässige Behandlung der Abweichungen gegenüber den Vorgaben. Wie beim Fertigungsmaterial müßte man auch für Lohnabweichungen entsprechende Vorkehrungen im Budget treffen, sofern die Vorgaben ohne Rücksicht auf die mögliche Leistungsmenge bzw. zu kostengünstig in Ansatz gebracht wurden und infolgedessen praktisch unerreichbar sind. Da eine solche Lösung nicht empfohlen werden kann, dürfte sich eine Erörterung der in diesem Zusammenhang auftretenden Lohnabweichungen erübrigen.

Es ist allerdings denkbar, daß sich in Verbindung mit Überstundenvergütungen eine Ausnahme ergibt. Ob dieser Hinweis praktische Bedeutung hat, ist allerdings davon abhängig, in welcher Form die Vergütungen in der Buchhaltung verrechnet werden. Überstundenvergütungen fallen im Zusammenhang mit anderen Löhnen an und sollten wie diese vorausgeschätzt werden. Durch Überstundenvergütungen erhöht sich zwar der Lohn des Arbeiters, trotzdem wird es nicht für ratsam gehalten, Überstunden schon allein deshalb in Form eines höheren Stundensatzes gemeinsam mit der normalen Lohnstundenrate zu verrechnen. Werden die Überstunden buchhalterisch als Gemeinkosten des Unternehmens verrechnet, so müssen sie auch in dieser Form budgetiert werden. In diesem Fall ergibt sich keine Abweichung der effektiven Lohnrate gegenüber dem Budget. Wenn allerdings Überstundenvergütungen normalerweise als Einzelkosten des Unternehmens verrechnet werden, dann ist auch eine entsprechende budgetmäßige Behandlung notwendig. Es ist aber darauf hinzuweisen, daß es sich im letzteren Fall um geplante Überstundenleistungen handeln muß. Dagegen sind keine Überstunden zu budgetieren, wenn sie lediglich eine Folge von Minderleistungen sind.

Schließlich könnten sich vorausschaubare Abweichungen gegenüber der Vorgabe während der Anlaufperiode eines neuen Erzeugnisses ergeben. Obwohl die für den Planungszeitraum vorgegebene Lohnrate als realistisch und erreichbar angesehen wird, sollte man der erwarteten Abweichung im Budget gebührend Rechnung tragen.

Kontrolle der Fertigungslöhne

Die Kontrollfunktion der Vorgaben. Wie bereits beim Fertigungsmaterial zum Ausdruck gebracht wurde, kann man mit Hilfe der Lohnvorgaben den effektiven Lohn nur dann kontrollieren, wenn sich das den Lohnvorgaben zugrunde liegende Fertigungsprogramm und die tatsächliche Produktion decken. Ist eine Deckungsgleichheit nicht gegeben, so müssen die Arbeitszeitvorgaben für Kontrollzwecke mit berücksichtigt werden. Sieht z. B. das Fertigungsprogramm eine Produktion von 1.000 Einheiten vor und enthält die Lohnvorgabe fünf Stunden je Produktionseinheit zum Stundensatz von $ 2,00, so betragen die geplanten Fertigungslöhne $ 10.000,00. Würden demgegenüber mit einem Gesamtaufwand an Fertigungslöhnen von $ 9.200,00 und einer Gesamtarbeitszeit von 4.550 Stunden nur 900 Einheiten hergestellt, so kann man die Lohnabweichung mit Hilfe der effektiven Arbeitszeit vergleichend wie folgt kontrollieren:

Effektivkosten	$	9.200
Vorgabekosten		9.000
Gesamtabweichung	$	200
Arbeitszeitabweichung 50 Stunden à $ 2,00	$	100
Lohnratenabweichung $ 9.200,00 ./. $ 9.100,00		100
Gesamtabweichung	$	200

Die Vorgaben erfüllen somit alle Voraussetzungen einer flexiblen Budgetierung, obwohl die Lohnvorgabe je Produktionseinheit ohne Rücksicht auf den jeweiligen Beschäftigungsgrad stets unverändert bleibt. Gegenüber dem Fertigungsmaterial besteht allerdings ein Unterschied in Hinsicht auf die zeitliche Verrechnung der Preis- und Mengenabweichungen. Auf Grund der Trennung zwischen Einkauf und Verbrauch können sie beim Fertigungsmaterial in verschiedenen Abrechnungsperioden anfallen, während beim Fertigungslohn beide Geschäftsvorfälle zeitlich stets zusammenfallen.

Die Kontrolle der Preisabweichungen. Der Hinweis, daß die Kostenkontrolle bereits im Zeitpunkt der Kostenentstehung und keinesfalls später einsetzen muß, kann gar nicht überbetont werden. Die Berichterstattung über Preisabweichungen muß in den meisten Fällen als Beweis für eine mangelhafte Kontrolle gewertet werden. Der Bericht lenkt die Aufmerksamkeit auf die Ursachen, um ihre Wiederholung für die Zukunft nach Möglichkeit zu unterbinden. Hieraus darf man jedoch nicht die Schlußfolgerung ableiten, daß das Budget mit dem Tatsächlichen unbedingt übereinstimmen müsse. Eine Maschinenoperation kann z. B. nicht deshalb ausfallen, weil der allein verfügbare Bediener einen über der Lohnvorgabe liegenden Stundensatz gefordert hat. Unter diesen Umständen dürfte eine Lohnpreisabweichung unvermeidbar sein, wenngleich im Wiederholungsfall eine Untersuchung der Abweichungsursache anzuraten ist.

Da Lohnstundensätze meist frei vereinbart sind, dürften Lohnpreisabweichungen an sich nicht vorkommen. Daß sie trotzdem auftreten, läßt sich in der Regel auf folgende Gründe zurückführen:

Für die Entstehung von Lohnratenabweichungen gibt es eine ganze Reihe von Ursachen. Z. B. kann die Einstellung einer größeren Anzahl von Lehrlingen oder eine allgemeine Lohnerhöhung der Grund für eine Lohnratenabweichung sein, sofern die Vorgaben trotz dieser Umstände nicht verändert wurden. Wenn die Vorgaben und der Effektivlohnanfall nach Kostenstellen berichtet werden und Lohnvorgaben für jede einzelne Kostenstelle festliegen, können Veränderungen in der Zusammensetzung der Kostenstelle ebenfalls Lohnabweichungen verursachen. Eine bestimmte Abteilung kann z. B. die Beschäftigung von fünf Maschinisten und zehn Maschinenbedienern vorsehen. Werden demgegenüber im Laufe der Vergleichsperiode zehn Maschinisten und nur fünf Maschinenbediener beschäftigt, so übersteigt die tatsächlich bezahlte Lohnrate die vorgegebene. Dieses Problem ist vorwiegend in solchen Industriebetrieben anzutreffen, deren Produktionszyklus saisonalen Einflüssen ausgesetzt ist. Ferner kann sich in einer Zeit der Unterbeschäftigung eine völlige Umbesetzung des Personals als notwendig erweisen. Arbeiter mit einer langen Betriebszugehörigkeit und größeren Kenntnissen bzw. Fähigkeiten werden nicht freigesetzt, sondern auf verschiedene Kostenstellen neu verteilt. Dadurch ergeben sich in einigen Kostenstellen höhere Stundensätze, als im Zeitpunkt der Festsetzung der Lohnvorgaben beabsichtigt.[2]

Aus den bisherigen Ausführungen darf der Schluß gezogen werden, daß neben den betrieblichen Vorleuten auch alle für die Festlegung des Volumens, die Aufstellung des Fertigungsprogramms und den Einsatz des Personals verantwortlichen Personen an der Kontrolle der Stundensätze mitzuwirken haben.

Die Kontrolle der Zeitabweichungen. Im Mittelpunkt der Kontrolle der Fertigungslöhne steht in der Regel die Kontrolle der Fertigungslohnstunden. Wie bereits einleitend in dem Abschnitt über die Kontrollfunktion der Vorgaben ausgeführt wurde, wird diese Kontrolle in erster Linie mit Hilfe von Arbeitszeitvorgaben durchgeführt. An dieser Stelle sei jedoch darauf hingewiesen, daß in den meisten Fällen die dem Lohnkostenvoranschlag zugrunde liegenden Arbeitszeitvorgaben nicht mit den lau-

2 George B. Cleveland, "Getting Down to Causes on the Labor Variance", N. A. A. Bulletin, Abteilung 1, September 1955, Seite 83

fenden Arbeitszeitvorgaben übereinstimmen. Der Grund hierfür liegt überwiegend in internen Betriebsverbesserungen, die bei der Festsetzung der Arbeitszeitvorgaben für die Aufstellung des Lohnkostenvoranschlages noch nicht vorausbestimmbar waren. Nichtsdestoweniger sollten beide Zeitvorgaben soweit wie möglich einheitlich sein.

Während für die Zwecke der Gesamtplanung und Budgetkontrolle die mit den Stundensätzen bewerteten Arbeitszeitvorgaben von großer Wichtigkeit sind, basiert die Kontrolle auf der Abteilungsebene auf dem veranschlagten Arbeitskräftebedarf. Vorleute beaufsichtigen Arbeitskräfte, und es ist ihre Aufgabe, diese Arbeitskräfte so auszubilden, daß die vorgegebenen Produktionsziffern innerhalb der dafür veranschlagten Arbeitszeit erreicht werden. Daraus folgt, daß die den Vorleuten unterstellten Arbeitskräfte laufend an den jeweils vorgegebenen Produktionsumfang angepaßt werden müssen. Für Vorleute ist infolgedessen ein Arbeitskräftebudget von größerem Nutzen als ein wertmäßiges Kostenbudget.

... das auf dem Fertigungsprogramm aufbauende Arbeitskräftebudget des Vormanns enthält den vorgegebenen Arbeitskräftebedarf und -einsatz. Sofern die Vorgabe korrekt und realistisch ist, sind die Lohnkosten des Vormanns kontrollierbar. Voraussetzung für ein korrektes Arbeitskräftebudget ist demnach ein Produktionsprogramm, welches Aufschluß über die erwartete Abteilungsleistung während der Planperiode gibt und irgendeine Art von Vorgabe, mit deren Hilfe auf Grund des Produktionsprogramms der Arbeitskräftebedarf ermittelt werden kann.

Vorstehende Ausführungen setzen natürlich eine gut funktionierende Betriebsorganisation voraus, die in einer rechtzeitigen Belieferung mit Material, Werkzeugen, Zeichnungen, Modelle in einer guten Zusammenarbeit der einzelnen Betriebsabteilungen usw. ihren sichtbaren Ausdruck findet.[3]

Diese Ausführungen zeigen für die Kontrolle der Fertigungslöhne die Notwendigkeit eines sehr in die Einzelheiten gehenden Berichtswesens über die in der Periode erzielten Leistungen.

Derartige Berichte lassen sich in viele Formen kleiden. Die Differenz zwischen den vorgegebenen Arbeitszeiten und den tatsächlich aufgelaufenen Zeiten ist aber in jedem Fall von größter Bedeutung. In vielen Unternehmen ist eine tägliche Berichterstattung üblich. Im Hinblick auf die Vielzahl der möglichen Abweichungsgründe ist eine exakte Berichterstattung sehr schwer, aber nichtsdestoweniger von größter Wichtigkeit. Abbildung 13-1 zeigt einen Abteilungsbericht über Abweichungsursachen.

[3] Alwyn M. Hartogensis, "Manpower Budgeting for Control of Labor Costs", N. A. A. Bulletin, Abteilung 1, März 1955, Seite 948-49

LEISTUNGSBERICHT ÜBER ABGESCHLOSSENE OPERATIONEN

——— Werk Abteilung Nr. ....

Code	Abweichungsgrund		Monat: Ist-stunden	Monat: Abweichungsstunden	Monat: Kosten	Bisher aufgelaufen im Jahr: Ist-stunden	Bisher aufgelaufen im Jahr: Abweichungsstunden	Bisher aufgelaufen im Jahr: Kosten
0	Abweichungsgründe von weniger als 10 % Anteil	B						
1	Vorausgeschätzte Bearbeitungszeit zu hoch	U						
2	Vorausgeschätzte Einstellzeit zu hoch	U						
3	Überdurchschnittliche Leistung bzw. Fähigkeit des Personals	B						
5	Neue Maschine, Vorgabe unverändert	U						
6	Verfahrensänderung, Vorgabe unverändert	U						
7	Neue oder bessere Werkzeuge, Vorgabe unverändert	U						
8	Maschineneinstellung eines früheren Durchlaufs übernommen	B						
9	Zeitvorgabe für einen Mann und eine Maschine. Zwei Maschinen wurden bedient	B						
10	Zeituhr registriert nur 0.1 Stunde	U						
11	Arbeitsverrichtung unter besonderer Aufsicht	B						
	Summe der günstigen Abweichungsgründe							
0	Abweichungsgründe von weniger als 10 % Anteil	B						
51	Vorausgeschätzte Bearbeitungszeit zu niedrig	U						
52	Arbeit wurde erstmalig durchgeführt	B						
53	Langsame und veraltete Maschine benutzt	U						
54	Unrichtige Planung. Wurde geändert	U						
55	Operationsfolge mußte geändert werden	U						
56	Operationen der Vorabteilungen wurden abweichend von der Planung durchgeführt	B						
57	Zeitvorgabe für einen Mann und zwei Maschinen. Nur eine Maschine stand zur Verfügung	U						

Quelle: Forschungsbericht No. 22, The Analysis of Manufacturing Cost Variances, N. A. A. Bulletin, Abteilung 2, August 1952, Seite 1558-59

Abb. 13-1 Leistungsbericht über abgeschlossene Operationen

Code Abweichungsgrund		Monat: Iststunden	Abweichungsstunden	Kosten	Bisher aufgelaufen im Jahr Iststunden	Abweichungsstunden	Kosten
58—Menge zu gering	U						
59—Zusätzlich Einstellungen infolge Maschinenausfall	U						
60—Sonderarbeit	U						
61—Zwei Kräfte eingesetzt im Hinblick auf Art der Arbeit	U						
62—Anlernlinge, Lehrlinge oder Studenten	U						
63—Unerfahrene Kräfte	U						
64—Verschiedene Kräfte eingesetzt auf Grund des unterschiedlichen Schwierigkeitsgrades der Arbeit	B						
65—Unterstützung eines unerfahrenen Bedieners einer anderen Maschine	U						
66—Unterdurchschnittliche Leistung bzw. Fähigkeiten des Personals	B						
67—Operation nicht ordnungsgemäß durchgeführt. Zusätzliche Zeit erforderlich	B						
68—Teile unbrauchbar. Zusätzliche Teilefertigung	B						
69—Werkzeuge nicht zeitgerecht bereitgestellt	U						
70—Neue Teile ausprobiert	U						
71—Werkzeuge bei Arbeitsaufnahme unrichtig. Andere Werkzeuge mußten beschafft werden	U						
72—Werkzeug schadhaft. Zeitverlust durch Nachschleifen	B						
73—Ubergroßes Material benutzt	U						
74—Gußformen unbrauchbar	U						
75—Material zu hart. Häufiges Nachschleifen der Werkzeuge notwendig.	U						
76—Mangelhafte Aufsicht	B						
77—Unleserliche Zeichnungen	U						
78—							
79—							
Summe der ungünstigen Abweichungsgründe							
Summe							
% Leistung beeinflußbar durch Vormann	B						
% Leistung nicht beeinflußbar durch Vormann	U						
% Gesamtleistung							

Abb. 13-1 (Fortsetzung)

14. Fertigungsgemeinkosten

Wesen der Fertigungsgemeinkosten. Mit Fertigungsgemeinkosten werden diejenigen Löhne, Materialkosten und sonstigen Kosten bezeichnet, die nicht direkt in das Produkt eingehen oder nicht ohne weiteres mit einem bestimmten Erzeugnis des Unternehmens in direkten Zusammenhang gebracht werden können. Diese Kosten machen in ihrer Gesamtheit oft mehr aus als das Fertigungsmaterial oder der Fertigungslohn und stellen einen wichtigen Posten bei der Aufstellung des Budgets dar. Abgesehen von ihrer größenmäßigen Bedeutung bereiten die Fertigungsgemeinkosten auch wegen der vielfältigen Wesensart ihrer Bestandteile erhebliche Schwierigkeiten bei der Aufstellung des Budgets.

Die Fertigungsgemeinkosten unterscheiden sich von den Einzelkosten zunächst hinsichtlich ihrer Abhängigkeit vom Fertigungsvolumen. Während die Einzelkosten ihrer Natur nach in vollem Umfang von der Fertigungshöhe abhängen, sind in den Fertigungsgemeinkosten sowohl fixe als auch voll- und teilvariable Kostenbestandteile enthalten. Die Bestimmung der Verhaltensweise der Kosten stellt eines der Grundprobleme bei der Budgetierung der Fertigungsgemeinkosten dar.

Ein zweites Unterscheidungsmerkmal der Fertigungsgemeinkosten ist die Mannigfaltigkeit der darin enthaltenen Kostenarten. Während die Einzelkosten lediglich aus Löhnen und Materialkosten zusammengesetzt sind, gehören zu den Fertigungsgemeinkosten sowohl Löhne und Materialkosten als auch Zeitkosten — wie Abschreibungen und Steuern — und Dienstleistungen. Im Folgenden ist ein Katalog von Kostenarten, wie sie in den Fertigungsgemeinkosten enthalten sind, wiedergegeben:

Löhne für Aufsicht
Löhne für Verwaltung, Betriebsschreiber
Hilfslöhne
Verlustzeiten
Lohnfolgekosten
Hilfsmaterial
Instandhaltung und Reparaturen
Versicherungen
Steuern
Abschreibungen
Sonstige Fertigungsgemeinkosten

Schließlich unterscheiden sich Fertigungsgemeinkosten von den Einzelkosten im Hinblick auf den Ort des Kostenanfalls. Einzelkosten können für Zwecke der Kontrolle ohne Schwierigkeit bestimmten Kostenstellen zugeordnet werden. Fertigungsgemeinkosten jedoch fallen an vielen Stellen des Betriebes an und ihr Nutzen ist in der Regel so weit vom Ort des Kostenanfalls entfernt, daß die Kontrolle dieser Kosten erhebliche Schwierigkeiten bereitet.

ZWECK DES KAPITELS. Bei der Darlegung des Zwecks dieses Kapitels muß vor allem davon ausgegangen werden, daß es in diesem Buch um Probleme der Budgetierung, nicht jedoch der Kostenrechnung geht. Die letztere befaßt sich vorwiegend mit der Zuordnung der Kosten auf Endprodukte und sieht im Hinblick auf die Fertigungsgemeinkosten ihre Hauptprobleme in der Zumessung der Kosten auf Kostenstellen und schließlich Kostenträger durch die Anwendung von Gemeinkostenverrechnungssätzen. Solche verfeinerten Methoden sind zwar nützlich für die Budgetierung der Kosten der Verkäufe, nicht jedoch bei der Planung der Fertigungsgemeinkosten, wo der Hauptzweck in der Vorschätzung der Kosten im Verhältnis zum Fertigungsvolumen besteht, jedoch keine Beziehung zu bestimmten Endprodukten hergestellt wird.

Die Tatsache, daß sowohl Fertigungs- als auch Fertigungshilfsstellen in Betracht kommen, verursacht gewisse Schwierigkeiten hinsichtlich der Festlegung des Fertigungsvolumens (bzw. der Volumenspanne) als Grundlage der Budgetierung. Im Falle der Fertigungsabteilungen ist einzig und allein das Fertigungsvolumen dieser Abteilungen maßgebend. Bei Fertigungshilfsstellen wird das Beschäftigungsvolumen jedoch letzten Endes von dem Beschäftigungsgrad der verschiedenen Fertigungsabteilungen, die die Dienstleistungen empfangen, bestimmt. Aus diesem Grunde wird es zweckmäßig sein, bei der Darstellung der Budgetierung der Fertigungsgemeinkosten zwei Gesichtspunkte zu unterscheiden: den der Fertigungsstelle und den der Fertigungshilfsstelle.

Im Hinblick auf die Darstellung der einzelnen Kostenarten soll von folgenden großen Kostenartengruppen ausgegangen werden:

Hilfslöhne	— alle Löhne, ausgenommen Fertigungslöhne, einschließlich Aufsicht, Verwaltung, Instandhaltungslöhne.
Verlustzeiten	— Löhne, die normalerweise Fertigungslöhne darstellen, denen jedoch keine Arbeitsleistung gegenübersteht.
Lohnfolgekosten	
Hilfsmaterial	— einschließlich Instandhaltungsmaterial.
Zeitkosten	— Versicherungen, Steuern, Abschreibungen.

Eine Reihe der in diesem, den Fertigungsgemeinkosten gewidmeten Kapitel besprochenen Kostenarten werden häufig auch als Fertigungslohnabweichungen behandelt. Hierzu gehören zum Beispiel Verlustzeiten und Nacharbeiten. Andere Kostenarten, wie z. B. Rüstzeiten, werden auch zu den Fertigungslöhnen gerechnet. Diese und ähnliche Posten sind bereits im dreizehnten Kapitel, das sich mit den Fertigungslöhnen befaßt, behandelt worden. In Anbetracht ihrer teilweise unterschiedlichen Behandlung sollen sie jedoch in diesem Kapitel nochmals erwähnt werden.

Der erste Zweck dieses Kapitels ist die Erläuterung der Budgetierung der obengenannten Kostenarten vom Standpunkt der Fertigungs- und der Fertigungshilfsstellen. Der zweite Zweck ist eine Erörterung der Kontrolle dieser Kosten. In diesem Zusammenhang werden auch Fragen der Kostenrechnung angeschnitten. Schließlich sei noch an das siebente und das achte Kapitel erinnert, die Erörterungen über die Grundsätze der Verhaltensweise der Kosten, der Bestimmung der Abhängigkeit, die Verwendung von flexiblen Budgets sowie die Kostenkontrolle enthalten.

Budgetierung der Fertigungsgemeinkosten

Hilfslöhne – Fertigungsabteilungen. Der Charakter der in den Fertigungsabteilungen anfallenden Lohnkosten, die als Hilfslöhne betrachtet werden, schwankt je nach der zur Anwendung gelangenden Kontengliederung. In der Regel werden jedoch folgende Tätigkeiten den Hilfslöhnen zugerechnet:

Aufsicht (Gehalt)
Aufsicht (Lohn)
Verwaltung, Betriebsschreiber
Reinigung
Inspektion
Nacharbeiten
Rüstzeiten
Materialbewegung
Maschineninstandhaltung

Unter Umständen kann die eine oder andere der oben aufgeführten Lohnarten auf Fertigungshilfsabteilungen beschränkt sein, für die Zwecke dieses Kapitels soll jedoch angenommen werden, daß sie in Fertigungsabteilungen anfallen.

Im Hinblick auf die Budgetierung der Fertigungslöhne wurde im vorhergehenden Kapitel gesagt, daß die dabei zur Anwendung gelangenden Faktoren 1. die geplante Produktion und 2. den Standardfertigungslohn pro Produkteinheit darstellen, wobei der letztere sich aus Standardzeiten und Standardlohnraten ergibt. Die Grundvoraussetzung für die Budgetierung der Fertigungslöhne ist volle Variabilität. Im Falle der Hilfslöhne liegen die Verhältnisse jedoch anders. Der größte Teil dieser Löhne ist nicht in vollem Umfang volumenabhängig. Darüber hinaus können für einen großen Teil keine Standardzeiten festgelegt werden. Für die Budgetierung muß deshalb auf ein Personalbudget zurückgegriffen werden. Dieses kann und sollte flexibel gestaltet werden, so daß auf dieser Grundlage das Budget für Hilfslöhne in Abhängigkeit von der geplanten Produktion aufgestellt werden kann. Die Kosten werden durch Anwendung der Gehalts- und Lohnsätze auf die Personalbedarfszahlen ermittelt.

	Anzahl der Arbeiter im Fertigungslohn						
	Unter 75	76-90	91-105	106-120	121-135	136-150	151-165
Aufsicht, Vorleute	4	5	5	6	6	7	8
Verwaltung	2	2	2	3	3	3	3
Einrichten	2	2	3	3	3	4	4
Materialbewegung	3	3	4	4	5	5	6
Reinigung	2	2	2	2	3	3	3

Quelle: Alwyn M. Hartogensis, "Manpower Budgeting for Control of Labor Costs", N. A. A. Bulletin, Abteilung 1, März 1955, Seite 953

Abb. 14-1 Budgetvorgaben für Hilfslöhne

Abbildung 14-1 zeigt einen flexiblen Personalplan für Hilfslöhne in Abhängigkeit von der Zahl der im Fertigungslohn beschäftigten Lohnempfänger.

Die Bestimmung der Vorgaben erfolgte auf der Grundlage von Studien und Beobachtungen.

Die tatsächlichen Vorgaben können auf der Grundlage von Erfahrungswerten oder sorgfältiger Beobachtungen und Analysen der durchgeführten Arbeiten bestimmt werden. In einigen Fällen wird es möglich sein, Standardzeiten aufgrund von Zeitstudien festzusetzen. Solche Standardzeiten sind jedoch für sich allein nicht ausreichend für die Budgetierung. So könnte z. B. eine Standardvorgabe für das Einrichten von Maschinenwerkzeugen entwickelt werden, es würde jedoch immer noch an einer Vorschätzung der voraussichtlichen Anzahl der Einrichtungsvorgänge mangeln. Eine solche Vorschätzung beinhaltet in der Regel so viele Unsicherheiten, daß es einfacher und zweckmäßiger sein wird, den gesamten Zeitbedarf zu schätzen und dabei neben Erfahrungswerten gewisse Entwicklungs- und Verbesserungsmöglichkeiten einzurechnen. Die Beobachtung und Analyse sollte in diesem Fall mehr auf die Ermittlung eines möglichen Verbesserungsfaktors gerichtet sein als auf die Feststellung des tatsächlichen Zeitbedarfs.[1]

1 Alwyn M. Hartogensis, "Manpower Budgeting for Control of Labor Costs", N. A. A. Bulletin, Abteilung 1, März 1955, Seite 953

Wenn Standardzeiten für Hilfslöhne auch nicht im selben Maße entwikkelt wurden wie für Fertigungslöhne, so bedeutet das nicht, daß die Entwicklung solcher Vorgaben nicht wünschenswert wäre. Soweit Standards für Hilfslöhne tatsächlich entwickelt werden können, sind hierfür eher Verfahrensstudien anstatt Zeitstudien erforderlich.

Bei der Budgetierung bestimmter Arten von Hilfslöhnen ist der Leistungsgrad der Fertigungslöhne von Bedeutung. Ein Beispiel hierfür sind die Nacharbeitslöhne. Hier stellt sich dem Budgetierenden eine zweifache Aufgabe. Einmal muß er den Umfang der Nacharbeiten schätzen und zum anderen den dafür erforderlichen Einsatz an Hilfslöhnen bestimmen.

Der Umfang der Nacharbeiten hängt vom Leistungsgrad der Fertigungslöhne in Verbindung mit dem Fertigungsmaterial ab. In diesem Fall besteht ein enger Zusammenhang zwischen den Fertigungslohnstandards und den zu budgetierenden Nacharbeitslöhnen. Im Folgenden ist die Aufstellung eines Nacharbeitsbudgets beschrieben:

> Der erste Schritt bei der Aufstellung des Budgets ist die Bestimmung des Prozentverhältnisses der Nacharbeitslöhne zu den Fertigungslöhnen für jede Abteilung. Dabei ist der voraussichtliche Anfall zu berücksichtigen und sind sowohl die Meinung erfahrener Produktionsfachleute als auch die effektiven Vergangenheitswerte aus der Rechnungslegung in Betracht zu ziehen. Als Beispiele für unterschiedliche Prozentsätze seien einerseits Operationen auf einer automatischen Drehbank, wobei ein Arbeiter mehrere Maschinen bedienen kann, und andererseits Arbeiten auf einer Handdrehbank mit Einzelbedienung angenommen. Obwohl die automatischen Maschinen in der Regel genauere Arbeit liefern bei geringeren Anforderungen an das Fachkönnen des Bedieners, wird doch wegen des höheren Ausstoßes im Verhältnis zur geringeren Fertigungslohnbasis die automatische Maschinenoperation einen höheren Nacharbeitsprozentsatz aufweisen als die Handmaschinenoperation.[2]

Ein weiteres schwieriges Problem bei der Budgetierung der Hilfslöhne betrifft die Instandhaltungslöhne (hier ist angenommen, daß sie in einer Fertigungsabteilung anfallen). Auch stellt sich das Problem zweigeteilt dar: Einmal die Bestimmung des voraussichtlichen Instandhaltungsbedarfs im Verhältnis zur geplanten Produktion und zum andern der zur Dekkung dieses Instandhaltungsbedarfs erforderliche Arbeitseinsatz. In kurzer Sicht mag eine Vorhersage des Instandhaltungsbedarfs nicht möglich sein, auf lange Sicht jedoch wird meist eine enge Beziehung zur Produktionshöhe feststellbar sein. Der Schlüssel zu einer guten Budgetierung dieser Kosten sind sorgfältige Aufzeichnungen über den Instandhaltungsaufwand in der Vergangenheit.

[2] F. Gordon Foster, "Re-work Costs Yield to Budgetary Control", N. A. A. Bulletin, Abteilung 1, März 1953, Seite 916-17

Hilfslöhne — Fertigungshilfsabteilungen. Die Fertigungshilfsabteilungen umfassen gewöhnlich folgende Funktionen:

Betriebsabrechnung
Instandhaltung
Maschinenbau
Methoden- und Zeitstudien
Produktionskontrolle
Gebäudeinstandhaltung
Energieerzeugung
Werkzeuglager
Materiallager
Innerbetriebliche Materialbewegung

Ein großer Teil der Löhne in diesen Abteilungen ist innerhalb einer weiten Spanne des Beschäftigungsgrades fix. Insoweit jedoch, als variable Elemente darin enthalten sind, besteht die erste Aufgabe bei der Budgeterstellung in der Bestimmung der Einflußgrößen, die für das Verhältnis von Volumen und Kosten maßgebend sind. Dabei tritt als erschwerender Umstand die Tatsache auf, daß die Dienstleistungen der meisten der obengenannten Abteilungen einer Reihe verschiedener Stellen von unterschiedlicher Natur zufließen. Als Beispiel sei angenommen, daß das Fertigungsprogramm der Abteilung A gekürzt wird; in diesem Falle wird die Auswirkung auf die Hilfslöhne dieser Fertigungsabteilung verhältnismäßig leicht zu bestimmen sein; anders jedoch steht es mit den Auswirkungen auf die Fertigungshilfssstellen. So ist unter anderem eine Rückwirkung der oben angenommenen Programmkürzung in der Fertigungsabteilung A auf den Arbeitsanfall beispielsweise der Methoden- und Zeitstudienabteilung, die für den gesamten Betrieb arbeitet, überhaupt nicht voraussehbar.

In bezug auf Instandhaltungslöhne wurde oben gesagt, daß auf lange Sicht eine enge Beziehung zum Fertigungsvolumen besteht. Auf kurze Sicht hingegen könnte eine durchaus gegenteilige Abhängigkeit insofern bestehen, als Instandhaltungsarbeiten bei geringerer Auslastung der Fertigungseinrichtungen leichter durchgeführt werden können.

Die Aufstellung von Personalbudgets für Fertigungshilfsstellen setzt eine genaue Kenntnis des Flusses der Leistungen dieser Stellen durch den gesamten Betrieb voraus. Auf der Grundlage dieser Kenntnis ist es möglich, flexible Personalbudgets ähnlich denen für Fertigungsabteilungen aufzustellen.

Bei der Bildung von Arbeitszeitstandards ergeben sich ähnliche Probleme wie bei den Hilfslöhnen in den Fertigungsabteilungen. Wenn auch in einigen Unternehmen bereits gute Fortschritte auf diesem Gebiet erzielt wurden, so sind insgesamt gesehen die noch zu bewältigenden Probleme größer als bei den Fertigungslöhnen.

VERLUSTZEITEN. Unter Verlustzeiten in dem hier verwandten Sinne sollen diejenigen Löhne verstanden werden, die im Fertigungslohnsektor anfallen, denen jedoch keine Leistung gegenübersteht und die deshalb als verloren anzusehen sind. Solche Löhne werden als Fertigungsgemeinkosten behandelt. Die Gründe für solche Verlustzeiten sind gewöhnlich:

Umstellungen
Mangel an Material
Mangel an Arbeitskräften
Mangel an Arbeitsaufträgen
Mangel an Werkzeugen
Maschinenausfall

Wenn durch die obigen oder ähnliche Gründe Arbeitsausfälle entstehen, die Fertigungslöhne jedoch weiterbezahlt werden müssen, dann sind diese Lohnkosten in vollem Umfang verloren. Der Verlust kann in dem Maße vermindert werden, wie die freigewordenen Arbeitskräfte anderweitig eingesetzt werden können. Dies wird jedoch in vielen Fällen kurzfristig nicht möglich sein. Ausfälle bei den Fertigungslöhnen können häufig mit Verlusten an Maschinenzeiten verbunden sein.

Die Beantwortung der Frage, ob Verlustzeiten budgetiert werden sollen oder nicht, hängt von dem Grad der Wahrscheinlichkeit ihres Anfalls ab. Wenn die Art der Fertigung eines Unternehmens zum Beispiel häufiges Umstellen der Fertigungseinrichtungen sowie den Einsatz von Spezialkräften für solche Umstellung voraussetzt, dann werden Verlustzeiten vermutlich unvermeidlich sein und sollten budgetiert werden. Wenn andererseits die Gründe für Verlustzeiten beeinflußbar sind, dann sollte die Entscheidung über ihre Budgetierung in dem gleichen Sinne gefällt werden, in dem über die Behandlung anderer beeinflußbarer Abweichungen entschieden wird.

Ist die Entscheidung positiv ausgefallen, dann müssen Vorschätzungen auf der Grundlage geeigneter Aufzeichnungen angestellt werden. Solche Aufzeichnungen setzen eine exakte Zeitkontrolle sowie eine gute Gliederung der Lohnkonten voraus. Verlustzeiten müssen nicht nur als solche verbucht werden, sondern es müssen auch die Gründe für ihren Anfall festgestellt und aufgezeichnet werden. Nur unter dieser Voraussetzung können die Kosten nach dem Grad ihrer Beeinflußbarkeit klassifiziert werden.

LOHNFOLGEKOSTEN. Die Lohnfolgekosten umfassen folgende Aufwendungen:

Feiertagslöhne
Urlaubslöhne
Sozialversicherung
Altersversorgung
Überstundenzuschläge
Schichtzuschläge
Bezahlte Pausen
Löhne für Betriebsratsmitglieder

Diese Kosten können in Verbindung sowohl mit Fertigungslöhnen als auch mit Hilfslöhnen anfallen. Gewöhnlich werden sie jedoch wie Fertigungsgemeinkosten behandelt und nicht in Übereinstimmung mit den Löhnen, in deren Gefolge sie anfallen, kontiert.
Mit Ausnahme der Überstundenzuschläge können alle oben angeführten Kostenarten mit hinreichender Genauigkeit vorausgeschätzt werden und sollten auch Eingang in die Budgetierung finden. Überstundenzuschläge können ebenfalls budgetiert werden, wenn die geplante Fertigungshöhe Überstundenarbeit voraussetzt. Im Falle der Sozialaufwendungen für Hilfslöhne treten ähnliche Probleme wie bei der Budgetierung der Hilfslöhne selbst auf. Auch hier muß der Beschäftigungsgrad der Fertigungshilfsstelle bestimmt werden. Alle Lohnkosten müssen bei der Budgetierung letzten Endes auf das Endprodukt zugeschnitten werden. Die Fertigungshilfsabteilungen können jedoch nur indirekt mit einem Endprodukt in Verbindung gebracht werden. Während der Sozialaufwand in einer Fertigungsabteilung in Abhängigkeit von der Fertigungshöhe budgetiert werden kann, müssen bei Fertigungshilfsabteilungen andere Maßstäbe, die über den Beschäftigungsgrad einzelner Abteilungen hinausgehen, gesucht werden.*

NICHTPRODUKTIONSMATERIAL. Unter Nichtproduktionsmaterialien sollen in diesem Zusammenhang sowohl Hilfs- als auch Betriebsstoffe verstanden werden. Als Hilfsstoffe werden diejenigen Materialien bezeichnet, die zwar bei der Herstellung der Endprodukte verbraucht und möglicherweise sogar in diese eingehen, jedoch aus Zweckmäßigkeitsgründen nicht wie Fertigungsmaterial behandelt werden. Beispiele hierfür sind Leim, Garn, Farbe sowie Kleinmaterial. Betriebsstoffe sind Materialien, die nicht in einem unmittelbaren Zusammenhang mit dem Endprodukt stehen, jedoch für die Aufrechterhaltung des Produktionsprozesses gebraucht

* Anmerkung der Herausgeber: Soziale Aufwendungen sind zum größten Teil lohnabhängig. Man geht deshalb in der Praxis bei der Budgetierung dieser Kosten von den zugehörigen Lohnkosten aus und plant den Sozialaufwand in Höhe eines durch Untersuchungen ermittelten Prozentsatzes (oder mehrerer gestaffelter Prozentsätze) dieser Löhne ein.

werden. Als Beispiele seien Maschinenöl, Fette, Brenn- und Treibstoffe, Reinigungsmaterial und Instandhaltungsmaterial genannt. Die buchhalterische Behandlung beider Arten von Nichtproduktionsmaterialien ist gleich und erfordert eine ausreichende Gliederung der Verbrauchskonten. Für die Belange der Budgetierung liegt der grundlegende Unterschied zwischen Hilfsstoffen einerseits und Betriebsstoffen andererseits in dem Schwierigkeitsgrad der Vorschätzung. Hilfsstoffe können mit hinreichender Genauigkeit in Abhängigkeit von der geplanten Fertigungshöhe, ausgedrückt in Fertigungsmaterialverbrauch, Fertigungslöhnen oder Fertigungsstückzahlen, budgetiert werden.
Betriebsstoffe werden in unterschiedlicher Abhängigkeit von der Produktion verbraucht. Außerdem fällt ihr Verbrauch sowohl in Fertigungsabteilungen als auch in Fertigungshilfsabteilungen an.
Die für die Budgetierung erforderlichen Daten können nur aus einer sorgfältigen Auswertung der Entwicklung in der Vergangenheit gewonnen werden. In vielen Fällen muß die Brauchbarkeit der Aufzeichnungen über die Entwicklung in der Vergangenheit in Zweifel gezogen werden, weil die Buchführungspraxis den hier maßgebenden Belangen nicht in ausreichendem Umfang Rechnung trägt. Dies gilt besonders dann, wenn aus Vereinfachungsgründen Nichtproduktionsmaterialien beim Kauf unmittelbar als Aufwand verbucht werden und nicht bis zum tatsächlichen Verbrauch in den Vorräten geführt werden. Bei der Anwendung solcher Vereinfachungsmöglichkeiten muß der Nutzen sorgfältig gegen eventuelle nachteilige Auswirkungen auf die Kostenkontrolle und Budgetierung abgewogen werden. Größere Posten von Nichtproduktionsmaterial werden in jedem Falle in den Vorräten zu verbuchen sein.

ZEITKOSTEN. Zu den Zeitkosten gehören solche Kosten wie Versicherungen, Steuern, Abschreibungen — alles Posten, die in der Regel in monatlichen Raten als Aufwand vorweggenommen (Rückstellungsaufwand) oder nachverrechnet (Abschreibungsaufwand) werden. Diese Aufwandsarten stellen im Zusammenhang sowohl mit Fertigungsabteilungen als auch mit Fertigungshilfsabteilungen keine besonderen Budgetierungsprobleme dar, weil es sich hierbei um fixe Kosten handelt. Ihr Anfall folgt entweder aus einer früheren, einmaligen Entscheidung (z. B. Investition) oder aus von Jahr zu Jahr an die gegebenen Verhältnisse angepaßten Entscheidungen (z. B. Umfang des Versicherungsschutzes).

Kontrolle der Fertigungsgemeinkosten

Die Grundsätze der Kontrolle der Fertigungsgemeinkosten sind bereits im achten Kapitel dargestellt worden. Die zusätzlichen Erläuterungen im vorliegenden Kapitel sollen auf die Fragen der Kostenstellenrechnung, des Ortes der Kontrolle und der erforderlichen Kontrollmaßstäbe beschränkt sein.

KOSTENSTELLENRECHNUNG. In bezug auf die Kostenstellenrechnung für Fertigungsgemeinkosten muß klar unterschieden werden zwischen den Zwecken der Kostenrechnung und denen der Budgetkontrolle. Ein Blick auf die Kostenrechnungsgrundsätze für Fertigungsgemeinkosten wird dazu beitragen, die Probleme der Kostenstellenrechnung im Hinblick auf die Budgetkontrolle aufzuzeigen und die Unterschiede zwischen der Kostenrechnung und der Kostenkontrolle herauszustellen.
Zunächst kann davon ausgegangen werden, daß ein Betrieb sowohl aus Fertigungsabteilungen als auch aus Fertigungshilfsabteilungen besteht und daß die Kosten sowohl solche umfassen, die einer bestimmten Kostenstelle direkt zugemessen werden können, als auch solche, die den verschiedenen Abteilungen — Fertigungs- und Fertigungshilfsabteilungen — mit Hilfe von geeigneten Schlüsseln zugerechnet werden müssen. Außerdem kann festgehalten werden, daß die Kosten der Fertigungshilfsabteilungen den endgültigen Kostenträgern zugeordnet werden müssen. Das Verfahren wird durch den in Abbildung 14-2 wiedergegebenen Betriebsabrechnungsbogen deutlich.
Das hier dargestellte Verfahren, das natürlich von Unternehmen zu Unternehmen gewisse Abwandlungen erfahren wird, sollte, wenn es in der Kostenrechnung benutzt wird, auch bei der Budgeterstellung Anwendung finden. Es macht sich allerdings eine zunehmende Tendenz in der Kostenrechnung dahingehend bemerkbar, auf ausgedehnte und komplizierte Betriebsabrechnungsbögen im monatlichen Rhythmus zu verzichten. Diese Tendenz muß sich bei der Abhängigkeit der Budgetierung von der Kostenrechnung naturgemäß auch in der Budgetpraxis auswirken. Die Technik des Betriebsabrechnungsbogens ist für die Budgeterstellung übrigens auch insofern von Vorteil, als sich daraus die geplante Über- oder Unterdeckung bei der Verrechnung der Fertigungsgemeinkosten ergibt.

ORT DER KONTROLLE. Im achten Kapitel wurde bereits ausgeführt, daß die Kosten am Ort des Anfalls und nicht da, wohin sie letztlich verrechnet oder umgelegt werden, zu kontrollieren sind. Das Problem besteht demnach in der Bestimmung der Verantwortlichkeit für den Anfall der Kosten. Die dabei möglicherweise auftretenden Schwierigkeiten wurden in dem vorbezeichneten Kapitel bereits dargestellt am Beispiel der zweifachen Verantwortlichkeit im Falle der Energiekosten und der zentralen

Betriebsabrechnungsbogen	Fertigungshilfsabteilungen			Fertigungsabteilungen			
	Allgemein	Energie	Lager	1	2	3	4
Direkt zugemessene Kosten:							
Aufsicht — allgemein	x						
Aufsicht — Abteilungen	x	x	x	x	x	x	x
Verwaltung	x	x	x	x	x	x	x
Verlustzeiten				x	x	x	x
Lohnfolgekosten	x	x	x	x	x	x	x
Hilfs- und Betriebsstoffe	x	x	x	x	x	x	x
Instandhaltungen und Reparaturen	x	x	x	x	x	x	x
Zeitkosten — direkt zugemessen:							
Abschreibungen	x	x	x	x	x	x	x
Zeitkosten — zugerechnet:							
Steuern	x	x	x	x	x	x	x
Versicherungen	x	x	x	x	x	x	x
Gesamtkosten	x	x	x	x	x	x	x
Umlagen der Fertigungshilfsabteilungen:							
Allgemein		x	x	x	x	x	x
Energie			x	x	x	x	x
Lager				x	x	x	x
Gesamtkosten auf Fertigungsabteilungen umgelegt				x	x	x	x
Verrechnung auf Endprodukte				x	x	x	x
Mehr- (Minder-) Verrechnung				x	(x)	x	x

Abb. 14-2

Instandhaltung. Sowohl die Kosten der Erstellung als auch die des Verbrauchs der Dienstleistungen bedürfen der Kontrolle. Wird zuviel Energie verbraucht bei wirtschaftlicher Erzeugung, dann muß die verbrauchende Abteilung zur Rechenschaft gezogen werden. Andererseits wird bei sparsamem Verbrauch, jedoch unwirtschaftlicher Erzeugung die Energie erzeugende Stelle sich zu verantworten haben. Feststellungen in dieser Richtung können mit Hilfe von Standards — mengen- oder wertmäßiger Art — getroffen werden.

Anders jedoch ist die Frage der Verantwortlichkeit bei den Zeitkosten wie Abschreibungen, Steuern, Versicherungen zu beurteilen. Diese Kosten sind im allgemeinen ein Ausfluß früherer Entscheidungen der Unternehmensführung und stellen Verpflichtungen dar, die sich zumindest in kurzer Sicht der Kontrolle des einzelnen entziehen. Die Meinungen über die Zweckmäßigkeit der Einbeziehung dieser Kosten in die Kostenkontrollberichte für die einzelnen Abteilungsleiter sind deshalb auch sehr geteilt. Diejenigen, die für die Einbeziehung dieser Kosten in die Kostenkontrolle auf der Abteilungsebene eintreten, denken dabei im wesentlichen an mögliche langfristige Auswirkungen. Wenn zum Beispiel der Leistungsgrad der Fertigungseinrichtungen nachhaltig verbessert werden könnte, würde sich daraus auf lange Sicht eine Verminderung des für diesen Zweck eingesetzten Kapitals ergeben. Die Entscheidung über die Einbeziehung dieser Posten in die Kostenkontrollberichte der Abteilungen wird deshalb von der Auffassung der Unternehmensführung hinsichtlich der Bedeutung der kurz- und der langfristigen Belange abhängen. Ein schlechter Leistungsgrad sowie die Notwendigkeit intensiver Bemühungen um seine Verbesserung können der Unternehmensführung eine Konzentration der Aufmerksamkeit der Kostenstellenleiter auf die innerhalb ihrer Kontrolle liegenden Kostenarten ratsam erscheinen lassen. Kurzfristige Ziele sind von aktueller Bedeutung, und niemanden ist mit der Berichterstattung über nicht beeinflußbare Kosten gedient. Auf der anderen Seite kann in gewissen Fällen der langfristigen Verbesserung eine überragende Bedeutung zukommen. In diesem Falle sollten die Kostenstellenleiter über alle mit ihrer Abteilung in Zusammenhang stehenden Kosten informiert werden.

Ein ähnliches Problem besteht im Falle der Umlage der Kosten der Fertigungshilfsabteilungen. Hierzu gehören im wesentlichen die Kosten der Funktionen Betriebsleitung, technische Hilfsdienste (Produktionskontrolle, Zeitkontrolle, Methoden- und Zeitstudien, Auftragsabrechnung usw.) und Raumkosten (Kosten im Zusammenhang mit Gebäuden, deren Sicherung und Instandhaltung). Einige dieser Kosten sind die Folge bereits früher eingegangener Verpflichtungen, andere sind ein Ausfluß der Geschäftsgrundsätze des Unternehmens, wieder andere entziehen sich jeglicher Kontrolle. In jedem Falle ist eine Beeinflussung oder Kontrolle dieser Kosten auf der Abteilungs- bzw. Kostenstellenebene nicht möglich. Unter diesen Umständen erhebt sich die Frage, ob unter dem Gesichtspunkt der Kostenkontrolle eine Umlage dieser Kosten auf Abteilungen bzw. Kostenstellen überhaupt sinnvoll erscheint. Über die Beantwortung dieser Frage herrscht in der Unternehmenspraxis keine Einigkeit. Die Befürworter der Entfernung solcher Umlagen aus den Kostenkontrollberichten weisen darauf hin, daß die Aufmerksamkeit des Vormanns oder Meisters auf die spezifischen Probleme seines Verantwortungsbereichs gerichtet werden sollte. Die Vertreter der anderen Richtung versprechen sich von der Einbeziehung dieser Informationen und dem daraus resultierenden Verständnis des Meisters für die allgemeinen Belange des Betriebes letzten Endes auch eine bessere und sinnvollere Betreuung der einzelnen Kostenstellen. Dieses ganze Problem ist eine Frage der Anschauung der Unternehmensführung, auf die es vermutlich eine endgültige Antwort überhaupt nicht gibt.

Ein Punkt, über den verhältnismäßig große Übereinstimmung herrscht, ist, daß die Kostenkontrolle am wirksamsten ausgeübt wird, wenn die Kostenstellenleiter bei der Aufstellung der Kostenpläne mitwirken. Ein Einholen der Genehmigung des Kostenstellenleiters zu den Kostenplänen seiner Kostenstelle vor Benutzung dieser Pläne bei der Budgetierung und Kostenkontrolle trägt wesentlich zur Stärkung des Vertrauens in das Kontrollsystem bei.

KONTROLLMASSTÄBE. Die Kontrolle der Kosten findet im Zeitpunkt des Anfalls statt, nicht nachträglich, und historische Aufzeichnungen über die Kostengebarung sind nur im Hinblick auf Verbesserungen in der Zukunft nützlich. Budgets als Instrument der Kostenkontrolle sind deshalb in der Hauptsache Richtsätze für das gegenwärtige Geschehen. Die besondere Bedeutung dieses Umstandes liegt darin, daß bei Verwendung von flexiblen Budgets mit Vorgaben für unterschiedliche Beschäftigungsgrade die Kostenstellenleiter über Veränderungen in der Beschäftigung rechtzeitig informiert werden müssen, um die notwendigen Anpassungen im Arbeitseinsatz und anderen Kostenfaktoren in die Wege leiten zu können. In diesem Zusammenhang ist der Maßstab für den Beschäftigungsgrad von besonderer Bedeutung. Wichtig ist, daß die verschiedenen Maßstäbe des Beschäftigungsgrades dem Charakter der Leistung der einzelnen Abteilungen angemessen sind. Die Leistungsberichte müssen ebenfalls in Übereinstimmung mit diesen Maßstäben abgefaßt sein. Schließlich kann unter Hinweis auf die bereits früher erwähnten Personalbudgets gesagt werden, daß die aussagekräftigste Berichterstattung über den Kostenanfall häufig in die Form nichtmonetärer Maßstäbe gekleidet

ist. So wird zum Beispiel der Vergleich effektiver und budgetierter Arbeitsstunden für die Kontrolle mehr aussagen als ein Vergleich effektiver und budgetierter Lohnkosten.
Quantitative Maßstäbe dieser Art sind von besonderer Bedeutung für die Interpolation von Kostenvorgaben zwischen zwei Beschäftigungsstufen eines flexiblen Budgets. Der Vorgang des Interpolierens ist im achten Kapitel beschrieben worden. Bei der Anwendung ist Vorsicht geboten insofern, als wohl Geldbeträge in jedem Maße teilbar sind, nicht jedoch die zugrunde liegenden Mengengrößen. Dabei sei lediglich darauf hingewiesen, daß zum Beispiel eine Arbeitskraft nicht teilbar ist. In Anwendung dieses Grundsatzes mag es im Falle eines flexiblen Budgets mit Beschäftigungsstufen von 80% und 90% bei einem effektiven Beschäftigungsgrad von 87% durchaus richtig sein, bei der Leistungsmessung eine auf 90% basierende Vorgabe zu verwenden. Solche Entscheidungen können leicht und zutreffend gefällt werden, wenn Mengenmaßstäbe bei der Kontrolle benutzt werden.
Als letztes Problem im Hinblick auf die anzuwendenden Kontrollmaßstäbe soll nun noch die bereits weiter oben in anderem Zusammenhang erwähnte Frage der Einbeziehung der unter dem Begriff Fertigungshilfsabteilungen allgemein zusammengefaßten Kosten in die Kontrollberichte der einzelnen Abteilungen besprochen werden. Abgesehen von der grundsätzlichen Überlegung, ob die Einbeziehung solcher Kosten, auf deren Anfall der einzelne Kostenstellenleiter keinen Einfluß hat, in den Leistungsbericht jeder einzelnen Abteilung sinnvoll ist, besteht noch das Problem der laufenden Umlage dieser Kosten. Dieses Problem stellt sich in der Hauptsache in Verbindung mit der Kostenträgerrechnung. Häufig müssen so viele Unterstellungen bei der Umlage gemacht werden, daß das Vertrauen in eine gerechte Zuteilung auf die einzelnen Kostenstellen erheblich leidet. In der Kostenträgerrechnung kann dieses Problem nicht umgangen werden, sondern muß in einem unter den jeweils obwaltenden Umständen erreichbaren Maß an Zuverlässigkeit gelöst werden. Diese Notwendigkeit besteht jedoch nicht für die Kostenkontrolle. Bei der Gestaltung von Kostenkontrollberichten sollte diese Tatsache in gebührender Weise berücksichtigt werden.

15. Verwaltungsgemeinkosten sowie neutrale Erträge und Aufwendungen

Zweck des Kapitels. In den vorangegangenen Kapiteln sind die Planungs- und Kontrollprobleme einiger Aufwendungen und Erträge entweder völlig unberücksichtigt geblieben oder nur nebensächlich behandelt worden. Das nun folgende Kapitel stellt diese Posten in den Mittelpunkt seiner Betrachtungen. Hierbei handelt es sich in erster Linie um diejenigen Gemeinkosten, die meistens als „Verwaltungsgemeinkosten" bezeichnet werden, und weiterhin um andere Erfolgsposten, die in internen Berichten vielfach separat ausgewiesen werden. Hierzu gehören Lieferantenskonti, Beteiligungserträge, Kundenskonti, Kundenausfälle und Aufwandszinsen. Es wurde früher bereits zum Ausdruck gebracht, daß interne Erfolgsrechnungen und offizielle Gewinn- und Verlustrechnungen hinsichtlich ihrer Gliederung in den meisten Fällen nicht miteinander übereinstimmen. An dieser Stelle sei darauf hingewiesen, daß die Summe aller vorbezeichneten Erfolgsposten einen wesentlichen Anteil am betrieblichen Gesamterfolg hat. Andererseits sei bemerkt, daß sich diese Posten — abgesehen von Ausnahmen — nicht in der gleichen Weise kontrollieren lassen wie die bisher besprochenen Aufwendungen und Erträge. Dies hat seinen Grund darin, daß viele Posten dieser Art auf Überlegungen der obersten Unternehmensführung zurückgehen bzw. sich infolge ihrer besonderen Wesensmerkmale für eine exakte Vorausschätzung nicht eignen. Einige Posten resultieren aus der festgelegten Unternehmenspolitik und können sich daher von Zeit zu Zeit in ihrer Höhe verändern. Hierzu gehören vor allem solche Posten, die von externen Faktoren beeinflußt sind (z. B. Kundenskonti und Beteiligungserträge). Schließlich gibt es auch einige wenige Posten, die in bestimmter Höhe vorgegeben und in analoger Weise wie andere Kosten des Unternehmens beeinflußt und kontrolliert werden können.

Wie in dem vorangegangenen Kapitel kommt auch nachfolgend die jeweilige Aufwands- und Ertragsart als solche, nicht aber ihre Bedeutung für eine bestimmte Verwaltungsabteilung zur Sprache. Der erste Abschnitt dieses Kapitels befaßt sich mit den Hauptkategorien der Verwaltungsgemeinkosten. Daran anschließend folgt eine kurze Darstellung der hier interessierenden neutralen Erträge und Aufwendungen. Der zweite Abschnitt enthält eine Besprechung der vergleichenden Kontrolle dieser Posten.

Planung

Das Wesen der Verwaltungsgemeinkosten. Die Verwaltungsbereiche aller Unternehmen unterscheiden sich sowohl hinsichtlich ihres Aufbaus als auch in bezug auf den Grad ihrer zentralen Lenkung. Im allgemeinen umfassen sie jedoch den Finanzbereich, den Schatzmeister, den Einkaufsbereich, die Rechtsabteilung und das Personalbüro. Die für diese Bereiche typischen Gemeinkosten sind:

Gehälter für leitende Angestellte
Gehälter für die übrigen Angestellten
Reisespesen
Rechtsberatung und Wirtschaftsprüfung
Instandhaltung des Bürogebäudes
Abschreibungen auf Büroeinrichtungsgegenstände
Büromaterial
Telefon und Telegramme
Porto
Miete
Abonnements, Gebühren und Mitgliedschaften
Spenden

Ein Teil dieser Gemeinkosten kann in allen Abteilungen auftreten. Soweit dies der Fall ist, sind die hier aufgestellten Grundsätze allgemeingültig.
Ungeachtet der Tatsache, daß in der Praxis jede Abteilung des Verwaltungsbereiches eine Budgetaufstellung über ihre künftigen Gemeinkosten einreicht und die Gesamtheit dieser Aufstellungen das darstellt, was gemeinhin als die Budgetaufstellung des Verwaltungsbereichs bezeichnet wird, soll sich die nachfolgende Betrachtung darauf beschränken, das Wesen der Verwaltungsgemeinkosten, nicht aber das der Verwaltungsbereiche darzustellen.

Gehälter und Löhne. Dieser Abschnitt ist dem Arbeitsentgelt der Verwaltungskräfte gewidmet. Der Kreis der hierin mit eingeschlossenen Personen umfaßt die Mitglieder des Vorstandes, die leitenden Angestellten, die Verwaltungsfachkräfte (z. B. Juristen, Steuerfachleute, Betriebswirte usw.), die Sekretärinnen, Gehilfen, Maschinenbediener, Boten usw. Die Vergütungen des Vorstandes und anderer Spitzenkräfte werden in den meisten Fällen vom Aufsichtsrat festgelegt. Für Budgetzwecke sind diese Vergütungen als fix anzusehen. Die Festlegung der Arbeitsentgelte für die übrigen Angestellten erfolgt meistens durch die zuständigen Führungskräfte bzw. Vorgesetzten. Grundlage hierfür sind Arbeitsplatzbewertungen und darauf basierende Lohn- und Gehaltstarife. Derartige Tarife geben die Gewähr dafür, daß sich nicht nur die Anfangsgehälter, sondern auch alle späteren Gehaltserhöhungen in einem vernünftigen Rahmen bewegen. Zum anderen wird durch ein solches Vorgehen die Budgetierung der Arbeitsentgelte erheblich vereinfacht.

Der größte Teil der Verwaltungsgehälter ist fix, d. h. vom jeweiligen Beschäftigungsgrad unabhängig. Eine Kontrolle der Arbeitsentgelte für Verwaltungsfachkräfte mittels Zeitvorgabe ist nicht möglich. Eine gerechte Entlohnung dieses Personenkreises erscheint deshalb nur möglich, wenn für jede Position eine exakte Arbeitsplatzbewertung und eine darauf basierende Gehaltsfestsetzung vorliegen.

Auf der anderen Seite ist ergänzend zu dem bisher vermittelten Bild festzustellen, daß ein erheblicher Teil des Arbeitsentgelts auf Tätigkeiten entfällt, die standardisiert und routiniert sind. Die Rechnungsschreibung, Buchhaltung, Ablage und Kartenlochung sind beispielhaft dafür, daß es auch im Verwaltungsbereich Arbeiten gibt, für die der künftige Zeitaufwand genau vorausbestimmt werden kann. Derartige Tätigkeiten sollte man ähnlich wie die Fertigungslohnbudgets stets in Verbindung mit flexiblen Arbeitskräftebudgets vorausschätzen. Die Anzahl der für jede Tätigkeitskategorie bereitzustellenden Arbeitskräfte richtet sich nach dem Umfang des künftigen Arbeitsvolumens.

Zur Festlegung der Arbeitszeitvorgaben für Routinearbeiten bieten sich die gleichen Verfahren an, die bei den Fertigungslöhnen angewandt werden. Weiterhin ist auch hierbei von Bedeutung, daß mit Nachdruck an der laufenden Verbesserung bestehender und der Entwicklung neuer Arbeitsabläufe gearbeitet wird. Im Zuge der enormen quantitativen Zunahme der Schreibarbeiten hat die Zahl der Verwaltungsangestellten bereits heute schon in einigen Fällen ein Verhältnis von 2 : 1 erreicht, d. h. auf zwei Arbeiter kommt ein Verwaltungsangestellter.

Und so erklärt sich, daß sich die Arbeitsläufe und das Formularwesen der Verwaltungsbereiche in den letzten Jahren immer häufiger ernsthafte Überprüfungen gefallen lassen mußten. Büroorganisatoren haben heutzutage in nahezu allen großen Unternehmen eine wichtige Aufgabe wahrzunehmen. Ihre Funktionen lassen sich folgendermaßen umreißen:

1. Feststellung der besten Arbeitsmethoden herkömmlicher Art, die entweder innerhalb oder außerhalb des Unternehmens mit Erfolg angewandt werden.
2. Aufstellung schriftlicher Anweisungen und Arbeitsablaufpläne für alle im Unternehmen existierenden herkömmlichen Arbeitsgebiete.
3. Aufstellung einheitlicher Anweisungen und Arbeitsablaufpläne für alle vergleichbaren Tätigkeitsgebiete im Gesamtunternehmen.
4. Prüfung existierender Anweisungen und Arbeitsablaufpläne für alle Tätigkeitsgebiete herkömmlicher Art mit dem Ziel der Arbeitsvereinfachung.

5. Aufstellung und Einführung einfacher kostensenkender Anweisungen und Arbeitsablaufpläne.
6. Festlegung von Leistungsvorgaben für alle herkömmlichen Tätigkeitsgebiete.
7. Ermittlung des Arbeitsumfangs und der hierfür erforderlichen Anzahl der Beschäftigten für alle Tätigkeitsgebiete.
8. Uberprüfung der eingesetzten Organisationsmittel, und zwar solche herkömmlicher Art bis hin zu den Lochkartenanlagen und elektronischen Geräten und Empfehlung spezifischer Anwendungsgebiete.
9. Prüfung der Wirtschaftlichkeit existierender Aufbewahrungssysteme und Empfehlung geeigneter neuer Systeme.
10. Prüfung des Büroraums und Empfehlung neuer Layouts.
11. Entwurf von Formularen und Ausarbeitung einheitlicher Formulare.
12. Festlegung von Kontrollvorgaben für Formulareinkäufe und -kosten.[1]

Nachdem die Vorgaben ermittelt und der Arbeitsumfang vorausgeschätzt sind, können die Budgetaufstellungen für alle Routinebüroarbeiten unter Einbeziehung des Gehaltsstatuts begonnen werden.

Beratungskosten. Hierunter fallen die Kosten für Rechtsberatung, Wirtschaftsprüfung, Steuerberatung usw. Diese Kosten lassen sich meistens auf Grund von Erfahrungen eindeutig vorausbestimmen. Dies gilt vor allem, wenn ihnen feste Gebührenvereinbarungen zugrunde liegen. Manchmal beruhen sie jedoch auf einem Projekt. In diesem Fall bedarf es einer Kostenvorhersage auf Grund statistischer Erfassungen in der Vergangenheit und eines genauen Studiums der voraussichtlichen Kostenbewegung in der Zukunft.

Büromaterial. Sofern das Büromaterial betragsmäßig besonders hoch ist, stellt seine Budgetierung ein recht schwieriges Problem dar. Dies beruht in erster Linie darauf, daß es meist bereits im Zeitpunkt der Anschaffung und nicht erst im Verbrauchsfall als Aufwand verbucht wird. Weiterhin ist zu beachten, daß seine Buchungskosten vielfach höher sind als sein eigener Wert. Eine Auspreisung und Verbuchung der Büromaterialentnahmen vom Lager hätte für Budgetzwecke nur dann Sinn, wenn eine Gewähr dafür gegeben wäre, daß niemand unnötige Mengen an Büromaterial in den Büros ansammelt. Kontrollen im Zeitpunkt der Entnahme erscheinen auf den ersten Blick hin als notwendig, andererseits darf nicht außer acht gelassen werden, daß sie eine Flut von Entnahmescheinen und immense Bearbeitungskosten zur Folge haben würden. Eine abschlie-

[1] S. D. Flinn, "Continuous Methods Work Will Control Clerical Costs", N. A. A. Bulletin, Abteilung 1, September 1951, Seite 29

ßende Lösung kann infolgedessen nur mit Hilfe der Büroorganisatoren gefunden werden. Die Frage, ob die Kosten des Büromaterials geschlossen für die gesamte Verwaltung oder getrennt nach Abteilungen vorausgeschätzt werden sollten, läßt sich nicht allgemeingültig beantworten. In jedem Fall ist aber zu beachten, daß Büromaterial sehr aufwendig ist und allein schon aus diesem Grunde unter Kontrolle gehalten werden sollte. Alle Anstrengungen sollten auf eine Reduzierung der Kosten des Büromaterials durch bessere Arbeitsabläufe konzentriert werden. Das beginnt mit einer kritischen Beurteilung des Berichtswesens. Dann folgt die Prüfung der Arbeitsabläufe und der diesen dienenden Formulare. Wie bei den Gehältern ist auch für die Vorausschätzung der künftigen Kosten des Büromaterials die erwartete Beschäftigung im Planungszeitraum ein wesentlicher Maßstab für die genaue Vorhersage. Dies ist nicht nur bedeutsam für die Budgetierung der Kosten, sondern auch zur Vermeidung einer übermäßigen Ansammlung von Büromaterial-Vorräten. Übermäßige Lagerreserven sind vor allen Dingen dann zu vermeiden, wenn die Gefahr einer schnellen Veralterung der Bestände sehr wahrscheinlich ist (z. B. Kataloge, Preislisten, Formulare usw.). Weiterhin sei bemerkt, daß die Kosten des Büromaterials durch Verteuerungen bzw. Verbilligungen der Preise beeinflußt werden können.

Kosten der Organisationsmittel. Die Kosten der Organisationsmittel enthalten Abschreibungen, Reparaturen und Mieten jeglicher Art für verhältnismäßig einfache Dinge, wie z. B. Geräte zum Schreiben und Rechnen sowie zur Nachrichtenübertragung und Vervielfältigung, Einrichtungen für Büros, Registraturen (einschließlich Mikroverfilmung) und Archive und dergleichen mehr bis hin zu den kompliziertesten Lochkartenanlagen und elektronischen Geräten. Abschreibungen und Miete sind im Laufe des Planungszeitraums meistens als fix anzusehen. Reparaturen schwanken demgegenüber nach Maßgabe des Organisationsmitteleinsatzes. Trotzdem läßt sich der Aufwand für Reparaturen in der Regel ohne jegliche Komplikationen vorausschätzen, weil hierfür Jahresverträge vorliegen.

Raumkosten. Diese Kosten enthalten alle mit der Nutzung der Verwaltungsgebäude zusammenhängenden Kosten. Mit Ausnahme der Fixkosten sollten alle übrigen Kosten in Vorgaben einbezogen werden. Die Kosten werden nach Gebäuden vorausgeschätzt. Die Kosten für Reparaturen, Reinigung, Beleuchtung sind den Umständen entsprechend aufzuschlüsseln.

Das mit dem Büroraum auftretende Hauptproblem hat meist mit der optimalen Ausnutzung des Raumes zu tun. Dieses Problem ist in Verbindung mit dem Arbeitsdurchlauf zu würdigen.

Im allgemeinen dürfte es für Budgetzwecke nicht erforderlich sein, die Raumkosten auf Abteilungen umzulegen. Nichtsdestoweniger wird es notwendig sein, diesen Faktor bei der Beurteilung neuer Arbeitsabläufe, die auf den Büroraumbedarf Einfluß haben, mit zu berücksichtigen.

TELEFON, FERNSCHREIBER UND PORTO. Wegen der Gleichartigkeit ihrer Budgetprobleme werden diese drei Posten der Einfachheit halber gemeinsam besprochen. Die mit diesen Posten verbundenen Kosten lassen sich nicht ohne weiteres in Beziehung setzen zur Gesamtbeschäftigung. Zum anderen dürfte es meist nicht der Mühe wert sein, sie genau auf Abteilungen aufzuteilen. Im Falle der Telefon- und Fernschreibeinrichtung bestehen die Kosten in der Regel aus einer fixen und einer variablen Belastung. Im allgemeinen dürfte der mit einer genauen Kostenaufteilung verbundene Aufwand nicht lohnen. Daraus ergibt sich, daß das Hauptproblem der Budgetierung darin besteht, die variablen Kosten nach Maßgabe der erwarteten künftigen Beschäftigung vorauszubestimmen.

Obwohl die Portokosten voll variabel sind, kann man auch sie mangels eines geeigneten Maßstabes nur sehr schwer vorausschätzen. In beiden Fällen muß man die Vorhersage auf statistische Analysen aufbauen.

REISEKOSTEN. Reisekosten des Verwaltungsbereichs können nicht mit ähnlicher Genauigkeit vorausgeschätzt werden wie alle anderen Aufwendungen. Ihre Vorhersage basiert infolgedessen auf einem guten Urteilsvermögen. Ebensowenig lassen sich hierfür irgendwelche Vorgaben ermitteln. Auf der anderen Seite sollten anläßlich der Budgeterstellung wesentliche Veränderungen dieses Postens gegenüber der vorangegangenen Planperiode ausfindig gemacht werden, und diese sollten im Budget ihren Niederschlag finden.

ABONNEMENTS, GEBÜHREN UND MITGLIEDSCHAFTEN. Die meisten dieser Posten sind fix. Es dürfte sich empfehlen, sie in regelmäßigen Abständen auf ihre Nützlichkeit hin zu prüfen. Die Literatur, der Ideenaustausch und die Informationen, die man von Berufsvereinigungen und ähnlichen Interessengemeinschaften zuweilen erhalten kann, sind oft von großem

Wert. Aber auch hier ist eine regelmäßige Überprüfung eines jeden Postens empfehlenswert.

SPENDEN. Der Hingabe von Spenden liegen in den meisten Fällen Entscheidungen der obersten Unternehmensführung zugrunde. Ihr Gesamtbetrag ist eine sehr wichtige Finanzquelle mildtätiger und wissenschaftlicher Einrichtungen. Die Entscheidung darüber, ob dieser Aufwand in Höhe eines festen Betrages oder eines Prozentsatzes vom Reingewinn vorauszuschätzen ist, obliegt der obersten Unternehmensführung oder dem Aufsichtsrat. Wenn größere Spenden gewährt werden sollen, empfiehlt sich die Einholung der Zustimmung des Aufsichtsrates zur Vermeidung von Rückfragen seitens der Aktionäre in der Hauptversammlung. Sofern die Spenden nicht an bestimmte Begünstigte und an im voraus festgelegten Terminen hingegeben werden sollen, muß für Budgetzwecke geklärt werden, in welchen Monaten des Planungszeitraums die Beträge einzuplanen sind. Diesem Punkt kommt vor allem im Hinblick auf die Aufstellung des Finanzplanes eine erhebliche Bedeutung zu.

SONSTIGE AUFWENDUNGEN. Kundenskonti, Kundenausfälle, Aufwandszinsen sowie Steuern vom Einkommen und Ertrag werden in den Betriebsergebnisrechnungen aller Unternehmen unterschiedlich ausgewiesen. Da der Ausweis dieser Posten aber letzten Endes keinen Einfluß auf die Budgetierung hat, werden sie alle in diesem Kapitel besprochen.

KUNDENSKONTI. Kundenskonti sind eine Funktion 1. der Verkäufe, 2. der eingeräumten Zahlungsbedingungen und 3. der Zahlungsfähigkeit der Kunden. Voraussetzung für die Budgetierung der Kundenskonti ist eine Analyse der Skonti im Verhältnis zu den Verkäufen früherer Zeiträume. Wenn die Zahlungsbedingungen z. B. einen Kontoausgleich innerhalb von 10 Tagen unter Abzug von 2% Skonto oder innerhalb von 30 Tagen ohne Abzug vorsehen, so dürfte der Durchschnittsskonto infolge langsamer und dubioser Konten unter 2% liegen.
Aus Gründen der Genauigkeit muß bei der Vorausschätzung der monatlichen Skonti beachtet werden, daß Skontoperioden in den dem Verkauf folgenden Monat hineinreichen können. Dies ist besonders dann von Wichtigkeit, wenn sich die Verkäufe nicht gleichmäßig über das ganze Jahr bzw. den Planungszeitraum verteilen. Würde man diesem Gesichtspunkt keine Beachtung schenken, so wäre die Analyse weder für die monatliche Vorausschätzung noch für die daran anschließende vergleichende Kontrolle zu gebrauchen. Für den Fall, daß sich die Verkäufe

gleichmäßig über alle Monate der Planperiode verteilen, neigen die Fehler zum Ausgleich.

Abgesehen davon, daß den Skonti in Verbindung mit der Erfolgsvorausschätzung eine erhebliche Bedeutung beizumessen ist, spielt die damit verbundene Analyse der Zahlungseingänge eine wichtige Rolle bei der Ermittlung der voraussichtlichen Einnahmen an liquiden Mitteln. Die Frage, ob die Kundschaft prompt bezahlt oder das eingeräumte Zahlungsziel in vollem Umfang ausnutzt, hat unmittelbaren Einfluß auf die vorausschauende Bestimmung der Art und die Höhe des künftigen Finanzbedarfs.

KUNDENAUSFÄLLE. Einige wenige Unternehmen schreiben Kundenforderungen erst dann ab, wenn sie als endgültig verlustig anzusehen sind. In diesem Fall muß der Aufwand bis zur endgültigen Wertlosigkeit der Forderung warten. Eine Vorausbestimmung des Aufwandes ist unter diesen Umständen äußerst schwierig.

Weitaus verbreiteter ist ein anderes Verfahren, wonach für zweifelhafte Forderungen Wertberichtigungen auf Grund von Erfahrungswerten gebildet werden. Kundenausfälle werden zu Lasten dieser Wertberichtigung ausgebucht. Da die Erfahrungswerte für zweifelhafte bzw. verlorene Forderungen sowohl für steuerliche als auch für Planungszwecke laufend sorgfältig überprüft werden, liegen für die Vorausbestimmung der Wertberichtigung in den meisten Fällen ausgezeichnete Unterlagen vor. Im übrigen sei erneut darauf hingewiesen, daß die hiermit verbundene Analyse auch für die Ermittlung der voraussichtlichen Einnahmen an liquiden Mitteln wichtig ist.

AUFWANDSZINSEN. Während die Vorausbestimmung des Zinsendienstes für festverzinsliche Kredite und für Darlehen aus der vorangegangenen Planperiode ohne nennenswerte Schwierigkeiten durchgeführt werden kann, müssen die Zahlungen für neue kurzfristige Darlehen im Rahmen einer ganzen Serie von Schritten zur Aufstellung des Budgets besonders vorausgeschätzt werden. Über die praktische Durchführung eines solchen Voranschlages gibt die frühere Darstellung der „Beispiel-Gesellschaft" Aufschluß. Der voraussichtliche Gesamtbetrag der Zinsen und die hiermit verbundenen Zahlungstermine können nur mit Hilfe des prognostizierten Geldbedarfs festgestellt werden, weil beide Daten auf dem künftigen Bedarf an Fremdmitteln aufbauen. Ferner ist zu beachten, daß die Zinssätze für kurzfristige Kredite schnellen Veränderungen unterworfen sind und daß der Voranschlag demnach nicht nur dem Zinssatz im Zeitpunkt der Darlehensaufnahme, sondern auch dem erwarteten Zukunftszinssatz Rechnung zu tragen hat. Schließlich sei noch erwähnt, daß die Budgetaufstellungen sowohl die aufgelaufenen Zinsen als auch die hieraus resultierenden Geldausgaben enthalten müssen.

STEUERN VOM EINKOMMEN UND ERTRAG. Es gehört zu den Voraussetzungen der gewinnabhängigen Steuern, daß sowohl ein Voranschlag des erwarteten steuerpflichtigen Einkommens bzw. Ertrages als auch eine Vorausschau der künftigen Steuersätze vorhanden ist. In diesem Zusammenhang ist weiterhin auf die Möglichkeit einer zukünftigen Änderung der Steuergesetze hinzuweisen, die auf den Steuervoranschlag einen entscheidenden Einfluß ausüben kann. Da sich derartige Änderungen auf die Steuersätze, die Abzugsfähigkeit von Betriebsausgaben, den Verlustvortrag und ähnliche steuerlich wirksame Posten beziehen können, gehört die Bildung von Erwartungen über den zukünftigen Steueraufwand zu den schwierigsten Aufgaben der Budgetierung. Auf der anderen Seite kann der für die Zukunft zu erwartende Steueraufwand im Verhältnis zum Gewinn sehr erheblich sein, so daß sein Voranschlag sowohl vom Standpunkt der geplanten Gewinn- und Verlustrechnung als auch aus der Sicht der künftigen Finanzlage von größter Wichtigkeit ist.

Aus dem Umstand, daß die Steuersätze abgestuft gestaltet sein können, kann sich der effektive Steuersatz bei der monatlichen Budgetierung laufend verändern. Obwohl diese Veränderungen finanzunwirksam sind, beeinflussen sie die vorausgeschätzten Monatsergebnisse. Diese Schwierigkeit läßt sich aber dadurch beseitigen, daß man den monatlichen Steueraufwand mit Hilfe der voraussichtlichen Effektiv-Steuerrate feststellt.

SONSTIGE ERTRÄGE. Hierzu gehören Lieferantenskonti, Ertragszinsen und Beteiligungserträge sowie verschiedene andere Ertragsposten (z. B. Schrotterlöse, Gewinne aus dem Verkauf von Anlagegütern usw.). Diese unter den verschiedensten Bezeichnungen der Ergebnisrechnung ausgewiesenen Posten werden der Einfachheit halber in diesem Kapitel geschlossen besprochen.

LIEFERANTENSKONTI. Lieferantenskonti, ähnlich den Kundenskonti, sind eine Funktion 1. der Einkäufe, 2. der Zahlungsbedingungen und 3. der Finanzlage des Unternehmens. Der erste Faktor enthält nicht nur das Fertigungsmaterial, sondern auch das Nichtproduktionsmaterial. Die Planung des Bedarfs an Fertigungsmaterial gründet sich im allgemeinen auf das Fertigungsprogramm der Planperiode und wird hierdurch praktisch sehr vereinfacht. Demgegenüber gestaltet sich die Planung der übrigen Einkäufe vor allem im Hinblick auf die Verschiedenartigkeit der hierfür in Betracht kommenden Posten und ihre meist nur oberflächliche Bestandkontrolle äußerst schwierig.

Hinsichtlich der Zahlungsbedingungen sei erwähnt, daß diese Bedingungen, je nach der Marktstellung des einen oder anderen, entweder vom Verkäufer (Lieferant) oder vom Käufer auferlegt werden. Im letzteren Fall ist die Budgetierung sehr vereinfacht, während sie im ersten Fall eine Vorausbestimmung auf der Basis der Vergangenheit erforderlich macht.

Und schließlich ist noch auf die Bedeutung der Finanzlage in diesem Zusammenhang hinzuweisen. Der aus den Zahlungsbedingungen resultierende Zinsgewinn ist in der Regel so hoch, daß es sich wohl kein Unternehmen leisten kann, auf diese Einkommensquelle ohne weiteres zu verzichten. Unternehmen mit einer nur ungenügenden Kapitalausstattung bleibt aber meist keine andere Wahl. Sie können ihre Erträge aus Lieferantenskonti erst vorausschätzen, wenn eine vollständige Vorstellung über die künftige Finanzlage vorliegt. Hinsichtlich der zeitlichen Abgrenzung der monatlichen Erträge aus Lieferantenskonti ergeben sich die gleichen Probleme wie bei der Abgrenzung der Kundenskonti.

Ertragszinsen und Beteiligungserträge. In den Fällen, in denen Gewinne aus Ertragszinsen zu erwarten sind, richtet sich der Voranschlag nach der Art und dem Zweck des erworbenen Wirtschaftsgutes. Werden beispielsweise im Rahmen des normalen Geschäftsbetriebes Kundenwechsel entgegengenommen, so basiert der Voranschlag auf den Verkäufen. Sind Zinserträge aus kurzfristigen Geldanlagen zu erwarten, so richtet sich der Zinsertrag nach der Höhe und der Dauer der Geldanlage. Die Vorausbestimmung des Zinsertrages aus langfristigen Geldanlagen ist meist unproblematisch. Falls Beteiligungserträge zu erwarten sind, so ist die Vorausschätzung in der Regel mit einem Element der Unsicherheit behaftet.

Kontrolle dieser Posten

Bei der Beantwortung der Frage, wie die vorgenannten Posten mit Hilfe vergleichender Kontrollen beeinflußt werden können, ist eine getrennte Behandlung der Verwaltungsgemeinkosten und der übrigen Aufwands- und Ertragsposten erforderlich. Verwaltungsgemeinkosten sind ihrem Charakter nach entweder fix bzw. limitiert oder flexibel. Während Gemeinkosten der ersten Art nicht mit Hilfe der üblichen Budgetvorgaben vergleichend kontrolliert werden können, ist dies bei den Gemeinkosten der zweiten Art ohne weiteres möglich. Die übrigen Aufwands- und Ertragsposten sind weder fix noch leicht kontrollierbar, und soweit sie überhaupt kontrollierbar sind, kann ihr Umfang durch Anwendung der üblichen Kontrollen nicht beeinflußt werden.

FIXE UND LIMITIERTE VERWALTUNGSGEMEINKOSTEN. Fixe und limitierte Gemeinkosten unterscheiden sich hinsichtlich ihrer Gültigkeitsdauer. Die erste Art der Gemeinkosten ist normalerweise fix während mehrerer Planungszeiträume, wogegen die zweite Art dieses Charakteristikum durch Entscheidungen der Unternehmensführung nur für die Dauer der laufenden Planperiode beibehält. Gehälter der leitenden Angestellten z. B. sind fixe Gemeinkosten, während Reisekosten und Spenden oftmals limitiert sein können.
Obwohl sich diese Unterscheidung in der Praxis nicht immer genau durchführen läßt, hat sie für Kontrollzwecke eine wesentliche Bedeutung. Die Kontrolle der fixen Gemeinkosten ist normalerweise völlig unproblematisch. Ihr Anfall bewegt sich automatisch im Rahmen des Budgets, so daß Abweichungen gegenüber dem vorgegebenen Budgetbetrag im Regelfall sehr unwahrscheinlich sind. Die zweite Art der Gemeinkosten ist zwar ihrer Höhe nach limitiert; ihr Anfall erfolgt aber weder automatisch noch periodisch. Derartige Ausgaben müssen daher hinsichtlich ihrer Übereinstimmung mit dem Budget genau überwacht werden. Dieses Erfordernis ergibt sich vor allem aus der Unmöglichkeit einer exakten zeitlichen Vorausbestimmbarkeit des Kostenanfalls. Von Monat zu Monat können Abweichungen gegenüber dem Budget auftreten, ohne daß dadurch das Jahresbudget gefährdet wird. Diese Tatsache erfordert aber nichtsdestoweniger eine Verschärfung der Kontrollmaßnahmen. Mehrausgaben zu Beginn des Jahres können zu einer späteren Limitierung notwendiger Ausgaben führen. In diesem Zusammenhang sollte man sich allerdings stets vor Augen halten, daß das Budget ein Führungsinstrument ist und keinesfalls einem Selbstzweck zu dienen hat. Auf der anderen Seite mögen Minderausgaben während der ersten Monate des Jahres Ansporn zu übermäßigen Ausgaben in einem späteren Zeitpunkt sein. Dies zu vermeiden, ist wiederum der eigentliche Sinn der vergleichenden Kontrolle.

FLEXIBLE VERWALTUNGSGEMEINKOSTEN. Hierzu rechnen alle im Zusammenhang mit immer wiederkehrenden Routinetätigkeiten anfallenden Ge-

meinkosten, deren Umfang quantitativ meßbar ist. Diese Art der Gemeinkosten enthält eine Mischung fixer und variabler Kosten, die sich mit Hilfe flexibler Budgets am wirksamsten kontrollieren läßt.
In vielen Fällen basieren die Kontrollmaßstäbe auf Zeitvorgaben pro Einheit. In den Leistungsberichten wird der effektive Zeitaufwand mit dem vorgegebenen Zeitaufwand verglichen. Abbildung 15-1 zeigt ein typisches Beispiel eines solchen Leistungsberichtes für die Rechnungsschreibung und -prüfung.

Kontrolle der Verwaltungsgemeinkosten nach Abteilungen. Eine Kontrolle ist nutzlos, solange sie nicht am Verursachungsort der Kosten durchgeführt wird. Dies führt normalerweise zu einer Kostenkontrolle in den Abteilungen. Im Fertigungsbereich sind die Abteilungen meist groß genug, um sich eine eigene Kostenkontrolle leisten zu können. Analog liegen die Verhältnisse in den Verwaltungsbereichen der meisten Großunternehmen. Die Verwaltungsbereiche der übrigen Unternehmen bestehen demgegenüber in den meisten Fällen aus einer Vielzahl kleiner Abteilungen. Unter diesen Umständen dürfte sich eine abteilungsweise Kostenkontrolle nicht lohnen.

Kontrolle der Kundenskonti. Bei der Analyse der Differenz zwischen den effektiven und vorgegebenen Kundenskonti spielen etwaige Veränderungen bei den Umsatzerlösen und im Verhältnis der Skonti zu den Umsatzerlösen eine besonders wichtige Rolle. In diesem Fall sind infolgedessen zwei Veränderungen möglich. Ein typisches Beispiel hierfür sieht wie folgt aus:

Geplante Umsatzerlöse	$ 500.000
Geplante Skonti	8.750
Effektive Umsatzerlöse	550.000
Effektive Skonti	8.800

In diesem Fall zeigt sich eindeutig, daß die effektiv in Anspruch genommenen Skonti unter der Vorgabe liegen. Diese Tatsache darf als Symptom für eine langsamere Zahlungsweise der Kundschaft gewertet werden.

Kontrolle der Kundenausfälle. Dieser Posten kann im Prinzip nur im Zeitpunkt der Auslieferung der Ware beeinflußt werden. Die Analyse der Budgetabweichungen ist in diesem Fall im Hinblick auf die mangelnde Gewißheit darüber, wann eine Kundenforderung als uneinbringlich anzusehen ist, besonders schwierig. Die monatliche Zuführung zum

Delkredere basiert im allgemeinen auf einem festen Vomhundertsatz der Umsatzerlöse, so daß Abweichungen bei der Zuführung auf Veränderungen der Umsatzerlöse zurückzuführen sind und somit für die Aufwandskontrolle keine Bedeutung haben.

Kontrolle der Aufwandszinsen. Budgetabweichungen bei den Zinsaufwendungen können eine Folge veränderter Betriebsbedingungen oder einer schlechten Verwaltung der Finanzmittel sein. Wie das Beispiel der „Beispiel-Gesellschaft" gezeigt hat, werden die Zinsaufwendungen erst nach Fertigstellung des Finanzplanes und der Ermittlung des Bedarfs an kurzfristigen Finanzmitteln vorgegeben. Eine Veränderung in irgendeiner Sparte des Betriebsgeschehens führt zu einer entsprechenden Veränderung im monatlichen Finanzbedarf. Daraus ergibt sich, daß Budgetabweichungen bei diesem Posten auf irgendwelche Veränderungen in dem ihm zugrunde liegenden Betriebsgeschehen hindeuten. Andererseits sei darauf hingewiesen, daß derartige Budgetabweichungen auch auf eine schlechte Verwaltung der Geldmittel im Planungsstadium oder bei der Durchführung des Planes zurückzuführen sein können.

Abweichungen bei den Steuern vom Einkommen und Ertrag. Budgetabweichungen bei den Steuern vom Einkommen und Ertrag können aus verschiedenen Ursachen resultieren. So können sich beispielsweise auswirken:

1. Veränderungen beim steuerpflichtigen Einkommen
2. Steueränderungsgesetze
3. Steuernachforderungen auf Grund einer Buch- und Betriebsprüfung

Kontrolle der Lieferantenskonti. Eine Analyse der Budgetabweichung bei den Lieferantenskonti gestaltet sich im Regelfall äußerst schwierig. Wenn der effektive Skontobetrag unter dem Budget liegt, sind folgende Alternativen denkbar:

1. das vorausgeschätzte Einkaufsvolumen wurde nicht erreicht;
2. die Zahlungsbedingungen der Lieferanten wurden geändert;
3. die eingeräumten Skontovorteile wurden nicht im vollen Umfang ausgenutzt.

Sofern der effektive Umfang der Einkäufe aus irgendeinem Grunde mit dem Budget nicht übereinstimmt, führt dies naturgemäß zu einer entsprechenden Veränderung der realisierten Skontobeträge. Falls die von den Lieferanten eingeräumten Zahlungsbedingungen von der vorausgeschätzten Durchschnittsrate abweichen, kann die Ursache entweder in einer Änderung der Zahlungsbedingungen seitens der regulären Lieferanten des Unternehmens oder in einer Veränderung der Lieferquellen durch den Einkaufsbereich liegen. Wenn solche Veränderungen entstehen, müssen diese den Planungsstellen unverzüglich zur Kenntnis gebracht werden, weil nur so die Gewähr für ein richtiges Budget und die Möglichkeit seiner Abänderung und Anpassung an geänderte Verhältnisse geboten ist.

Wurden jedoch Skontovorteile infolge einer mangelhaften Rechnungsbearbeitung oder einer unzureichenden Kassenhaltung nicht ausgenutzt, so muß diese Ursache sofort beseitigt werden. An dieser Stelle entsteht allerdings die Frage, wie man überhaupt feststellen kann, ob und in welcher Höhe Skonti nicht ausgenutzt wurden. Folgende Buchung zeigt lediglich den tatsächlichen realisierten Skontobetrag:

(1)	Vorräte	100	
	Lieferanten		100
(2)	Lieferanten	100	
	Bank		98
	Skonto		2

Eine andere Buchungsmethode würde demgegenüber den nicht realisierten Skontobetrag automatisch ausweisen:

(1)	Vorräte	98	
	Lieferanten		98
(2)	Lieferanten	98	
	Verlorene Skonti	2	
	Bank		100

Kontrolle der Zins- und Beteiligungserträge. Hinsichtlich dieser Posten kann im Rahmen der Kontrolle nicht besonders viel getan werden. Es bleibt lediglich der Hinweis zu machen, daß die Anlage in Depositen eine günstige Möglichkeit zur gewinnbringenden Verwendung vorübergehender Finanzüberschüsse darstellt. Dabei hat man innerhalb der Depositen zwischen täglich fälligen Geldern, Kündigungsgeldern und Festgeldern zu unterscheiden. Während das Unternehmen über die täglich fälligen Gelder jederzeit verfügen kann, werden bei Kündigungsgeldern bestimmte Kündigungsfristen und bei Festgeldern genau bemessene Laufzeiten vertraglich vereinbart.

Neben der Anlage in Depositen ist weiterhin vor allem der Erwerb von Effekten als eine Möglichkeit zur zinsbringenden Verwendung von kurzfristigen Einnahmenüberschüssen zu nennen. Außerdem können für eine kurzfristige Anlage marktgängige Wertpapiere in Erwägung gezogen werden.

Kostenkontrolle
für manuelle Operationen
Abteilung: Rechnungsschreibung und -prüfung
Monat: Januar 19 -

Analyse der Leistung

1.	Geleistete Standardstunden	3.151
2.	Sonderarbeiten	28
3.	Summe der geleisteten Standardstunden	3.179
4.	Normale Anwesenheitsstunden	3.420
5.	Überstunden	24
6.	Summe der Anwesenheitsstunden	3.444
7.	Mehr- oder Minder-Anwesenheitsstunden gegenüber den geleisteten Standardstunden	265
8.	Leistungsprozentsatz	92 %
9.	Bezahlte Abwesenheitsstunden (Urlaub, Krankheit usw.)	40

Analyse der $-Kostenabweichung

Leistungsabweichung

A.	Summe der Anwesenheitsstunden	3.444
B.	Bezahlte Gehälter für Anwesenheitsstunden (ausschl. Überstundenzuschlag)	$ 4.305
C.	Durchschnittlich bezahlter Stundensatz	$ 1.25
D.	Bezahlte Gehälter für Anwesenheitsstunden (einschl. Überstundenzuschlag)	$ 4.320
E.	Wert der geleisteten Standardstunden (C × 3)	$ 3.974
F.	Dollar-Mehr- oder Minderkosten gegenüber den geleisteten Standardstunden	$ 346

Sonstige Abweichungen

	Bezahlte Abwesenheitsstunden	
	Urlaub	
	Feiertage	
	Krankheit	$ 50
G.	Summe der sonstigen Abweichungen	$ 50
H.	Summe der bezahlten Gehälter (G + D)	$ 4.370

Beschreibungen der Sonderaufgaben

Total .... $ _____

Quelle: F. Ray Friedley, "Clerical Cost Reduction and Control", N. A. A. Bulletin, Abteilung 1, Oktober 1953, Seite 182

Abb. 15-1 Kostenkontrolle für manuelle Operationen

16. Forschungs- und Entwicklungskosten

ZWECK DES KAPITELS. Forschung und Produktentwicklung sind wichtige Instrumente im Kampf um die Erhaltung und Verbesserung der Marktstellung eines jeden Unternehmens. Im ersten Kapitel wurde festgestellt, daß sich kein Unternehmen einen Stillstand erlauben kann. Die Kräfte des Wettbewerbs und der Kapitalbindung erfordern ständige Bemühungen um die Verbesserung der laufenden Produkte und Fertigungsverfahren sowie um die Entwicklung neuer Produkte. Nur durch fortwährende Betätigung auf dem Gebiet der Forschung kann ein Unternehmen mit der Entwicklung Schritt halten.

Budgetierung und Kontrolle der Kosten für Forschungs- und Entwicklungsarbeit werden erschwert durch deren nicht schematisierbaren Charakter. Umfang und Schwerpunkt sowie Erfolg der Aufwendungen sind schwer zu beantwortende Fragen. Zwar besteht eine gewisse Ähnlichkeit mit den bei den Vertriebskosten auftretenden Problemen, im übrigen läßt jedoch die Tatsache, daß sowohl Kosten als auch Nutzen der Forschungs- und Entwicklungsarbeit in keiner Weise vorausberechenbar sind, diese zu einem Budgetierungs- und Kontrollproblem besonderer Art werden, welches keine Parallele bei den anderen Funktionen der unternehmerischen Tätigkeit findet.

Das Wachstum der wissenschaftlichen Forschungsabteilungen in der amerikanischen Industrie hat zu einer Reihe neuer Probleme der verwaltungsmäßigen Kontrolle geführt. Eine Gruppe hochspezialisierter Wissenschaftler, die mit Forschungsarbeiten beschäftigt ist, kann naturgemäß nicht in der gleichen Weise angeleitet und überwacht werden wie zum Beispiel eine Fertigungsabteilung. Wissenschaftliche Forschung ist notwendigerweise individuell und nicht schematisierbar. Gerade die Umstände jedoch, die eine verwaltungsmäßge Kontrolle über die wissenschaftliche Forschungsarbeit so sehr erschweren, machen auf der anderen Seite eine solche Kontrolle um so notwendiger. Die Verantwortlichkeit der Führungskräfte für einen sinnvollen und gewinnbringenden Einsatz der finanziellen Mittel eines Unternehmens bezieht sich ebenso auf die Verwendung von Mitteln für die wissenschaftliche Forschung wie für deren Investierung in Sachanlagen, im Vorratsvermögen oder in anderen Bereichen der Unternehmenstätigkeit[1].

Sowohl wegen dem nicht schematisierbaren Charakter als auch wegen der Bedeutung der Forschungs- und Entwicklungsarbeit soll das vorliegende Kapitel ausschließlich den damit zusammenhängenden Problemen der Budgetierung und Kontrolle gewidmet sein. In seinem Entschluß, die

[1] Aus dem Vorwort Melvin T. Copeland's zu "Management Controls in Industrial Research Organisations" von Robert N. Anthony (Boston: Division of Research, Graduate School of Business Administration, Harvard University, 1952).

Erörterung gerade an dieser Stelle einzufügen, wurde der Autor von zwei Gedanken bestimmt: Einmal erschien es zweckmäßig, die mehr oder weniger gemeinsamen Grundsätze und Anwendungsformen der Budgetierung im Zusammenhang zu behandeln und erst im Anschluß daran zu einem außerhalb des üblichen Rahmens stehenden Problem überzugehen. Zum andern nehmen die hier besprochenen Aufwendungen auch hinsichtlich ihrer bilanziellen Behandlung eine Sonderstellung ein insofern, als in Abhängigkeit vom Ergebnis der Forschungs- und Entwicklungsarbeit und von den Bilanzierungsgrundsätzen des einzelnen Unternehmens diese Kosten entweder bei Anfall unmittelbar als Aufwand behandelt oder zunächst abgegrenzt und auf spätere Zeiträume der Rechnungslegung nachverrechnet werden.

ARTEN DER FORSCHUNG. Die industrielle Forschung umfaßt drei Hauptgebiete:

Grundlagenforschung (allgemeine wissenschaftliche Studien)

Produktentwicklung

Verfahrensentwicklung

Jedes dieser Gebiete kann sowohl kurzfristige als auch langfristige Vorhaben aufweisen. Außerdem kann die Arbeit entweder von einer zentralen Entwicklungsabteilung, die auch budgetmäßig selbständig ist, oder dezentral innerhalb bestimmter Werke sowohl für den eigenen Bedarf als auch für andere Werke eines Unternehmens durchgeführt werden. Der komplexe Charakter der Forschungs- und Entwicklungsarbeit wird aus der nachstehenden Gliederung deutlich:

1. Reine Forschung, d. h. Grundlagenforschung und Versuchsreihen allgemeiner Natur ohne bestimmte Beziehung zu den laufenden Produkten des Unternehmens.
2. Spezielle Entwicklungsvorhaben zur Schaffung eines neuen Fertigungsverfahrens, Produktes oder einer neuen Erzeugnisgruppe zur Anwendung bzw. Herstellung durch das Unternehmen.
3. Spezielle Entwicklungsvorhaben zur Verbesserung laufender Produkte oder Fertigungsverfahren.
4. Alle weiteren Arbeiten, die über das Entwicklungsstadium hinaus das Produkt, Modell oder die Anlage zur Fertigungsreife bringen.
5. Vorhaben zum Zwecke der Entwicklung und Konstruktion neuer Typen von Fertigungseinrichtungen oder Verbesserung bestehender Einrichtungen zur Verwendung im eigenen Unternehmen, welche eine Änderung der bestehenden Fertigungsverfahren mit sich bringen[2].

[2] Maurice J. Moss, "Development Costs Incurred in the Plant", N.A.A. Bulletin, Abteilung 1, Mai 1954, Seite 1115—16

Der im Folgenden wiedergegebene Auszug aus dem Budget der Forschungs- und Entwicklungsabteilung eines Unternehmens zeigt ebenfalls die Vielfalt der Funktionen:

1. Laufende Produkte
   a) Laufende Vorhaben
      1. Verbesserung Produkt X
      2. Materialverbrauch Produkt Y
      3. Qualität Produkt Z
   b) Neue Vorhaben
      1. Neues Verfahren Produkt X
      2. Qualitätskontrolle Produkt Y
      3. Neue Verwendung Produkt Z
2. Entwicklung neuer Produkte
   a) Laufende Vorhaben
      1. Produkt XX
      2. Produkt YY
   b) Neue Vorhaben
      1. Produkt P
      2. Produkt Q
      3. Produkt R
3. Grundlagenforschung
   a) Laufende Vorhaben
      1. Vorhaben S
      2. Vorhaben T
   b) Neue Vorhaben
      1. Vorhaben U
      2. Vorhaben V
4. Dienstleistungen für die Verkaufsabteilung
   a) Laufende Vorhaben
      1. Produkt X
      2. Abnehmer Z
   b) Neue Vorhaben
      1. Produkt Y
      2. Produkt Q[3]

Planung der Forschungs- und Entwicklungskosten

PLANUNG DER GESAMTKOSTEN. Im Idealfall sollte der Gesamtbetrag der für Forschungs- und Entwicklungsarbeiten bereitzustellenden Mittel durch Zusammenfassung der geschätzten Kosten der verschiedenen Vorhaben, die für erforderlich gehalten werden, abgestellt auf die Finanzierungsmöglichkeiten des Unternehmens, bestimmt werden. In der Praxis ist dies jedoch normalerweise nicht durchführbar. Zunächst können die Kosten der einzelnen Vorhaben nicht immer mit einem hinreichenden Grad an Genauigkeit vorgeschätzt werden. Darüber hinaus liegt es im Wesen

[3] Adolph G. Lurie, "Controlling Research Costs With a Budget", N. A. A. Bulletin, Abteilung 1, März 1953, Seite 898-99

der wissenschaftlichen Forschung, daß sie einer großen Freizügigkeit und Beweglichkeit in der Verwendung der Mittel bedarf. Manche Vorhaben müssen aufgegeben werden, weil sie sich als erfolglos erweisen, andere können plötzlich und unerwartet große Erfolgsaussichten eröffnen und größere als ursprünglich vorgesehene Aufwendungen erfordern; zudem kann es die Entwicklung mit sich bringen, daß der Entwicklungsstab von einem Vorhaben zu einem anderen umdisponiert wird. Angesichts dieser Tatsachen hat sich die allgemeine Praxis herausgebildet, die Forschungs- und Entwicklungskosten in einem Pauschalbetrag vorzuplanen, untermauert durch eine Beschreibung des Gesamtplanes der Entwicklungsarbeiten und der Verteilung der Mittel auf deren Hauptgebiete. Eine Umfrage bei einer Reihe von amerikanischen Unternehmen[4] ergab, daß in 73,4% aller Fälle die Mittel für Forschungs- und Entwicklungsarbeiten pauschal bereitgestellt werden. Aber auch in den Fällen, wo die Bereitstellung nach Einzelvorhaben erfolgt, wird kein Versuch unternommen, die Anforderungen durch in alle Einzelheiten gehende Schätzungen der Kosten der einzelnen Positionen jedes Vorhabens zu untermauern. Dies bedeutet nicht etwa, daß die Führungsspitze nicht über die Art der durchzuführenden Arbeiten unterrichtet wäre, sondern vielmehr, daß die Arbeiten eben nur im großen Rahmen hinsichtlich der erwarteten Kosten, Ziele und Ergebnisse beschrieben werden.

Wenn die Anforderung des Leiters der Entwicklungsabteilung über den Gesamtbetrag der Mittel vorliegt, ist es Sache der Führungsspitze, zu entscheiden, wieviel hierfür ausgegeben werden kann. Die Praxis geht in dieser Hinsicht unterschiedliche Wege. Von einem Autor werden als allgemein angewandte Grundsätze genannt:

1. Aufwendungen der Konkurrenz
2. Prozentsatz der Umsätze
3. Maximum der Leistungsmöglichkeit
4. Verzinsung des eingesetzten Kapitals[5]

Allerdings wird darauf hingewiesen, daß keiner der vier Wege die richtige Antwort für jede Situation bedeutet.

Ein anderer Autor schlägt als Grundlage die im Folgenden wiedergegebenen Überlegungen vor:

1. Der Gesamtbetrag des Budgets kann auf der Grundlage der Verkaufsumsätze der Vergangenheit oder als ein fester Prozentsatz der geschätzten Umsätze in der Zukunft aufgestellt werden.

[4] Robert N. Anthony, "Management Controls in Industrial Research Organisations" (Boston: Division of Research", Graduate School of Business Administration, Harvard University, 1952) Seite 104.

[5] J. W. Gladson, "Financial Bases for Research Budget Planning", N.A.A. Bulletin, Abteilung 1, Mai 1955, Seite 1140—43.

2. Es kann zweckmäßig sein, die Budgetierung auf den Gewinn vor Steuern abzustellen.
3. Die Unternehmensführung kann entscheiden, die Aufwendungen von den Zahlen der Vergangenheit aufzubauen, abgewandelt entweder nach oben oder nach unten je nach der Entwicklung der Umsätze, Gewinne oder anderer Kennzahlen.
4. Das Forschungsbudget kann vom Fertigungs- und Verkaufsbudget abhängig gemacht werden und die Höhe der Mittel von den vorgeschätzten Umsätzen oder von dem budgetierten Gewinn vor Berücksichtigung von Forschungs- und Entwicklungskosten abgeleitet werden.
5. Eine allgemeine Analyse und Überprüfung der Marktgegebenheiten, der Zukunftsaussichten, des Wettbewerbs usw. kann die Aufstellung des Budgets beeinflussen.
6. Als primitivste Methode kommt die willkürliche Festsetzung des Budgets für Forschungs- und Entwicklungskosten in Frage[6].

Das Problem zeigt eine gewisse Ähnlichkeit mit dem der Bestimmung der Mittel für die Werbung, wo es ebenfalls an exakten Leistungsstandards als Grundlage für die Budgetierung mangelt. Ein hohes Maß an Vergleichbarkeit besteht zum Beispiel zwischen der Grundlagenforschung und der allgemeinen Werbung. Aber auch in diesem Fall liegt das Problem beim Forschungsbudget noch schwieriger insofern, als die Ziele hier gar nicht klar bezeichnet werden können.

Aus alledem muß gefolgert werden, daß ein theoretisch einwandfreies Verfahren zur Bestimmung der für Forschungs- und Entwicklungsarbeiten bereitzustellenden Beträge nicht vorhanden ist. Auf jeden Fall muß jedoch bei der Unternehmensführung Klarheit herrschen über die langfristigen Ziele. Sie allein bilden den Ausgangspunkt der Überlegungen hinsichtlich der Bereitstellung von Mitteln für Forschung und Entwicklung. Zwar mögen bei einzelnen Vorhaben die Kosten im Hinblick auf das Forschungsziel mit hinreichender Genauigkeit vorgeschätzt werden können, bei den übrigen jedoch ist das Verhältnis von voraussichtlichen Kosten und Nutzen rein spekulativer Natur. Die letzteren Vorhaben stellen in gewisser Hinsicht ein Glücksspiel dar, das in der Natur der unternehmerischen Betätigung liegt. Die Unternehmensführung wird immer bestrebt sein, ein gesundes Gleichgewicht zwischen den mehr und den weniger spekulativen Forschungs- und Entwicklungsvorhaben zu halten.

Mehrere Forschungsleiter haben auf die Bedeutung eines im Hinblick auf das Forschungsrisiko möglichst ausgeglichenen Programms hingewiesen. Manche Vorhaben mögen bei hoher Wahrscheinlichkeit des Erfolges und kurzfristiger Fertigstellung einen relativ geringen Nutzen abwerfen. Umgekehrt kann bei

[6] Adolph G. Lurie, "Controlling Research Costs With a Budget", N.A.A. Bulletin, Abteilung 1, März 1953, Seite 894.

anderen Vorhaben ein hohes Risiko eines Mißerfolges sowie eine lange Wartezeit gegeben sein, wobei allerdings ein entsprechend hoher Nutzen erwartet werden kann. In der Regel wird bei den meisten Forschungs- und Entwicklungsabteilungen das Verhältnis zwischen diesen beiden Arten von Vorhaben rein zufällig sein. In einigen gut geleiteten Forschungsabteilungen ist jedoch ein ganz bewußtes Bemühen um ein ausgewogenes Verhältnis der einzelnen Vorhaben zueinander mit dem richtigen Gewicht auf den unmittelbaren sowie auf den langfristigen Nutzen der Forschungstätigkeit vorhanden[7].

AUSWAHL DER EINZELVORHABEN. Nachdem nunmehr der Gesamtbetrag der Ausgaben für Forschung und Entwicklung feststeht, ergibt sich als nächstes Problem die Aufteilung dieses Gesamtbetrages auf die verschiedenen Einzelvorhaben. Dies ist im wesentlichen eine Aufgabe der Abteilungsplanung im Gegensatz zur Gesamtplanung, wobei allerdings gewisse Zusammenhänge zwischen beiden vorhanden sind. Weiter oben wurde bereits ausgeführt, daß die Festlegung des Gesamtbetrages nicht ohne Kenntnis der verschiedenen Einzelvorhaben auf seiten der Unternehmensführung erfolgen kann. Trotzdem muß ein Unterschied gemacht werden zwischen der Festlegung des Gesamtbetrages und der Aufteilung auf die Einzelvorhaben. Die Durchführung dieser Aufteilung ist Aufgabe des Leiters der Forschungs- und Entwicklungsabteilung in Zusammenarbeit sowohl mit den Mitarbeitern seines Stabes als auch mit der übrigen Unternehmensführung.

Vorschläge für Forschungs- und Entwicklungsvorhaben können vom Leiter der Abteilung, von Mitarbeitern, von anderen Bereichen des Unternehmens, ja sogar von Abnehmern ausgehen. Häufig übersteigen die zur Durchführung der Vorschläge erforderlichen Mittel die verfügbaren Beträge bei weitem. In diesen Fällen muß, ebenso wie bei jeder anderen Funktion der Unternehmenstätigkeit, eine Auswahl stattfinden. Die Auswahl ist von großer Bedeutung und bestimmt auf lange Sicht die Produktivität der Forschungs- und Entwicklungstätigkeit eines Unternehmens. Schwer wiegt dabei die Verantwortung der die Auswahl Bestimmenden, die sich ständig zwischen dem Drang, relativ erfolgsichere Vorhaben zu genehmigen, einerseits und der Furcht, weniger erfolgversprechende, aber später möglicherweise noch größere Erfolgsaussichten entwickelnde Vorhaben niederzuschlagen, andererseits bewegen.

Zahlreiche Faktoren, von denen nur einige meßbare Größen sind, müssen berücksichtigt werden. Eine Ölgesellschaft geht bei der Bewertung ihrer Entwicklungsvorhaben nach den folgenden Gesichtspunkten vor:

7 Robert N. Anthony, "Management Controls in Industrial Research Organisations" (Boston: Division of Research, Graduate School of Business Administration, Harvard University, 1952), Seite 128-29.

1. Bedeutung, die dem Ziel des Entwicklungsvorhabens beigemessen wird.
2. Zeitbedarf für die Durchführung der Entwicklungsarbeit.
3. Verfügbarkeit und Eignung des Personals.
4. Erwarteter Nutzen.
5. Erfolgsaussichten.
6. Frühere Untersuchungen durch andere[8].

In einem großen Unternehmen der chemischen Industrie werden folgende Überlegungen angestellt:

Die Marktchancen des neuen Produkts sind einer der wichtigen Faktoren. Ist ein echter Bedarf für das neue Produkt vorhanden? Zu welchem Preis müßte es angeboten werden, um Kunden, die gegenwärtig Konkurrenzerzeugnisse abnehmen, attraktiv zu erscheinen? Wie elastisch wird die Nachfrage sein, d. h., welche Mengen können bei verschiedenen Preisen abgesetzt werden?
Die technische Durchführbarkeit ist eine weitere Überlegung. Ist ein produktionsreifes Fertigungsverfahren entwickelt? Sind handelsübliche Fertigungseinrichtungen verfügbar oder müssen sie speziell entwickelt und angefertigt werden, um eine industrielle Produktion zu ermöglichen? Kann die Qualität des Produkts auf einem befriedigenden Niveau gehalten werden?
Die Wirtschaftlichkeit des Vorhabens ist ebenfalls ein bestimmender Faktor. Die Frage der Wirtschaftlichkeit wird eine erhebliche Rolle bei der Entscheidung der Unternehmensführung über die Weiterführung oder Einstellung eines Entwicklungsvorhabens spielen[9].

Die General Foods Corporation, USA, benutzt einen umfangreichen Fragebogen als Grundlage für die Entscheidung, ob ein Entwicklungsvorhaben durchgeführt werden soll:

1. Beschreibung der Arbeit oder des Grundgedankens so vollständig wie möglich.
2. Aus welchem Grund soll die Arbeit durchgeführt werden? Welches sind die Ziele?
3. Welcher Wert ist den Zielen beizumessen?
4. Gibt es einen Grund, der gegen die Verwertung des Forschungsergebnisses sprechen könnte. Befindet es sich in Übereinstimmung mit der allgemeinen Expansionspolitik? Ist es mit den bei G. F. geltenden absatztechnischen Grundsätzen vereinbar? Findet es Anklang bei der Verkaufsgruppe, in deren Programm das Produkt fällt? Bringt das neue Produkt überhöhte Anlaufkosten, Raumbedarf oder Werbekosten mit sich? Können sich bei der Materialbeschaffung oder bei der Fertigung besondere Schwierigkeiten ergeben? Wird der Fertigungsgang laufender Produkte beeinträchtigt? Können Patentverletzungen oder sonstige rechtliche Schwierigkeiten auftreten?
5. Handelt es sich um ein Teilstück eines laufenden oder um ein neues Vorhaben?
6. Wer ist für das Vorhaben verantwortlich? Sind alle betroffenen Bereiche informiert und einverstanden?

[8] W. L. McKinnon, "Planned Control of Costs in the Research Division of an Oil Company", N.A.A. Bulletin, Abteilung 1, Juni 1950, Seite 1197-98.
[9] John C. Tallmann, "How Cost Estimates Help Guide Chemical Research", N.A.A. Bulletin, Abteilung 1, August 1955, Seite 1655-56.

7. Welcher Art ist die erforderliche Forschungsarbeit? Werden Spezialisten benötigt? Werden spezielle Laboreinrichtungen benötigt? Wird eine Versuchsfertigung erforderlich sein? Werden ausgedehnte analytische und ähnliche Arbeiten erforderlich sein? Wo kann das Rohmaterial bezogen werden? Wird das erforderliche Material im Werk verfügbar sein oder von Lieferanten bezogen werden?
8. Wo kann die Entwicklung am wirtschaftlichsten durchgeführt werden? Bestehen gewisse Zusammenhänge mit anderen Entwicklungsarbeiten, die gegenwärtig laufen?
9. Sind Literatur- und Patentrecherchen durchgeführt worden?
10. Sind die Forschungsberichte im Hinblick auf frühere ähnliche Arbeiten durchgesehen worden? Warum wurden gegebenenfalls frühere Vorschläge in derselben Richtung nicht weiter verfolgt?
11. Sind alle möglichen Quellen zur vorläufigen Auswertung herangezogen worden? Forschungsabteilung, Labor, Zentralbibliothek, New Yorker Büro, zuständige Fertigungsabteilungen, Technisches Büro, Vertriebs- und Verkaufsabteilungen, Rechtsabteilung, Generaldirektion? Eventuell durch die Natur der Arbeit bestimmte weitere Quellen?
12. Welche Kosten werden entstehen? Wird voraussichtlich Unterstützung durch ander Abteilungen erforderlich sein?
13. Welchen Dringlichkeitsgrad hat die Arbeit im Verhältnis zu anderen Vorhaben? In welchem Zeitraum sollte sie durchgeführt werden? Sollte sofort begonnen werden oder später? Wann kann unter Berücksichtigung des Dringlichkeitsgrades mit der Fertigstellung gerechnet werden?[10]

Aus den vorangegangenen Ausführungen wird die Problematik der Auswahl der Forschungs- und Entwicklungsvorhaben deutlich. Zu der Beurteilung der neu vorgeschlagenen Vorhaben kommt die periodische Überprüfung der laufenden Arbeiten. In beiden Fällen kann nicht nur von reinen Kosten- und sonstigen wertgebundenen Überlegungen ausgegangen werden, sondern auch alle anderen Faktoren müssen in das Urteil über Durchführung oder Ablehnung von Entwicklungsvorhaben einbezogen werden.

Form der Beantragung der Mittel. Der Grad der Formgebundenheit von Forschungsanträgen sowie das Ausmaß der Einzelheiten in der Kostenvorschätzung hängen von der Art der durchzuführenden Arbeit ab. Ein höherer Grad an Formgebundenheit und Ausführlichkeit wird im allgemeinen bei angewandter Forschungs- und Entwicklungsarbeit gegeben sein, ein geringerer bei Grundlagenforschung. Die letztere fußt im wesentlichen auf Ideen und kann naturgemäß nicht im selben Maße fest umrissen werden wie die auf ein klar gekennzeichnetes Ziel gerichtete Entwicklungsarbeit.

[10] Robert N. Anthony, "Management Controls in Industrial Research Organisations" (Boston: Division of Research, Graduate School of Business Administration, Harvard University, 1952), Seite 17-18.

Darüber hinaus ist auch der Umfang des Begriffs „Entwicklungsvorhaben" schwankend. Die Vielfalt der Begriffsbestimmung geht aus dem Folgenden hervor:

Als „Entwicklungsvorhaben" kann ein einzelner Versuch oder eine Entwicklungsstufe — zum Beispiel die Stufe der angewandten Forschung — für ein neues Produkt oder Fertigungsverfahren oder die gesamten mit der Entwicklung eines neuen Produkts oder Fertigungsverfahrens zusammenhängenden Arbeiten oder die gesamte Entwicklungsarbeit innerhalb eines bestimmten Zeitraums — Monat oder Vierteljahr — bezeichnet werden. Der Umfang des Kostenaufwands kann von wenigen $ bis zu mehreren hunderttausend $ reichen. Ein größeres zusammenhängendes Programm kann in ein einziges Entwicklungsvorhaben gekleidet werden, wobei die einzelnen Teilstücke des Programms als Teilvorhaben oder auch als Unterteilungen eines Teilvorhabens aufgefaßt werden können. Kurz gesagt, der Umfang des Begriffes „Entwicklungsvorhaben" kann enger oder weiter gefaßt werden, je nach den Absichten der Unternehmensführung.

Die Bestimmung des Umfangs eines einzelnen Entwicklungsvorhabens wird durch zwei Überlegungen beeinflußt: 1. Durch das Maß an Kontrolle über die Abwicklung, das auf den verschiedenen Führungsebenen ausgeübt werden soll, und 2. durch die Art der durchzuführenden Arbeit selbst. Ist die Unternehmensführung gewillt, den einzelnen Mitarbeitern der Forschungs- und Entwicklungsabteilung eine große Freizügigkeit in ihrer Arbeit einzuräumen, dann werden wahrscheinlich nur einige wenige Vorhaben existieren, die den gesamten Arbeitsumfang der Abteilung in großen Zügen umfassen. Will jedoch die Unternehmensführung eine intensive Kontrolle über den Arbeitsfortgang ausüben, dann werden die Einzelvorhaben begrenzter im Umfang und dafür zahlreicher sein. Diese Aufgliederung sollte allerdings nicht zu weit getrieben werden, da sonst zwei Gefahren auftreten: 1. Zusammengehörige Vorgänge und ganze Programme können dergestalt zersplittert werden, daß die Einzelvorhaben keine logisch zusammenhängenden Einheiten mehr bilden. 2. Das System kann durch häufige Änderungen, übermäßigen Beleganfall und umfangreiche Aufzeichnungen so stark belastet werden, daß es schwerfällig und sogar untauglich wird. Unter solchen Umständen würde eine zu große Anzahl tief gegliederter Einzelvorhaben eher eine Schwächung des Kontrolleffekts bedeuten[11].

Obschon kein Zweifel darüber bestehen kann, daß Budgetdaten auch aus dem Sektor „Forschung und Entwicklung" für die Gesamtplanung von Wichtigkeit sind, so muß doch gerade hier auf die besondere Natur der Forschungsarbeit Rücksicht genommen werden. Diese bringt es mit sich, daß die Grundsätze der Budgetierung häufig nicht in einem solchen Umfang zur Anwendung gelangen können, wie die für die Budgetierung und Kostenkontrolle Verantwortlichen das wünschen würden. Wegen des experimentellen Charakters des größten Teils der Arbeiten sowie der Gefahr, die Produktivität hochqualifizierter wissenschaftlicher und technischer Mitarbeiter durch zu starke Bürokratisierung zu beeinträchti-

11 Robert N. Anthony, "Management Controls in Industrial Research Organisations" (Boston: Division of Research, Graduate School of Business Administration, Harvard University, 1952), Seite 114.

gen, nehmen Forschung und Entwicklung im Hinblick auf die Kostenkontrolle eine Sonderstellung ein. Aus diesem Grunde wird der Finanzbedarf für die Einzelvorhaben häufig nur in einer mehr oder weniger groben, überschlägigen Schätzung angegeben, je nachdem, ob es sich um Grundlagenforschung oder spezielle Entwicklungen handelt. Der Bedarf an fachlich qualifizierten Arbeitskräften sowie Spezialeinrichtungen wird für diesen Zweck meist wichtiger sein als ins einzelne gehende Kostenvorschätzungen. Die Unternehmensführung ist hier vor die schwierige Aufgabe gestellt, ein gesundes Gleichgewicht zwischen den Erfordernissen einer ordnungsmäßigen Budgetierung und den Voraussetzungen für eine produktive Arbeit des Forschungsstabes zu schaffen.

Die vorangegangenen Ausführungen lassen deutlich werden, daß die Anträge zur Genehmigung von Forschungs- und Entwicklungsvorhaben in Abhängigkeit von der Art der durchzuführenden Arbeit hinsichtlich Form und Inhalt unterschiedlich sein werden. Im Falle von Grundlagenforschung wird lediglich eine allgemeine Beschreibung der Art der geplanten Versuche sowie eine Vorschätzung des Bedarfs an Mitarbeitern und Einrichtungen vorliegen. Ein Antrag jedoch, der sich beispielsweise mit der Entwicklung einer neuen Maschine befaßt, die in der Fabrik benutzt werden soll, wird alle Einzelheiten nicht nur über die voraussichtlichen Kosten, sondern auch über die erwarteten Einsparungen oder Verbesserungen enthalten. Ein Beispiel für einen solchen Antrag ist in Abbildung 16-1 wiedergegeben.

Ein gewisses Maß an finanzieller Kontrolle ist jedoch auch bei reinen Forschungsarbeiten notwendig. Die Unternehmensführung muß die finanziellen Verpflichtungen auch auf diesem Sektor kennen. Dies kann durch eine Kontrolle der gesamten Forschungs- und Entwicklungskosten erreicht werden. Bei der Aufteilung des Gesamtbetrages der Mittel kann dem Forschungsleiter dann relativ freie Hand gelassen werden. Seine Verantwortung ist es, die zur Verfügung gestellten Mittel richtig zu verteilen und die für eine solche Verteilung erforderlichen formellen Voraussetzungen zu bestimmen.

WESEN DER KOSTEN. Der Kontenplan einer Forschungs- und Entwicklungsabteilung wird im wesentlichen von deren Größe sowie von dem Charakter der Arbeiten bestimmt sein. Im Hinblick auf die Grundgliederung in Materialverbrauch, Löhne und Gemeinkosten unterscheidet er sich auch nicht wesentlich vom Kontenplan einer Fertigungsabteilung. Trotzdem sind gewisse Unterschiede in den Einzelheiten vorhanden, die eine kurze Darstellung der Natur der anfallenden Kosten ratsam erscheinen lassen. Diese umfassen:

ANTRAG FÜR ENTWICKLUNGSARBEIT

(________ - Abteilung)

An: Betriebsleiter

A.E.A. Nr. 1253 Entwickeln und Anfertigen einer neuen Spulmaschine

1. Antragsteller	:	Abteilung Rollfilme
2. Datum	:	1. Oktober 196-
3. Begründung	:	Entwickeln und Anfertigen einer neuen Maschine zum Aufspulen von Rollfilmen, die die gegenwärtigen Instandhaltungsschwierigkeiten reduzieren und die Fertigungskosten für Rollfilme erheblich senken soll.
4. Erwartete Resultate	:	Es soll eine Maschine entwickelt werden, die flexibel genug ist, um alle Filmbreiten zu verarbeiten. Durch Zusammenlegen mehrerer Operationen und Erhöhung der Geschwindigkeit hoffen wir, eine Kostensenkung von $ 5o.000 im Jahr zu erzielen.
5. Voraussichtliche Fertigstellung	:	Ursprünglich beantragt Januar 196-. Fertigstellung geplant für Ende 196-.
6. Voraussichtliche Gesamtkosten des Vorhabens	:	$ 50.000
7. Voraussichtliche Kosten im laufenden Jahr -		
(a) für Konstruktion und Herstellung	:	$ 25.000
(b) sonstige	:	$ 5.000
Gesamt	:	$ 30.000
8. Voraussichtliche Kosten im 1. Quartal	:	$ 10.000
9. Andere für die Beurteilung des Vorhabens wesentliche Angaben	:	Instandhaltungskosten und Ausfallzeiten haben in den vergangenen zwei Jahren in zunehmendem Maße zu Schwierigkeiten geführt. Angesichts der für die nächsten Jahre geplanten weiteren Produktionssteigerung ist es unumgänglich, daß diese Maschine entwickelt wird, um mit den vorhandenen Arbeitskräften und dem verfügbaren Raum das höhere Arbeitsvolumen zu bewältigen.
10. Empfohlene Umlage der Kosten	:	Auf alle Rollfilmprodukte
11. Dieser Antrag sieht eine Fertigstellung des Gesamtvorhabens bis zu ...% vor	:	100 %

Quelle: Maurice J. Moss, "Developmental Costs Incurred in the Plant", N.A.A. Bulletin, Abteilung 1, Mai 1954, Seite 1117.

Abb. 16-1 Antrag auf Entwicklungsarbeit

1. Löhne und Gehälter
    a) Forschung und Entwicklung
        1. Techniker — Fachkräfte
        2. Techniker — Nichtfachkräfte
        3. Verwaltung
    b) Allgemeine Verwaltung
        1. Techniker — Fachkräfte
        2. Sonstige
    c) Patentangelegenheiten
    d) Bibliothek und technischer Informationsdienst
    e) Dienstleistungsabteilungen
2. Material
    a) Forschung und Entwicklung
        1. Spezialeinrichtungen
        2. Betriebsmittel
    b) Dienstleistungsabteilungen
3. Andere Kosten
    a) Bücher, Gebühren, Beiträge usw.
    b) Reisekosten
    c) Beratungsgebühren
    d) Soziale Aufwendungen
4. Umlagen
    a) Steuern, Versicherungen, Abschreibungen
    b) Beleuchtung, Heizung, Energie
    c) Raumkosten
    d) Verschiedene Umlagen

Die im Vorstehenden aufgezählten Kosten müssen für die Forschungs- und Entwicklungsabteilung als Ganzes budgetiert werden. Nachdem die Gehälter der hochbezahlten Fachkräfte einen großen Teil der Gesamtkosten ausmachen, wird der Hauptanteil der Kosten fixer Natur sein. Flexible Budgets können möglicherweise für die Kosten des technischen Personals benutzt werden, soweit dessen Arbeit überwiegend aus Routineprüfungen und anderen wiederkehrenden Tätigkeiten besteht.
Das Problem der Verrechnung von Gemeinkosten tritt auf, sobald eine Budgetierung der Kosten nach Einzelvorhaben geplant ist. Die Wahl der Basis für eine solche Verrechnung ist schwierig, weil der als Grundlage sich anbietende „direkte“ Lohn hier zweigeteilt ist, nämlich in Löhne und Gehälter für Fachkräfte und solche für Nichtfachkräfte. Darüber hinaus ergibt sich aus dem nicht standardisierbaren Charakter der Arbeit, daß gerade der Behandlung der „Anderen Kosten“ (außer Löhnen und Material) eine besondere Bedeutung zukommt. So können z. B. Energiekosten in einem Fall als Gemeinkosten behandelt werden, während sie in einem

anderen Forschungszentrum, dessen Arbeit mit sehr hohem Energieverbrauch verbunden ist, als direkte Kosten angesehen werden.
Die Behandlung der Gemeinkosten kann noch weiter erschwert werden, wenn mehrere Untergruppen mit verschiedenen Forschungsgebieten, wie z. B. chemische Forschung, physikalische Forschung, metallurgische Forschung usw. vorhanden sind. In einem solchen Fall kann die Beaufschlagung der Kosten eines einzelnen Vorhabens mit einem Verrechnungssatz für die Gemeinkosten der jeweiligen Untergruppe und mit einem zweiten Satz für die allgemeinen Kosten der Forschungsabteilung erfolgen. Im Forschungszentrum einer Ölgesellschaft werden die im Nachfolgenden wiedergegebenen Grundsätze für die Verrechnung von Gemeinkosten angewandt:

1. Als allgemeiner Grundsatz der Kostenrechnung für Forschungsvorhaben gilt, daß alle Löhne und Gehälter, die unmittelbar im Zusammenhang mit bestimmten Einzelvorhaben anfallen, auch wenn es sich um Arbeiten in Dienstleistungsabteilungen handelt, diesen Einzelvorhaben direkt zugerechnet werden.
2. Alle anderen Löhne und Gehälter, die mehr als einem Forschungsvorhaben zugute kommen, sowie alle Gemeinkosten sollten anteilmäßig auf alle Vorhaben verteilt werden.
3. Die Kosten für Materialien und Einrichtungen können entweder bestimmten Vorhaben unmittelbar belastet oder aufgeschlüsselt werden, je nachdem, wie es die Kostenrechnungsgrundsätze des betreffenden Labors vorsehen. Bei den für allgemeine Forschungsaufgaben beschafften Materialien und Einrichtungen handelt es sich um standardisierte, austauschbare Güter von der Art, daß bei einer direkten Zuordnung zu bestimmten Vorhaben die Kosten des Verfahrens den daraus entstehenden Nutzen bei weitem übersteigen würden. Deshalb sind die Kosten für solche Materialien und Einrichtungen in jedem Falle mit Hilfe eines Schlüssels zu verrechnen.
4. Kosten für die Herstellung von Einrichtungen für bestimmte Vorhaben sollten diesen unmittelbar zugerechnet werden. Alle anderen Herstellungskosten sollten als Gemeinkosten behandelt und anteilmäßig auf alle Vorhaben verteilt werden.
5. Das Verfahren für die Verrechnung von Gemeinkosten und anderen umzulegenden Kosten wird durch den Leiter der betreffenden organisatorischen Einheit bestimmt. Die Leitung der Forschungs- und Entwicklungsabteilung hat ein Verfahren genehmigt, nach dem die Gemeinkosten allgemeiner Natur auf die einzelnen Arbeitsgruppen im Verhältnis der Arbeitszeit dieser Gruppen zu den gesamten „direkten" Arbeitszeiten der Forschungs- und Entwicklungsabteilung verteilt werden.
6. Die so auf die einzelnen Arbeitsgruppen verteilten Gemeinkosten werden arbeitszeitanteilig auf die in den Gruppen in Arbeit befindlichen Vorhaben verrechnet.
7. Dienstleistungsabteilungen wie Maschinenhalle, Schreinerei, Schlosserei, Maler, Analysengruppe usw., die Arbeiten allgemeiner Art ausführen, sollten ihre Lohnkosten den Gruppen belasten, die die Arbeiten veranlaßt haben.
8. Dienstleistungsabteilungen, die Instandhaltungs- und Reparaturarbeiten verrichten, sollten ihre Lohnkosten als Gemeinkosten behandeln.

9. Verwaltung, Bürodienste, Kasino, Personaldienste, Bücherei, Werksicherheit und Feuerwehr sollten ihre Lohnkosten als Gemeinkosten behandeln, da ihre Tätigkeit allen Abteilungen und Gruppen zugute kommen[12].

Wegen der geschilderten Schwierigkeiten in der Gemeinkostenverrechnung sowie im Hinblick auf den unbestimmten Charakter mancher Vorhaben werden Forschungs- und Entwicklungsvorhaben in der Regel weniger exakt und ausführlich budgetiert als andere Funktionen des Unternehmens. Wie bereits angedeutet, ist die Zuteilung der Fachkräfte und der technischen Einrichtungen häufig die entscheidende Überlegung bei der Budgetierung der Einzelvorhaben.

Bilanzielle Behandlung der Kosten. Das vorliegende Werk befaßt sich nicht mit Grundsätzen der Rechnungslegung. Es soll deshalb hier kein Urteil über die Richtigkeit der Aktivierung oder Aufwandsbehandlung der Forschungs- und Entwicklungskosten gefällt werden. Diese Frage soll hier lediglich aus dem Grunde angeschnitten werden, weil sie einen Einfluß auf die Aufstellung der geplanten Bilanz und Gewinn- und Verlustrechnung hat. Kosten der Grundlagenforschung werden in der Regel als Zeitkosten behandelt, weil es gewöhnlich nicht möglich ist, den eventuellen Nutzen für spätere Abrechnungsperioden im voraus zu bestimmen. Im Falle von angewandter Forschungs- und Entwicklungstätigkeit erhebt sich jedoch die Frage, ob die Kosten unmittelbar als Aufwand behandelt oder zunächst in der Bilanz abgegrenzt (vorausgesetzt, daß die Arbeit erfolgreich war) und auf spätere Abrechnungszeiträume nachverrechnet werden sollen. Im letzteren Falle ist die Bestimmung des Verrechnungszeitraums oft schwierig. Darüber hinaus würde eine Abgrenzung und Nachverrechnung bei Vorhaben, deren Durchführung sich über mehrere Jahre hinzieht, zur Folge haben, daß die anfallenden Kosten zunächst vorläufig abgegrenzt werden müßten, bis mit Abschluß der Entwicklungsarbeiten der Erfolg des Vorhabens feststeht.

Kontrolle der Forschungs- und Entwicklungskosten

Kontrolle der Gesamtkosten. Das Verfahren der Kontrolle der Forschungs- und Entwicklungskosten wird bestimmt durch die Art der Budgeterstellung. Aus der Tatsache, daß die Mittel für Forschung und Entwicklung häufig auf Grund einer allgemeinen Definition der Ziele in einem Gesamtbetrag genehmigt werden, wobei die Verteilung auf die einzelnen Vorhaben innerhalb der Forschungsabteilung selbst erfolgt, ergibt sich eine Kontrolle der Kosten auf zwei Ebenen. Die erste ist die

12 A. J. Gallantier, "Project Costing in a Research Laboratory", N.A.A. Bulletin, Abteilung 1, September 1955, Seite 31.

Kontrolle der Gesamtkosten ohne Berücksichtigung einer Unterteilung in Einzelvorhaben.

In diesem Zusammenhang ist die Kontrolle darauf gerichtet, sicherzustellen, daß 1. der genehmigte Gesamtbetrag nicht überschritten wird und 2. Kontrollmaßstäbe in der Form von Standards für diejenigen Tätigkeiten verwendet werden, die schematischer und wiederkehrender Natur sind und die Bildung von Standardkosten ermöglichen.

Ein gewisser Teil der Aufwendungen der Forschungsabteilung fällt in Dienstleistungsabteilungen an, wie z. B. Materiallager, Instandhaltung, Reinigung, Verwaltung. Andere Aufwendungen hängen mit schematischen technischen Vorgängen zusammen, die standardisiert werden können ohne Rücksicht auf das einzelne Vorhaben, für das sie gerade durchgeführt werden. Die Anwendung von Standardkosten für diese Aufwendungen setzt die Festsetzung und Benutzung von Standards und die Inbeziehungsetzung der Kosten zu der Menge der durchgeführten Arbeiten voraus. In der Regel wird man sich dabei der Technik des flexiblen Budgets bedienen.

Der größte Teil der Forschungs- und Entwicklungskosten ist jedoch meist fixer Art. Das Budget sieht eine bestimmte Anzahl Chemiker, Physiker, Techniker, sonstige Wissenschaftler und den dazugehörigen Stab vor. Die Kontrolle dieser Kosten dient einem zweifachen Zweck: Erstens muß sichergestellt werden, daß der Gesamtbetrag der bereitgestellten Mittel nicht überschritten wird. Der zweite — und wichtigere — Zweck ist die Lenkung des Einsatzes der personellen und sachlichen Mittel auf die den größten Nutzen versprechenden Ziele. In dieser Phase der Kontrolle wird die zweite Kontrollebene, nämlich die der Endverbraucher, von Bedeutung.

Kontrolle der Kosten der Einzelvorhaben. Die Kontrolle der Kosten auf der Ebene der Einzelvorhaben wird ebenfalls durch die bei der Budgetierung angewandte Methode bestimmt. Wie bereits oben ausgeführt, wird für die Zwecke unserer Darstellung davon ausgegangen, daß die Mittel in einem Globalbetrag bereitgestellt werden und daß es Aufgabe des Leiters der Forschung ist, die gesamten Mittel auf die Einzelvorhaben zu verteilen, wobei diese Einzelvorhaben wiederum der Überprüfung und Genehmigung durch die Unternehmensführung unterliegen können. Dabei ist jedoch zu bedenken, daß auch diese Verteilung wegen der Schwierigkeit einer genauen Kostenvorschätzung in gewissem Umfang globaler Natur ist. Die Verteilung wird häufig auf der Grundlage der voraussichtlichen Dauer der Forschungsarbeiten und unter der Annahme eines relativ gleichbleibenden Verhältnisses zwischen Kosten und Zeitaufwand erfolgen.

In Anbetracht der Tatsache, daß es gewöhnlich an einem detaillierten Budget für die einzelnen Vorhaben mangelt, kann auch ein detaillierter Vergleich von budgetierten und tatsächlichen Kosten nicht durchgeführt werden. Selbst wenn detaillierte Budgets für die einzelnen Vorhaben existierten, wäre es dennoch schwierig, die Kosten für kurze Zeitabschnitte zu kontrollieren, einfach deshalb, weil bei den meisten — wenn nicht bei allen — Forschungsarbeiten die Leistung nicht exakt meßbar ist. Das Wesen der Kostenkontrolle liegt in bezug auf direkte Kosten in dem Herstellen einer Beziehung zwischen Kosten und Leistung. Nachdem die Leistung in der Forschungs- und Entwicklungsarbeit nicht auf quantitative Maßeinheiten zurückgeführt werden kann, ergeben sich auch für die Kostenkontrolle auf der Ebene der Einzelvorhaben unüberwindliche Schwierigkeiten.

Dieser Mangel an Kostenstandards ist von erheblichem Gewicht. Er bedeutet nicht nur, daß der Wirkungsgrad einzelner Tätigkeiten im Hinblick auf ein bestimmtes Vorhaben nicht gemessen werden kann, sondern er bedeutet darüber hinaus, daß die qualitative Beurteilung der Anstrengungen und des Erfolges im Zusammenhang mit einem einzelnen Vorhaben weitgehend subjektiv sein muß.

In allen Situationen, wo Menschen zusammen an einem Werk arbeiten, wird irgendein Mittel der Leistungsbeurteilung benutzt werden. Oft wird es jedoch nicht möglich sein, quantitative Maßstäbe überhaupt oder ausschließlich für eine solche Beurteilung zu verwenden. Ein Beispiel hierfür ist ein Forschungslaboratorium. Es ist ganz offensichtlich, daß mengenmäßige Maßstäbe für eine Leistungsbeurteilung in einer Forschungseinrichtung nicht gefunden werden können. In einem Forschungslaboratorium gibt es kein Äquivalent für Kosten pro Erzeugniseinheit, Fertigungsmenge je Tag, Ausschußprozentsatz, Monatsumsatz pro Verkäufer oder andere Mengengrößen, die von Fertigungs- oder Verkaufsleitern benutzt werden können. Es ist zwar nicht weiter schwierig herauszufinden, wieviel ein Forscher ungefähr für ein bestimmtes Vorhaben oder in einem bestimmten Zeitraum aufgewendet hat, aber es ist nicht abzusehen, wie die Angemessenheit des Aufwands gemessen an der Leistung beurteilt werden soll[13].

Form und Verwendung von Berichten über Einzelvorhaben. Angesichts der Tatsache, daß für die Kontrolle der Forschungsarbeit keine Kostenstandards benutzt werden können und daß weiter auch die budgetierten Gesamtkosten eines Vorhabens in aller Regel nur auf Schätzungen beruhen, scheint sich der Hauptzweck einer laufenden Berichterstattung über den Kostenanfall lediglich in einer Kontrolle der Richtigkeit der

13 Robert N. Anthony, "Management Controls in Industrial Research Organisations" (Boston: Division of Research, Graduate School of Business Administration, Harvard University, 1952), Seite 67.

Vorschätzung zu erschöpfen. Diese Kontrolle bildet zusammen mit einer periodischen, subjektiven Bewertung des Standes und Fortschrittes der verschiedenen Vorhaben die einzige Grundlage für die Beurteilung der Gültigkeit des Gesamtplanes der Forschungsarbeit in einem bestimmten Zeitraum. Abbildung 16-2 zeigt einen Bericht über Arbeitsfortschritt und Kostenentwicklung für ein Entwicklungsvorhaben.

Produktentwicklungs-Bericht

Vorhaben Nr.	Beschreibung	Aufwendungen		Genehmigt
		Berichtszeitraum $	Aufgelaufen $	$
82-650	Entwicklung eines Spektrophotometers	100	10.000	12.000

Arbeitsfortschritt und Kostenentwicklung

Vorhaben Nr.	Ziel und Arbeitsfortschritt	Fertigstellungstermin		Voraussichtliche Gesamtkosten	
		Ursprüngl. Schätzung	Neueste Schätzung	Ursprüngl. Schätzung $	Neueste Schätzung $
82-650	Entwicklung eines kostengünstigen Gerätes zur Messung von Farben. Entwicklung zu 75% fertiggestellt. Konstruktionsanweisungen ausgestellt.	1. 12. 53	1. 12. 53	12.000	13.000

Quelle: Walter E. Arthur, "Development Costs Incurred in a Company Laboratory", N. A. A. Bulletin, Abteilung 1, Mai 1954, Seite 1129.

Abb. 16-2 Berichte über den Fortschritt von Entwicklungsvorhaben

Der als Beispiel zitierte Bericht (Abbildung 16-2) läßt erkennen, daß eine Grundlage für die Beurteilung der Angemessenheit der Aufwendungen im Berichtszeitraum nicht vorhanden ist. Andererseits ist die neuerliche Vorschätzung des Fertigstellungstermins (unverändert) und der Gesamtkosten (erhöht um $ 1.000) äußerst wichtig. Die voraussichtliche Überschreitung der ursprünglichen Genehmigung zwingt den Leiter der Entwicklungsabteilung, zwischen folgenden Alternativen zu entscheiden:

1. Verminderung des Umfangs des Vorhabens.
2. Aufgabe des Vorhabens.
3. Verwendung von Einsparungen aus anderen Vorhaben.
4. Übertragung von Mitteln von anderen Vorhaben.
5. Beantragung zusätzlicher Mittel für das Vorhaben.

Dies setzt eine Überprüfung des gesamten Forschungs- und Entwicklungsprogramms voraus, und gerade darin liegt der Wert der Berichterstattung.

Unter Hinweis auf Abbildung 16-2 sei noch vermerkt, daß die in den Berichten enthaltenen Informationen über voraussichtliche Fertigstellungstermine und Gesamtkosten keine zwangsläufigen Ergebnisse des Berichtssystems darstellen. Sie sind vielmehr das Ergebnis von Schätzungen, die im Verlaufe der Abwicklung des Vorhabens immer genauer werden sollten. Diese Schätzungen können in der Regel nicht von Angehörigen der Kostenkontrolle angestellt werden. In dieser Hinsicht unterscheiden sich Berichte dieser Art von anderen Kontrollberichten, die meist von unabhängigen Personen erstellt werden. Eine regelmäßige Überprüfung der Schätzungen ist häufig die einzige wirkliche Möglichkeit der Kontrolle.

Eine solche regelmäßige Überprüfung des Standes aller Vorhaben ist nicht nur für Zwecke der Kostenkontrolle, sondern auch für den wichtigeren Gesichtspunkt der Lenkung der Forschungsarbeit auf die den größten Erfolg verheißenden Vorhaben von Bedeutung. Der Leiter der Forschungsabteilung nimmt im Rahmen dieser Aufgabe eine entscheidende Stellung ein. Er muß die einzelnen Vorhaben auswählen und betreuen. Für ihn hat die Budgetkontrolle einen doppelten Zweck — den der Vorbereitung und den der Weiterverfolgung der Entscheidungen.

Kontrolle der Anschaffungen. Forschungs- und Entwicklungseinrichtungen sind aufwendig, und der Bedarf an solchen scheint schier unstillbar zu sein. Anforderungen von Einrichtungen dieser Art können nicht in der gewöhnlichen Weise beurteilt werden, weil Forschungsvorhaben selbst häufig keinen bestimmbaren finanziellen Wert besitzen. Der für diese Einrichtungen zu budgetierende Betrag kann nur von den Fachleuten bestimmt werden, selbstverständlich unter Berücksichtigung der für den Zweck verfügbaren Mittel. Nachdem diese Posten einmal budgetiert sind, bereitet die Kontrolle der Anschaffung keine besonderen Schwierigkeiten mehr. Häufig werden von den Forschern im Laufe ihrer Arbeit Wünsche nach besonderen Einrichtungen geäußert, die über den Rahmen des Budgets hinausgehen. Sind die Beträge erheblich, dann erhebt sich die Frage der ordnungsmäßigen Genehmigung. Selbst wenn

ABC FORSCHUNGSLABORATORIUM
NEW YORK, N.Y.

Instrumentenverzeichnis

Hersteller oder Marke	Beschreibung	Modell	Standort	Direktor
Mikroskope:				
See Corporation	doppelte 10x20 Weitwinkeleinsätze	M-430	Chicago	J.M. Spetula
Look Company	31-28-54-12	14x3	New York	O.P. Tical
View Master	M1-4928 mit Schreibgerät	1953	Chicago	J.M. Glass
Quarz-Einheiten:				
Through Company	30-44 mc in HPB-Halter Toleranz +/- 0,005	AL-40	Chicago	J.M. Glass
XYZ Company	Dreifach-Stift, Einbaugerät 1 - 1,5 mc	C-1000	Chicago	J.A. Edwards
Specie Analyzer	Zweifach-Stift, Bananen-Type 1,75 - 12,5 mc	o3471	New York	R.M. Wilson

Chicago | Standort der Instrumente

Laboratorium

Geräteart	Hersteller oder Marke	Beschreibung	Modell	Anlg. Nr.
		J.M. Glass:		
Mikroskop	View Master	M1-4928 mit Schreibgerät	1953	63-207
Quarz-Einheiten	Through Company	30-44 mc in HPB-Halter Toleranz +/- 0,005	AL-40	64-211
Röntgen-Geräte	Mercer Tube	100/130 v. 60 W-XRD-W/D4010A CA6 Kristall-Analysen-Röhre	1492	65-201
		J.M. Spetula:		
		J.M. Spetula:		
Mikroskop	See Corporation	doppelte 10x20 Weitwinkel-einsätze	M-430	63-119

Quelle: James A. Mc-Fadden, Jr., "Industrial Research Has Accounting Problems", N.A.A. Bulletin, Abteilung 1, Juni 1953, Seite 1336.

Abb. 16-3 Einrichtungsverzeichnisse

Mittel im Budget frei sind, die für diesen Zweck abgezweigt werden könnten, wird im Falle von erheblichen Beträgen empfohlen, eine Genehmigung durch eine außerhalb der Forschungsabteilung stehende Stelle vorzusehen. Die Praxis der Festlegung einer betragsmäßigen Beschränkung der Vollmacht zur Genehmigung von Anschaffungen auf den verschiedenen Ebenen der Unternehmensführung scheint allgemein üblich und auch sinnvoll zu sein.

Kontrolle der Kosten für Einrichtungen. Eine Seite der Kostenkontrolle in Forschungsabteilungen befaßt sich mit der Verwendung spezieller Einrichtungen und Instrumente. Dabei muß sowohl an hochspezialisierte als auch an Mehrzweckgeräte gedacht werden. Vor allem in großen und weitverzweigten Forschungslaboratorien besteht das Problem der Schaffung von Aufzeichnungen, die alle interessierten Stellen über Verfügbarkeit und Standort der vorhandenen Instrumente informieren. Mit Hilfe solcher Aufzeichnungen kann eine kostspielige Duplizierung von Einrichtungen verhindert werden, indem die internen Anforderungen für neue Geräte mit Verzeichnissen über vorhandene Geräte verglichen werden. Abbildung 16-3 zeigt Beispiele eines alphabetischen und eines nach Standorten geordneten Verzeichnisses über verfügbare Forschungseinrichtungen.

Kontrolle des Materialverbrauchs. Ein weiteres Problem der Kostenkontrolle, das in gewisser Hinsicht typisch für Forschungsabteilungen ist, betrifft die Vorratshaltung von Materialien für Forschungszwecke. Bei Vorhandensein zahlreicher Spezialisten und mehrerer selbständiger Unterabteilungen ist die Wahrscheinlichkeit für die Ansammlung von Vorräten besonders groß. Dies mag mit der ungünstigen Entfernung zum Zentrallager oder mit ungenügenden internen Versorgungsverhältnissen, möglicherweise aber auch mit dem Drang zum Horten von Vorräten zusammenhängen. Insoweit, als diese Vorräte gemeinsam genutzt werden könnten, bedeuten die dezentralen Materiallager eine überhöhte Bindung von Mitteln. Die auftretenden Probleme besitzen gewisse Ähnlichkeit mit denen der Kontrolle von Büromaterial (siehe fünfzehntes Kapitel), der Schwierigkeitsgrad ist jedoch ein höherer wegen der Unmöglichkeit der Standardisierung beim Verbrauch von Material für Forschungszwecke.

Die Rolle der Unternehmensführung. In den meisten Funktionen eines Unternehmens werden unabhängig erstellte Kontrollberichte benutzt,

um die Führungsspitze mit objektiven Vergleichsmaßstäben zur Beurteilung der Leistung der einzelnen Tätigkeitsbereiche zu versorgen. Die Forschungs- und Entwicklungsabteilung läßt sich jedoch in dieses Bild nicht einfügen. Der nicht schematisierbare Charakter der Forschungsarbeit spricht gegen eine außerhalb stehende Kontrollstelle; die technisch-wissenschaftliche Natur der Arbeit macht eine Beurteilung durch die Führungsspitze unmöglich. Die Genehmigung der Mittel für die Forschungsarbeit erfolgt — wie bereits ausgeführt — global, weitgehend gestützt auf das Vertrauen in die Forschungsabteilung, und die Führungsspitze sieht sich im allgemeinen außerstande, die Arbeit der Abteilung zu lenken oder zu bewerten.
Trotzdem muß die Führungsspitze ihrer Verantwortung für die Genehmigung der Aufwendungen, für die Aufstellung des Forschungsprogramms und für die Bereitstellung der Mittel gerecht werden. Ihre Aufgaben in diesem Zusammenhang lassen sich wie folgt umschreiben:

1. Klare Bestimmung der langfristigen Ziele der Forschungs- und Entwicklungsarbeit.
2. Auswahl eines qualifizierten Verantwortlichen für die Durchführung des Forschungs- und Entwicklungsprogramms.
3. Entwicklung eines bestmöglichen Informationssystems über Ziele, Kosten und Erfolge der Forschungsarbeit.

17. Investitionen

Zweck des Kapitels. Die Planung der Investierungen ist eine der wichtigsten Entscheidungsleistungen der Unternehmensführung. Die besondere Bedeutung dieser Entscheidungen zeigt sich einmal in der meist sehr beträchtlichen Höhe der für Neuinvestierungen bereitzustellenden Kapitalbeträge, zum anderen aber auch in der Tatsache, daß der für die Wiederbeschaffung aller verbrauchten Anlagen erforderliche Betrag dem Unternehmen erst nach mehreren Jahren in den Umsatzerlösen erstattet wird. Die Entscheidungen, die im Rahmen der Investitionsplanung zu treffen sind, setzen infolgedessen eine genaue Analyse der zukünftigen Datenkonstellation und ein rational nicht mehr erfaßbares „Fingerspitzengefühl" des Unternehmers voraus. Entscheidungen über das laufende Betriebsgeschehen, deren Auswirkungen das Unternehmen nur wenige Monate binden, können kurzfristig ohne weiteres geändert werden. Eine derartige Revision wird vor allem dann nötig, wenn sich eine völlig neue Datenkonstellation abzeichnet oder eine Überprüfung der den Entscheidungen zugrunde liegenden Prognosen zeigt, daß einzelne Daten falsch eingeschätzt wurden. Dagegen binden die mit der Investitionsplanung verbundenen Entscheidungen das Unternehmen über erheblich längere Zeiträume, und hieraus erklärt sich auch die Tatsache, daß sich die auf einer ungenügenden oder fehlerhaften Planung des Einsatzes von Produktionsanlagen beruhenden Maßnahmen sehr kostspielig auswirken können.

Es wird also deutlich, daß die Planung der Investierungen nicht nur eine der wichtigsten, sondern auch eine der schwierigsten Entscheidungsaufgaben der Unternehmensführung ist. Da die auf der Grundlage der Investitionsplanung eingeleiteten Maßnahmen langfristiger Natur sind, erstrecken sich auch die die Investitionsplanung betreffenden Prognosen auf lange Sicht. Schließlich zeigt sich, daß die den Entscheidungen über die Investitionsplanung vorausgehenden Wirtschaftlichkeitsüberlegungen einen hohen Grad an systematischer und gedanklicher Durchdringung des zukünftigen Geschehens erfordern. Die Auswahl der für solche Überlegungen relevanten Faktoren und die Beurteilung von Alternativen über zukünftige Datenkonstellationen gehören zu den schwierigsten Aufgaben des Planungsprozesses.

Im Hinblick auf die Wichtigkeit und den Schwierigkeitsgrad der Investitionsentscheidungen erscheint eine eingehende Behandlung dieses Komplexes für angebracht. Hierbei ist allerdings zu berücksichtigen, daß die mit der Investitionsplanung zusammenhängenden Aufgaben so vielseitig und schwierig sind, daß eine generelle Behandlung dieses Themas nicht ohne weiteres möglich ist. Das nun folgende Kapitel beschreibt zunächst die Natur der sachlichen Produktionsmittel und behandelt im Anschluß daran deren Planung und Kontrolle.

Definition der Investitionen. Investitionen sind Geldeinsätze des Unternehmens in Form von sachlichen Mitteln zur Ausübung der Produktion. Zweck dieses Geldeinsatzes ist die Bereitstellung von Nutzungsquellen, deren Nutzungen mit der Zeit versiegen. Buchhalterische Erscheinungsformen der Investitionen sind nachzuverrechnende Aufwendungen für die Errichtung neuer Anlagen, welche die bestehende Produktionskapazität erweitern, die Aufnahme neuer Produktionszweige ermöglichen oder schon bestehende Produktionszweige rationalisieren sollen, bzw. für die Ersatzbeschaffung alter Anlagen, aktivierungspflichtige Großreparaturen sowie die Ergänzung der alten Anlagen durch Einstellung neuer Maschinen, Einrichtungsgegenstände u. a.

Investitionsarten. Für die Beurteilung der Frage, ob sich der für die beabsichtigten Investitionen erforderliche Kapitalbetrag auch tatsächlich zum Nutzen des Unternehmens auswirken wird, ist der Investitionszweck von größter Wichtigkeit. Im Hinblick auf die Zweckbestimmung der Investitionen können allerdings Regeln von allgemeiner Gültigkeit für die Aufgliederung der Investitionen nicht aufgestellt werden. Für die folgende Darstellung dürfte sich jedoch die Aufgliederung von Joel Dean am ehesten eignen. Nach seiner Auffassung lassen sich Investitionen folgendermaßen aufgliedern[1]:

1. Ersatzinvestitionen
   a) Ersatz verbrauchter Anlagen
   b) Ersatz technisch überholter Anlagen
2. Erweiterungsinvestitionen
3. Produktinvestitionen
   a) Invesitionen zur Verbesserung der Produkte
   b) Investitionen zur Einführung neuer Produkte
4. Strategische Investitionen
   a) Investitionen zur Verminderung des Risikos
   b) Investitionen zur Verbesserung der Sozialeinrichtungen

Die zwei Arten von Ersatzinvestitionen führen zu Kosteneinsparungen. Der Geldeinsatz für den Ersatz verbrauchter Anlagen ist durchweg mit einer Kosteneinsparung verbunden, weil neue Anlagen zumeist auch

1 Joel Dean, Capital Budgeting (New York: Columbia University Press, 1951), chapters V—IX.

leistungsfähiger sind als verbrauchte Anlagen. Investitionen zum Ersatz technisch überholter Anlagen durch Einstellung moderner Maschinen dürften die Kostensituation des Unternehmens ebenfalls ganz wesentlich in einer günstigen Richtung beeinflussen.
Erweiterungsinvestitionen dienen der Erweiterung der bestehenden Produktionskapazität, ohne damit gleichzeitig die Aufnahme neuer Produktionszweige zu ermöglichen.
Produktinvestitionen bezwecken entweder eine Verbesserung des bestehenden Produktes oder führen zur Entwicklung eines neuen Produktes. Solche Investitionen werden gewöhnlich nicht nur in einer Erhöhung der Anlagenanschaffung sichtbar; sie schlagen sich ferner in größeren Aufwendungen für die Forschung, technische Entwicklung, Stilistik und Werbung nieder.
Strategische Investitionen wirken sich entweder in einer Reduzierung des Risikos durch industrielle Integration und Forschung oder in einer Verbesserung des Betriebsklimas durch bessere Arbeitsbedingungen aus.

Die Bedeutung der vorstehenden Aufgliederung zeigt sich in erster Linie im Zusammenhang mit der Prüfung der einzelnen Investitionsvorhaben hinsichtlich ihrer Zweckmäßigkeit und Dringlichkeit. Hierbei richten sich die Natur der Kostenvoranschläge, Rentabilitätsberechnungen, Vorhersagen und Annahmen sowie das Gewinnziel nach dem Zweck und der Art der jeweiligen Investition. Strategische Investitionen können natürlich nicht denselben Beurteilungsmaßstäben unterworfen werden, die für alle übrigen Investitionsarten gültig sind. Demgegenüber können Investitionswünsche mit dem Ziel einer Einsparung von Kosten hinsichtlich ihrer Kosten- und Wirtschaftlichkeitsberechnungen wesentlich strengeren Anforderungen unterzogen werden als Anforderungen für Produktinvestitionen.
Diese Aufgliederung der Investitionen muß auch bei der Ausstellung von Investitionsanforderungen entsprechend berücksichtigt werden. Investitionsanforderungen mit dem Ziel der Kosteneinsparung können beispielsweise schon auf der unteren betrieblichen Leitungsebene ausgestellt werden, während die Ausstellung von Investitionsanforderungen mit strategischer Zielsetzung ausschließlich der obersten Unternehmensführung vorbehalten ist. Aus dem Umstand, daß Anforderungen für Investitionen auf verschiedenen Leitungsebenen der Unternehmensführung ausgestellt werden können, darf noch nicht geschlossen werden, daß auch alle Leitungsebenen zur Genehmigung von Investitionsanforderungen eigenverantwortlich berechtigt sind. Abgesehen von Ausnahmen delegiert die oberste Unternehmensführung zwar die Aufgabe der Investitionsanforderung, nicht aber ihre Verantwortung für die Genehmigung von Investitionsanforderungen.

Investitionsmethoden. Hat die oberste Unternehmensführung dem Investitionsvorhaben zugestimmt, so muß häufig noch geprüft werden, wie die Investition durchgeführt werden soll. Hierbei geht es besonders um die Beantwortung der Frage, ob das Unternehmen die Anlage selbst herstellen oder bei einem Lieferanten in Auftrag geben soll. Es bedarf keiner besonderen Betonung, daß sich diese Frage automatisch beantwortet, sofern es sich bei der zu beschaffenden Anlage um eine Spezialmaschine handelt. Während in einem solchen Fall die Entscheidung über die Investitionsmethode eindeutig vorgezeichnet ist, dürfte in allen anderen Fällen die Entscheidung über Eigenfertigung oder Fremdbezug von dem Ergebnis eines Kostenvergleichs abhängig sein.

In engem Zusammenhang mit der Wahlmöglichkeit zwischen Eigenfertigung und Fremdbezug steht die Frage, ob die benötigte Anlage erworben oder gemietet werden soll. Dabei steht die Frage nach der Notwendigkeit der Investitionsvorhabens nicht mehr an. Vielmehr soll hier nur die Frage untersucht werden, ob es vorteilhafter ist, die mit der Investition verbundenen Kosten zu aktivieren oder unmittelbar über den Erfolg, d. h. als Miete, zu verrechnen. Auch in diesem Fall hängt die zu treffende Entscheidung letzten Endes von dem Ergebnis einer sorgfältigen Analyse der in diesem Zusammenhang relevanten Faktoren ab.

Von der weiteren Behandlung der Investitionen werden die für die Entscheidung über Eigenfertigung oder Fremdbezug, bzw. Kauf oder Miete maßgeblichen Entscheidungsgründe ausgeschlossen. Für die Zweckmäßigkeitsfrage des Investitionsvorhabens haben sie keine Bedeutung. Im Hinblick auf die Wichtigkeit und Häufigkeit dieser Entscheidungsprobleme schien jedoch ein entsprechender Hinweis erforderlich.

Planung der Investitionen

Langfristige und kurzfristige Planung. Der Zeitfaktor ist bei Investitionen aus zwei Gründen von großer Wichtigkeit. Neben der Tatsache, daß schon allein die Planung und Durchführung der Investitionen zeitaufwendig sind, ist noch zu beachten, daß auch die in diesem Zusammenhang anstehenden Finanzierungsprobleme je nach den betriebsindividuellen Verhältnissen einen mehr oder minder großen Zeitaufwand beanspruchen.

Sofern die Kapitalbeträge durch Emissionen von Aktien oder Obligationen beschafft werden müssen, können Monate vergehen, bevor alle vorbereitenden Maßnahmen getroffen und die Wertpapiere verkauft sind. Wird zur Finanzierung der Investitionsvorhaben die Selbstfinanzierung ausgewählt, so können Jahre vergehen, ehe die Kapitalbeträge in der benötigten Höhe bereitstehen. In diesem Fall basiert die Kapitalbeschaffung auf dem Rückfluß des Werteverzehrs vorhandener Produktionsanlagen in Form von Abschreibungen und auf Reingewinnen, die für Dividendenausschüttungen oder andere laufende Zwecke nicht benötigt werden.

Aber nicht nur die Zeit ist ein wichtiger Faktor, sondern auch die Terminplanung. Die Planung der Investitionen mit dem Ziel der Erreichung des höchstmöglichen Gewinns und der niedrigsten Finanzierungskosten hat eine sorgfältige Terminplanung zur Voraussetzung.

Im Hinblick auf die vorstehend erörterten Faktoren ergibt sich ein eindeutiges Erfordernis sowohl für die langfristige als auch für die kurzfristige Planung der Investitionen. Die Tatsache, daß kurzfristige Pläne mit einer Geltungsdauer von mehr als einem Jahr selten sind, läßt erkennen, daß sich größere Vorhaben zur Bereitstellung von Produktionsanlagen im allgemeinen über mehrere kurzfristige Planungszeiträume erstrecken. Investitionen haben demnach in der Regel sowohl kurzfristige als auch langfristige Planungsprobleme zur Folge. Abgesehen von dem physischen Zeitbedarf ist eine Trennung zwischen langfristiger und kurzfristiger Investitionsplanung schon allein wegen des unterschiedlichen Genauigkeitsgrades dieser beiden Vorausschätzungen angebracht. Besonders bedeutsam ist nämlich, daß der Genauigkeitsgrad der Vorausschätzung mit größer werdendem Abstand vom Zeitpunkt der Planaufstellung sinkt. Hierdurch ergibt sich implizite, daß die Planung der Investierungen ihrer Natur nach in zwei Kategorien zerfällt. Langfristige Pläne vermitteln eine nur oberflächliche Vorstellung von der unternehmerischen Zielsetzung; sie enthalten keine Einzelheiten über die genauen Kosten und Termine, bzw. keine präzisen Beschreibungen zu den geplanten Betriebsvorgängen. Hat die Unternehmensführung beispielsweise entschieden, daß in etwa vier oder fünf Jahren ein neues Werk errichtet werden soll, so handelt es sich hierbei verständlicherweise um einen weit in die Zukunft reichenden Betriebsvorgang. Eine derartige Entscheidung ist sehr aufschlußreich hinsichtlich der gegenwärtigen Überlegungen der Unternehmensführung zu dieser Frage, auch dürfte sie ihren Einfluß auf die Finanzplanung ausüben, andererseits muß man jedoch damit rechnen, daß sie auf Grund einer besseren zeitlichen Übersichtstiefe noch modifiziert wird. Es ist einfach unmöglich, die Zukunft mit hinreichender Genauigkeit und Richtigkeit abzuschätzen, wenn der Zeitpunkt der Planaufstellung von dem zukünftigen Ereignis so weit entfernt ist. Langfristige Entscheidungen dieser Art berühren den Finanzplan der laufenden Planperiode nur in Hinsicht auf die Dividendenpolitik des Unternehmens. Obwohl eine finanzwirksame Verbindlichkeit noch nicht besteht, ist die stufenweise Ansammlung des für das langfristig geplante Investitionsvorhaben geschätzten Finanzbedarfs bereits Bestandteil der Zielsetzung des laufenden Planungszeitraumes.

Dagegen sind Projekte, die im laufenden Jahr aufgenommen oder fortgesetzt werden sollen, bei der laufenden Finanzplanung als Verbindlichkeiten zu berücksichtigen. Der im Vorjahr begonnene Bau eines Werkes muß normalerweise im laufenden Jahr fortgeführt oder abgeschlossen werden. Die hiermit verbundenen finanzwirksamen Vorgänge müssen zur Bereitstellung der erforderlichen Mittel in der laufenden Planperiode zum Ansatz kommen. Analog finden bei der laufenden Finanzplanung alle im laufenden Jahr sofort in Angriff genommenen Projekte als Verbindlichkeit Berücksichtigung.

Damit ergibt sich, daß der wahre Unterschied zwischen langfristiger und kurzfristiger Investitionsplanung im Dringlichkeitsgrad des Kapitalbedarfs zu erblicken ist. In der langfristigen Investitionsplanung sind die für die erwarteten zukünftigen Vorhaben anzusammelnden Kapitalbeträge niedergelegt, während die kurzfristige Planung der Investierungen zur Deckung der laufenden Investitionsausgaben erforderlichen Mittel enthält. Dieser Unterschied spielt auch in den Budget-Berichten der „Beispiel-Gesellschaft" eine Rolle. Der Kapitalbedarf für die laufenden Investitionen ist in den geplanten Ausgaben enthalten; der zukünftige Kapitalbedarf kommt im Verhältnis der Dividendenausschüttung zum Reingewinn zum Ausdruck.

Obwohl sich die Aspekte beider Planungen wesentlich voneinander unterschieden, sind sie doch miteinander verwandt. Dies zeigt sich ganz besonders in den Fällen, in denen die Ausgaben der laufenden Planperiode das Resultat einer früheren Planung auf lange Sicht sind. Die voraussichtlichen Auswirkungen neuer, in der laufenden Planperiode auszuführender Investitionen auf die in Zukunft für das Anlagevermögen erforderlichen Mittel müssen genau durchgerechnet werden. So muß z. B. die Entscheidung über die Anschaffung neuer Maschinen nicht nur auf ihren Wirkungsgrad in der laufenden Planperiode hin geprüft werden, sondern es ist auch zu ermitteln, ob sich daraus Ausgaben auf lange Sicht ergeben können.

Genehmigungsverfahren. Investitionen können durch viele Stellen des Unternehmens angefordert werden. Alle Anforderungen müssen hinsichtlich ihrer Kostenvoranschläge, Rentabilitätsberechnungen und Auswirkungen sorgfältig überprüft und in bezug auf ihre Zweckmäßigkeit und Dringlichkeit einer strengen Auslese unterworfen werden. Genehmigungsverfahren müssen so beschaffen sein, daß sie

1. zur Entwicklung von Ideen anregen;
2. die prompte Mitteilung derartiger Ideen an die Leitungsorgane des Unternehmens gewährleisten;
3. eine rational begründete Auswahl des Ideengutes sicherstellen.

Nicht nur die Unternehmensführung, bereits das Betriebspersonal soll überlegen, welche Anlagen erneuerungsbedürftig sind, welche Betriebsvorgänge durch Investitionen verbessert werden könnten, kurz, was alles getan werden muß, damit die Produktionsanlagen technisch leistungsfähiger bzw. wirtschaftlich vorteilhafter zum Einsatz kommen. Es ist von größter Wichtigkeit, daß solche Überlegungen angestellt werden.

Den Ausgangspunkt eines Investitionsprogramms könnte man als das Ideenstadium definieren. Die Idee kann irgendwo im Betrieb hervorgebracht worden sein — von einem Maschinenbediener, einem Meister oder möglicherweise vom Leiter des Unternehmens. Ideen zählen zu den Gütern, denen die amerikanische Wirtschaft ihre Leistungsfähigkeit verdankt. Sie leisten auch dann einen wesentlichen Beitrag zum Wohlstand eines Landes, wenn sein natürlicher Reichtum sinkt. Sie sind der Lebensfunke eines Unternehmens, und er sollte daher niemals erstickt oder in irgendeiner anderen Weise beeinträchtigt werden. Der unterlassene Einbau einer guten Idee in das Investitionsprogramm kann sich ebenso nachteilig auswirken wie die Berücksichtigung einer ungeeigneten Idee.[2]

Die Sicherstellung eines ständigen Ideenflusses hat seitens der Unternehmensführung ein hohes Maß an Aufgeschlossenheit zur Voraussetzung. Sie muß geradezu auf der Suche nach Ideen sein. Dabei ist es überaus wichtig, daß auch die untere Führungsebene und sogar die Arbeiter zum schöpferischen Denken angespornt werden. Ferner muß sichergestellt sein, daß das betriebliche Ideengut auf dem kürzesten Wege der Unternehmensführung oder einer hierfür verantwortlichen Stelle zur Kenntnis gebracht werden kann. Schon viele gute Ideen sind verloren gegangen, weil ihnen auf den unteren Führungsebenen nicht die erforderliche Beachtung geschenkt wurde.

Nachdem die Ideen entwickelt und mitgeteilt worden sind, müssen sie sorgfältig gesiebt, geprüft und getestet werden. Dabei ist das Ausleseverfahren von größter Wichtigkeit. Die Abbildungen 17-1 und 17-2 verdeutlichen, wie der Durchlauf des betrieblichen Ideengutes in zwei bekannten Unternehmen, der SYLVANIA ELECTRIC PRODUCTS, INC., bzw. der BIGELOW-SANFORD CARPET COMPANY, INC., geregelt ist. Zum Genehmigungsverfahren erscheint noch der Hinweis angebracht, daß sich der ihm zugrunde liegende Durchlauf in Abhängigkeit von der Höhe der voraussichtlichen Kosten ändert. So z. B. können kleinere Investitionen unter $ 1.000 von der Werkleitung, Investitionen von $ 1.000 bis

2 John M. Schultz, "Planning Capital Expenditures for Future Earnings", N.A.A. Bulletin, Abteilung I, Mai 1955, Seite 918.

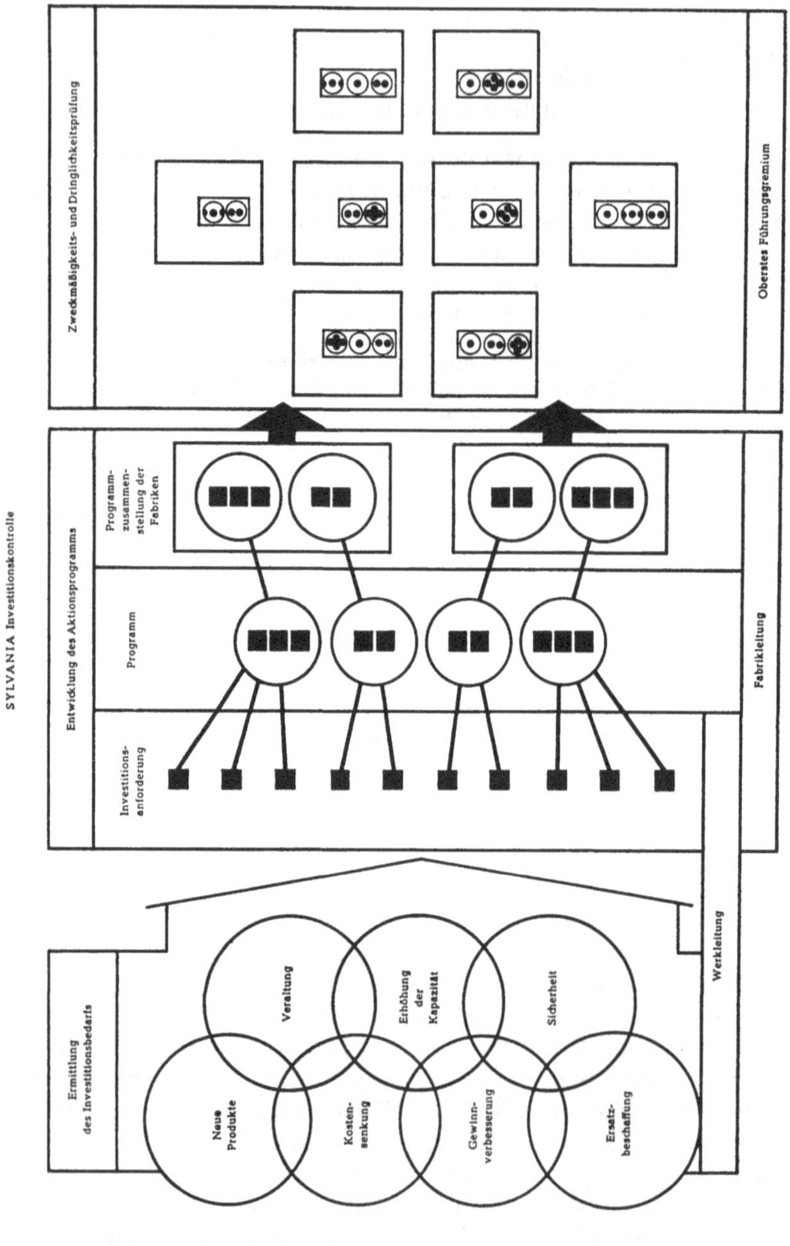

Quelle: John E. Rhodes, "How to Make Capital Controls Work", N. A. A. Bulletin, Abteilung I, Sept. 1955, Seite 6.

Abb. 17-1, Sylvania Investitionskontrolle

$ 10.000 vom Generaldirektor und Beträge über $ 10.000 vom Aufsichtsrat genehmigt werden. Diese Tatsache spielt eine gewisse Rolle im Zusammenhang mit dem terminlichen Durchlauf der Investitionsanforderungen.

Größere Investitionsvorhaben, die der Genehmigung durch den Aufsichtsrat bedürfen, werden gewöhnlich so frühzeitig vorgeprüft und durch entsprechende technische und betriebswirtschaftliche Empfehlungen ergänzt, daß sie noch vor dem Jahresbudget dem Aufsichtsrat vorgelegt werden können. Dies erscheint deshalb zweckmäßig, weil derartige Pro-

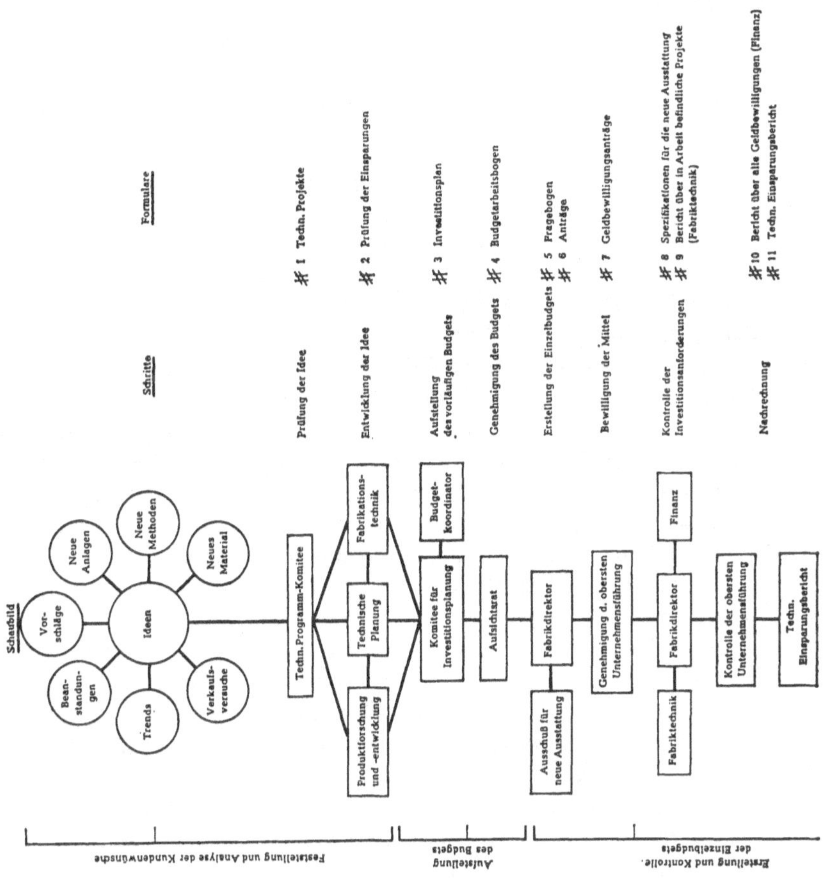

Quelle: Elliot I. Petersen, "The Competitive-Demand System of Capital Budget Preparation", Tested Approaches to Capital Equipment Replacement, American Management Association, Sonderbericht Nr. 1, 1954, Seite 56.

Abb. 17-2 Bigelow-Sanford, Investitionskontrolle

jekte im Rahmen der Kapitalbedarfsrechnung einen breiten Raum einnehmen. Andererseits scheint es unbedenklich, wenn kleinere Investitionen innerhalb der durch das Jahresbudget festgelegten Gesamtbegrenzung von Fall zu Fall von den unteren Führungsgremien genehmigt werden. In diesem Fall sind weder der Aufsichtsrat noch die oberste Unternehmensführung an den Einzelheiten der Projekte interessiert; ihrem Informationsbedürfnis ist durch die Genehmigung der Gesamtinvestitionen Genüge getan.

Der Vollständigkeit halber muß noch erwähnt werden, daß für die Vorprüfung der einzelnen Anforderungen hinsichtlich ihrer Zweckmäßigkeit und Dringlichkeit gewöhnlich ein Investitionsausschuß zuständig ist. Die personelle Zusammensetzung derartiger Ausschüsse richtet sich nach der Höhe der Investitionen.

Der Genehmigungsprozeß der Investitionen läßt sich stufenmäßig folgendermaßen gliedern:

1. Stufe: Vorläufige Gutheißung der Idee
2. Stufe: Sammlung der wesentlichen Informationen
3. Stufe: Entscheidung und Genehmigung

In der betrieblichen Realität mag es mitunter schwierig sein, Investitionsanforderungen hinsichtlich ihrer voraussichtlichen Auswirkungen kurzfristig zu beurteilen. Ein klares Bild dürfte in manchen Fällen nur auf Grund eines sorgfältigen und zeitaufwendigen Studiums aller investitionsrelevanten Daten zu gewinnen sein. Um eine Gewähr dafür zu haben, daß sich der Zeitaufwand für solche Analysen überhaupt lohnt, ist es ratsam, derartige Anforderungen einer Vorprüfung zu unterwerfen. Es bedarf wohl keines besonderen Hinweises, daß solche Vorprüfungen durch Personal zu erfolgen hat, welches die für diese Aufgabe erforderlichen speziellen Qualifikationen besitzt. Ein besonders ausgeprägtes Urteilsvermögen und eine grundlegende Kenntnis aller Betriebsvorgänge sind die beste Voraussetzung dafür, daß ein angemessenes Gleichgewicht zwischen nebelhaften Hoffnungen und angestrebter Zweckmäßigkeit gefunden wird. Dem Vorprüfungsausschuß müssen demnach Fachleute der jeweiligen Tätigkeitsbereiche angehören, die von der Investitionsanforderung betroffen sind.

Hat das Resultat der Vorprüfung ergeben, daß sich eine genaue Analyse der Anforderungen lohnen dürfte, so sollte man den Vorschlag in allen Einzelheiten prüfen. Hierzu gehören neben den voraussichtlichen Kosten alle übrigen technischen und wirtschaftlichen Auswirkungen der Investition. Nachdem dieser Vorgang seinen Abschluß gefunden hat und die Investitionsanforderung mit den Zielen der langfristigen Betriebspolitik, der betrieblichen Gesamtplanung, der Finanzierungsmöglichkeit und der betrieblichen Steuerpolitik abgestimmt worden ist, wird sie nun zur endgültigen Entscheidung vorgelegt.

Die Frage, ob eine Investitionsanforderung akzeptabel ist oder nicht, beantwortet sich nach bestimmten Maßstäben. Solche Maßstäbe sollte man von vornherein so sorgfältig wie möglich festlegen. Sie dienen nicht nur der Vermeidung wiederkehrender Analysen im Zusammenhang mit ähnlichen oder gleich gelagerten Anforderungen, sondern sie ermöglichen auch die Delegierung der analytischen Durchleuchtung an verschiedene Gruppen.

Auswirkungsmaßstäbe. Zunächst ist festzustellen, daß es Investitionen gibt, die vorgenommen werden müssen und die man daher häufig als „Muß"-Investitionen definiert. Wenn z. B. ein integrierter Bestandteil einer Produktionsanlage ersatzbeschafft werden muß, so erübrigt sich jede Untersuchung seiner Auswirkungen. Sein Nutzen ist mit dem der Gesamtanlage so eng verbunden, daß ein normaler Maßstab nicht appliziert werden kann.

Ähnlich liegen die Verhältnisse bei den strategischen Investitionen. Auch sie können mit normalen Auswirkungsmaßstäben nicht gemessen werden. Trotzdem müssen sie aber wie „Muß"-Investitionen behandelt und dementsprechend durchgeführt werden. Bei der Beurteilung solcher Investitionen müssen viele Faktoren berücksichtigt werden, die erfahrungsgemäß nur die oberste Unternehmensführung erkennen kann. Die Bewilligung der für diese Art von Investitionen erforderlichen Mittel erfolgt meistens auf einer globalen Basis.

In den meisten Fällen wird es jedoch nötig sein, die Investitionsanforderungen sowohl in technischer als auch in betriebswirtschaftlicher Hinsicht zu prüfen. Bei solchen Prüfungen erweisen sich Auswirkungsmaßstäbe, ausgedrückt durch eine angestrebte Verzinsung des in der zu beschaffenden oder zu erstellenden Anlage gebundenen Kapitals, als überaus nützlich. Letzten Endes knüpfen sich an das Anlagevermögen dieselben Gewinnerwartungen wie an Wertpapiere. Es ist ein Bestandteil der unternehmerischen Zielsetzung, die auf die langfristige Gewinnmaximierung gerichtet ist.

Errechnung der Kapitalverzinsung. Auf die theoretischen Betrachtungen zu diesem Problem soll an dieser Stelle nicht eingegangen werden, es sei vielmehr auf die einschlägige Spezialliteratur verwiesen. Nur die grundlegenden Prinzipien können hier näher behandelt werden.

Unter der Verzinsung des investierten Kapitals ist die Reingewinnzunahme des Unternehmens durch Kapitaleinsätze zu verstehen. Diese Zunahme mag das Ergebnis wirtschaftlicher Einsparungen durch Ersatzinvestitionen oder günstiger Kosten bzw. vorteilhafter Preise auf Grund von Erweiterungs- bzw. Produktinvestitionen sein. In beiden Fällen ist es erforderlich, daß die Auswirkungen der Investitionen auf den Reingewinn so genau wie möglich vorausbestimmt werden. Allerdings sei vermerkt, daß diese Aufgabe häufig mit erheblichen Schwierigkeiten verbunden ist. Die Kapitalverzinsung für Ersatzinvestitionen läßt sich am einfachsten vorausbestimmen, weil die hierfür maßgeblichen Faktoren hinreichend bekannt sind. Aber selbst hierbei entstehen Schwierigkeiten. So z. B. dürfte es mitunter schwierig sein, die exakten Kosten der vorhandenen Produktionsanlagen festzustellen, weil der Kontenplan des Unternehmens auf eine solche Fragestellung nicht eingestellt ist. Ferner müssen die neuen Anlagen erst einmal ausprobiert worden sein, ehe man ein abschließendes Bild von ihren Kosten hat. Trotz aller Schwierigkeiten ist aber die Analyse primär auf die kostenmäßigen Auswirkungen der Ersatzinvestitionen beschränkt.

Bei den anderen Investitionsarten müssen die Kosten und Umsätze vorausbestimmt werden. Hierbei ist es denkbar, daß die Kosten der Serienfertigung von den Kosten der Vorserie abweichen bzw. das veränderte oder neue Produkt auf dem Markt nicht die erhoffte Gegenliebe findet. Ungeachtet dieser Schwierigkeiten ist aber die Vorausschätzung der erwarteten zukünftigen Kapitalverzinsung eine wesentliche Voraussetzung für eine sachlich richtige Investitionsentscheidung.

Beim Vergleich der in Vorschlag gebrachten Kapitalverzinsung spielt der Zeitfaktor eine nicht zu übersehende Rolle, da Ersatzinvestitionen und sonstige Anlagezugänge von vornherein für verschiedene Nutzungszeiträume bestimmt sein können. Einige Anlagen werden aller Voraussicht nach nur wenige Jahre, andere dagegen eine ganze Reihe von Jahren genutzt. Obwohl der Zeitfaktor durch die in Ansatz gebrachten Abschreibungsbeträge automatisch Berücksichtigung findet, ist er aus zwei Gründen von großer Wichtigkeit.

Je länger die voraussichtliche Nutzungsdauer ist, desto größer sind die Schwierigkeiten, die sich bei der Vorausschätzung der zukünftigen Erwartungen einstellen. Dies gilt besonders für den Risikofaktor. Eine geschätzte Jahresverzinsung von 15% im Laufe von zehn Jahren ist augenscheinlich besser als eine Verzinsung von 12% im Laufe von fünf Jahren. Dabei ist jedoch zu beachten, daß die Vorhersage der letzteren wahrscheinlich zuverlässiger ist als die der ersteren. Hat man zwischen diesen beiden Alternativen zu wählen, so muß man vor allen Dingen das Risikomoment gebührend berücksichtigen.

Zusammenstellung des Investitionsprogramms
für zwei Jahre
(in 1.000 $)

Jahre: ______

Prioritätsstufe	Programmnummer	Beschreibung des Programms	Genehmigter Betrag	Bereits ausgegeben	Noch auszugeben	19-	19-	19-	Betriebskapitalbedarf	Gesamtkosten	Einsparungen	Kapitalverzinsung

Quelle: I. C. Guest, Jr., "An Over-all System of Capital Controls", Tested Approaches to Capital Equipment Replacement, American Management Association, Sonderbericht Nr. I, 1954, Seite 22.

Abb. 17-3 Investitionsplan

Zum anderen dürften sich im Laufe der Jahre die Geldwertschwankungen auf die erwartete Kapitalverzinsung auswirken. Daraus ergibt sich, daß man auch sie bei der Errechnung der Kapitalverzinsung in Betracht ziehen sollte.

Genehmigung der Investition			Nr........................
Abteilung:		Werk:	
Anforderung:			☐ Neuzugang ☐ Ersatz ☐ Verbesserung
Geschätzte Gesamtkosten	Aktivierungs-pflichtige Kosten	Gemeinkosten	Restbuchwert der alten Anlage $
$	$	$	Schrottwert der alten Anlage $
Beschreibung:			

Betroffene Produkte:
Zweck:

Datum der Arbeitsaufnahme	19.......	Voraussichtliche Fertigstellung	19.......
Beantragt von		Datum	19.......
Genehmigt	von.. Werkleiter		.... 19.......
	von.. Fabrikleiter		.... 19.......
	von.. Executivkomitee		.... 19.......
Besondere Buchhaltungsanweisungen			
Datum.............................. 19.......			.... Controller

Quelle: Arthur H. Wernecke, "Control of Capital Outlay Authorizations", N. A. A. Bulletin, Abt. I, Nov. 1951, Seite 358.

Abb. 17-4 Genehmigung der Investition

Es gibt verschiedene Methoden zur Errechnung der Kapitalverzinsung, die den genannten Faktoren Rechnung tragen. Einige dieser Methoden erwecken den Eindruck einer großen Genauigkeit. Im Hinblick auf ihre praktische Brauchbarkeit läßt sich jedoch nur sagen, daß auch sie auf eine ganze Reihe von Schätzungen angewiesen sind, so daß die mit ihrer Hilfe gewonnenen Resultate niemals besser sein können als die den Ausgangsdaten zugrunde liegenden Erwartungen. Demnach steht im Mittelpunkt aller investitionspolitischen Überlegungen und Maßnahmen das bewußte unternehmerische Handeln, welches durch Errechnungen wie die der voraussichtlichen Kapitalverzinsung nicht ersetzt, sondern nur gestützt werden kann.

Der Investitionsplan. Im Anschluß an die Feststellung der vorteilhaftesten Investitionsanforderungen und deren Abstimmung mit den Finanzierungsmöglichkeiten kann der Investitionsplan aufgestellt werden. Abbildung 17-3 zeigt ein Muster eines solchen Investitionsplanes. Mit der Genehmigung des Investitionsplanes ist sodann die Möglichkeit gegeben, seine Daten in die geschätzte Bilanz und Gewinn- und Verlustrechnung für das laufende Jahr und in die laufende Kapitalbedarfsrechnung zu übernehmen. Abschließend kann die Genehmigung zu den einzelnen Investitionsanforderungen erteilt werden. Abbildung 17-4 illustriert eine solche Genehmigung.

Kontrolle der Investitionen

Die Kontrolle der Investitionen sollte so gestaltet sein, daß sie

1. nicht genehmigte Investitionen unterbindet,
2. Aufschluß über den Fortschritt der Investitionen und die Abweichungsbeträge gegenüber der Genehmigung gibt,
3. eine Nachrechnung der effektiven Investitionsaufwendungen ermöglicht.

Das erste Erfordernis ist allen Kontrollen gemeinsam und bedarf daher keiner näheren Erläuterung. Die übrigen Erfordernisse sind Gegenstand der nunmehr folgenden Besprechung.

Der Kontrollbericht. Größere Investitionsvorhaben können natürlich nicht über Nacht durchgeführt werden. Die Ausarbeitung der Pläne im einzelnen und der dazugehörigen Beschreibungen, die Ausstellung der Werkaufträge und Kaufverträge, die Beschaffung des Materials und der Arbeitskräfte und die tatsächliche Bauausführung sind sehr zeitaufwendig. Ferner können unvorhersehbare Verzögerungen aus völlig verschiedenartigen Ursachen auftreten. Innerbetriebliche Kontrollberichte über den Fortschritt der einzelnen Investitionsvorhaben scheinen aus zwei Gründen zweckmäßig. Einmal gewinnt man mit ihrer Hilfe klare Vorstellungen über die Einhaltung der festgelegten Termine, was für die Kapitalbedarfsrechnung überaus wichtig ist. Zum anderen vermitteln sie einen Eindruck von den gesamten Kosten der einzelnen Investitionen.

Die besonders enge Verbindung zwischen dem festgelegten Terminplan und der Kapitalbedarfsrechnung zeigt in anschaulicher Weise das nachstehende Beispiel eines Gebäudeprojektes. Entsprechend der Planung war eine Bauzeit von 18 Monaten und eine monatliche Kostenbelastung in Höhe der aufgewandten Baukosten vorgesehen. Als Baukosten sollten die effektiven Herstellungskosten und die Zunahme des Vorrats an Baumaterial gelten. Von den gesamten Baukosten sollte vereinbarungsgemäß ein bestimmter Vomhundertsatz bis zur Bauabnahme unbeglichen bleiben. Abweichungen des tatsächlichen Baufortschritts gegenüber der Planung infolge von Witterungseinflüssen bzw. Veränderungen bei den Materialeingängen infolge von Liefer- oder Transportschwierigkeiten der Lieferanten mußten sich unter diesen Umständen auf die gesamte monatliche Kostenbelastung und gleichermaßen auf die monatliche Kassenbedarfsrechnung von Fall zu Fall mit verschiedener Stärke auswirken. Bei niedrigen Kostenbelastungen lagen die Geldmittelbestände möglicherweise erheblich über den Erwartungen, während im umgekehrten Fall zusätzliches Betriebskapital in Anspruch genommen werden mußte. In beiden Fällen war der Gleichlauf der Einnahmen- und Ausgabenströme gestört, weshalb vermehrte Zinskosten nicht ausblieben.

Problematischer scheint die Auswirkung derartiger Terminabweichungen auf die übrigen ergänzenden Projekte zu sein. Dies gilt vor allem für jene Fälle, in denen die zu beschaffende Anlage ein integrierter Teil eines anderen Projektes ist. Dann nämlich werden sich solche Verzögerungen möglicherweise auf das Gesamtprojekt nachteilig auswirken.

Schließlich bleibt noch zu berücksichtigen, daß die verzögerte Fertigstellung von Produktionsanlagen auch sehr große Marktnachteile zur Folge haben kann. Die Terminplanung ist vor allem bei den Produktinvestitionen von größter Wichtigkeit. Die Nichteinhaltung der festgelegten Termine kann im Extremfall zu einer völligen Negierung der unternehmerischen Erwartungen führen. Angesichts der vorstehend skizzierten Konsequenzen ist eine genaue Kontrolle und Berichterstattung des Fortschritts nötig.

KONTROLLE DER KOSTEN. Durch die laufende Kontrolle der effektiven Kostenbelastung einer Investitionsanforderung dürfte normalerweise gewährleistet sein, daß die Kostenvorgabe eingehalten wird. Sofern Abweichungen des Ist vom Soll der Ausgaben nicht zu vermeiden sind, werden die Abweichungsbeträge herausgestellt und auf ihre Ursachen hin gesondert analysiert.
Einer der Schritte bei der Planung der Investierung besteht in der Ermittlung von Kostenvorgaben. Diese Kostenvorgaben sollte man auf einem besonderen Formblatt eintragen, da sie sowohl für die Planung als auch für die anschließende Kontrolle bedeutsam sind. Die Kontrolle der Kosten gegenüber den Vorgaben sollte nach festen organisatorischen Regeln auf monatlicher Grundlage durchgeführt werden. Sie wird damit mehr oder weniger zu einer Routinesache. Obwohl gegen Abweichungen gewöhnlich nichts unternommen werden kann, ist diese Information für die Festlegung späterer Kostenvorgaben von großem Wert. Abbildung 17-5 veranschaulicht einen Kontrollbericht, der sowohl den bisher erreichten Fortschritt als auch die ermittelten Abweichungsbeträge darstellt.

DIE INVESTITIONSNACHRECHNUNG. Auf der letzten Stufe der Investitionskontrolle kommt der Nachrechnung der in den Produktionsanlagen gebundenen Kapitalbeträge eine entscheidende Aufgabe zu. Sie ermittelt nämlich, ob der effektive Wert der Investition den von der Unternehmensführung im Zeitpunkt der Genehmigung angestrebten Wert erreicht hat. Im Falle einer Ersatzinvestition stellt sich die Frage, ob die wirtschaftliche Einsparung realisiert wurde. Im Falle der Erweiterungs- und Produktinvestitionen wird festgestellt, ob die vom Unternehmen gedachte Ertragsmöglichkeit realistisch war. Bei den strategischen Investitionen ist die Plausibilität Gegenstand der Nachprüfung.
Periodische Nachprüfungen mit Bezug auf frühere Entscheidungen dürften sich sehr zum Nutzen der Unternehmensführung auswirken. Bei Entscheidungen über zukünftige Investitionsanforderungen wird sie auf die Resultate solcher Nachprüfungen gerne zurückgreifen. Daher scheint es wichtig, daß durch die Nachprüfungen Aufschluß darüber gewonnen wird, ob (1) wesentliche Faktoren übersehen wurden, (2) die Informationen hinsichtlich der Kosten einer Verfeinerung bedürfen oder (3) bei zukünftigen Überlegungen ein größerer Risikofaktor berücksichtigt werden muß.

Kontrollbericht für Investierungen

Datum____________

Investitions-anforderung Nr.	Bezeichnung der Anforderung	Genehmigungsdatum	Genehmigter Gesamtbetrag	Gesamtkäufe bzw. Eigenleistungen				Saldo	Mehr- oder Minderausgabe abgeschl. Anforderungen	Gesamtausgaben			
				lfd. Monat	im Jahr	Offen am Monatsende				lfd. Monat	im Jahr	Aktiviert im Jahre	Gemeinkosten im Jahr
						Aktivierungspflichtig	Gemeinkosten						
			1	2	3	4	5	6	7	8	9	10	11
Zwischensumme													
Abgeschlossene Anträge in Vormonaten				X		X	X	X		X			
Aktivierte Beträge für die eine Genehmigung erforderlich war			X			X	X	X	X				
Total													

Quelle: Elliot I. Petersen, "The Competitive-Demand System of Capital Budget Preparation", Tested Approaches to Capital Equipment Replacement, American Management Association, Sonderbericht Nr. 1, 1954, Seite 68.

Abb. 17-5 Kontrollbericht für Investitionen

18. Finanzlage

Zweck des Kapitels. Die Finanzlage eines Unternehmens wird ausgedrückt durch Höhe und Zusammensetzung seines Aktivvermögens im Verhältnis zur Höhe und Zusammensetzung seiner Verbindlichkeiten und durch das Verhältnis beider Größen zum Umfang der Geschäftstätigkeit des Unternehmens. Sie spiegelt sich wider in der Bilanz und in den verschiedenen daraus abgeleiteten Kennziffern. Die Finanzlage ist zugleich Ziel und Ergebnis der Geschäftstätigkeit. Die Erzielung eines Gewinns ist zwar das oberste Ziel, die Planung muß jedoch auch auf die Schaffung einer gesunden Finanzlage ausgerichtet sein, und gerade dieses letztere Ziel kann zuweilen eine ernsthafte Beeinträchtigung der auf die Erreichung des ersten Zieles gerichteten Planungen darstellen. Eine überstürzte Ausweitung des Fertigungsvolumens z. B. in der Absicht, eine plötzliche Hochkonjunktur auf dem Markt auszunutzen, kann die finanziellen Quellen eines Unternehmens erschöpfen und es äußerst verwundbar für finanzielle Gefahren in einem unbeständigen Markt machen. Eine angemessene Finanzierung ist ebenso wichtig für die Planung wie das Gewinnstreben selbst.

Beim Studium dieser Phase der Budgetierung kommt die Bedeutung der doppelten Buchführung zum Ausdruck. Die zweifache Auswirkung der Geschäftstätigkeit — einmal auf die Gewinn- und Verlustrechnung und zum andern auf die Bilanz — muß bei der Budgetierung stets beachtet werden. Erhöhte Bedeutung erhält diese zweifache Wirkung durch die Tatsache, daß Gewinne nicht immer unmittelbar verflüssigt werden können und daß viele Wirtschaftsgüter eines Unternehmens erst über eine längere Zeitspanne hinweg wieder zu Geld gemacht werden können. Die Planung der Geschäftstätigkeit und die der Finanzlage müssen Hand in Hand gehen.

Aus der Tatsache, daß die Finanzlage sowohl Ziel als auch Erfolg der Geschäftstätigkeit ist, folgt, daß die Budgetierung eine Reihe untereinander zusammenhängender Analysen voraussetzt. Auf diesen Umstand wurde bereits im zweiten Kapitel hingewiesen. Ein Aufwands- und Ertragsbudget, das für sich gesehen den gewünschten Erfolg bringen würde, kann sich als undurchführbar erweisen, wenn die daraus resultierende geplante Bilanz betrachtet wird. Umgekehrt kann mit einer durchaus befriedigenden Finanzlage möglicherweise kein ausreichender Gewinn verbunden sein. So müssen die Pläne immer wieder umgearbeitet werden, bis ein optimales Verhältnis zwischen den beiden Zielen erreicht ist.

Zweck dieses Kapitels ist eine Überprüfung der Voraussetzungen für eine gesunde Finanzlage sowie eine Erörterung des Problems der optimalen Kombination von Aufwendungen und Erträgen einerseits und Finanzlage andererseits. Im Unterschied zu den anderen Kapiteln dieses Teils des Buches wird in dem vorliegenden Kapitel die Kontrollphase der Budgetierung nicht gesondert dargestellt. Der Grund hierfür ist in dem Umstand zu sehen, daß die Finanzlage zwangsläufig aus den Aufwendungen und Erträgen der Geschäftstätigkeit folgt, so daß sich die Kontrolle der Bilanzpositionen aus der in den vorhergehenden Kapiteln dargestellten Kontrolle der Ausgaben und Einnahmen sowie der Aufwendungen und Erträge ergibt.

Voraussetzungen für eine gesunde Finanzlage. Für die Beurteilung der Finanzlage wird eine Reihe verschiedener Maßstäbe angelegt. Dabei sollten drei Grundfaktoren immer berücksichtigt werden:

1. Herkunft der Mittel
2. Verwendung der Mittel
3. Sicherheit

Die Mittel sollten auf wirtschaftliche Weise beschafft werden. Sie sollten vorteilhaft angewendet werden. Das gesamte Verhältnis sollte auf finanzielle Sicherheit abgestellt sein. Auf diesen drei Grundsätzen sind die verschiedenen Bilanz- und Aufwands-/Ertrags-Kennzahlen aufgebaut. Mit Rücksicht auf die enge Verflechtung des Sicherheitsgrundsatzes mit den beiden anderen wird er nicht gesondert, sondern in Zusammenhang mit den beiden übrigen Faktoren dargestellt.

Herkunft der Mittel. Die geplante Bilanz der „Beispiel-Gesellschaft" zum 31. März, wie sie im fünften Kapitel wiedergegeben ist, kann auf folgende Weise verdichtet werden:

Umlaufvermögen	$ 1.564.550
Anlagevermögen	1.664.000
Gesamte Aktiva	$ 3.228.550
Kurzfristige Verbindlichkeiten	$ 622.800
Langfristige Verbindlichkeiten	216.000
Grundkapital	2.000.000
Rücklagen	389.750
Gesamte Passiva	$ 3.228.550

Am Bilanzstichtag werden demnach Mittel in Höhe von $ 3.228.550 zur Verfügung stehen. Davon werden $ 838.800 von fremden Gläubigern bereitgestellt und $ 2.389.750 durch Kapitalanlagen und nicht ausgeschüttete Gewinne. Die Kapitaleigner werden 74% der gesamten Mittel aufgebracht haben, die Gläubiger 26%. Ob dieses Verhältnis als günstig anzusehen ist, hängt von den Umständen ab. Bei der Beurteilung dieses Verhältnisses sollten drei Grundsätze beachtet werden:

1. Die Verwendung von Fremdmitteln erhöht die Verzinsung des Eigenkapitals, solange die Zinsen auf das Fremdkapital niedriger sind als der damit erwirtschaftete Gewinn.
2. Die Last der Schuldentilgung wird — vor allem bei langfristigen Krediten — durch Schwankungen in der Kaufkraft des Geldes beeinflußt.
3. Sowohl Kredite als auch Zinsen müssen gezahlt (bzw. zurückgezahlt) werden und stellen eine Bindung von flüssigen Mitteln dar.

Im Hinblick auf den ersten Grundsatz ist zu sagen, daß Schulden keine Belastung für ein Unternehmen darstellen, wenn alle verfügbaren Mittel so eingesetzt werden können, daß sie einen höheren Gewinn bringen, als die Zinsbelastung ausmacht. Solange diese Voraussetzung gegeben ist, ist die Hereinnahme von Fremdmitteln gerechtfertigt. Die Gefahr liegt jedoch darin, daß nicht mit Sicherheit vorausgesehen werden kann, ob diese Voraussetzung während der gesamten Laufzeit eines Kredites zutreffen wird. Wenn sie nämlich nicht zutrifft, kann die nachteilige Auswirkung auf den Erfolg des Unternehmens ebenso groß sein, wie der Nutzen unter günstigen Bedingungen gewesen wäre. Aus diesem Grunde muß das Streben nach Gewinnmaximierung mit Vorsicht gepaart werden und die Aufnahme von Fremdmitteln mit Rücksicht auf die Stabilität der Wirtschaft dosiert werden.

Die als zweiter Grundsatz erwähnte Auswirkung größerer Schwankungen in der Kaufkraft des Geldes in einem bestimmten Zeitraum kann eine ebenso große Bedeutung erlangen. Schulden, die am Anfang einer Periode der Preissteigerung gemacht wurden, werden mit der Zeit weniger drückend und mehr und mehr gewinnbringend, wenn die Preissteigerung anhält. Allerdings gilt das ebenso für die gegenläufige Entwicklung. Auch hier ist der Grad der Vorhersehbarkeit entscheidend.

Der dritte Grundsatz besagt, daß ein wesentliches Merkmal der Schulden darin besteht, daß Zinsen und Tilgung unter allen Umständen bezahlt werden müssen. Das bedeutet, daß Schulden eine Einbuße an Freizügigkeit der unternehmerischen Entscheidungen mit sich bringen. Dies gilt um so mehr in dem Fall, wenn Vermögensgegenstände verpfändet und beliehen werden müssen.

Alle diese Faktoren müssen bei der Festlegung der Finanzierungsgrundsätze eines Unternehmens in Betracht gezogen werden. Das Problem betrifft vor allem die oberste Führungsschicht, und es ist so wichtig, daß Schritte auf diesem Gebiet nur nach sorgfältiger Abwägung aller Umstände getan werden sollten.

Bis zu diesem Punkt hat sich unsere Erörterung nur mit der Herkunft der gesamten Mittel befaßt. Nunmehr sollen diese in kurz- und langfristige getrennt werden. Die Unterteilung ist wichtig, weil kurzfristige Fremdmittel im Prinzip nicht zur Finanzierung langfristiger Investitionen benutzt werden sollten. Im Folgenden ist eine Umschichtung der Bilanz der „Beispiel-Gesellschaft" wiedergegeben, die die Abhängigkeit des Unternehmens von den verschiedenen Finanzierungsquellen veranschaulicht:

Umlaufvermögen	$ 1.564.550	
Kurzfristige Verbindlichkeiten	622.800	
Arbeitendes Kapital		$ 941.750
Anlagevermögen	1.664.000	
Langfristige Verbindlichkeiten	216.000	
Langfristig gebundenes Kapital		1.448.000
Grundkapital	2.000.000	
Rücklagen	389.750	
Gesamte Eigenmittel		2.389.750

Die Darstellung zeigt, daß sich die 74% Gesamteigenfinanzierung in 60% Eigenfinanzierung des Umlaufvermögens und 87% Eigenfinanzierung des Anlagevermögens teilen. Die Fremdfinanzierung des Umlaufvermögens ist zwar im allgemeinen billiger als die des Anlagevermögens und kann — zumindest was die Verbindlichkeiten aus Warenlieferungen und Leistungen angeht — nie ganz ausgeschaltet werden; trotzdem ist es wichtig, auf ein möglichst hohes arbeitendes Eigenkapital zu achten. Die den kurzfristigen Kapitalbedarf bestimmenden Faktoren sind so unbeständig, daß die Unternehmensführung einer größtmöglichen Freizügigkeit in der Verfügung über diese Mittel bedarf. Aus diesem Grunde ist eine möglichst breite Eigenkapitalbasis oder langfristige Fremdfinanzierung zu empfehlen. Eine zu große Abhängigkeit von kurzfristigen Krediten ist gefährlich.

Der Hinweis auf den unbeständigen Charakter der kurzfristigen Mittel führt zu einer weiteren Analyse der Herkunft der Mittel, nämlich der Unterteilung der Eigenmittel in Grundkapital und Rücklagen. Die Tatsache, daß der Gewinn selbst von Tag zu Tag mit der Ertragslage der Gesellschaft schwanken kann, wirkt sich erheblich auf das arbeitende Kapital aus und ist der Hauptgrund für die Zurückhaltung bei der Auf-

nahme kurzfristiger Gelder. Eine Änderung der Gewinnsituation schlägt sich immer zuerst in den kurzfristigen Mitteln nieder.
Als Quellen für die Herkunft der Mittel sind demnach zu unterscheiden:

1. Kredite
2. Grundkapital und
3. Rücklagen

Die gesamten Mittel sind außerdem nach kurzfristigen und langfristigen zu unterscheiden. Dabei ist zu beachten, daß Verschiebungen im Verhältnis zu kurz- und langfristig vorkommen können. Kurzfristige Kredite können vorübergehend zur Finanzierung von Investitionen im Anlagevermögen verwendet, oder Gegenstände des Anlagevermögens können verkauft und der Erlös daraus kurzfristig angelegt werden. Im Falle der Abschreibungen auf das Anlagevermögen tritt diese Verschiebung übrigens automatisch ein, wenn die Abschreibungen nicht sofort reinvestiert oder anderweitig langfristig gebunden werden. Veränderungen im arbeitenden Kapital können demnach durch folgende Vorgänge hervorgerufen werden:

Verminderungen:
durch Verluste; Investitionen im Anlagevermögen oder Abdeckung von langfristigen Verbindlichkeiten; Gewinnausschüttung.
Erhöhungen:
durch Gewinne; Abschreibungen, soweit nicht reinvestiert; Aufnahme langfristiger Kredite; Anlagenabgänge.

Diese Veränderungen im arbeitenden sowie im langfristig gebundenen Eigenkapital sollten vorausgeplant werden. In der Tat werden sie bereits dadurch vorbestimmt, daß die Vorgänge, die zu diesen Veränderungen führen, geplant werden. Wichtig ist, daß diese Vorgänge in voller Erkenntnis ihrer Auswirkung auf die Finanzstruktur geplant werden. Dies ist mit ein Grund für die Bedeutung der geplanten Bilanz und der Aufstellung über Herkunft und Verwendung von Mitteln im Rahmen der gesamten Budgetierung.

VERWENDUNG DER MITTEL. Die Analyse der Mittelverwendung sollte einzig und allein auf deren Beitrag zu den Gewinnzielen des Unternehmens gerichtet sein. Diese Analyse gilt für jedes einzelne Wirtschaftsgut. Das heißt, daß jedes neue Erzeugnis nur auf Grund einer Prüfung der Verzinsung des dafür einzusetzenden Kapitals in das Programm aufgenommen werden sollte. Dieses einzusetzende Kapital umfaßt nicht nur die Gegenstände des Sachanlagevermögens, sondern auch die in Kasse, Bankguthaben, Vorräten an Rohstoffen, Halb- und Fertigfabrikaten sowie in Forderungen zukünftig gebundenen Mittel. So wird der Umfang jeder zu budgetierenden Bilanzposition mittelbar als Ergebnis anderer Entscheidungen bestimmt. Diese anderen Entscheidungen werden jedoch nicht ohne Rücksicht auf ihre Auswirkungen auf die Finanzlage gefällt. In Abb. 18-1 ist dargestellt, wie die Entscheidung über die Auswahl der Produkte durch eine Studie der Kosten für die Bereitstellung der für die Fertigung erforderlichen Mittel vorbereitet wird. Aus dieser Studie ergeben sich für die Budgetierung nützliche Standardsätze an gebundenem Kapital für die verschiedenen Produkte.

Der Investitionsbedarf an Sachanlagen für die Herstellung eines bestimmten Erzeugnisses sowie die damit verbundenen Kosten werden normalerweise im Zusammenhang mit der Rentabilitätsberechnung für das betreffende Produkt ermittelt. Häufig wird dabei jedoch das in anderen Vermögenswerten gebundene Kapital vernachlässigt. Es sollte jedoch genauso wie das im Sachanlagevermögen gebundene Kapital analysiert und in der Rechnung berücksichtigt werden. So kann z. B. das in den Forderungen aus dem Verkauf eines bestimmten Produkts gebundene Kapital eine den anderen Produkten vergleichbare oder abweichende Umschlagsgeschwindigkeit besitzen. Ein für einen Großabnehmer, beispielsweise eine Behörde, bestimmtes Spezialprodukt kann eine vergleichsweise größere oder geringere Kapitalbindung in den Forderungen mit sich bringen als andere, für den allgemeinen Markt bestimmte Erzeugnisse. Ähnlich liegen die Dinge bei den Vorräten; auch hier kann das gebundene Kapital bei den einzelnen Produkten verschieden sein, je nach den Umständen der Materialbeschaffung, des Fertigungsablaufs sowie des Verkaufs und der Lieferung. In unserem Beispiel, Abb. 18-1, ist die Kapitalbindung in den Vorräten bei den einzelnen Produkten unterschiedlich, das in den Forderungen und flüssigen Mitteln gebundene Kapital jedoch wurde als vergleichbar angenommen. In diesem Beispiel werden folgende Standardsätze verwendet:

1. Als Standardsatz für flüssige Mittel wird das Verhältnis des angestrebten durchschnittlichen Gesamtbestandes zu den voraussichtlichen jährlichen Gesamtausgaben verwendet.
2. Für die Forderungen wird das Verhältnis zwischen dem angestrebten Durchschnittssaldo und den voraussichtlichen Jahresumsätzen angenommen.
3. Standardsätze für Vorräte sollten durch eine Kombination aus den allgemein für die Vorräteplanung festgelegten Grundsätzen und den aus den Besonderheiten der Erzeugnisse sich ergebenden Bedürfnissen bestimmt werden.
4. Der Investitionsbedarf im Sachanlagevermögen sollte nach Abteilungen unterteilt und der Bedarf pro Fertigungsstunde auf der Grundlage der normalen Kapazität ermittelt werden.[1]

[1] J. E. Zwisler, "Standard Product Investment", The Controller, Oktober 1953, Seite 472-73

Investitionsvergleich

		A	B	C	D	E
				Erzeugnis		
1. Verkaufspreis		$ 9.00	$ 9.00	$ 9.00	$ 9.00	$ 9.00
2. Selbstkosten ohne Abschreibungen		6.70	6.69	6.71	6.67	6.71
3. Herstellkosten		6.50	6.49	6.51	6.50	6.50
4. Bedarf an flüssigen Mitteln — in % der Primärkosten		10 %	10 %	10 %	10 %	10 %
5. Forderungen in % der Umsatzerlöse		10 %	10 %	10 %	10 %	10 %
6. Vorräte — in % des Jahresbedarfs		16,67 %	8,33 %	25,00 %	16,67 %	16,67 %
7. Materialkosten		2.50	2.49	2.51	2.05	2.86
8. Halbfabrikate — in % des Jahresbedarfs		10,5 %	5,25 %	15,7 %	10,5 %	10,5 %
9. Fertigfabrikate — in % des Jahresbedarfs		12,5 %	6,25 %	18,8 %	12,5 %	12,5 %
10. Investitionsbedarf (Sachanlagen)		$ 350.000	$ 350.000	$ 350.000	$ 350.000	$ 350.000
11. Jahresproduktion Stck.		100.000	100.000	100.000	90.000	110.000
Investition pro Einheit						
Flüssige Mittel	4 × 2	$ —.67	$ —.67	$ —.67	$ —.67	$ —.67
Forderungen	5 × 1	—.90	—.90	—.90	—.90	—.90
Vorräte	6 × 7	—.42	—.21	—.63	—.34	—.47
Halbfabrikate	8 × 3	—.68	—.34	1.02	—.68	—.68
Fertigfabrikate	9 × 3	—.81	—.41	1.22	—.81	—.81
Arbeitendes Kapital		3.48	2.53	4.44	3.40	3.53
Sachanlagen	10 : 11	3.50	3.50	3.50	3.89	3.18
12. Gesamtinvestition		$ 6.98	$ 6.03	$ 7.94	$ 7.29	$ 6.71

Quelle: J. E. Zwisler, "Standard Product Investment", The Controller, Oktober 1953, Seite 472.

Abb. 18-1 Investitionsvergleich

Das in den Forderungen gebundene Kapital wird durch den Charakter des Marktes und die sonstigen bei dem jeweiligen Produkt herrschenden Handelsusancen bestimmt. Diese Gegebenheiten müssen zum Zwecke der Bildung von Standardsätzen analysiert werden. Die für die Vorräte relevanten Faktoren sind bereits im elften Kapitel besprochen worden. Die Kosten der Investitionen im Sachanlagevermögen müssen durch den Kostenrechner ermittelt werden. Für die flüssigen Mittel sind die Geschäftspolitik des Unternehmens im allgemeinen sowie spezifische Faktoren wie Zinssätze, Geschäftsverkehr mit den Banken, Gleichmäßigkeit und Vorausbestimmbarkeit des Bedarfs und ein gewisser Sicherheitsfaktor ausschlaggebend. Dabei sollten selbstverständlich solche flüssigen Mittel, die eventuell für andere als Produktionszwecke angesammelt werden, außer Ansatz bleiben.

Nachdem einmal das Gesamtbudget aufgestellt und in Kraft gesetzt ist, müßten die Bilanzen für die in den Planungszeitraum fallenden Stichtage mit den geplanten Daten im Einklang stehen, soweit das Budget selbst verwirklicht worden ist.

In den folgenden Abschnitten werden die einzelnen Bilanzpositionen behandelt, wobei von den im fünften Kapitel verwendeten Daten ausgegangen wird.

BUDGETIERUNG DER FLÜSSIGEN MITTEL. Die betriebswirtschaftliche Rechnungslegung ist keine Einnahmen - Ausgaben - Rechnung, sondern setzt sich aus Aufwendungen und Erträgen, aus Kosten und Erlösen zusammen, und der Rhythmus des Geldstromes ist in der Regel zeitlich unabhängig von diesen Größen. Die kurzfristige Planung von Einnahmen und Ausgaben erfordert eine genaue Analyse der wirksamen Zeitfaktoren. Je knapper die Liquidität sich darstellt, desto exakter muß der Faktor Zeit unter Kontrolle gebracht werden.
Bei den meisten Unternehmen kommen für die Herkunft der Mittel nur wenige Quellen in Betracht, nämlich:

Barverkäufe,

Eingang von Forderungen,

Zinsen- und Dividendeneinnahmen,

Verschiedenes — z. B. Anlagenabgänge, Steuerrückzahlungen usw.,

Kredite.

Die letztgenannte Quelle wird im allgemeinen nur dann herangezogen, wenn die Einnahmen-Ausgaben-Rechnung zu dem Schluß führt, daß zu einer bestimmten Zeit in bestimmter Höhe zusätzliche Mittel benötigt werden.
Die bedeutendste unter den obengenannten Quellen sowohl hinsichtlich der Größe als auch des Schwierigkeitsgrades der Vorausplanung ist der Eingang von Forderungen. Er wird beeinflußt von einer Reihe von Faktoren:

Umsatzerlöse

Rücknahmen

Skonti

Forderungsausfälle

Zahlungsziel

Einhaltung des Zahlungsziels

Die Entwicklung dieser Faktoren muß auf der Grundlage der Erfahrung der Vergangenheit, modifiziert um laufende und erwartete Veränderungen, vorgeschätzt werden.
Für die „Beispiel-Gesellschaft" wurde für den Eingang der Forderungen folgendes Schema angenommen:

60% im Monat des Entstehens, abzüglich 2% Skonto
30% im Folgemonat
8% im 2. Monat nach Entstehen
2% uneinbringlich

Auf dieser Grundlage wurde nach sorgfältiger Überprüfung der Forderungskonten am Beginn des Planungszeitraums sowie nach Planung der Umsätze folgender Geldeingang budgetiert:

	Januar	Februar	März
Aus Umsätzen des Vorjahres	$ 374.500	$ 115.000	—
Aus Januar-Umsätzen	364.560	186.000	$ 49.600
Aus Februar-Umsätzen	—	370.440	189.000
Aus März-Umsätzen	—	—	517.440
Gesamt	$ 739.060	$ 671.440	$ 756.040

Im Falle der „Beispiel-Gesellschaft" sind außer dem Eingang von Forderungen und außer Darlehen keine weiteren Geldquellen vorhanden. Aus diesem Grunde erschöpft sich die Planung des Geldeingangs hier mit der obigen Studie. Bevor wir jedoch zum Geldausgang übergehen, soll noch darauf hingewiesen werden, daß die oben verwendeten Erfahrungswerte für den Eingang von Außenständen oft nur mit Hilfe umfangreicher Untersuchungen gewonnen werden können. Bei relativ konstanten Umsätzen und nur geringfügigen Schwankungen in den Forderungen ist es verhältnismäßig einfach, einen Faktor für den Eingang der Außenstände zu bilden. Ein solcher Faktor wird jedoch unbrauchbar, wenn die Umsätze und die Forderungsbestände sehr stark schwanken. In einem solchen Falle ist eine umfassende Analyse in der Art ähnlich der Berechnung der Wertberichtigung für zweifelhafte Forderungen notwendig.

Die Planung der Ausgaben ist normalerweise schwieriger als die der Einnahmen. Die Ausgaben sind vielfältiger in ihrem Charakter und in ihrem Zeitablauf. In der Regel entstehen Ausgaben aus den folgenden Vorgängen:

Verbindlichkeiten aus Warenlieferungen und Leistungen,
Verbindlichkeiten aus Löhnen und Gehältern,
Steuern vom Einkommen, Ertrag, Vermögen usw.,
Zinsen für Schuldverschreibungen, Hypotheken, Kredite usw.,
Dividenden,
Investitionen,
Tilgung von Schuldverschreibungen, Hypotheken, Krediten usw.

Einige dieser Vorgänge können leicht geplant werden, weil Betrag und Zeitpunkt der Zahlung im voraus bekannt sind. Beispiele hierfür sind Zins- und Tilgungsraten auf Hypotheken, bestimmte Steuerzahlungen usw. Andere Posten, wie z. B. Dividenden, Investitionen, fußen auf Entscheidungen der Führungsspitze, die bei der Budgeterstellung gefällt werden. Die größten Schwierigkeiten treten jedoch bei der Planung der Ausgaben auf Grund von Verbindlichkeiten aus Warenlieferungen und Leistungen, Löhnen und Gehältern, Sozialversicherung sowie vom Geschäftsverlauf und -ergebnis abhängiger Steuern auf. Diese Beträge können erst nach Kombination einer Reihe von Informationen aus verschiedenen Quellen bestimmt werden. Der Zeitpunkt der Zahlung ist bei den Steuern durch Gesetz geregelt, bei Löhnen und Gehältern durch Gesetz und Betriebsvereinbarungen; bei Verbindlichkeiten aus Warenlieferungen und Leistungen ist der Zahlungszeitpunkt entweder bestimmt oder unbestimmt, je nach den Möglichkeiten und Gepflogenheiten des Unternehmens hinsichtlich der Skontierung von Lieferantenrechnungen. In jedem Falle kann der größte Teil der obenerwähnten Arten von Ausgaben erst nach Vorliegen einer Reihe anderer Entscheidungen und Teilpläne budgetiert werden.

Unternehmen, die Methoden der Teilbudgetierung verwenden, versuchen bei der Planung des Geldbedarfs ein verkürztes Verfahren anzuwenden. Solche Verfahren sind jedoch trügerisch und können zu einer Gefahr werden, wenn die Liquiditätslage kritisch ist. Monatliche Schwankungen in den Einkäufen, in der Fertigung und in anderen Bereichen machen Standardsätze für die Planung der Geldausgaben wertlos, wenn nicht ein großer Sicherheitszuschlag für eventuelle Fehler berücksichtigt wird. Je größer aber der Sicherheitszuschlag, desto weniger brauchbar wird das Verfahren für die Geldbedarfsplanung.

An Abb. 18-2 ist der Plan der monatlichen Ausgaben der „Beispiel-Gesellschaft" wiedergegeben. Für die einzelnen Ausgabentypen wurde eine von der obigen abweichende Gliederung gewählt, um ein noch besseres Verständnis für die Verästelung der für die Budgetierung des Geldbedarfs erforderlichen Daten zu erzielen. Unter die in Abb. 18-2 genannten „vor- und nachverrechneten" Aufwendungen fallen Rückstellungen einerseits und Abschreibungen, Vorauszahlungen usw. andererseits.

Sobald die Einnahmen und Ausgaben geplant sind, können das Liquiditätsbild als ganzes gesehen und ein eventueller zusätzlicher Finanzbedarf bestimmt werden. In der nun folgenden Tabelle sind die erwarteten monatlichen Einnahmen und Ausgaben zusammengefaßt und die daraus resultierenden Monatsendsalden der flüssigen Mittel ohne Berücksichtigung von Fremdmitteln dargestellt:

BEISPIEL-GESELLSCHAFT
GESCHÄTZTE MONATLICHE AUSGABEN
Erstes Quartal 196-

	Januar	Februar	März
Verbindlichkeiten am 1. Januar	$ 300.000	$ -	$ -
Verbindlichkeiten aus Fertigungsmaterial-einkäufen abzüglich Skonto			
- Januar	-	266.070	-
- Februar	-	-	214.620
Fertigungslöhne	190.000	190.000	190.000
Verbindlichkeiten aus Lieferungen und Leistungen, Löhnen und Gehältern - Fertigungsgemeinkosten ohne vor- und nachverrechnete Aufwendungen	129.600	129.600	129.600
Verbindlichkeiten aus Lieferungen und Leistungen, Löhnen und Gehältern - Vertriebskosten ohne Provisionen sowie vor- und nachverrechnete Aufwendungen	74.500	75.000	87.500
Verkaufsprovisionen			
Aus Dezember-(Vorjahr)Umsätzen	15.000	-	-
Aus Januar-Umsätzen	-	18.600	-
Aus Februar-Umsätzen	-	-	18.900
Verbindlichkeiten aus Lieferungen und Leistungen, Löhnen und Gehältern - Verwaltungsgemeinkosten ohne vor- und nachverrechnete Aufwendungen	19.600	24.600	24.600
Dividende	15.000	-	-
Steuern vom Einkommen und Ertrag	-	-	220.000
Hypothekenzinsen	-	-	6.000
Hypothekentilgung	-	-	12.000
Versicherungsprämie	-	24.000	-
Investitionen	-	-	100.000
Gesamt	$ 743.700	$ 727.870	$1.003.220

Abb. 18-2 „Beispiel-Gesellschaft", Geschätzte monatliche Ausgaben

	Januar	Februar	März
Geplante Ausgaben	$ 743.700	$ 727.870	$ 1.003.220
Geplante Einnahmen	739.060	671.440	756.040
Überschuß der Ausgaben über die Einnahmen	4.640	56.430	247.180
Anfangsbestand	250.000	245.360	188.930
Endbestand	$ 245.360	$ 188.930	$ (58.250)

Es ist offenbar, daß Fremdmittel benötigt werden. Es wurde beschlossen, daß im März ein Kredit von $ 200.000 aufgenommen werden soll.

Abbildung 18-3 zeigt das endgültige Budget für flüssige Mittel der „Beispiel-Gesellschaft" für die drei Monate des ersten Quartals.

Budgetierung der Forderungen. Dieses Thema ist bei der Besprechung der Einnahmen bereits mit behandelt worden. Dort wurde ausgeführt, daß die voraussichtlichen Zahlungseingänge durch Anwendung der Faktoren für Rücknahmen, Skonti, Forderungsausfälle und Zahlungsziel auf die zu Beginn des Planungszeitraums vorhandenen sowie die im Laufe des Planungszeitraums entstehenden Forderungen bestimmt werden. Die geplanten Endsalden werden einfach durch Subtraktion der voraussichtlichen Zahlungseingänge und der Skonti von den gesamten Forderungen ermittelt. Der geschätzte Betrag der zweifelhaften Forderungen wird nicht direkt von den Gesamtforderungen abgezogen, sondern als Wertberichtigung ausgewiesen. Die im fünften Kapitel wiedergegebene geschätzte Bilanz der „Beispiel-Gesellschaft" zeigt folgende Forderungen per Ende Februar und Ende März:

	28. Februar	31. März
Forderungen	$ 324.000	$ 437.400
Delcredere	(35.000)	(52.600)
Saldo	289.000	384.800

Die Zunahme der Forderungen um $ 113.400 kommt wie folgt zustande:

Umsätze im März		$ 880.000
Zahlungseingänge im März	$ 756.040	
Skontierungen im März (2% von 60% der Umsätze)	10.560	766.600
Zunahme der Forderungen		$ 113.400

Die Zunahme des Delcredere entspricht 2% des Monatsumsatzes. Bezüglich der zweifelhaften Forderungen sei noch erwähnt, daß das im fünften

BEISPIEL-GESELLSCHAFT
PLAN DER EINNAHMEN UND AUSGABEN
Erstes Quartal 196-

	Januar	Februar	März
Einnahmen:			
Eingang von Forderungen	$ 739.060	$ 671.440	$ 756.040
Bankkredit	-	-	200.000
Gesamt	$ 739.060	$ 671.440	$ 956.040
Ausgaben:			
Verbindlichkeiten aus Lieferungen und Leistungen, Löhnen und Gehältern usw.	$ 728.700	$ 727.870	$ 665.220
Hypothekentilgung	-	-	12.000
Hypothekenzinsen	-	-	6.000
Dividende	15.000	-	-
Steuern vom Einkommen und Ertrag	-	-	220.000
Investitionen	-	-	100.000
Gesamt	$ 743.700	$ 727.870	$1.003.220
Zusammenfassung:			
Überschuß der Einnahmen über die Ausgaben	$ (4.640)	$ (56.430)	$ (47.180)
Anfangsbestand	250.000	245.360	188.930
Endbestand	$ 245.360	$ 188.930	$ 141.750

Abb. 18-3 „Beispiel-Gesellschaft", Plan der Einnahmen und Ausgaben

Kapitel wiedergegebene Beispiel keine Ausbuchung als uneinbringlich festgestellter Forderungen vorsieht. Vom Standpunkt der Rechnungslegung aus sollte eine solche Ausbuchung vorgenommen werden, sobald die Uneinbringlichkeit endgültig festgestellt ist. Für die Budgetierung ist jedoch die Wertberichtigung solcher Forderungen ausreichend. Eine budgetmäßige Kontrolle der Ausbuchung von uneinbringlichen Forderungen ist nicht notwendig.

BUDGETIERUNG DER VORRÄTE. Den Problemen der Planung und Kontrolle der Vorräte ist ein ganzes Kapitel (elftes Kapitel) gewidmet worden. Das Hauptgewicht lag dabei auf den quantitativen Aspekten. An dieser Stelle steht jedoch die wertmäßige Seite der Vorräteplanung im Vordergrund. Bei Anwendung der Standardkostenmethode — wie im Falle der „Beispiel-Gesellschaft" — kann der Bruttowert der Vorräte leicht durch Multiplikation der geplanten Bestandsmengen mit den budgetierten Standardpreisen ermittelt werden. Sind Abweichungen von den Standardpreisen budgetiert worden, so sind diese, soweit sie sich auf die Vorräte beziehen, als Zu- oder Abschlag zu berücksichtigen. Werden Effektivkosten abgerechnet, dann ergibt sich der Wert der Vorräte aus dem Anfangsbestand und dem Saldo der verschiedenen Zu- und Abgänge auf den Vorrätekonten.

BUDGETIERUNG DER AKTIVEN RECHNUNGSABGRENZUNG. Die Bilanz der „Beispiel-Gesellschaft" weist an aktiven Rechnungsabgrenzungsposten vorausbezahlte Versicherungsprämien, Überschuß des Wertes der Vorräte über neueste Standardwerte sowie abgegrenzten Werbeaufwand aus. Versicherungsprämien sind bekanntlich im voraus zu entrichten und beziehen sich in der Regel auf eine Zeitspanne von mehr als einem Monat. Sie werden deshalb in der kurzfristigen Erfolgsrechnung abgegrenzt und im Aufwand auf die Monate, für die der Versicherungsschutz auf Grund der Prämienzahlung gewährt wird, verteilt. Dies ist eine allgemeine Grundregel der Rechnungslegung. Für die Budgetierung ergibt sich der monatliche Abgrenzungsbetrag aus der Vorschau der Verrechnung der Versicherungsprämie auf die im Planungszeitraum liegenden Abrechnungsperioden. Der zweite Abgrenzungsposten betrifft die Vorrätebewertung. Die „Beispiel-Gesellschaft" hat den aus der zum 1. Januar erfolgten Neubewertung der Fertigfabrikate sich ergebenden Überschußbetrag der alten über die neuen Standardwerte nicht sofort voll im Aufwand verrechnet, sondern zunächst abgegrenzt, um später die Abrechnungsperioden, in denen die Erzeugnisse verkauft werden, mit den ursprünglichen Kosten zu belasten. Da der Gegenstand dieses Buches die

Budgetierung ist, soll hier nicht über die verschiedenen Möglichkeiten der buchmäßigen Behandlung eines solchen Überschußbetrages diskutiert, sondern vielmehr die enge Verbindung zwischen Rechnungslegung und Budgetierung hervorgehoben werden.
Der abgegrenzte Werbeaufwand ist ein weiteres Beispiel für das enge Zusammenspiel zwischen Rechnungswesen und Budget. Für die Planung des Geldbedarfs ist nur Betrag und Zeitpunkt der Zahlung wichtig. Zur Erstellung der geplanten Bilanzen und Gewinn- und Verlustrechnungen jedoch muß die für die Rechnungslegung vorgesehene Abgrenzung und Nachverrechnung berücksichtigt werden, falls eine solche im Einzelfall angebracht und üblich ist.

Budgetierung des Anlagevermögens. Nimmt man die Planung der Investitionen, die im vorigen Kapitel bereits eingehend geschildert wurde, als gegeben an, dann stellt sich die Budgetierung des Anlagevermögens selbst als eine einfache Weiterrechnung des Anfangsbestandes unter Berücksichtigung der geplanten Zu- und Abgänge dar. Bei der „Beispiel-Gesellschaft" ist in dieser Hinsicht nur ein einziger Vorgang, nämlich die Anschaffung neuer Maschinen und Einrichtungen im dritten Monat des Planungszeitraums zu verzeichnen. Darüber hinaus müssen aber noch die Abschreibungen in die Budgetierung des Anlagevermögens einbezogen werden. Diese Daten können aus dem für die Zwecke der Rechnungslegung vorhandenen Abschreibungsplan entnommen werden und basieren einmal auf Entscheidungen über die anzuwendende Abschreibungsmethode und zum andern auf der angenommenen Nutzungsdauer der Anlagegegenstände.
Ein weiterer für die Budgetierung des Anlagevermögens wichtiger Vorgang, der jedoch im bei der „Beispiel-Gesellschaft" betrachteten Planungszeitraum nicht vorkommt, ist der Abgang von Anlagen entweder durch Verkauf, durch Inzahlunggabe beim Erwerb neuer Anlagen oder durch Aufgabe. Die Budgetierung solcher Vorgänge hat im Einklang mit den dafür vorgesehenen Vorschriften der Rechnungslegung zu erfolgen und berührt sowohl die Anlage- und Abschreibungskonten als auch Erfolgskonten.
Die reine Ermittlung und Budgetierung der aufgelaufenen Abschreibungen bietet, wie aus dem Vorstehenden deutlich wird, keine Probleme besonderer Art. Im Zusammenhang mit der Aufstellung dieser Daten stellen sich jedoch wichtige Fragen für die Finanzpolitik.
Unter der Voraussetzung, daß das Unternehmen nicht mit Verlust arbeitet, wirkt sich die Verbuchung der Abschreibungen als Kostenfaktor dahingehend aus, daß ein angemessener Anteil der Anschaffungskosten der Anlagegegenstände durch den Verkauf der Erzeugnisse wieder in Form

von flüssigen Mitteln gewonnen wird. Dadurch werden die im Anlagevermögen zunächst langfristig gebundenen Mittel im Laufe der Zeit in kurzfristige umgewandelt. Für Unternehmen mit einem sehr knappen arbeitenden Kapital wirken sich die durch Abschreibungen freiwerdenden Mittel als Stärkung dieses arbeitenden Kapitals aus. Eine solche Wirkung sollte jedoch auf lange Sicht nicht hingenommen werden. Es soll hier zwar nicht für die Zweckbindung solcher Mittel gesprochen werden, weil sich daraus eine zu starke Einengung der Entscheidungsfreiheit der Unternehmensführung einerseits und eine weit unter dem Unternehmensdurchschnitt liegende Verzinsung dieses Kapitals andererseits ergeben würde. Es soll vielmehr darauf hingewiesen werden, daß die aus Abschreibungen stammenden Mittel nicht unbeachtet bleiben sollten und ein gesundes Verhältnis zwischen diesen freiwerdenden Mitteln und ihrer Reinvestition für Zwecke der Anlagenerneuerung hergestellt werden sollte.

Abschreibungen sollten die erste Quelle der für Investitionen erforderlichen Mittel sein. Über die aufgelaufenen Abschreibungen hinausgehende Investitionen stellen Expansion und nicht Anlagenerneuerungen dar, ausgenommen insoweit, als der Mehrbetrag durch höhere Preise für die Ersatzbeschaffungen verursacht ist.

Budgetierung der Verbindlichkeiten aus Lieferungen und Leistungen. Der Saldo der Verbindlichkeiten aus Lieferungen und Leistungen zum Monatsende ist eine Folge aus Einkäufen, Zahlungen, Skontierungen und dem aus dem Zahlungsziel sich ergebenden Zeitfaktor. Bei der Erörterung der Planung des Geldbedarfs weiter oben wurde bereits ausgeführt, daß die Vorgänge, die zu Verbindlichkeiten aus Warenlieferungen und Leistungen führen, aus einer Reihe von Einzelplänen entnommen und zusammengestellt werden müssen. Daraufhin müssen die geplanten Zahlungen und Skonti berücksichtigt werden. Diese wiederum hängen von der zukünftigen Liquidität des Unternehmens und somit von deren Finanzplanung ab.

Die Verbindlichkeiten aus Lieferungen von Fertigungsmaterial können unter Zuhilfenahme der betreffenden Einzelpläne leicht ermittelt werden. Bei Hilfs- und Betriebsstoffen liegen die Dinge jedoch meist schwieriger, weil keine so straffe mengenmäßige Planung und Kontrolle möglich ist wie beim Fertigungsmaterial. Im gesamten gesehen können Hilfs- und Betriebsstoffbezüge jedoch einen erheblichen Betrag ausmachen. Deshalb sollte die Planung der Bezüge mit größtmöglicher Sorgfalt geschehen, selbst wenn eingeräumt werden muß, daß eine exakte Kontrolle wie im Falle des Fertigungsmaterials nicht angebracht erscheint.

Bei der Berücksichtigung von Skontierungen werden Schätzungen notwendig sein — auch dann, wenn die Inanspruchnahme aller gebotenen Skontierungsmöglichkeiten ein Geschäftsgrundsatz des Unternehmens ist. Nicht alle Rechnungen tragen Skontoangebote. Es muß deshalb ein Erfahrungssatz für Skonti errechnet werden. Dieser Satz wird für die Planung sowohl der Zahlungsausgänge als auch der Verbindlichkeiten zum Monatsende benötigt.

Budgetierung der Verbindlichkeiten aus Löhnen und Sozialversicherung. Die Lohnabrechnung ist eine der wesentlichen Funktionen des Rechnungswesens und muß auch bei der kurzfristigen Budgetierung berücksichtigt werden. Die Aufgaben für die Budgetierung der Verbindlichkeiten ergeben sich aus der Tatsache, daß die Lohnabrechnungs- und Zahlungszeiträume in aller Regel vom Rhythmus der Rechnungslegung abweichen und daß zur Lohnabrechnung eine Reihe von Abzügen, Einbehaltungen und anderen Posten gehören, die sich auf den Monatssaldo auswirken. Der Bruttobetrag der Löhne und Gehälter sowie die vom Arbeitgeber zu tragenden Beiträge zur Sozialversicherung können aus den betreffenden Einzelplänen entnommen werden. Bei der Budgetierung des Saldos der Verbindlichkeiten zum Monatsende muß zusätzlich der Zahlungsrhythmus in Betracht gezogen werden, und — soweit die den abgerechneten Bruttolohn beeinflussenden Abzüge einzeln vorgeplant werden sollen — muß eine sorgfältige Analyse aller mitwirkenden Faktoren erfolgen.

Budgetierung von Rückstellungen. Für die Budgetierung von Rückstellungen für Zinsen, Steuern vom Einkommen, Ertrag und Vermögen und andere Aufwendungen sind ebenfalls die Aufzeichnungen des Rechnungswesens Grundlage der Ermittlung. Zinsaufwendungen und Rückstellungen dafür sind die Folge von Entscheidungen im Rahmen der Finanzpolitik. Die Budgetierung der Ertragsteuern setzt eine Errechnung der auf das geplante steuerpflichtige Einkommen anfallenden Steuer voraus. Dieses Problem ist unter dem Gesichtspunkt des Steueraufwands bereits in einem früheren Kapitel erörtert worden. Hier soll noch darauf hingewiesen werden, daß bei der Berechnung der Steuerrückstellung oft über die auf den Gewinn des laufenden Jahres entfallenden Steuern hinausgegangen werden muß, indem Korrekturen zu Vorjahressteuern, Verlustvorträge usw. berücksichtigt werden.

Budgetierung sonstiger Verbindlichkeiten. Dividenden, Obligationen, langfristige Kredite und ähnliche Verbindlichkeiten gehen in ihrem Entstehen auf Entscheidungen der obersten Führungsspitze zurück. Die Budgetierung dieser Bilanzpositionen wird auf diesen Entscheidungen aufgebaut. Kurzfristige Kredite fallen in der Regel in den Aufgabenbereich der laufenden Geschäftsführung. Ihre Budgetierung richtet sich nach dem aus der Einnahmen-Ausgaben-Rechnung ermittelten Bedarf, den Möglichkeiten der Deckung dieses Bedarfs sowie nach der allgemeinen Finanzierungspolitik des Unternehmens.

Budgetierung des Eigenkapitals. Bei der Budgetierung des Eigenkapitals müssen drei Faktoren betrachtet werden: Grundkapital, freie und gebundene Rücklagen.

Das Grundkapital bietet in der Regel keine Schwierigkeiten, da Veränderungen im Bestand langfristig vorbereitet und auf höchster Ebene entschieden werden müssen. Die Probleme liegen hier eher bei der langfristigen Finanzpolitik, die im Zuge der Entwicklung und des Wachstums des Unternehmens für eine angemessene Kapitalausstattung zu sorgen hat.

Die freien Rücklagen ergeben sich aus dem Stand am Anfang des Planungszeitraums zuzüglich des Gewinns nach Steuern, abzüglich von Dividenden und eventuellen Zuführungen zu gebundenen Rücklagen. Der Gewinn nach Steuern im Planungszeitraum ist das Ergebnis aus der Budgetierung aller erfolgswirksamen Vorgänge und, zusammen mit den vorhandenen freien Eigenmitteln, Ausgangspunkt der Dividendenüberlegungen der Führungsspitze. Bei diesen Überlegungen müssen die Wünsche der Anteilseigner mit den finanziellen Bedürfnissen des Unternehmens in Einklang gebracht werden.

Als finanzielle Hilfsquellen kommen in Frage: Einbehaltung von Gewinnen, Kredite und Kapitalerhöhung. Die erste der drei Quellen hat zu allen Zeiten eine gewichtige Rolle im Wachstum der Industrie gespielt und sollte auf lange Sicht in der Dividendenpolitik einer jeden Unternehmung gebührend beachtet werden.

Gebundene Rücklagen sind eine weitere Bilanzposition, die in die Überlegungen bezüglich der Entwicklung der Eigenmittel einbezogen werden muß. Ihr Entstehen sowie ihre Auflösung können auf Gesetz, Satzung oder auf Entscheidungen der Führungsspitze des Unternehmens beruhen. In jedem Falle sollten ausreichende Anhaltspunkte für eine zuverlässige Budgetierung vorhanden sein.

Abschließend sei noch darauf hingewiesen, daß in die Überlegungen der langfristigen Entwicklung der Eigenmittel auch der Gedanke der Sicherung des Unternehmens gegen Verluste und gegen die Auswirkung von Preissteigerungen einbezogen werden muß. Eine verantwortungsbewußte Unternehmensführung rechnet immer mit der Unbeständigkeit des Erfolges und wird Vorsorge tragen, daß das Unternehmen durch Verluste nicht in seinem Bestand gefährdet wird. Im Hinblick auf Preiserhöhungen ist vor allem an das Ansteigen des arbeitenden Kapitals und des damit verbundenen Finanzbedarfs sowie an die steigenden Kosten der Ersatzbeschaffung im Anlagevermögen zu denken. Solange für den letztgenannten Tatbestand nicht eine Methode der Abschreibung vom Wiederbeschaffungspreis allgemein anerkannt wird, muß für das Auffangen der Preissteigerungen in anderer Weise Vorsorge getroffen werden.

Dieses Kapitel beschließt eine Reihe von Abhandlungen über die verfahrenstechnische Seite der Budgetierung aller einzelnen Vorgänge und Positionen, die letzten Endes in die geplante Bilanz und Gewinn- und Verlustrechnung einmünden. Wie in der Einleitung zu dem vorliegenden Kapitel bereits ausgeführt wurde, handelt es sich — wenn die notwendigen Einzelentscheidungen gefällt sind — bei der Aufstellung dieser beiden Abschlußrechnungen weitgehend um ein buchhalterisches Vorgehen. Die Ergebnisse, die dieser Budgetabschluß widerspiegelt, dienen wiederum zur Beurteilung der Zweckmäßigkeit der zugrunde liegenden Einzelentscheidungen. So zeigt sich auch hier, daß Budgetieren ein zusammenhängendes Netzwerk von Einzelschritten darstellt, deren jeder in seinen Auswirkungen auf die nachfolgenden Schritte abgestimmt sein muß.

Dieses Kapitel befaßt sich in der Hauptsache mit dem Einfügen der in den vorangegangenen Kapiteln dargestellten Einzelvorgänge in die Bilanz. Abgesehen von den langfristigen Überlegungen, die im Zusammenhang mit jeder Bilanz anzustellen sind, treten hier nur noch Vorgänge formeller Art auf, deren Abwicklung im wesentlichen durch die Rechnungslegungspraxis des Unternehmens bestimmt wird. Die Vielfalt der materiellen Vorklärungen und Entscheidungen ist bereits bei der Erstellung der Einzelbudgets erfolgt, wobei die Auswirkung nicht nur auf den Erfolg, sondern auch auf die Finanzlage des Unternehmens stets im Auge behalten wurde.

19. Budgetänderungen

Zweck des Kapitels. Die in den bisherigen Kapiteln angestellten Betrachtungen zur betriebswirtschaftlichen Planung haben gezeigt, daß der Budgetierungsprozeß die gesamte Unternehmungstätigkeit und alle damit zusammenhängenden Vorgänge vollständig integriert. Hier liegt auch die Ursache, warum die Abweichung irgendeiner Teilaktivität von der Planung grundsätzlich zu Rückwirkungen an einer anderen Stelle des Unternehmens führen muß, selbst wenn sie unmittelbar nur einen Ausschnitt aus dem Gesamtgeschehen betrifft. Daraus ergibt sich aber auch die Notwendigkeit einer fortlaufenden Kontrolle des Tatsächlichen mit dem Vorgegebenen und einer nachfolgenden Anpassung des Budgets an die geänderten Verhältnisse, sofern die mit Hilfe der Budgetierung getroffenen Entscheidungen nicht unerheblich den tatsächlichen Gegebenheiten widersprechen. Das Ziel der vergleichenden Kontrolle sollte also darauf gerichtet sein, (1) die Zusammenhänge von Ursache und Wirkung für derartige Abweichungen zu erkennen und (2) die Erheblichkeit der Abweichungen festzustellen. Von der Gewichtigkeit der Abweichungen hängt es letztlich ab, ob sie lediglich als Abweichungen vom Budget behandelt werden können, das Budget selbst indes nicht beeinflussen bzw. ob das Budget abgeändert und an geänderte Verhältnisse angepaßt werden muß.
Dieses Kapitel verfolgt daher folgende drei Zwecke:

1. Besprechung der Natur der Abweichungen vom ursprünglichen Budget.
2. Förderung des Verständnisses für die Erheblichkeit von Abweichungen.
3. Erörterung der Methoden zur Durchführung von Budgetänderungen.

Ebenso wie sein Vorgänger bezieht sich dieses Kapitel letztlich auf die geschätzte Bilanz; dementsprechend liegt das Hauptaugenmerk auf den finanziellen Auswirkungen der Abweichungen und den Veränderungen im Betriebsergebnis. Während das vorangegangene Kapitel die Budgetierung der Bilanzpositionen behandelt hat, werden die kommenden Ausführungen im wesentlichen deren Kontrolle anhand einer fortlaufenden Überwachung des tatsächlichen Geschäftsablaufs darstellen.

Die Natur der Abweichungen vom Budget. Wenn man versucht, einen Überblick über die Vielzahl der Quellen zu gewinnen, bei denen die Möglichkeit einer Abweichung vom Budget besteht, sollte man sich nur einmal vergegenwärtigen, aus welchen verschiedenen Einzelplänen sich der unternehmerische Gesamtplan zusammensetzt. Da gibt es folgende Einzelpläne:

Absatz
Vertriebskosten
Vorräte und Produktion
Herstellungskosten
  Fertigungsmaterial
  Fertigungslöhne
  Fertigungsgemeinkosten
Verwaltungsgemeinkosten
Entwicklung und Forschung
Investitionen
Finanzmittel
Sonstige Aktiva, Passiva und Eigenkapital (einschließlich Gewinnvortrag)

Im Zusammenhang mit jedem dieser Einzelpläne können sich nach Aufstellung und Genehmigung des Gesamtplanes Abweichungen ergeben, die entweder durch unerwartete oder unbeeinflußbare Ereignisse oder durch beeinflußbare Veränderungen verursacht sind.
Zur Verdeutlichung der ersten Art von Abweichungen seien folgende Beispiele angeführt:

1. Abweichungen im Absatz, in der Gesamthöhe oder bei den einzelnen Erzeugnissen, in den Verkaufsgebieten oder sonstigen Absatzkategorien.
2. Abweichungen der Kosten
   a) in der Fertigung
   b) in der Verkaufsorganisation
   c) in anderen Bereichen der Organisation.
3. Abweichungen im geplanten Produktionsdurchlauf.
4. Abweichungen bei der Beschaffung von Vorräten an Fertigungsmaterial und Nichtproduktionsmaterial.
5. Abweichungen beim Forderungseinzug und bei der Begleichung von Verbindlichkeiten.
6. Abweichungen in der Investitionsrate und den Ausgaben für Forschung und Entwicklung.

Bei jedem dieser Einzelpläne können nicht vorhersehbare Budgetabweichungen entweder infolge verringerter unternehmerischer Leistungen oder auf Grund unrealistischer Vorgaben entstehen.
Nachstehende Punkte vermitteln eine Vorstellung davon, welche beeinflußbaren Abweichungen beispielsweise nach Aufstellung und Genehmigung des Gesamtplanes entstehen können:

1. Kostenveränderungen als Ergebnis eines Kostensenkungsprogramms.
2. Veränderungen in den Absatzwegen und in der Absatzhöhe infolge eines nicht vorauszusagenden Bedarfes.
3. Kürzung oder Ausweitung des Fertigungsprogramms.
4. Neue unternehmerische Entscheidungen in bezug auf Investitionen oder Forschungsausgaben oder irgendeine andere Aktivität des Unternehmens.

Die nicht geplanten und nicht erwarteten Abweichungen der vorgenannten Art wurden bereits in früheren Kapiteln dargestellt. Sie sind entweder intern oder extern verursacht und können beeinflußbar oder nicht beeinflußbar sein. Beeinflußbaren Abweichungen liegt ein schlechterer organisatorischer Wirkungsgrad zugrunde, während bei nicht beeinflußbaren Veränderungen das Budget unrealistisch ist. Abweichungen beim Absatz mögen eine Folge eines veränderten Wirkungsgrades der Verkaufsorganisation oder einer nicht voraussehbaren Marktentwicklung sein. Kostenveränderungen können sich auf Grund einer unzureichenden internen Kostenkontrolle oder einer fehlerhaften Kostenvorgabe ergeben. Abweichungen im geplanten Produktionsdurchlauf deuten auf Störungen im technischen Produktionsprozeß, eine fehlerhafte Planung oder andere intern beeinflußbare Ursachen hin; sie können aber auch durch externe Faktoren verursacht sein, die im Zeitpunkt der Aufstellung des Budgets nicht vorhersehbar waren. Beispielhaft für letztere sind Materialengpässe, bedingt durch Streiks in Werken der Lieferanten, höhere Gewalt, politische Unruhen usw.
Die beeinflußbaren Budgetveränderungen, die nach der Genehmigung des Gesamtplanes erforderlich werden, sind entweder auf die bereits dargestellten unerwarteten Abweichungen oder auf methodische Verbesserungen oder veränderte kurzfristige Planziele zurückzuführen.

Programme zur Senkung der Kosten. Obwohl sich im allgemeinen Sprachgebrauch mit den Wörtern „Kostensenkung" und „Kostenkontrolle" vielfach miteinander verwandte Vorstellungen verbinden, sind beide Begriffe durch grundverschiedene Zielsetzungen gekennzeichnet. Nach der hier vertretenen Definition gehören zur Kostenkontrolle alle Maßnahmen, wodurch eine Gewähr dafür geboten werden soll, daß die effektive Kostenentwicklung von der vorgegebenen nicht abweicht. Demgegenüber umfassen Programme zur Senkung der Kosten alle Entscheidungen, die auf eine Verbesserung der Kostenvorgaben gerichtet sind.
Die Unternehmensleitung der „Beispiel-Gesellschaft" hatte für ihr Budget eine Kostenveränderung nicht vorgesehen. Diese Tatsache läßt den Schluß zu, daß die Führungsspitze für den Augenblick die zu Beginn des Jahres gültigen Kostenvorgaben als akzeptabel ansah. Für die Zwecke des Gesamtplanes hielt man es allerdings für angebracht, eine Verbesserung der Kostenkontrolle anzustreben, um die Kostenentwicklung mit der geplanten Beschäftigung abzustimmen. Aus diesem Grunde wurden auf der Grundlage der geplanten Produktion fixe und variable Kosten vorgegeben. Gleichfalls wurden für die Fälle, in denen der effektive Beschäftigungsumfang von dem vorgegebenen abwich, flexible Kostenbudgets aufgestellt.

Alle Führungsorgane müssen indes ständig alle Möglichkeiten ausschöpfen, die zu niedrigeren Kostenvorgaben führen können. Ein kontinuierliches Programm zur Senkung der Kosten gehört zum Führungsinstrumentarium aller konkurrenzfähigen Unternehmen. Die Frage, ob Kostensenkungen als ein integrierter Teil des Gesamtplanes angesehen oder ihre Ergebnisse erst im kommenden Planjahr berücksichtigt werden sollten, richtet sich nach den Umständen. In jedem Fall müssen jedoch alle Bestrebungen, die eine Kostensenkung zu erreichen suchen, sorgfältig organisiert und von allen Führungskräften voll und ganz unterstützt werden.

Besonderer Druck ist vor allem dann angebracht, wenn das Gefühl vorherrscht, eine Kostensenkung sei im Hinblick auf die gute Arbeitsleistung nicht zu erreichen. Ein Druck kann am besten in der Weise ausgeübt werden, daß man abteilungsweise Ziele für die zu erreichende Kostensenkung festlegt. Solche Ziele müssen sinnvoll sein, und ihre Erreichung muß ernsthaft angestrebt werden. Im Falle der „Beispiel-Gesellschaft" lag die Notwendigkeit eines Programmes zur Senkung der Kosten klar auf der Hand, da im laufenden Planjahr die angestrebte Kapitalverzinsung nicht verdient wurde. Es gibt nur zwei Wege, die zu einer Verbesserung der Situation führen können: höhere Volumen und größere Leistungsfähigkeit. Geht man von einer bestimmten Planhöhe des zukünftigen Geschäftsvolumens aus, so dürfte es nicht schwerfallen, die zur Erreichung der angestrebten Kapitalverzinsung notwendige Kostensenkung zu errechnen. Die nachfolgenden Maßnahmen zur Senkung der Kosten setzen eine genaue Kenntnis aller erfolgversprechenden Möglichkeiten voraus.

Aus der nachstehenden Prüfliste ergibt sich ein beispielhafter Überblick über verschiedene Möglichkeiten zur Senkung der Kosten:

Erzeugnisse:
1. Wurden soweit wie möglich Standardteile und -materialien benutzt?
2. Wurde der Umfang der Spezialarbeiten auf das Minimum beschränkt?
3. Liegen die Toleranzen im Rahmen der Vorgabe?
4. Wurden die Teile unter dem Gesichtspunkt der wirtschaftlichsten Fertigungstechnik entwickelt?
5. Wurde einer einfachen und raschen Montage die notwendige Beachtung geschenkt?

Beschaffung:
1. Werden Angebote von einer repräsentativen Anzahl von Lieferanten eingeholt?
2. Erhält der jeweils günstigste Anbieter den Auftrag?
3. Welches sind die Erfahrungen mit Lieferanten hinsichtlich des verworfenen Materials und wie hoch belaufen sich die Kosten der Qualitätskontrolle?
4. Wird von der Möglichkeit des Einkaufs von Standardteilen, Standardmaterialien und -betriebsmitteln hinreichend Gebrauch gemacht?

5. Besteht eine Möglichkeit zur Senkung der Kosten für die Packmittel der Lieferanten, der Materialbewegung und der -lagerung?
6. Werden Standardmengen bestellt?

Fertigungslohn:
1. Kann der Leistungsgrad durch eine bessere Fabrikreinigung erhöht werden?
2. Werden alle Werkzeuge und Vorrichtungen gehörig instand gehalten?
3. Werden die Maschinenausfallzeiten durch angemessene Reparaturen und Instandhaltungen auf ein Minimum beschränkt?
4. Können Layouts und Methoden verbessert werden?
5. Werden die Zeitvorgaben auf dem laufenden gehalten?
6. Besteht ein reibungsloser Materialfluß und werden dadurch Störungen im Betriebsablauf vermieden?
7. Werden manuelle Tätigkeiten, sofern dies wirtschaftlich ist, eliminiert?
8. Wird veraltete Ausstattung ersatzbeschafft?

Qualität der Produktion:
1. Ist der Schrottanfall übermäßig? Warum?
2. Sind Verwerfungen häufig? Warum?
3. Sind viele Nacharbeiten notwendig? Warum?

Fertigungsgemeinkosten:
1. Besteht ein angemessenes Verhältnis zwischen Gemeinkostenlöhnen und Fertigungsgemeinkosten?
2. Können die Materialbewegungsmethoden verbessert werden?
3. Ist die wirtschaftlichste Transportmethode angewandt? Bestehen Verzögerungen beim Be- und Entladen?
4. Ist die betriebliche Organisation wirksam?

Verkäufe:
1. Können die Rücklieferungen und Nachlässe aus anderen Gründen reduziert werden?
2. Ist die Verpackung wirtschaftlich?
3. Können die Kosten des Kundendienstes gesenkt werden?

Alle übrigen Abteilungen:
1. Welches ist der Gewinnbeitrag einer jeden Abteilung?
2. Ist der Beitrag angemessen?
3. Was wäre die Folge, wenn eine Abteilung eliminiert oder reduziert würde?[1]

Veränderungen in der Absatzhöhe oder in den Absatzwegen. Die hier angeführten Veränderungen beziehen sich nicht auf eine Verschlechterung des Vertriebsgrades infolge zu geringer Verkaufsanstrengungen. Vielmehr handelt es sich hierbei um Entscheidungen der Verkaufsleitung und somit bewußt angestrebte Veränderungen angesichts nicht prognostizierbarer Marktsituationen. Das Auftreten einer nicht voraussehbaren rückläufigen Nachfrageentwicklung kann zu völlig unmöglichen Verkaufsvoranschlägen führen. In solchen Wirtschaftslagen, die charakteri-

[1] Charles H. Gleason, "An Organized Profit Improvement Program", N.A.A. Bulletin, Okt. 1950, S. 128—131.

stisch dadurch gekennzeichnet sind, daß vorhandene Produktionsmittel in großem Umfang nicht beschäftigt sind, muß sich die Verkaufsleitung schnell dazu entschließen, zusätzliche Geldmittel für Werbung und andere Verkaufsförderungsmaßnahmen auszugeben. In ähnlicher Weise kann unter Umständen die plötzliche, nicht im voraus erkannte Entwicklung eines neuen Marktes Verkaufsanstrengungen erforderlich machen, die über die ursprüngliche Schätzung weit hinausgehen. Verkaufsförderungsmaßnahmen, die sich bei anderen Gelegenheiten vorzüglich bewährt haben, können sich im Anwendungsfall als gänzlich unbrauchbar erweisen. Dies wiederum kann zur Folge haben, daß völlig neuartige und aufwendigere Anstrengungen zur Verwirklichung des gesteckten Absatzzieles gemacht werden müssen.

In solchen Situationen ist meistens ein schnelles Handeln erforderlich. Auf spezielle Feststellungen und Überlegungen über die genauen Auswirkungen dieser Anstrengungen auf das Budget kann nicht gewartet werden. Dabei kann es sogar vorkommen, daß man mangels einer Alternative alle Anstrengungen in einer bestimmten Richtung konzentriert, obwohl eindeutig feststeht, daß das geplante Gewinnziel auf diese Weise nicht erreicht werden kann. Bei der Durchführung von Verkaufsanstrengungen kann man eben bis zu einem gewissen Grad ohne ein tastendes Ausprobieren einfach nicht auskommen. Im allgemeinen dürfte der Ausgangspunkt der betriebswirtschaftlichen Planung bei der Absatzplanung liegen. Die hier zu treffenden Entscheidungen tendieren zur Verursachung von Veränderungen sowohl in der Gesamthöhe der Vertriebskosten als auch in deren Relation zu den Umsatzerlösen. Für den Fall, daß die Veränderungen zu groß werden, dürfte eine Änderung und Überprüfung des Gesamtplanes angebracht sein.

Kürzung und Erhöhung der Produktionspläne. Eine der wichtigsten Entscheidungen, die grundsätzlich einer Abkehr vom bestehenden Gesamtplan gleichkommt, bezieht sich auf die betrieblichen Produktionspläne. Produktionspläne sind so aufgestellt, daß sie sowohl den Erfordernissen der Vorratshaltung als auch der Nachfrage des Marktes gerecht werden. Sofern die effektive Nachfrage die Schätzung übersteigt, muß die zusätzliche Nachfrage entweder durch Lagerverkäufe oder aus der laufenden Produktion befriedigt werden. Analog muß für den Fall, daß die Nachfrage hinter der Produktion zurückbleibt, entweder die laufende Produktion gekürzt oder eine Erhöhung der Vorratshaltung hingenommen werden.

In beiden Fällen dürften sich die Veränderungen schon sehr bald auf die Finanzlage des Unternehmens auswirken, da doch nicht zu übersehen ist, daß die Herstellungskosten an den betrieblichen Gesamtkosten anteilmäßig sehr stark beteiligt sind. Wird der Produktionsplan der erhöhten Nachfrage angepaßt, so hat diese Planrevision zunächst einen ungünstigen Einfluß auf den Finanzbedarf des Unternehmens, denn die für die höheren Herstellungskosten benötigten Mittel sind vorzufinanzieren und können erst zeitlich später durch Forderungseinzug ausgeglichen werden. Auf ganz anderer Ebene liegt der Hinweis, daß sich bei einer Erhöhung der Vorratshaltung die Zeitspanne zwischen der Mittelverwendung und dem Einzug der Forderungen in ungünstiger Weise auf die Finanzlage des Unternehmens auswirkt, weil hier neben der schlechteren Rentabilität und Liquidität noch das Lagerrisiko als negative Einflußgröße hervorgehoben werden muß.

Veränderungen in den Produktionsplänen sind weiterhin im Hinblick auf ihre weitverzweigten Begleitauswirkungen von größter Wichtigkeit. Mit dem Produktionsvolumen der Planperiode müssen insbesondere die Personaleinstellungen, die Personalschulung und die Beschaffung von Materialien aller Art koordiniert und harmonisiert werden. Ändert sich das Produktionsvolumen, so müssen ohne Verzug alle übrigen produktionsabhängigen Faktoren an die neue Ausbringungsmenge angepaßt werden. Zugleich ist darauf zu achten, daß der innerbetriebliche Produktionsfluß nicht abreißt. Es ist deshalb verständlich, daß man sich in der betrieblichen Realität nicht mit einer Revision des Produktionsplanes im ganzen begnügen kann. Vielmehr muß die Überholung der Planung alle hiermit verbundenen Einzelheiten erfassen.

Während nicht abzuschätzende Produktionsänderungen Budgetabweichungen verursachen, die nicht in jedem Fall eine Notwendigkeit zur Revision der Gesamtplanung auslösen, ist eine Planrevision im allgemeinen dann nicht zu umgehen, wenn mittels geplanter Veränderungen eine völlig neue Datenentwicklung durch das Unternehmen selbst angestrebt wird.

Neue unternehmerische Entscheidungen in anderen Bereichen. Ein typisches Merkmal des neuzeitlichen Wirtschaftslebens ist seine Dynamik. Zu allen Zeiten gibt es Schwankungen oder Entwicklungstendenzen, denen die Planung Rechnung tragen muß. Besonders beachtenswert ist jedoch, daß nicht alle den Gleichlauf des künftigen Wirtschaftsgeschehens beeinflussenden Faktoren vorausbestimmt werden können. Ferner ist zu beachten, daß sich der Eintritt künftiger Ereignisse sehr oft keiner bestimmten Planperiode zuordnen läßt. Aus all diesen Gründen läßt es sich nicht vermeiden, daß die Führungsorgane häufig genug auch während des Planungszeitraumes Entscheidungen treffen müssen, die im Originalplan nicht enthalten waren. Während viele Entscheidungen erst sorgfältig durchgeplant werden müssen, ehe Maßnahmen zu ihrer Verwirklichung ergriffen werden können, ist in manchen Fällen ein sofortiges Handeln unbedingt notwendig. Beispielhaft für letztere dürften die durch einen Brandschaden ausgelösten Sofortmaßnahmen einschließlich der im Zusammenhang mit der Schadensbeseitigung aufzuwendenden Geldmittel sein. In ähnlicher Weise kann eine neue Erfindung oder das Verhalten der Konkurrenz am Markt Entscheidungen herausfordern, die sofort in die Tat umzusetzen sind oder zu einer Beschleunigung des nächstjährigen Aktionsprogrammes führen.

Erheblichkeit der Abweichungen vom Budget. Wie bereits zum Ausdruck gebracht, können Abweichungen vom Budget geplant oder ungeplant sein. In beiden Fällen stellt sich die Frage, wann Abweichungen in ihrer Gesamtheit als so erheblich angesehen werden müssen, daß man ein vollständig neues Budget aufstellen muß. Ohne Zweifel handelt es sich hierbei um eine Entscheidungfrage. Dennoch ist es auch in diesem Fall notwendig, die endgültige Entscheidung durch eine Zusammenstellung aller Abweichungen, welche Aufschluß über die Gesamtauswirkung der Gesamtabweichung gibt, weitgehend vorzubereiten.

	G + V	Geld-mittel	Fertigungs-erzeugnisse und Halbfabrikate		Material	
			$	Menge	$	Menge
Kostensenkungen*	X	X				
Fertigungs-lohnabweichung	X	X				
Kürzung des Produktions-programmes	X**	X	X	X	X	X
Veränderungen im Umsatz — Preis	X	X				
Veränderungen im Umsatz — Menge	X	X	X	X		
Veränderte Investitionen		X				
Verlangsamter Forde-rungseinzug		X				

* nicht geplant
** Auswirkung auf Gemeinkostenverrechnung

Abb. 19-1 Verhältnis typischer Abweichungen vom Budget zu den Schlüsselkonten

Einige Abweichungen sind erfolgswirksam, andere wirken sich nur auf die Bilanzkonten aus, aber alle sind samt und sonders finanzwirksam. Da der Finanzlage stets der Vorrang gebührt, beurteilt sich die Erheblichkeit der Abweichungen in erster Linie nach ihrem Verhältnis zur Finanzlage des Unternehmens. Abbildung 19-1 illustriert die Wirkung einiger typischer Abweichungen auf gewisse Hauptkonten.

Was die Einzelpositionen der Abbildung 19-1 anbetrifft, so sei noch erwähnt, daß Kosteneinsparungen, die aus Unterschreitungen der Vorgaben herrühren, sowohl die Erfolgsrechnung als auch die Finanzlage günstig beeinflussen. Indes ist bemerkenswert, daß Kosteneinsparungen beim Materialverbrauch zunächst finanzunwirksam sind und nur die Höhe der Vorräte beeinflussen, es sei denn, es ist möglich, die Materialbeschaffung unverzüglich den neuen Gegebenheiten anzupassen.

Der Anfall erhöhter Fertigungslöhne gegenüber der Vorgabe wirkt sich sowohl auf die Erfolgsrechnung als auch auf die Finanzlage negativ aus. Demgegenüber beeinflussen Kürzungen des Produktionsprogramms alle angeführten Konten. Dabei könnte man allerdings zunächst geneigt sein, eine Erfolgswirksamkeit völlig außer Betracht zu lassen. Tatsache ist aber, daß in einem solchen Fall geringere Fixkosten zur Verrechnung kommen und die infolgedessen die Erfolgsrechnung belasten.

Abweichungen vom Umsatz wirken sich unterschiedlich aus, je nach dem, ob sie preis- oder mengenbedingt sind. Während Preisabweichungen nur erfolgs- und finanzwirksam sind, berühren Mengenabweichungen außerdem noch die Vorräte an Fertigerzeugnissen. Schleppender Forderungseinzug und Abweichugnen von den geplanten Investitionen können sich nur auf die Finanzlage auswirken.

Die vorstehende Illustration und die dazugehörigen Erläuterungen vermitteln eine Vorstellung davon, welche Konten von den angeführten Abweichungen berührt sein können. Hieraus kann aber noch nicht der Schluß gezogen werden, wann die Gesamtheit aller Abweichungen als so erheblich zu werten ist, daß eine Planrevision notwendig wird. Diese Frage kann nur in Abhängigkeit von der Höhe des Gewinnes oder der Geldmittel bzw. unter Berücksichtigung irgendeines anderen geeigneten Faktors beantwortet werden. Hinzu kommt, daß die Antwort von Unternehmen zu Unternehmen verschieden ausfallen dürfte, wobei die Finanzlage sicherlich eine bedeutende Rolle spielt.

Genehmigung partieller Budgetänderungen. Sofern Einzelheiten des Gesamtplanes innerhalb einer Planperiode abgeändert werden müssen, sollte zweckmäßigerweise eine Genehmigung der Unternehmensspitze eingeholt werden. Weiterhin sollten auch die von derartigen Änderungen betroffenen Budgetaufstellungen revidiert werden, weil andernfalls im Zuge vergleichender Kontrollen Budgetabweichungen auftreten werden, die zu falschen Interpretationen Anlaß geben könnten. Es gibt zwei Arten von Änderungen:

1. Erfolgswirksame Änderungen und
2. Erfolgsneutrale Änderungen.

Nachstehend ist eine beispielhafte Aufzählung erfolgswirksamer Änderungen:

Änderung der geplanten Verkaufsumsätze
Änderung der Gesamtherstellungskosten
Änderung der Gesamtvertriebskosten
Änderung der Gesamtverwaltungskosten
Änderung der Gesamtentwicklungskosten

Beispiele für erfolgsneutrale Änderungen sind:

Verlagerung der Verkaufsanstrengungen von Produkt A auf Produkt B ohne Beeinflussung des insgesamt geplanten Verkaufsumsatzes.

Zunahme der Produktion bei einem Produkt und Abnahme der Produktion bei einem anderen Produkt ohne Auswirkung auf die Höhe der geplanten Gesamtproduktion.

Finanzunwirksame Änderungen auf dem Gebiet der Forschung.

Dokumentation partieller Budgetänderungen. Budgetänderungen müssen all denjenigen zur Kenntnis gebracht werden, die entweder mit der Durchführung oder der Kontrolle der hiervon berührten Operationen befaßt sind. Die Änderungen müssen sowohl in den einzelnen Budgetaufstellungen als auch im Gesamtplan ihren Niederschlag finden. Daraus ergibt sich die Notwendigkeit für ein Benachrichtigungsverfahren, welches gewährleistet, daß alle Interessenten Mitteilung erhalten. Besonders wichtig ist weiterhin, daß alle Änderungsmitteilungen an einer Stelle geschlossen aufbewahrt werden. Besonders geeignet hierfür dürfte das Büro des Budgetdirektors sein, da von hier aus überwacht wird, daß die Änderungen in allen Teilbereichen der geschätzten Gewinn- und Verlustrechnung und der geschätzten Bilanz zur Auswirkung kommen. Die Abbildungen 19-2 und 19-3 veranschaulichen eine Dokumentation der Budgetänderungen nach Abteilungen bzw. eine Methode zur Berichterstattung der Änderungen in der geschätzten Gewinn- und Verlustrechnung.

Um die Abänderung aller Aufstellungen eines integrierten Budgetsystems zu vereinfachen, ist die Führung besonderer Budgetjournale in der Praxis weit verbreitet. Abbildung 19-4 gibt beispielhaft ein solches Journal wieder. Es bedarf wohl kaum des Hinweises, daß derartige Journale ihrer Natur nach Arbeitspapiere sind und infolgedessen jederzeit den speziellen Bedürfnissen des jeweiligen Unternehmens angepaßt werden können.

Kontrolle der Budgetänderungen nach Verwaltungsabteilungen

	Jan.	Feb.	März	April	Mai	Juni	Juli	Aug.	Sept.	Okt.	Nov.	Dez.	Total
Ursprüngliches Jahresbudget Jan.													133,200
Miete			(200)	(200)	(200)	(200)	(200)	(200)	(200)	(200)	(200)	(200)	(2000)
Abschreibungen auf Einrichtungsgegenstände	1000	1000	1000	1000	1000	1000	1000	1000	1000	1000	1000	1000	12000
Monat	1000	1000	800	800	800	800	800	800	800	800	800	800	10000
Jahr	1000	1000	800	800	800	800	800	800	800	800	800	800	123200
					New York Verkaufsbüro — Kontrolle der Budgetänderungen								
Ursprüngliches Jahresbudget Jan.													775,800
Gehälter	(250)	1750	1750	1750	1750	1750	1750	1750	1750	1750	1750	1750	19000
Inserate	2000	(22000)	2000	2000	2000	2000	2000	2000	2000	2000	2000	2000	—
Abschreibungen auf Einrichtungsgegenstände	(1000)	(1000)	(1000)	(1000)	(1000)	(1000)	(1000)	(1000)	(1000)	(1000)	(1000)	(1000)	(12000)
Monat	750	(21250)	2750	2750	2750	2750	2750	2750	2750	2750	2750	2750	7000
Jahr	750	(21250)	2750	2750	2750	2750	2750	2750	2750	2750	2750	2750	768800
					Chicago Verkaufsbüro — Kontrolle der Budgetänderungen								
Ursprüngliches Jahresbudget Jan.													258,600
Gehälter Monat		(1500)	(1500)	(1500)	(1500)	(1500)	(1500)	(1500)	(1500)	(1500)	(1500)	(1500)	(16500)
Jahr		(1500)	(1500)	(1500)	(1500)	(1500)	(1500)	(1500)	(1500)	(1500)	(1500)	(1500)	275100

Quelle: H. G. Oberlander. "Working Papers for the Operating Budget", N. A. A. Bulletin, Okt. 1951, Seite 194.

Abb. 19-2 Dokumentation der Budgetänderungen nach Abteilungen.

Zusammengefaßte Schätzung der Gewinn- und Verlustrechnung					
		Januar*		Februar*	
	Ursprüngl. Jahres-budget	Jährl. Verän-derung	Revidiertes Jahres-budget	Jährl. Verän-derung	Revidiertes Jahres-budget
Verkaufsumsatz	5,400,000		5,400,000		5,400,000
Abzüglich: Kosten der Verkäufe	2,400,000		2,400,000		2,400,000
Rohgewinn	3,000,000		3,000,000		3,000,000
Abzüglich:					
Vertriebsgemeinkosten —					
New York Büro	775,800	7,000	768,800		768,800
Chicago Büro	258,600	(16,500)	275,100		275,100
Total	1,034,400	(9,500)	1,043,900		1,043,900
Verwaltungsgemeinkosten	133,200	10,000	123,200		123,200
Total Vertriebs- und Verwaltungsgemeinkosten	1,167,600	500	1,167,100		1,167,100
Betriebsergebnis	1,832,400	500	1,832,900		1,832,900
Zuzüglich: Neutrale Erträge	18,000		18,000		18,000
Gewinn vor Steuern	1,850,400	500	1,850,900		1,850,900

* Ähnliche Spalten für alle Monate des Jahres

Quelle: H. G. Oberlander, "Working Papers for the Operating Budget", N. A. A. Bulletin, Okt. 1951

Abb. 19-3 Wiedergabe der Budgetänderungen in der geschätzten Gewinn- und Verlustrechnung

Revision des Gesamtbudgets. Bei erheblichen Änderungen wird man in der Regel den Gesamtplan einer systematischen Überprüfung unterziehen und eventuell sogar einen vollständig neuen Gesamtplan aufstellen. Diese Möglichkeit ergibt sich aus dem Grundsatz, daß verschiedene Teilbereiche des Budgetsystems nicht wesentlich korrigiert werden können, ohne auch die übrigen Teilbereiche des Gesamtplanes ändern zu müssen. Durch erhebliche partielle Änderungen leidet mithin die gegenseitige Planabstimmung, und es muß schließlich ein neues Aktionsprogramm in allen seinen Einzelheiten aufgestellt werden. Dies hat eine Wiederholung aller mit der ursprünglichen Planaufstellung verbundenen Schritte und eine genaue Überprüfung aller Planphasen zur Folge. An dieser Stelle kann gar nicht überbetont werden, daß die erfolgreiche Planung und Plankontrolle ein hohes Maß an Integration voraussetzen. Eine Vernachlässigung dieses Gesichtspunktes hätte unweigerlich Fehlplanungen zur Folge. Unterstellt man, die Führungsorgane des Unternehmens hätten brauchbare Kriterien festgelegt, wonach sich beurteilen ließe, bis zu welcher Höhe partielle Änderungen noch sinnvoll durchführbar sind bzw. von welcher Höhe ab die Aufstellung eines neuen Gesamtplanes geboten er-

Journal für Budgetänderungen
(Jährliche Veränderungen)

Name	Abt.	Gültig ab	Änderung: Betrag	Änderung: Zeitraum	Abfindung	Erklärung	Umsatzerlöse	Kosten der Verkäufe	New York Verkaufsbüro	Chicago Verkaufsbüro	Verwaltungsgemeinkosten	Neutrale Erträge	Gewinn und Verlust
Januar													
Miete	Allgemein	1. 3. 50	(200)	Monat		Erhöhung					(2.000)		(2.000)
Smith, J.	Verkauf-N.Y.	31. 1. 50	(250)	Monat	250	Austritt			2.500				2.500
Inserate	Verkauf-N.Y.	1. 1. 50	(2.000)	Monat		Neue Umlage				innerhalb der Abteilung			
Abschreibung auf Einrichtungsgegenstände	Verkauf-N.Y.	1. 1. 50	(1.000)	Monat		Übertrag von Verwaltung auf Vertrieb			(12.000)		12.000		
Smith, J. V.	Verkauf-N.Y. & Chicago	1. 2. 50	(1.500)	Monat		Übertrag von N. Y. auf Chicago			16.500	(16.500)			
									7.000	(16.500)	10.000		500

Quelle: H. G. Oberlander, "Working Papers für the Operating Budget", N. A. A. Bulletin, Okt. 1951, S. 199.

Abb. 19-4 Illustrationen des Journals für Budgetänderungen

scheint, so könnten solche Kriterien aber nicht aussagen, wie häufig dei gesamte Planungsprozeß zu wiederholen ist. Diese Frage läßt sich nicht voraussehend beantworten, sondern richtet sich einerseits nach der Art des jeweiligen Industriezweiges und zum anderen nach der wirtschaftlichen Entwicklung. Der Grad der wirtschaftlichen Stabilität ist für die meisten Unternehmen ein wichtiger Faktor. Während Jahresbudgets für längere Zeiträume wirtschaftlicher Stabilität im allgemeinen zu zufriedenstellenden Ergebnissen führen, läßt sich die Notwendigkeit häufiger Planrevisionen in Zeiten wirtschaftlicher Veränderungen nicht leugnen. Im letzteren Fall ist häufig sogar eine systematische und regelmäßige Planrevision sinnvoll. Weiterhin erscheint es dann angebracht, als Planperiode möglichst kurze Zeiträume zu wählen.

Das Budget als Modell eines Unternehmens. Seit dem zweiten Weltkrieg werden in den USA sowie in England und seit jüngerer Zeit ebenfalls in Deutschland in immer stärkerem Maße mathematische Methoden zur Vorbereitung optimaler Entscheidungen, d. h. zum Aufstellen optimaler Pläne eingesetzt. Dies trifft auch für das unternehmerische Planen zu. Wenn es gelingt, die Optimalplanung ("Operations Research") noch mehr von Computern durchführen zu lassen, so dürfte der Zeitpunkt heranreifen, wo Datenverarbeitungsanlagen auch dazu benutzt werden, komplexe und umfangreiche Planrevisionen vorzunehmen. Das Budget ist ein Modell des Unternehmens, welches das Zusammenwirken aller unternehmerischen Funktionsbereiche unter dem Einfluß der zukünftigen internen und externen Einflußgrößen berücksichtigt. Daraus ergibt sich, daß es möglich sein müßte, Auswirkungen unternehmerischer Entscheidungen zu simulieren, noch ehe sie überhaupt getroffen worden sind. Mit elektronischen Datenverarbeitungsgeräten üblicher Größe ließen sich jedenfalls auch heute schon innerhalb kürzester Zeit Variationen ermitteln, durch die die unternehmerische Entscheidungsfunktion erheblich verbessert werden könnte.

20. Alternative Verfahren der Budgetierung

ZWECK DES KAPITELS. Das Leitmotiv dieses Buches ist die Darstellung der Budgetierung als ein geschlossenes integriertes System von Abläufen zur wirksamen Steuerung und Kontrolle der Betriebsgebarung. Erläuterungen und Beispiele gehen von einer Bereitschaft und Fähigkeit zur vollen Durchführung der Grundsätze der Budgetierung aus. Dabei ergeben sich einige Grundvoraussetzungen. Dazu gehören vor allem eine gut durchgebildete Struktur der Unternehmensführung mit klar abgegrenzten Vollmachten und Verantwortlichkeiten, die Erkenntnis der Notwendigkeit klar umrissener Ziele sowie ein den Bedürfnissen angemessenes System der Rechnungslegung.

Im Interesse der Klarheit wurde die Darstellung einheitlich auf die Budgetierung als einen schrittweisen, alle Funktionen der Unternehmenstätigkeit umfassenden Prozeß konzentriert. Alternative Verfahren der partiellen Budgetierung sowie spezifisch gegebenen Umständen angepaßte Methoden wurden dabei im wesentlichen außer Betracht gelassen und die volle Aufmerksamkeit auf den Aufbau eines in sich geschlossenen Netzwerkes von Grundsätzen und Verfahren gerichtet, um der ernsthaft an diesem Problem interessierten Unternehmensführung einen Gesamtüberblick zu vermitteln. Es gibt jedoch, wie bereits angedeutet, Abwandlungen, die teilweise den besonderen Interessen der Unternehmensführung, teilweise den für die Budgetierung maßgebenden Umständen entspringen. Solche Abwandlungen sollen, soweit sie einer besonderen Betrachtung würdig scheinen, in dem vorliegenden Kapitel abschließend zur Sprache kommen.

Zunächst muß erkannt werden, daß nicht bei allen Unternehmen die administrativen und fachlichen Voraussetzungen für die Durchführung einer alle Tätigkeitsbereiche umfassenden Budgetierung vorhanden sind. In solchen Fällen wird ein vorsichtiges, schrittweises Vorgehen erforderlich sein, bis die Teilbemühungen und Teilerfolge nicht mehr befriedigen und die für die volle Verwirklichung erforderliche Sicherheit und Vertrauensgrundlage gewonnen ist. Der erste Teil dieses letzten Kapitels befaßt sich mit Möglichkeiten einer partiellen Budgetierung. Die Darstellung soll denjenigen Unternehmen, auf die das oben Gesagte zutrifft, die ersten Schritte auf dem Wege zu einer umfassenden Budgetierung erleichtern.

Im Anschluß daran wird eine Reihe von Verfahrensfragen besprochen. Dabei wird zunächst auf die Rolle der Standardkostenrechnung bei der Budgetierung und auf die bei der Benutzung von Effektivkosten anstelle von Standardkosten auftretenden Probleme eingegangen. Sodann folgt eine Beurteilung der neuesten Entwicklungen auf dem Gebiet der Direkt- oder Grenzkostentheorie im Lichte der Budgetierung. Die dritte Frage betrifft die verschiedenen Formen der periodischen Berichterstattung an die Unternehmensführung. Alle drei Problemkreise sind wichtig, denn sie haben die Erfassung und Auswertung von Informationen über die Betriebsgebarung zum Gegenstand. Unternehmerische Entscheidungen reifen nicht von selbst heran. Genausowenig geht die Erfassung der betrieblichen Informationen selbsttätig vonstatten. Der zuverlässigen Datenerfassung, Berichterstattung und Auswertung muß volles Augenmerk geschenkt werden, damit auf ihrer Grundlage erfolgreiche unternehmerische Entscheidungen gefällt werden können.

Abschließend soll noch der Faktor Zeit im Zusammenhang mit der Budgetierung beleuchtet werden. Im einleitenden Kapitel wurde bereits über die Länge des Planungszeitraumes gesprochen. Nunmehr wird über deren Verhältnis zum Geschäftsjahr sowie über die Frage der Vergleichbarkeit der Planungszeiträume zu sprechen sein.

Verfahren der partiellen Budgetierung

In allen Teilen dieses Buches wurde von dem Grundgedanken ausgegangen, daß Budgetierung, soll sie wirkungsvoll sein, alle Bereiche der unternehmerischen Tätigkeit umfassen muß. Da jedoch die Praxis der partiellen Budgetierung sehr verbreitet ist, soll sie im Folgenden kurz dargestellt werden.

BEISPIELE DER PARTIELLEN BUDGETIERUNG. Wenn Voll-Budgetierung das Kennzeichen für erfahrene, ausgereifte und fortschrittliche Unternehmensführung ist, dann kann partielle Budgetierung als Anzeichen für das Heranreifen, für das schrittweise Anwachsen des Bedürfnisses nach sorgfältiger, umfassender Planung angesehen werden. Der Weg zur partiellen anstelle oder als Vorstufe der Voll-Budgetierung wird aus verschiedenen Gründen gegangen. Zunächst ist Budgetierung keine leichte Aufgabe und viele Unternehmen bevorzugen ein schrittweises Vorgehen, angefangen bei den Stellen, wo das Bedürfnis nach planvoller Steuerung und Kontrolle am dringendsten erscheint. Darüber hinaus verlangt die umfassende Natur der Voll-Budgetierung eine ebenso umfassende Kenntnis der Spielarten der Gewinnplanung und -kontrolle, und diese Kenntnis kann nur durch intensives Studium und reiche Erfahrung erworben werden. Ein großer Teil dieser Kenntnisse ist fachlicher Art, aber selbst wenn diese Fachkenntnisse verfügbar sind, mangelt es in vielen

Fällen an dem für das „Verkaufen" und Einführen der Budgetierungsgrundsätze und Arbeitsvorgänge erforderlichen Stab.

Ein typisches Beispiel für die partielle Budgetierung als erster Schritt ist die Aufstellung und Benutzung von flexiblen Fertigungsgemeinkostenplänen für Zwecke der Kostenkontrolle. Einmal erweist sich dieses Gebiet als besonders geeignet für die Anwendung der Budgetierungsgrundsätze, zum anderen ist hier eine Einführung unabhängig von anderen Tätigkeitsbereichen des Unternehmens möglich. Diese Unabhängigkeit ergibt sich aus der Tatsache, daß das flexible Fertigungsgemeinkostenbudget für eine Kostenkontrolle bei jedem beliebigen Beschäftigungsgrad geeignet ist, selbst wenn das Fertigungsprogramm nicht mit anderen Funktionsbereichen und Plänen des Unternehmens koordiniert ist.

Ein anderes Beispiel für die Anwendung partieller Budgetierungsverfahren ist die Kontrolle der Kosten in einer Abteilung, deren Tätigkeiten in der Hauptsache als fixer Natur angesehen werden. Zu dieser Art Abteilungen gehören allgemeine Verwaltungsstellen sowie gewisse Dienstleistungsabteilungen. Die Teilbudgets für solche Abteilungen werden in der Regel die Form fester Kostenvorgaben annehmen, wobei die Unternehmensführung mit zunehmender Erfahrung mehr und mehr dazu neigen wird, flexible Vorgaben für die Kostenkontrolle einzusetzen.

Partielle Budgetierung der obengenannten Art ist lediglich auf den Zweck der Kontrolle ausgerichtet, nicht jedoch auf die Zwecke der Planung und Koordinierung. Ein Beispiel für partielle Budgetierung aus dem Bedürfnis nach Planung und Koordinierung — nicht Kontrolle — heraus ist das „Kassenbudget". Es entsteht im allgemeinen aus der Erkenntnis des Schatzmeisters um die Notwendigkeit einer ordnungsmäßigen Planung und Abstimmung der Einnahmen und Ausgaben. Diese Erkenntnis führt zur Aufstellung eines Teilbudgets für flüssige Mittel, ohne daß notwendigerweise alle anderen Tätigkeitsbereiche des Unternehmens in den Prozeß der Planung und Koordination mit einbezogen werden. Aufstellung und Anwendung des „Kassenbudgets" wird im folgenden Abschnitt im einzelnen dargestellt. Dabei zeigt sich wiederum die Notwendigkeit und Zweckmäßigkeit einer umfassenden Planung.

Anwendung auf die Budgetierung der flüssigen Mittel. Die Entwicklung der Einnahmen und Ausgaben wird durch alle Tätigkeitsbereiche des Unternehmens beeinflußt. Die Aufstellung eines „Kassenbudgets" erfordert demzufolge die Kenntnis aller Pläne des Unternehmens im Planungszeitraum. Da keine einheitliche, umfassende Budgetierung vorhanden ist, muß der Schatzmeister Stück für Stück die Absichten und Pläne der anderen Tätigkeitsbereiche in Erfahrung bringen, wobei er sich bewußt sein muß, daß die verschiedenen Pläne nicht formell untereinander abgestimmt sind. Anstatt die einzelnen Budgetaufstellungen auf ihre Einnahmen und Ausgaben hin zu überprüfen, muß er selbst die Initiative ergreifen und alle erforderlichen Informationen über relevante Tätigkeiten und Vorgänge als Grundlage für seine Einnahmen-Ausgaben-Vorschau sammeln und zusammenstellen. Er wird wegen des Fehlens koordinierter Pläne — vielleicht sogar wegen des Fehlens klarer, wenn auch unkoordinierter Pläne überhaupt — in erheblichem Umfang auf eigene Annahmen und Schätzungen angewiesen sein.

Für die Planung der flüssigen Mittel gibt es verschiedene Verfahren. Eines wurde im achtzehnten Kapitel bereits dargestellt und geht von der unmittelbaren Planung der einzelnen Einnahmen- und Ausgabenposten aus. Dieses Verfahren basiert voll und ganz auf der in diesem Buch vertretenen Auffassung einer umfassenden, integrierten Budgetierung. Ein zweites, bis jetzt noch nicht erläutertes Verfahren bedient sich des geplanten oder geschätzten Gewinns als Ausgangspunkt und kommt davon ausgehend durch verschiedene Korrekturen zum voraussichtlichen Geldbedarf. Form und Vorgehen sind im Folgenden dargestellt:

Geschätzter Gewinn (im Planungszeitraum)

Zuzüglich:

- Abschreibungen
- Nachverrechnung von Abgrenzungsposten
- Uberschuß des Geldeingangs über die Umsatzerlöse
- Reduzierung der Vorräte
- Zunahme der Warenverbindlichkeiten
- Verkauf von Wertpapieren
- Abgang von Anlagen
- Zunahme der Rückstellungen

Abzüglich:

- Uberschuß der Umsatzerlöse über den Geldeingang
- Zahlung von zurückgestellten Steuern und anderen Posten
- Erhöhung der Vorräte
- Abnahme der Warenverbindlichkeiten
- Kauf von Wertpapieren
- Investitionen

= Nettoveränderung der flüssigen Mittel

Zuzüglich: Anfangsbestand an flüssigen Mitteln

Zu- bzw. abzüglich: Aufnahme oder Rückzahlung von Krediten

= Endbestand an flüssigen Mitteln

Dieses zweite Verfahren basiert gegenüber dem ersten in weit höherem Maße auf groben Schätzungen und eignet sich als Instrument der Geldbedarfsplanung im Rahmen einer partiellen Budgetierung. Bei relativ gleichbleibendem Geschäftsvolumen kann dieses Verfahren befriedigende Ergebnisse zeitigen. Andererseits muß auch hier beachtet werden, daß eine genaue Bestimmung aller den Geldbedarf beeinflussenden Faktoren erforderlich ist, die wiederum eine gute Kenntnis aller wichtigen Pläne und Vorhaben voraussetzt. Darüber hinaus kann der geschätzte Nettogewinn für den Planungszeitraum ein irreführender Ausgangspunkt für die Rechnung sein. Der Gewinn kann durch finanzielle oder steuerliche Entscheidungen beeinflußt sein, und er kann in jedem Fall nicht exakt im Verhältnis zum Geschäftsvolumen des Planungszeitraumes vorausgeschätzt werden. Die Veränderungen wichtiger Bilanzpositionen, insbesondere der Vorräte, Forderungen und Verbindlichkeiten, hängen von so vielen verschiedenartigen Faktoren ab, daß eine einseitige, losgelöste Vorschätzung dieser Größen gerade in Zeiten starker Schwankungen große Schwierigkeiten bereitet.

Ein drittes, noch weiter vereinfachtes Verfahren geht lediglich von dem Bestand der flüssigen Mittel zu Beginn und Ende des Planungszeitraumes aus und ermittelt aus dem Vergleich einen eventuellen Finanzierungsbedarf. Diese Methode sagt jedoch nichts über den Geldfluß aus und ist im übrigen ebenso gut oder schlecht wie die zugrunde liegenden Schätzungen.

Abschließend sei gesagt, daß in Zeiten einer relativ gleichbleibenden Geschäftstätigkeit eine Analyse der Einnahmen und Ausgaben der Vergangenheit sowie von deren zeitlichem Ablauf eine gute Hilfe für die Planung des zukünftigen Geldflusses darstellt. Wenn jedoch starke Veränderungen in Art oder Umfang der Geschäftstätigkeit eintreten, sind Erfahrungszahlen aus der Vergangenheit wertlos, und der Schatzmeister steht vor enormen Schwierigkeiten bei der Bestimmung eines etwaigen Finanzierungsbedarfs. Weil ein vollständiges, alle Funktionen umfassendes Budget als Mittel zur Interpretation der geplanten Veränderungen fehlt, muß er versuchen, selbst die Veränderungen und ihre Auswirkungen auf seinen Bereich zu ermitteln. Von noch größerer Tragweite ist die Tatsache, daß er oft in die Lage kommt, bereits vollzogene Änderungen finanzwirtschaftlich heilen zu müssen, anstatt selbst an der geplanten Änderung gestaltend mitwirken zu können. Gerade aus diesem Umstand heraus kann, wie bereits gesagt wurde, die partielle Budgetierung der flüssigen Mittel nur Planungs- und Koordinierungseffekte, jedoch keine Kontrollwirkungen haben. Der Schatzmeister muß bemüht sein, alle bekannten Pläne und Vorhaben in seine Geldbedarfsvorschätzung eingehen zu lassen. Da jedoch seine Vorschätzung in Zeiten größerer Schwankungen nur geringen Vorhersagewert besitzt, übt er nur wenig Kontrolle sogar über den eigenen Bereich aus und versucht vielmehr, dem auftretenden Bedarf gerecht zu werden.

Anwendung auf die Budgetierung des Absatzes und der Vertriebskosten. Versuche, den Absatz sowie die Bemühungen zur Erzielung des Absatzes zu planen, sind auch bei vielen Unternehmen anzutreffen, die keine vollständige Budgetierung pflegen. Die Formen der Planung des Absatzes reichen von der bloßen Benutzung von Erfahrungswerten aus der Vergangenheit bis zum sorgfältigen Aufbau der Absatzvorschau nach Produkten, Verkaufsgebieten und anderen Gliederungsgesichtspunkten auf wissenschaftlicher Grundlage. Eine wirklich fortschrittliche Verkaufsleitung kann auf ein derartiges Planungsinstrument kaum verzichten.

Mit gleicher Sorgfalt kann — und sollte — bei der Planung der Vertriebskosten und ihrer Abstimmung mit den erwarteten Ergebnissen vorgegangen werden. Wie im Falle flexibler Fertigungsgemeinkostenbudgets kann auch hier eine wirksame Budgetierung innerhalb einer Abteilung durchgeführt werden. Ein großer Teil insbesondere der Planungs- und Koordinierungswirkung geht jedoch verloren, wenn das partielle Absatz- und Vertriebskostenbudget nicht mit den Plänen der anderen Bereiche abgestimmt wird.

Anwendung auf die Budgetierung der Investitionsfinanzierung. Bei Unternehmen, die Jahr für Jahr ohne formelles Budget gearbeitet haben, tritt oft die erste konkrete Notwendigkeit einer sorgfältigen Finanzplanung auf, wenn sie an ein größeres Investitionsvorhaben herangehen. Zum ersten Mal erfährt der Geldfluß eine wesentliche Änderung, und es entsteht die Notwendigkeit gewissenhafter Planungsarbeit. Die Durchführung des Investitionsvorhabens kann sich über einen Zeitraum von einem oder mehreren Jahren erstrecken und wird eine lange Reihe monatlicher Zahlungen mit sich bringen. Diese werden in ihrer Höhe von Monat zu Monat schwanken. Der Fortschritt von Bauarbeiten ist unregelmäßig und abhängig vom Wetter, von der Verfügbarkeit von Material und Arbeitskräften sowie vom Stadium der Fertigstellung. Die Rechnungen für Bauarbeiten sind in der Regel kurzfristig zahlbar. Auf der anderen Seite muß eine verfrühte Hereinnahme von Fremdmitteln vermieden werden, um Zinsen zu sparen. Ausgangspunkt der Planung ist die Vorschau des Architekten über den Baufortschritt, auf der unter Berücksichtigung der vereinbarten Zahlungsmodalitäten die Geldbedarfsvorschätzung aufgebaut wird. Der Vorgang ist einfach, aber er stellt häufig den ersten Anschauungsunterricht in partieller Budgetierung dar.

Standard- und Effektivkosten

Die Erörterungen in diesem Buch beruhten bis zu diesem Punkt auf der Annahme, daß Standardkosten in der Rechnungslegung benutzt werden.

Die Anwendung dieses Kostenrechnungsverfahrens ist unter fortschrittlichen Unternehmen weit verbreitet. Trotzdem gibt es eine ganze Reihe von Unternehmen, die nach anderen Verfahren arbeiten, und deshalb sollen im Folgenden Probleme der Budgetierung behandelt werden, wie sie entstehen, wenn in der Rechnungslegung keine Standards benutzt werden. Zu diesem Zweck muß zunächst die Rolle des Rechnungswesens bei der Budgetierung beleuchtet werden. Die Darstellung soll der Einfachheit halber auf das Hauptanwendungsgebiet der Standardkosten, die Fertigung, beschränkt werden.

Kostenrechnung und Budgetaufstellung. Wie bereits im ersten Kapitel ausgeführt wurde, ist „die genaue Kenntnis der Stückkosten aller Erzeugnisse nicht nur für die Preisermittlung erforderlich, sondern sie erleichtert auch die Vorausschätzung der Kosten für verschiedene Verkaufsvolumina und Sortimente sowie die kurzfristige Analyse unterschiedlicher Planalternativen", deren vergleichende Beurteilung ein wesentlicher Bestandteil der Budgetierung ist. Das Bedürfnis nach einer detaillierten Kostenrechnung steigt mit der Anzahl der verschiedenen Erzeugnisse, die in das Produktionsprogramm aufgenommen werden.

Zum besseren Verständnis der Komplexität der Stückkostenermittlung seien die verschiedenen Kostenelemente im Folgenden aufgezählt:

- Fertigungslohn
  - Abteilung A
    - Operation A 1
    - Operation A 2
    - usw.
  - Abteilung B
    - Operation B 1
    - Operation B 2
    - usw.
  - usw.
- Fertigungsmaterial
  - Material A — vom Lager
  - Material B — vom Lager
  - usw.
- Fertigteile
  - Aggregat C — vom Lager
  - Aggregat D — vom Lager
- Andere direkte Kosten
  - Konstruktion
  - Sonstige Dienstleistungen

Fertigungsgemeinkosten
- Aufsicht
- Hilfslöhne
- Hilfs- und Betriebsstoffe
- Abschreibungen
- Energie
- Hilfsfertigungsstellen
- usw.

Die Summe dieser Kostenelemente ergibt die Herstellungskosten.

Für die Budgetierung der Herstellungskosten verschiedener Erzeugnisse bei gegebenem Fertigungsprogramm müssen die oben dargestellten Kostenelemente für jedes einzelne Erzeugnis berechnet werden. Im Falle der „Beispiel-Gesellschaft" wurden diese Berechnungen durch die Verwendung von Standardsätzen wesentlich erleichtert. In diesem Falle würden die einzigen Komplikationen in der Beurteilung möglicher Abweichungen von den Standards sowie in der Behandlung einer etwaigen Mehr- oder Minderverrechnung von Fertigungsgemeinkosten bestehen. Abweichungen würden abhängig von ihrer Größe und der Art der Standardbildung zu budgetieren oder nicht zu budgetieren sein. Mehr- oder Minderverrechnung von Fertigungsgemeinkosten ist eine natürliche Folge von Abweichungen gegenüber dem für die Bildung der Gemeinkostenverrechnungssätze zugrunde gelegten Beschäftigungsvolumen.

Im Falle der „Beispiel-Gesellschaft" dienten die Standards nicht nur zur Erleichterung der Errechnung der budgetierten Fertigungskosten, sondern auch der Planung der Kosten der Materialbeschaffung.

Wenn keine Standards verwendet werden, sind die Berechnungen wesentlich mühevoller, obgleich sie natürlich auch dann durchgeführt werden können. In diesem Falle müssen die einzelnen Stückkosten auf Grund von Spezifikationen oder Erfahrungswerten errechnet werden. Bei einer Vielfalt von Produkten und vor allem bei verbundener Fertigung mehrerer Produkte auf einer Anlage können die Ermittlungen sehr schwierig sein. Darüber hinaus wird durch das Fehlen von Standards für die Vorrätebewertung die Budgetierung des Flusses der Kosten durch die Konten erschwert dadurch, daß entweder Materialchargen gebildet oder eine spezielle Bewertungsmethode, wie z. B. gleitende Durchschnittspreise, Fifo usw. angewendet werden müssen.

Damit soll nicht gesagt werden, daß die Bildung von Standards eine einfache Angelegenheit sei. In Wirklichkeit kann die fachgemäße Bildung eines Kostenstandards wesentlich mehr Analyse erfordern als die Schätzung von „Effektivkosten". Der Vorzug der Standardkosten bei der Budgetierung ist — neben ihrer größeren Genauigkeit — die Tatsache, daß gutorganisierte Abteilungen laufend mit der Bildung und Überprüfung von Standardsätzen beschäftigt sind und diese Sätze bei Bedarf für die Budgetierung sofort zur Verfügung stehen.

Demgegenüber besteht die Notwendigkeit aufwendiger Kostenermittlungen allein für den Zweck der Budgetierung, wenn keine Standards verwendet werden.

Neben der Ermittlung der Kosten der Produktion und der Materialbeschaffung wird auch die Budgetierung der Kosten der Verkäufe und der Vorräte an Fertigungserzeugnissen wesentlich von dem Kostenrechnungsverfahren bestimmt. Am Falle der „Beispiel-Gesellschaft" zeigte sich wiederum, daß die Verrechnung der Kosten der Produktion auf Verkäufe und Vorräte mit Hilfe von Standards leicht bewerkstelligt werden konnte. Diese Verrechnung ist für die geplante Bilanz und Gewinn- und Verlustrechnung sehr wichtig. Ohne Standards ist eine solche Verrechnung wesentlich mühevoller.

Im letzten Grunde sind die Erfordernisse der Budgetierung im Hinblick auf Kostendaten nicht wesentlich verschieden von denen anderer Zwecksetzungen der Rechnungslegung. Die Budgetierung setzt von sich aus keine Standardkostenrechnung voraus, sondern sie erfordert eine ausreichende Kenntnis der Kosten der Produktion und Verkäufe unter den in dem betreffenden Betrieb gegebenen Bedingungen. Wenn diese Informationen durch andere Mittel als die Standardkostenrechnung verfügbar gemacht werden können, ist eine Budgetierung — wenn auch mit größerer Mühe verbunden — möglich; anderenfalls würde die Aufstellung eines Budgets unmöglich sein.

Kostenrechnung und Budgetkontrolle. Die Kontrolle der Kosten gegen das Budget ist eine wichtige Phase des Gesamtvorgangs der Budgetierung. Insoweit als das Budget eine genaue Wiedergabe der — erreichbaren — Ziele der Unternehmensführung darstellt, bildet es auch den Maßstab für die Kostenkontrolle. Dabei muß jedoch berücksichtigt werden, daß die Bedingungen einem Wandel unterworfen sind. Die Abweichungen müssen deshalb getrennt werden in solche, die das Ergebnis eines veränderten Beschäftigungsvolumens sind, und andere, die aus einem schlechten Leistungsgrad resultieren. Für diesen Zweck erweisen sich Standards als besonders nützlich.

Ein treffendes Beispiel hierfür ist der Verbrauch von Fertigungsmaterial in einer Einzelfertigungsabrechnung. Wenn das Fertigungsmaterial beim Bezug aus dem Lager dem Kostenträger mit Effektivkosten belastet wird, zeigt die Kostenrechnung zwar die tatsächlich angefallenen Materialkosten, jedoch ohne einen Hinweis auf die Angemessenheit des Verbrauchs. Deshalb ist diese Information von geringerem Nutzen für die Bestimmung der Angemessenheit der Kosten oder für die Planung zukünftiger Fertigung der gleichen Art. Selbst wenn nach Abschluß der Fertigung festgestellt würde, daß ein überhöhter Verbrauch vorliegt, ist damit immer noch kein Anhaltspunkt für die Angemessenheit des Verbrauchs und der Kosten im Verlaufe der Fertigung gegeben. Solche Anhaltspunkte im Fertigungsverlauf sind jedoch von großer Wichtigkeit. Ähnliches gilt für den Fertigungslohn. Effektive Lohnkosten, selbst wenn sie noch so genau ermittelt werden, sind von geringem Nutzen für die Kostenkontrolle oder Planung, wenn sie nicht an einem als Ziel festgelegten Leistungsstandard gemessen werden.

Auch bei den Fertigungsgemeinkosten dient das ausgeklügeltste System der Aufzeichnung und Umlage der Kosten nur bilanziellen Zwecken, wenn es nicht durch geeignete Maßstäbe zur Beurteilung des Leistungsgrades ergänzt wird. Kostenkontrolle und Zukunftsplanung setzen das Vorhandensein solcher Maßstäbe voraus.

Die Standardkostenrechnung ist jedoch auch hier keine Voraussetzung, solange andere geeignete Maßstäbe gegeben sind. Diese Maßstäbe können auch in der Form von Standardwerten, die nicht in die Kostenrechnung eingehen, angewendet werden. In welcher Form auch immer diese Kostenvorgaben verwendet werden, wenn sie für Zwecke der Kostenkontrolle geeignet sind, können sie auch im Rahmen der Budgetierung als Kontrollwerte dienen. Sind sie jedoch nicht geeignet für Kostenkontrollzwecke, dann kann dieser wichtige Grundsatz der Budgetierung nicht verwirklicht werden.

Direktkostenrechnung und Budgetierung

Die Zwecke der Budgetierung sind Planung, Koordination und Kontrolle. Planung besteht in dem vorsorglichen Abwägen alternativer Handlungsmöglichkeiten und in dem Vorzeichnen der ausgewählten Alternative. Bei der Auswahl der günstigsten Alternative ist die Analyse der Kosten-Volumen-Gewinn-Beziehung das wichtigste Instrument der Unternehmensführung. Sowohl bei der Auswahl als auch bei der Bestimmung der günstigsten Handlungsalternative und bei der späteren Leistungsmessung ist die Kenntnis der Kostengebarung unter verschiedenen Betriebsbedingungen eine wesentliche Voraussetzung. Soweit die Preisbildung bei der Auswahl und Festlegung des Kurses eine Rolle spielt, sind Kostendaten auch für diesen Zweck von wesentlicher Bedeutung.

Variabilität der Kosten als Schlüsselmerkmal. Das Verhalten der Kosten bei unterschiedlichen Betriebsbedingungen ist das Hauptmerkmal ihrer Variabilität. Die Grundgedanken der Gewinnschwellen-Analyse, der Grenzkostenrechnung, der Differenzkostenrechnung und die flexible Budgetierung basieren auf der Tatsache, daß Kosten in ihrem Verhalten entweder fix oder mehr oder weniger variabel sind. Die Bestimmung des zutreffenden Variabilitätsgrades aller Kosten sowie das Studium ihres Verhaltens sind für alle Phasen der Budgetierung wichtig. Wie bereits erwähnt, erfolgt Bestimmung und Studium in Form einer Durchsicht der Konten, einer statistischen Analyse der Aufzeichnungen oder technischer Untersuchungen oder einer Kombination dieser drei Verfahren. Für alle drei Methoden gilt, daß die Konten allein die erforderlichen Informationen nicht unmittelbar widerspiegeln. Die Bedeutung des Variabilitätsgrades und die Schwierigkeit seiner Bestimmung haben in den letzten Jahren eine intensive Suche nach besseren Methoden der Analyse und Berichterstattung ausgelöst. Eines der Ergebnisse dieser Suche ist das Verfahren der Direktkostenrechnung oder Deckungsbeitragsrechnung.

Definition der Direktkostenrechnung. Der Begriff „Direktkostenrechnung" wird in unterschiedlicher Weise verwendet. Zum Teil wird mit diesem Begriff eine Form der Kostenträgerrechnung verbunden, bei der die Produkte nur mit variablen Kosten belastet werden, während die Fixkosten in einem Block zusammengefaßt werden. Diese Auffassung hat zu zahlreichen Auseinandersetzungen über die kalkulatorische Behandlung der „Blockkosten" geführt. Sollen sie als Zeitkosten behandelt und nicht in den Vorräten aktiviert werden, oder sollen sie anteilig auf Kosten der Verkäufe und Vorräte verrechnet werden? Der Begriff „Direktkostenrechnung" wird außerdem noch im Sinne eines Verfahrens der Kostenverbuchung sowie einer Methode der Erfolgsrechnung angewandt.

Der Autor ist der Meinung, daß die Zielsetzungen der Direktkostenrechnung (1) mehr auf betriebswirtschaftlichem als auf buchhalterischem Gebiet liegen und (2) nicht nur auf die Kostenträgerrechnung, sondern auf den Gesamtbereich der Kostenrechnung gerichtet sein sollten. Für die Zwecke der Budgetierung ist die Direktkostenrechnung zunächst unter dem Gesichtspunkt der Verfügbarkeit von Informationen über die Variabilität der Kosten zu beurteilen. Voraussetzung ist, daß die Kosten getrennt nach fixen und variablen aufgezeichnet werden und daß diese Trennung nicht nur im Hinblick auf die produktbezogenen Kosten, sondern auch auf die abteilungs- oder tätigkeitsbezogenen Kosten durchgeführt wird.

Gegenstand dieses Buches ist nicht die Frage Grenzkostenrechnung oder Vollkostenrechnung, ebensowenig sind es die im Zusammenhang mit der Direktkostenrechnung auftretenden Fragen der externen Bilanzierung und Berichterstattung. Auf beiden Gebieten sind Alternativlösungen unter Verwendung herkömmlicher Kostenrechnungsverfahren möglich — vorausgesetzt, daß ausreichende Analysen außerhalb der Rechnungslegung vorhanden sind. Die an dieser Stelle zu beantwortende Frage ist lediglich die nach der Brauchbarkeit der Direktkostenrechnung als Verfahren zur Ermittlung von Informationen über die Variabilität der Kosten.

Unter diesem Gesichtswinkel gesehen ist das wesentliche Merkmal der Direktkostenrechnung eine vom herkömmlichen abweichende Gliederung des Kontenplans — und zwar nach dem Verhalten der Kosten. Im Falle von Fertigungsmaterial und Fertigungslohn ist keine Änderung erforderlich, weil diese unter jedem Kostenrechnungssystem naturgemäß als variable Kosten angesehen werden. Bei den Fertigungsgemeinkosten jedoch würden gewisse Abänderungen gegenüber der herkömmlichen Kontengliederung erforderlich sein.

Fertigungsgemeinkosten müssen bei Anwendung der Direktkostenrechnung beim Anfall nicht nur nach Kostenarten, sondern nach Variabilität gegliedert werden. Diese Trennung kann am besten durch Einrichtung von zwei getrennten Kontengruppen geschehen. Dabei wird von einer klaren Unterscheidung zwischen fixen und variablen Kosten ausgegangen. Wenn Kosten mit einem gemischten Charakter vorliegen, müßten sie im Idealfall in einen fixen und einen variablen Bestandteil zerlegt und diese getrennt verbucht werden.

Eine zweite Änderung ist — als Folge der ersten — im Hinblick auf die Verrechnung der Kosten auf die Produkte erforderlich. Die Verrechnung der Fertigungsgemeinkosten muß in zwei Schritten erfolgen, einmal für die variablen Kosten und zum anderen für die Fixkosten. Der erste Schritt würde in der Verrechnung der variablen Kosten auf der Basis eines Verrechnungssatzes pro Erzeugniseinheit, multipliziert mit der Anzahl der produzierten Einheiten, bestehen. Eine aus der Verrechnung resultierende Über- oder Unterdeckung würde als Maßstab für die Kostenkontrolle benutzt werden.

Der zweite Schritt umfaßt die Verrechnung der Fixkosten auf der Grundlage des Normalvolumens. Fixe Kosten stehen in keiner direkten Abhängigkeit vom tatsächlichen Volumen. Sie stellen vielmehr Kosten einer verfügbaren Kapazität dar und müssen im Verhältnis dieser Verfügbarkeit aufgeteilt werden. Hierfür bietet das Normalvolumen eine geeignete Grundlage. Die bei der Verrechnung der Fixkosten entstehende Über- oder Unterdeckung kann sowohl aus Leistungs- und Verbrauchs-, als auch aus Volumenabweichungen resultieren.

Ob die fixen Kosten letzten Endes auf Produkte oder Gruppen von Produkten verrechnet oder als Zeitkosten behandelt werden, ist an dieser Stelle von untergeordneter Bedeutung. Vom Standpunkt der Budgetierung ist wichtig, daß der Zweck der Direktkostenrechnung darauf gerichtet ist, der Unternehmensführung brauchbare Unterlagen über die Kostensituation zu verschaffen, um

1. eine planvolle Auswahl zwischen mehreren Handlungsalternativen (Preisbildung, Expansion, neue Produkte) zu ermöglichen,
2. eine realistische Budgetierung im Einklang mit der gewählten Alternative sicherstellen und
3. die Vergleichbarkeit von budgetierten und Effektivkosten sowie die Erklärung der Abweichungen zu erleichtern.

Die Direktkostenrechnung soll hier lediglich unter dem Gesichtspunkt der Budgetierung erörtert werden. Deshalb liegt das Schwergewicht auf der Frage, inwieweit eine exakte Aufzeichnung der Kosten nach ihrem Verhalten gegenüber einer fallweisen formlosen Ermittlung dieser Merkmale für die Budgetierung von Vorteil sein könnte. Diese Frage wird erst in der weiteren Zukunft beantwortet werden können. Eine minuziöse Aufzeichnung der Kosten unter dem Gesichtspunkt der Variabilität kann sich als anderen Verfahren überlegen erweisen, es dürfen dabei jedoch die einer solchen Kostengliederung innewohnenden Schwierigkeiten nicht übersehen werden. Je mehr das individuelle Urteil bei der Gliederung der Kosten eine Rolle spielt, desto geringer ist die Aussicht, daß die Anwendung einer formalen Gliederungsroutine automatisch zu einem besseren Ergebnis führt.

Maßstäbe der Erzeugniserfolgsrechnung

Die Gewinn- und Verlustrechnung ist das Instrument zur endgültigen Darstellung des Erfolges der Geschäftstätigkeit in der Abrechnungsperiode und dient sowohl als Grundlage für die Beurteilung der Leistung der Unternehmensführung als auch als Ausgangspunkt für die Bestimmung der zukünftigen Geschäftspolitik. Bei einem vielgestaltigen Fertigungs- und Verkaufsprogramm ist die vergleichende Darstellung des Erfolges der einzelnen Erzeugnisse von besonderer Bedeutung. Diese Darstellung bildet die Grundlage der Produktauswahl und der Planung des Mischungsverhältnisses der Erzeugnisse. Entsprechend der Verschiedenartigkeit der Kostenrechnungsverfahren gibt es in der Praxis auch eine Reihe unterschiedlicher Darstellungsformen der Erzeugniserfolgsrechnung. Die Darstellungsformen reichen von der vollständigen Zuordnung aller Erlös- und Kostenbestandteile bis zur Zuordnung lediglich der direkten Kosten und Zusammenfassung aller anderen Kosten in einem geschlossenen Block.

Darstellungsformen der Erzeugniserfolgsrechnung. Abbildung 20-1 veranschaulicht die typischen Darstellungsformen der Erzeugniserfolgsrechnung.

Bei der Darstellung des Erfolges der einzelnen Erzeugnisse ist eine weitgehende Detaillierung, sofern sie zuverlässig und exakt durchgeführt werden kann, wünschenswert. Dem Bestreben nach einer ins einzelne gehenden Zuordnung aller Kosten steht jedoch das Wesen der „verbundenen" Kosten entgegen. Die Erkenntnis, daß die Verteilung von verbundenen Kosten auf die Erzeugnisse vielfach wirklichkeitsfremd ist, hat zur Entwicklung einer Erzeugniserfolgsrechnung in der unter Punkt 2 (Abb. 20-1) dargestellten Form geführt. Auch bei dieser Darstellungsform findet noch eine Verteilung von verbundenen Kosten (in den Kosten der Verkäufe) statt, insoweit als die Fertigungsgemeinkosten solche verbundenen Kosten darstellen. Dieser Methode liegt die Auffassung zugrunde, daß zwar in der Fertigung eine gerechte Zuordnung von Kosten auf die verschiedenen Erzeugnisse möglich ist, nicht jedoch auf dem Sektor der Verwaltungs- und Vertriebskosten.

Die Darstellungsform Punkt 3 ist die fortschrittlichste unter den dreien und ist ein Ausdruck des wachsenden Bedürfnisses nach einer klaren Trennung zwischen direkten und verbundenen Kosten in allen Funktionsbereichen der Unternehmung — nicht nur in der Fertigung. Die Art der Behandlung der verbundenen Kosten wird der Schwierigkeit dieser Materie am ehesten gerecht, allerdings wird hier — wie bei der Rechnung unter Punkt 2 — die Verantwortung für die Zuordnung der verbundenen Kosten auf die Erzeugnisse vom Rechnungswesen auf die Unternehmensführung verlagert. Dies braucht jedoch nicht notwendigerweise ein Nachteil zu sein, da die Unternehmensführung von sich aus an einer klaren Beurteilung dieser Frage interessiert sein dürfte.

Die Deckungsbeitragstheorie. Der Umstand, daß die Unternehmen zu einer immer größeren Vielfalt ihres Erzeugnissortiments übergehen und daß die Problematik der Zuordnung von verbundenen Kosten immer klarer erkannt wurde, hat zu einer zunehmenden Anerkennung der Deckungsbeitragstheorie geführt. Diese Theorie geht von dem Grundsatz aus, daß jedes Erzeugnis zur Deckung der verbundenen Kosten beitragen muß und daß alle Erzeugnisse zusammen die gesamten verbundenen Kosten decken und einen Gewinn erbringen müssen. Im Idealfall sollte jedes Erzeugnis einen angemessenen Gewinn erbringen, in der Praxis wird jedoch zumindest kurzfristig eine Auswahl der Erzeugnisse nach ihrer Ertragskraft nicht möglich sein. Andererseits sollten Fertigungseinrichtungen zumindest ihre Abschreibungen verdienen,

1. Vollständige Kostenzuordnung	Produkt A	Produkt B	Produkt C	Gesamt
Verkaufserlöse	$ —	$ —	$ —	$ —
Kosten der Verkäufe	—	—	—	—
Bruttogewinn	$ —	$ —	$ —	$ —
Vertriebskosten	$ —	$ —	$ —	$ —
Verwaltungskosten	—	—	—	—
Sonstige Kosten	—	—	—	—
Gesamtkosten	$ —	$ —	$ —	$ —
Nettogewinn	$ —	$ —	$ —	$ —
2. Teilweise Kostenzuordnung				
Verkaufserlöse	$ —	$ —	$ —	$ —
Kosten der Verkäufe	—	—	—	—
Bruttogewinn	$ —	$ —	$ —	$ —
Vertriebskosten				$ —
Verwaltungskosten				—
Sonstige Kosten				—
Gesamtkosten				$ —
Nettogewinn				$ —
3. Direkte Kostenzuordnung				
Verkaufserlöse	$ —	$ --	$ —	$ —
Direkte Kosten der Verkäufe	$ —	$ —	$ —	$ —
Direkte Vertriebskosten	—	—	—	—
Gesamte direkte Kosten	$ —	$ —	$ —	$ —
Grenzertrag	$ —	$ —	$ —	$ —
Fixe Fertigungskosten				$ —
Fixe Vertriebskosten				—
Verwaltungskosten				—
Sonstige Kosten				—
Gesamte Blockkosten				$ —
Nettogewinn				$ —

Abb. 20-1 Formen der Erzeugniserfolgsrechnung

wenn sie schon nicht gewinnbringend eingesetzt werden können. Diese Überlegungen bilden die Grundlage der Deckungsbeitragstheorie.

Die Wirkung der Dezentralisierung. Mit zunehmender Vielfalt des Fertigungsprogramms eines einzelnen Unternehmens wachsen die Schwierigkeiten der Zuordnung der Kosten auf die Produkte und die Ermittlung des Erzeugniserfolges. Eine Entwicklung in der Organisation der Großunternehmen wirkt allerdings dieser Schwierigkeit entgegen — nämlich die Entwicklung in Richtung auf die Dezentralisierung der Geschäftstätigkeit.

Wenn der Umfang der Geschäftstätigkeit die Errichtung mehrerer getrennter Betriebe für verschiedene Erzeugnisse zuläßt oder erfordert, dann wird dadurch automatisch die Zuordnung der Kosten erleichtert, weil die verbundenen Kosten mehr und mehr zu operations- oder institutionsgebundenen Kosten für bestimmte Produkte werden. Wenn nicht nur eine getrennte Produktionsstätte, sondern eine vollständige Betriebseinheit für ein einzelnes Erzeugnis oder für eine Erzeugnisgruppe eingesetzt wird, und wenn diese Betriebseinheit für den gesamten Funktionskreis von der Beschaffung bis zum Vertrieb verantwortlich ist, dann werden die Kostenrechnungsprobleme wesentlich vereinfacht. In Fällen einer extremen Dezentralisierung kann das Gebiet der verbundenen Kosten so weit reduziert werden, daß nur die Kosten des Zentralstabes und gewisse mit dem rechtlichen Bestand des Unternehmens zusammenhängende Aufwendungen übrigbleiben.

Der Zeitfaktor bei der Budgetierung

Die Frage der Länge des Planungszeitraumes ist bereits an früherer Stelle in diesem Buch erörtert worden. Der Zeitfaktor ist für die Budgetierung in zweifacher Hinsicht von Bedeutung: Einmal ist das Verhältnis des Planungszeitraumes zum normalen Arbeitszyklus und zum anderen das Erfordernis der Vergleichbarkeit der Zeitperioden wichtig. Der eine Gesichtspunkt bezieht sich auf die Planung, der andere auf die Kontrolle.

Das Natürliche Geschäftsjahr. Es spricht vieles dafür, daß die Problematik der periodischen Gewinnermittlung vereinfacht werden könnte durch die Einführung des sogenannten natürlichen Geschäftsjahres anstelle des Kalenderjahres für die Zwecke der Rechnungslegung. Eine solche Regelung würde auch für die Budgetierung von Vorteil sein.

Das natürliche Geschäftsjahr ist ein Geschäftsjahr, das mit dem saisonalen Tief der Geschäftstätigkeit endet. In den meisten Industriezweigen verläuft die Geschäftstätigkeit nicht gleichmäßig während des ganzen Jahres, sondern unterliegt gewissen saisonalen Schwankungen. In diesem Fall ist meist eine charakteristische Zeitspanne festzustellen, während der die Geschäftstätigkeit — und damit Vorräte, Forderungen, Verbindlichkeiten und Produktion — den niedrigsten Stand im Laufe des Jahres erreichen. Diese Zeitspanne ist im allgemeinen eine günstige Gelegenheit für den Jahresabschluß, weil die Durchführung der Inventur erleichtert ist und mehr Zeit für die Abschlußarbeiten zur Verfügung steht.

Während für die Zwecke der Rechnungslegung der Abschluß des Abrechnungszeitraumes von Bedeutung ist, ist es für die Budgeterstellung die Eröffnung der neuen Abrechnungsperiode. Das vergleichsweise geringe Geschäftsvolumen, das dem saisonalen Hoch vorausgeht, ist ein günstiger Zeitpunkt für die Planung der Geschäftstätigkeit des folgenden Zeitabschnitts. Wesentlich schwieriger gestaltet sich die Planungsarbeit, wenn sie im Zeitpunkt der jährlichen Hochsaison einsetzt. Der Gedanke des natürlichen Geschäftsjahres ist somit wohl für die Rechnungslegung als auch für die Budgetierung von Nutzen.

Allerdings ist zu berücksichtigen, daß viele Unternehmen insofern kein ausgeprägtes „natürliches" Geschäftsjahr haben, als sie eine Vielfalt von Produkten führen, deren jährliche Saisonkurven sich nicht decken. In solchen Fällen kann oft infolge der Überlagerung der unterschiedlichen Saisonrhythmen keine einheitliche jährliche Wellenbewegung im Geschäftsverlauf festgestellt werden, und ein Anreiz zum Übergang auf einen vom Kalenderjahr abweichenden Abrechnungszeitraum ist demzufolge auch nicht vorhanden. Andererseits kann das natürliche Geschäftsjahr mit dem Kalenderjahr zusammenfallen.

Wenn ein vom Kalenderjahr abweichendes natürliches Geschäftsjahr als zweckmäßig erkannt ist, entsteht die Frage der genauen Bestimmung des Anfangs und Endes dieser Zeitperiode. In manchen Industriezweigen ergibt sich die richtige Abgrenzung von selbst, in anderen sind besondere Untersuchungen notwendig, um den günstigsten Zeitpunkt im Hinblick auf Umfang und Charakter der Geschäftstätigkeit zu finden.

Die Überlegungen, die der Einführung eines natürlichen Geschäftsjahres vorausgehen, müssen außer Marktgesichtspunkten auch andere Einflüsse wie steuerliche und andere Erfordernisse in Betracht ziehen. Wo die Summe dieser Einflüsse die Einführung eines natürlichen Geschäftsjahres erlaubt, ergeben sich aus dieser Einführung zweifellos Vorteile für Rechnungslegung und Budgetierung.

„Neue Geschäftsgrundsätze werden gewöhnlich mit dem Beginn des natürlichen Geschäftsjahres eingeführt. Der am Ende dieses Zeitabschnitts aufgestellte Jahresabschluß, der einen abgeschlossenen Zyklus der Geschäftstätigkeit umschließt, gibt der Unternehmensführung Rechenschaft über die Wirksamkeit der neuen Grundsätze."[1]

Der Gedanke des natürlichen Geschäftsjahres läßt sich sinngemäß auch auf kürzere Zeiträume anwenden. In diesem Falle sind die oben vorgetragenen Gesichtspunkte auf die Frage nach dem natürlichen Geschäftsabschnitt innerhalb des Jahres anzuwenden.

Einheitliche Planungszeiträume innerhalb des Geschäftsjahres. Bei Benutzung von Abrechnungszeiträumen unter einem vollen Jahr (z. B. Vierteljahr oder Monat) tritt das Problem auf, daß diese Zeiträume gewöhnlich untereinander nicht gleich groß sind. Die Kalendermonate und Vierteljahre sind unterschiedlich in der Zahl der Tage; Feiertage, Urlaub und andere Ausfälle verhindern die Vergleichbarkeit der einzelnen Zeiträume hinsichtlich ihres Umfangs. So wird ein Budget für den Monat Februar sich unterscheiden von einem solchen für den Monat Januar oder März oder Dezember, selbst wenn das tägliche Volumen der Geschäftstätigkeit als gleichbleibend angenommen wird. Ein Vergleich der Ergebnisse dieser Monate wird nur bedingt richtig sein können, wenn keine Korrekturen für die Zeitdifferenzen zwischen der verschiedenen Monaten vorgenommen werden.

Zur Überwindung dieser Schwierigkeiten sind viele Unternehmen dazu übergegangen, einen dreizehnten Abrechnungsmonat einzuführen. Dadurch wird das ganze Jahr in dreizehn gleich große Zeitabschnitte von je vier Wochen oder achtundzwanzig Tagen eingeteilt. Diese Methode ergibt zwar vergleichbare Zeitabschnitte hinsichtlich der Zahl der Kalendertage, wegen der auf Wochentage fallenden Feiertage wird jedoch keine Vergleichbarkeit der Zahl der Arbeitstage erzielt.

In der Praxis sind Verfahren zur Ausschaltung dieser Ungleichheit erarbeitet worden. Eines dieser Verfahren[2] geht von einem einundzwanzig Arbeitstage umfassenden Zyklus aus. Grundlage dieser Methode ist das normale Jahr, das nach Abzug von Samstagen und Sonntagen sowie sechs gesetzlichen Feiertagen (in USA) 255 Arbeitstage umfaßt. Verteilt auf zwölf gleich große Zeiträume ergeben sich 21,25 Arbeitstage je Monat. Der normale Monat wird mit einundzwanzig Arbeitstagen gerechnet, während die überschießenden Vierteltage dem Urlaubsmonat zugerechnet werden, der ohnedies mit den übrigen Monaten nicht vergleichbar ist.

1 R. Carson Cox, „Another Look at the Natural Business Year", N. A. A. Bulletin, Abteilung 1, Januar 1952, Seite 612.

2 Lawrence P. Jennings, „Thirty Days Hath September", N. A. A. Bulletin, Abteilung 1, März 1951, Seite 805-807.

Die Anwendung dieser Technik ergibt z. B. für das Jahr 1951 folgende Einteilung:

Monat	Abschlußtag	Zahl der Arbeitstage
Januar	30. Januar	21
Februar	28. Februar	21
März	29. März	21
April	27. April	21
Mai	28. Mai	21
Juni	27. Juni	21
Juli	27. Juli	21
August	30. August	14 (Urlaub)
September	1. Oktober	21
Oktober	30. Oktober	21
November	29. November	21
Dezember	31. Dezember	21
		245

Bei konsequenter Anwendung dieser Methode ergeben sich wesentliche Vorteile für die Vergleichbarkeit der einzelnen Monate — nicht nur innerhalb eines Jahres, sondern auch von Jahr zu Jahr. Die Erfahrungen der Vergangenheit können auf diese Weise ohne Korrekturen für Zeitdifferenzen für die Beurteilung des gegenwärtigen Geschehens sowie für die Zukunftsplanung nutzbar gemacht werden.

ANHANG A

Ergänzende Informationen und Journalbuchungen zum Budget-Bericht der „Beispiel-Gesellschaft"

Nachstehende Ausführungen wenden sich nur an diejenigen Leser, die an einer weiteren Vertiefung ihres bereits gewonnenen Einblicks in den Mechanismus des Budgetaufbaus und einer Nachprüfbarkeit des Zahlenwerks im Budgetbericht (vgl. Abbildung 5-1) interessiert sind. Die hier genannten Daten erläutern gewisse Positionen der im Bericht V der Abbildung 5-1 gezeigten Bilanz zum 31. Dezember.

Forderungen. Schätzungsweise 5% der Außenstände werden abzüglich 2% Skonto im Januar, 70% ohne Skonto im Januar und 23% im Februar eingehen. Der Restsaldo von 2% gilt als uneinbringlich.

Vorräte an Fertigungsmaterial. Darin sind enthalten:

Material A 1, 3000 Stück à $ 20	$ 60.000
Material A 3, 7000 Stück à $ 5	$ 35.000
Material B 1, 1500 Stück à $ 15	$ 22.500
Material B 2, 500 Stück à $ 4	$ 2.000
Material B 3, 1000 Stück à $ 3	$ 3.000
Material C 1, 6000 Stück à $ 6	$ 36.000
Material C 3, 4000 Stück à $ 2	$ 8.000
Vorräte gem. Bilanz	$ 166.500

Vorräte an Fertigen Teilen. Diese bestehen aus 3.000 Stück des Erzeugnisses B, vollständig bearbeitet nur in Abteilung I (daher sogenannte B 1 Teile) und nunmehr auf Lager.

Vorräte an Halbfabrikaten. Dies sind die Kosten von 3.000 Stück des Erzeugnisses A, nach Bearbeitung in Abteilung I (daher sogenannte A 1 Teile), vollständig in bezug auf das Material A 1, jedoch nur halbfertig hinsichtlich des Lohnes und der Fertigungsgemeinkosten.

FERTIGERZEUGNISSE. Die Zusammensetzung ist wie folgt:

1000 Stück des Erzeugnisses A	$ 52.000
3000 Stück des Erzeugnisses B	$ 204.000
6000 Stück des Erzeugnisses C	$ 170.400
	$ 426.400

VORAUSBEZAHLTE VERSICHERUNGEN. Diese Position stellt den noch nicht verrechneten Betrag einer Jahresprämie von $ 24.000 dar. Die Erneuerung der Police wird am 1. Februar durchgeführt.

ABSCHREIBUNGEN. Die Abschreibungssätze auf Kostenbasis betragen

Maschinen und Einrichtung	1 % pro Monat
Gebäude	¼ % pro Monat

ERKLÄRTE DIVIDENDE. Die im Dezember erklärte Dividende ist am 15. Januar zahlbar.

RÜCKSTELLUNG FÜR KÖRPERSCHAFTSTEUER. Die Steuerschuld zum 31. Dezember wird im März abgeführt.

HYPOTHEKENSCHULD — LAUFENDE TILGUNG. Diese Tilgungsrate ist am 1. März fällig.

LANGFRISTIGE SCHULDEN — HYPOTHEKENSCHULDEN. Hypothekenzinsen sind zu entrichten am 1. März und 1. September, Zinssatz 5% p. a.

Durch die nun folgenden Proformabuchungen werden alle für die Aufstellung des Budgetberichtes erforderlichen Daten zusammengeführt. Besondere Aufmerksamkeit verdienen unter dem Gesichtspunkt der Vereinfachung die nachstehenden Punkte: (1) Alle Materialeinkäufe werden in dem der Beschaffung folgenden Monat nach Abzug der Lieferantenskonti bezahlt. (2) Alle Arbeitskosten werden im Monat des Anfalls bezahlt. Hiervon ausgenommen sind Vertreterprovisionen, die im Folgemonat beglichen werden. (3) Alle mit Betriebsmittelbezügen, Fremdleistungen usw. verbundenen Lieferantenskonti sind ausschließlich am Fertigungsmaterialeinkauf gekürzt worden.

BEISPIEL-GESELLSCHAFT

PROFORMA-JOURNALBUCHUNGEN FÜR DEN BUDGETBERICHT

Lfd. Nummer der Buchung	Januar Soll	Januar Haben	Februar Soll	Februar Haben	März Soll	März Haben
1. Forderungen	$620.000		$630.000		$880.000	
Umsatzerlöse		$620.000		$630.000		$880.000
Verbuchung der verkauften Stückzahlen gemäß Aufstellung I-a der Abbildung 5-1 zum Preis von $ 80, $90 bzw. $35.						
2. Bankguthaben						
- Forderungen 31. Dezember	374.500		115.000			
- Forderungen 31. Januar	364.560		186.000		49.600	
- Forderungen 28. Februar			370.440		189.000	
- Forderungen 31. März					517.440	
Verkaufsskonti						
- Forderungen 31. Dezember	500					
- Forderungen 31. Januar	7.440					
- Forderungen 28. Februar			7.560			
- Forderungen 31. März					1o.560	
Forderungen		747.000		679.000		766.600

Verbuchung von Forderungseingängen. Von den Außenständen zum 31. Dezember werden schätzungsweise eingehen:

im Januar:

5 % abzüglich 2 % Skonto
70 % ohne Skontoabzug

im Februar:

23 % ohne Skontoabzug

Der Restsaldo von 2 % dürfte sich als uneinbringlich erweisen.

Die Umsätze des Planjahres werden voraussichtlich folgendermaßen vereinnahmt:

60 % abzüglich 2 % Skonto im Verkaufsmonat
30 % ohne Skontoabzug im ersten Folgemonat
8 % ohne Skontoabzug im zweiten Folgemonat
2 % uneinbringlich.

BEISPIEL-GESELLSCHAFT

PROFORMA-JOURNALBUCHUNGEN FÜR DEN BUDGETBERICHT

Lfd. Nummer der Buchung	Januar		Februar		März	
	Soll	Haben	Soll	Haben	Soll	Haben
3. Bankguthaben					$200.000	
Schuldwechsel						$200.000
Verbuchung der geplanten Darlehnsaufnahme vom 1. März						
4. Fertigungsmaterial	$271.500		$219.000		265.000	
Verbindlichkeiten		$271.500		$219.000		265.000
Verbuchung der Fertigungsmaterialbezüge gemäß Abbildung 4-5 zu den Standardkosten der Buchungsnummer 6						
5. Fertigungsgemeinkosten	18.700		18.700		18.700	
Vertriebsgemeinkosten	20.600		20.900		28.400	
Verwaltungsgemeinkosten	400		400		400	
Sonstige Aufwendungen	26.530		33.735		68.235	
Abschreibungen auf Maschinen		10.000		10.000		10.000
Abschreibungen auf Gebäude		2.000		2.000		2.000
Rückstellung für Grundsteuern		7.100		7.100		7.100
Rückstellung für Vertreterprovisionen		18.600		18.900		26.400
Vorausbezahlte Versicherungsprämien		2.000		2.000		2.000
Rückstellung für Wechselzinsen						500
Rückstellung für Hypothekenzinsen		1.000		1.000		950
Delkredere		12.400		12.600		17.600
Rückstellung für Körperschaftsteuer		13.130		20.135		49.185
Verbuchung monatlicher Rückstellungen und Wertberichtigungen gemäß Abbildung 4-6.						

BEISPIEL-GESELLSCHAFT

PROFORMA-JOURNALBUCHUNGEN FÜR DEN BUDGETBERICHT

Lfd. Nummer der Buchung	Januar Soll	Januar Haben	Februar Soll	Februar Haben	März Soll	März Haben
6. Halbfabrikate	$597.500		$597.500		$597.500	
Verbindlichkeiten (Fertigungslohnabrechnung)		$190.000		$190.000		$190.000
Fertigungsmaterial		219.000		219.000		219.000
Verrechnete Fertigungsgemeinkosten		155.500		155.500		155.500
Fertige Teile		33.000		33.000		33.000

Verbuchung der Herstellungskosten für die in Abbildung 4-4 ausgewiesenen Einheiten auf Grund folgender Standards:

	Erzeugnis A	Erzeugnis B	Erzeugnis C
Abteilung 1:			
Material-A1	$20.00	-	-
-B1	-	$15.00	-
-C1	-	-	$ 6.00
Fertigungslohn	8.00	10.00	5.00
FGK (80 %)	6.40	8.00	4.00
Total	$34.40	$33.00	$15.00
Abteilung 2:			
Material-B2	-	4.00	-
Fertigungslohn	5.00	8.00	-
FGK (100 %)	5.00	8.00	-
Total	$10.00	$20.00	-
Abteilung 3:			
Material-A3	5.00	-	-
-B3	-	3.00	-
-C3	-	-	2.00
Fertigungslohn	2.00	5.00	7.00
FGK (70 %)	1.40	3.50	4.90
Total	$ 8.40	$11.50	$13.90
Gesamt-Standardkosten	$52.80	$64.50	$28.90

Bezüglich des Materialverbrauchs wird auf die Auswirkung des Materials im System in Abbildung 4-5 verwiesen. Ebenso sei vermerkt, daß nach Abbildung 4-4 monatlich 1.000 Stück des Teiles B1 der Produktion zugeführt werden müssen.

BEISPIEL-GESELLSCHAFT

PROFORMA-JOURNALBUCHUNGEN FÜR DEN BUDGETBERICHT

Lfd. Nummer der Buchung	Januar Soll	Januar Haben	Februar Soll	Februar Haben	März Soll	März Haben
7. Vorrätebewertung	$ 6.700					
Fertigerzeugnisse		$ 6.700				
Bewertung der Vorräte an Fertigerzeugnissen am 31. Dezember mit den neuen Standardkosten:						
Erhöhung der Standardkosten für A, 1.000 x $ .80 = ($ .800)						
Erhöhung der Standardkosten für C, 6.000 x $ .50 = (3.000)						
Verminderung der Standardkosten für B, 3.000 x $3.50 = 10.500						
Netto-Verminderung $ 6.700						
8. Fertige Teile	34.400		$ 34.400		$ 34.400	
Fertigerzeugnisse	590.300		590.300		590.300	
Halbfabrikate		624.700		$624.700		$624.700
Verbuchung der Standardkosten für die monatlichen Fertigerzeugnisse und der Zunahme an A1-Teilen.						
9. Kosten der Verkäufe	465.800		460.800		614.200	
Gewinn und Verlust	3.200		3.500		-	
Fertigerzeugnisse		465.800		460.800		614.200
Vorrätebewertung		3.200		3.500		
Verbuchung der verkauften Erzeugnisse gemäß Aufstellung I-a in Abbildung 5-1 zu den Standardkosten der Buchungsnummer 6 und Abschreibung der Vorräteberichtigung auf verkaufte Vorräte des ersten Jahres.						
10. Fertigungsgemeinkosten	129.600		129.600		129.600	
Verbindlichkeiten (Gemeinkostenlöhne, Fremdleistungen und Hilfsstoffe)		129.600		129.600		129.600
Verbuchung des geplanten Fertigungsgemeinkostenanfalls von $148.300 auf Grund der voraussichtlichen Produktion, abzüglich bereits verbuchter Gemeinkosten gemäß Buchungsnummer 5.						

BEISPIEL-GESELLSCHAFT

PROFORMA-JOURNALBUCHUNGEN FÜR DEN BUDGETBERICHT

Lfd. Nummer der Buchung	Januar Soll	Januar Haben	Februar Soll	Februar Haben	März Soll	März Haben
11. Vertriebsgemeinkosten	$ 70.000		$ 71.000		$ 96.000	
Transitorische Werbeaufwendungen	4.500		4.000			$ 8.500
Verbindlichkeiten		$ 74.500		$ 75.000		87.500
Verbuchung der Vertriebsgemeinkosten gemäß Aufstellung I-b, soweit in Buchungsnummer 5 nicht enthalten.						
12. Verwaltungsgemeinkosten	19.600		24.600		24.600	
Verbindlichkeiten		19.600		24.600		24.600
Verbuchung der Verwaltungsgemeinkosten gemäß Aufstellung I-c, soweit in Buchungsnummer 5 nicht enthalten.						
13. Rückstellung für Vertreterprovisionen	15,000		18.600		18.900	
Erklärte Dividende	15.000					
Rückstellung für Körperschaftsteuer					220.000	
Hypotheken - Laufende Tilgung					12.000	
Rückstellung für Hypothekenzinsen					6.000	
Maschinen und Ausstattung					100.000	
Transitorische Versicherungsprämien			24.000			
Bankguthaben		30.000		42.600		356.900
Verbuchung verschiedener Bankabgänge.						
14. Verbindlichkeiten	713.700		690.700		650.700	
Lieferantenskonti				5.430		4.380
Bankguthaben		713.700		685.270		646.320
Verbuchung von Überweisungen an Lieferanten.						

ANHANG B

Die Budgetabweichungen der „Beispiel-Gesellschaft" im Januar

Das sechste Kapitel enthält Budgetvergleiche der „Beispiel-Gesellschaft" für den ersten Monat des Quartals. In Ergänzung der dortigen Darstellung und zur vollständigeren Erläuterung der Auswirkungen von Abweichungen vergleichen die nun folgenden Proformabuchungen die Proforma-Journalbuchungen für Januar (vgl. Anhang A) mit den Januar-Eintragungen, die über das effektive Betriebsgeschehen Rechnung legen.

BEISPIEL-GESELLSCHAFT

PROFORMA-JOURNALBUCHUNGEN FÜR BUDGETABWEICHUNGEN IM JANUAR

Lfd. Nummer der Buchung	Januar Proforma		Januar Ist		Abweichungen im Gewinn u. Verlust		Zunahme (Abnahme) an Flüssigen Mitteln	Zunahme (Abnahme) in den Vorräten
	Soll	Haben	Soll	Haben	Soll	Haben		
1. Forderungen	$620.000		$589.400					
Umsatzerlöse		$620.000		$589.400	$ 30.600			
2. Bankguthaben								
– Dezember-Konten	374.500		368.500				($ 6.000)	
– Januar-Konten	364.560		355.000				(9.560)	
Verkaufsskonti								
– Dezember-Konten	500		300			$ 200		
– Januar-Konten	7.440		7.300			140		
Forderungen		747.000		731.100				
3. Keine im Januar								
4. Fertigungsmaterial	271.500		291.500					$ 20.000
Materialpreisabweichung				4.000		4.000		
Verbindlichkeiten		271.500		287.500				
5. Fertigungsgemeinkosten	18.700		18.700					
Vertriebsgemeinkosten	20.600		19.682			918		
Verwaltungsgemeinkosten	400		400					
Sonstige Aufwendungen	26.530		20.783			5.747		
Abschreibungen auf Maschinen		10.000		10.000				
Gebäude		2.000		2.000				
Rückstellung für Grundsteuern		7.100		7.100				
Rückstellung für Vertreterprovisionen		18.600		17.682				
Transitorische Versicherungsprämien		2.000		2.000				
Rückstellung für Hypothekenzinsen		1.000		1.000				
Delkredere		12.400		11.788				
Rückstellung für Körperschaftsteuer		13.130		7.995				
6. Halbfabrikate	597.500		597.500					
Materialverbrauchsabweichung			400		400			
Verbindlichkeiten (Fertigungslohnabrechnung)		190.000		190.000				
Fertigungsmaterial		219.000		219.400				(400)
Verrechnete Fertigungsgemeinkosten		155.500		155.500				
Fertige Teile		33.000		33.000				

Anhang B

BEISPIEL-GESELLSCHAFT

PROFORMA-JOURNALBUCHUNGEN FÜR BUDGETABWEICHUNGEN IM JANUAR

Lfd. Nummer der Buchung	Januar Proforma		Januar Ist		Abweichungen im Gewinn u. Verlust		Zunahme (Abnahme) an Flüssigen Mitteln	Zunahme (Abnahme) in den Vorräten
	Soll	Haben	Soll	Haben	Soll	Haben		
7. Vorrätebewertung	$ 6.700		$ 6.700					
Fertigerzeugnisse		$ 6.700		$ 6.700				
8. Fertige Teile	34.400		34.400					
Fertigerzeugnisse	590.300		590.300					
Halbfabrikate		624.700		624.700				
9. Kosten der Verkäufe	465.800		450.130			$ 15.670		
Gewinn und Verlust	3.200		3.550		$ 350			
Fertigerzeugnisse		465.800		450.130				$ 15.670
Vorrätebewertung		3.200		3.550				
10. Fertigungsgemeinkosten	129.600		129.800		200			
Verbindlichkeiten (Gemeinkostenlöhne, Fremdleistungen und Hilfsstoffe)		129.600		129.800				
11. Vertriebsgemeinkosten	70.000		69.900			100		
Transitorische Werbekosten	4.500		4.500					
Verbindlichkeiten		74.500		74.400				
12. Verwaltungsgemeinkosten	19.600		19.960		360			
Verbindlichkeiten		19.600		19.600				
13. Rückstellung für Vertreterprovisionen	15.000		15.000					
Erklärte Dividenden	15.000		15.000					
Bankguthaben		30.000		30.000				
14. Verbindlichkeiten	713.700		714.160					
Bankguthaben		713.700		714.160			($ 460)	
					31.910	26.775		
Gewinnabnahme gemäß Abbildung 6-1, Bericht I						5.135		
					$ 31.910	$ 31.910		
Mittelabnahme gemäß Abbildung 6-1, Bericht II							($ 16.020)	
Vorrätezunahme gemäß Abbildung 6-1, Bericht II								$ 35.270

Register

GROSSKOMMENTARE DER PRAXIS

Aktiengesetz, Großkommentar

Begr. von W. *Gadow*, Dr. *E. Heinichen*, Dr. *E. Schmidt*, Dr. *W. Schmidt*, Dr. O. *Weipert*

2., neubearbeitete Auflage, bearbeitet von Rechtsanwalt Dr. *Carl Heinz Barz*, Bundesrichter Dr. *Robert Fischer*, Professor Dr. *Ulrich Klug*, Professor Dr. *Konrad Mellerowicz*, Rechtsanwalt, Dr. *Joachim Meyer-Landrut*, Rechtsanwalt Dr. *Wolfgang Schilling*, Rechtsanwalt Dr. *Walter Schmidt †*
2 Bände. Lexikon-Oktav. 1961/1964. Halbleder DM 275,—

Kommentar zum Handelsgesetzbuch

Früher herausgegeben von Mitgliedern des Reichsgerichts

Zweite Auflage
bearbeitet von Oberlandesgerichtsrat *Dieter Brüggemann*, Rechtsanwalt *Reinhard Freiherr von Godin*, Oberstlandesgerichtsrat Dr. *Paul Ratz*, Reichsgerichtsrat a. D. Dr. *Otto Weipert*, Professor Dr. *Hans Würdinger*
5 Bände. 1950/1963. Lexikon-Oktav. Kunsthalbleder DM 394,—

Kommentar zum Gesetz betreffend die Gesellschaften mit beschränkter Haftung

Von Dr. *Max Hachenburg* (früher Staub-Hachenburg)

6. Auflage, neubearbeitet von Rechtsanwalt Dr. *Walter Schmidt*, Rechtsanwalt Dr. *Wolfgang Schilling*, Professor Dr. *Ulrich Klug*, Rechtsanwalt Dr. *Reinhard Goerdeler*
2 Bände. Lexikon-Oktav. 1956/1959. Halbleder DM 166,—

Vergleichsordnung

Kommentar von Professor Dr. *Erich Bley*

2., neubearbeitete Auflage, ergänzt und druckfertig gestaltet von Rechtsanwalt Dr. *Ernst Ludwig Roth*, Syndikus *Karl Künne* und Referendar *Joachim Bley*
Lexikon-Oktav. XVI, 1158 Seiten. 1955. Halbleder DM 124,—

Konkursordnung mit Einführungsgesetzen

Kommentar begründet von Professor Dr. *Ernst Jaeger †*

8. Auflage, bearbeitet von Professor Dr. *Friedrich Lent*, Professor Dr. *Friedrich Weber*, Professor Dr. *Ulrich Klug*
2 Bände. Lexikon-Oktav. 1958/1964. Halbleder
Es liegen vor: Band I. §§ 1—70 KO. 1958. DM 128,—; Band II, Lfg. 1—4. §§ 71—206 KO. 1958/1963. Subskriptionspreis DM 89,90

WALTER DE GRUYTER & CO · BERLIN

FSC
www.fsc.org
MIX
Papier | Fördert gute Waldnutzung
FSC® C083411

Kolibri 360 GmbH
Ferdinand-Jühlke-Straße 7
99095 Erfurt, Deutschland
produktsicherheit@kolibri360.de